Otto Zierer
Grosse illustrierte Weltgeschichte

Kaiser Europas – Napoleon und seine Zeit

OTTO ZIERER

Große illustrierte Weltgeschichte

Kaiser Europas –
Napoleon und seine Zeit

HERBIG

Kaiser Europas – Napoleon und seine Zeit
Band 16 der Ausgabe ZIERER · Große illustrierte Weltgeschichte

Bilder: Dr. Christian Zentner, München und Verlag Olde Hansen,
(aus «Kriege des 20. Jahrh.»)
Einbandgestaltung: Wolfgang Quaiser, Adliswil
Layout Farbtafeln: Walter Fitzi, Zürich
Fotosatz: Zobrist & Hof AG, Pratteln
Gedruckt in Deutschland durch Uhl, Radolfzell
Eine Produktion der Druck-Dienst AG, Feldmeilen/Schweiz
ISBN 3-7766-1061-1

Inhalt

Die Welt gehört uns wieder

Nach Robespierres Sturz und Ende öffnen sich die Pforten der Gefängnisse. Tausende, die schon an der Schwelle des Todes gestanden haben, kehren zur hellen Sonne zurück. Laut verkünden die recht fragwürdigen Männer, die den «Unbestechlichen» besiegt und gerichtet haben, daß der Schrecken vorüber, die «Rote Messe» zu Ende sei. Die Geretteten und auch die Bedrohten – und das ist jedermann – erwachen wie aus schwerem Traume und versuchen tastend die ersten Schritte in einer wiedergewonnenen Welt.

Maximilien Robespierre (geb. 6.5.1758) war am 28.7.1794 hingerichtet worden.

«Nach dem Schrecken ist man mit allem zufrieden, wenn man nur das Leben behält.»

Aus den Memoiren der Madame de Ramusat

Die Bändigung der rasenden Maschine auf der Place de la Concorde ruft alle Parteiungen, Gruppen und Stände auf den Plan, die sich bisher aus Todesfurcht verkrochen haben. Paris füllt sich mit befreiten Girondisten und Royalisten. Auch viele Emigranten kehren zurück. Die Überlebenden der Großen Revolution streiten sich um das Erbe der Gemordeten.

Mit der «rasenden Maschine» ist die Guillotine gemeint

Die Regierenden vertreten den maßvollen Jakobinismus, wie ihn seine Gründer Barnave oder die Brüder Lameth einst verstanden haben; aber sie sehen sich von der Scylla des immer radikaler werdenden Jakobinismus der Straße und von der Charybdis der kühn erstarkenden Royalistenpartei bedroht.

In die Hauptstadt dieses unter letzten Fieberschauern zu sich selber findenden Frankreichs strömen zahlreiche Ausländer, um diesen Schauplatz weltgeschichtlicher Ereignisse zu besuchen und das gefürchtete oder bewunderte Volk der Revolution nun unter verminderter persönlicher Gefahr beobachten zu können. Fünf Jahre lang hat Europa seine Aufmerksamkeit fast ausschließlich den Geschehnissen in dieser einen Stadt Paris zugewandt und hat kaum einen Blick dafür gehabt, daß das begehrlich emporwachsende Rußland zusammen mit Preußen diese Konzentration des Interesses auf den Westen zur Vernichtung der polnischen Freiheit benutzt hat. So ist die unheimliche Macht Moskaus wiederum einen Riesenschritt näher zum Herzen des Kontinents vorgedrungen. Aus den letzten Lebensjahren der Zarin Katharina II. († 1796) stammen die Verse des russischen Dichters Dershawin, die genau ausdrücken, was immer bewußter und seit Peter dem Großen auch sichtbar die Politik Rußlands anstrebt:

Die zweite Teilung Polens im Januar 1793.

«Immer, wenn die anderen streiten im Westen,
Tu einen Schritt voran, o Mütterchen Rußland!»

Auch jetzt, da die Katastrophenjahre Frankreichs vorüber zu sein scheinen, nimmt das Abendland kaum Notiz davon, daß sein östlicher Vorposten, das freiheitsliebende polnische Volk, immer noch seinen Todeskampf gegen die übermächtigen Eroberer kämpft, daß die russischen Massenheere unter General Suworow unter furchtbaren Greueln die Menschenrechte Polens niedertrampeln und allein in Warschau 12000 Wehrlose in der Weichsel ertränken. Für die aufgeklärten Schöngeister Europas ist die in Frankreich verkündete Theorie der Menschenrechte und die Beobachtung der dortigen historischen Schauplätze ungleich fesselnder.

Diese Greueltaten fanden im November 1794 statt.

So rollen die Kutschen mit wißbegierigen Fremden zugleich mit den Wagenzügen heimkehrender Emigranten über die Grenzen Frankreichs. Einer jener gebildeten Männer, die in der Absicht kommen, ihre Beobachtungen schriftstellerisch zu verwerten, ist der Hamburger Domherr Friedrich Johann Lorenz Meyer. Er führt einige umfangreiche Hefte mit sich, auf deren erstem der Titel zu lesen ist: «Fragmente aus Frankreich im IV. und V. Jahr der Französischen Republik».

Das Folgende nach J.L. Meyer, «Fragmente aus Frankreich».

*

Es ist die Nacht zum 11. Germinal, als die Karosse des Domherrn die Barriere von Paris erreicht. Eine Glocke schlägt die erste Nachtstunde an, trübe brennen die wenigen Straßenlaternen, und die Gassen der Vorstadt sind menschenleer. Nicht einmal die Zollbeamten am Schlagbaum sind wach, der Wagen rollt ungehindert in Paris ein.

In der Section du Montblanc liegt der große Gasthof «Maison Grange Batelière» – ein früheres Palais, das von einem ehemaligen Hofschneider Marie Antoinettes in ein Hotel umgewandelt worden ist. Blumenbeete und alte

Parkbäume umgeben das vornehme Haus, das traumbefangen unterm Mondlicht liegt.

Marie Antoinette (1755–93), Tochter der Österreichischen Kaiserin Maria Theresia, war 1770 mit dem französischen König Ludwig XVI. vermählt worden.

Der Besucher aus Hamburg nimmt in der Maison Grange Logis.

Am nächsten Morgen steht Friedrich Johann Lorenz Meyer am Fenster und genießt den Ausblick auf die Grünanlagen, hinter denen die nebligen Straßen aufdämmern. Paris – die furchtbare Wirklichkeit der Revolution – breitet sich als Alltag um ihn.

Der Wirt Poujol erscheint. Er gebraucht nur ungern die revolutionäre Anrede «citoyen» – Bürger. Der Hofschneider kann auch nach sechs Jahren Revolution nicht aus seiner Haut. Untertänig macht er den Gast auf die neuen Polizeiverordnungen aufmerksam, nach denen Fremde gehalten sind, sich beim Einwohneramt anzumelden und Bürgen für ihre Loyalität zu stellen.

Die vor der Revolution gebräuchliche Anrede «Monsieur» war bei Strafe verboten.

Man begibt sich also gemeinsam zum Büro der zuständigen Section du Montblanc, Monsieur Poujol wird persönlich die Bürgschaft für seine Gäste übernehmen. In den Gemeindeämtern, wie in allen übrigen Behörden, sitzen die kleinen Revolutionäre von früher, die von der Regierung mit winzigen Pöstchen abgefunden worden sind.

«Schweinische Unreinlichkeit bis zum höchsten Ekel und ein erstickender, mephistophelischer Gestank herrschen in den Gängen, Vorsälen und Büros; und dabei die krasseste Unwissenheit, wohl gar im Lesen und Schreiben, und das allerschmutzigste Äußere der Gemeindebeamten, ein gänzlicher Mangel an Kenntnis selbst des Mechanischen ihres Geschäftes. In solchen Eintrittszimmern und von solchen Menschen wird der Fremde empfangen: glücklich genug, wer nur einige Stunden dabei verliert; denn nur zu oft wird man das Opfer dieser Unregelmäßigkeiten und von einem Büro in das andere geschickt, während sich diese Leute miteinander zanken und schelten, von wem und wie das Geschäft zu erledigen sei.»

Ja – jetzt regiert endlich der kleine Mann! Aber es scheint, als sei an Stelle der bezopften und tyrannischen Beamten der Monarchie lediglich der verfilzte und nicht weniger despotische Bürokrat der Republik getreten. Formulare, Vorschriften, papierener Plunder, durch den sich das souveräne Volk nun selber das Leben erschwert, haben eine Art Diktatur in den Ämtern errichtet.

Das «Hôtel de Ville» ist das Rathaus der Stadt.

Von der Section geht es mit Antragsformularen zum Zentralbüro im Hôtel de Ville, von Amtszimmer zu Amtszimmer, bis endlich die Pässe genügend gestempelt, registriert und unterschrieben sind. Der Domherr tritt aufatmend auf den Gang zurück. Man hört Ketten rasseln, Gewehre klirren, im dunklen Korridor werden gefesselte Verbrecher von Gendarmen vorübergeführt.

«‹Was wollen die hier, wo Sicherheitskarten ausgegeben werden?› ‹Beunruhigen Sie sich nicht!› ist die Antwort, ‹es sind nur Mörder und Straßenräuber, die gleich nebenan ihr Todesurteil empfangen sollen.›

Sie werden abgeführt – und am folgenden Tage guillotiniert. Mörder und Straßenräuber in Fesseln! Fürwahr eine derbe Versinnbildlichung der öffentlichen Sicherheit, die dem Fremden in dieser Gesellschaft und im Vorzimmer des peinlichen Gerichtes selbst garantiert werden soll.»

Endlich kommt Bürger Poujol mit der vorschriftsmäßig ausgefertigten Fremdenkarte, und man begibt sich zu dem vor dem Rathaus wartenden Wagen zurück. Der livrierte Lakai Meyers atmet hörbar auf, als er seinen Herrn wiedersieht. Er ist inzwischen von «Lastträgern der Markthalle und anderen Sansculotten, Marktweibern und Jakobinerinnen» umringt worden, die ihn als lächerlichen Herrenknecht beschimpften und ihm die Fäuste wiesen. Die Polizeiposten lehnten rauchend, mit umgehängten Gewehren nebenan unterm Portal.

Der politische Klub der Jakobiner war die bedeutendste Partei der Französischen Revolution.

Als die Fahrt weitergeht, bleibt das aufdringliche Volk schimpfend zurück. Bürger Poujol – der immer mehr den ehemaligen Hofschneider hervorkehrt und auf die revolutionäre Maske verzichtet – erzählt im Weiterfahren manches Interessante vom gegenwärtigen Zustand der Stadt.

«Niemals waren so viele Fremde hier. Die Hotels sind voll bis unters Dach. Und der noch vor sechs Monaten so öde Faubourg Saint-Germain mit seinen großen einsamen Stadthäusern ist plötzlich voller Leben. Man bekommt mühelos eine vorläufige Wohnung in diesen noch unverkauften Stadthäusern; sie sind voll von Fremden, von Chouans, von Emigranten, Priestern, von reichen, jungen Leuten, die beim Train Dienst nehmen, und von geschiedenen Frauen ...»

Nach einem Bericht aus «Vendémiaire», Paris 1796

«Ach ja», sagt der Domherr, «ganz recht! Sie haben ja nun die Errungenschaft der Ehescheidung!»

Bürger Poujol ereifert sich in ironischen Bemerkungen, die deutlich auf seine konservative Gesinnung schließen lassen.

«Wissen Sie, Bürger, die Frauen – das ist ein besonderes Kapitel der Nach-Schreckenszeit! Viele dieser armen Marquisen, Comtessen und vornehmen Geschöpfe haben aus Angst vor der Guillotine schnell einen Jakobiner – irgendeinen Fleischer, Kutscher oder Schuster geheiratet. Jetzt sitzen sie da und sind Madame Irgendwer, das Spiel ist aus, und der Kutscher oder Schuster ist übriggeblieben. So erklären sich viele Ehescheidungen von selbst: Man hat einen Jakobiner geheiratet und wünscht nun einen Spekulanten!»

Die Kutsche ist zum Quai de la Megisserie eingebogen und fährt dem Korso des eleganten Paris zu.

Bei der Herfahrt war es zu früh am Morgen. Die Pariserin läßt sich erst gegen elf Uhr in der Stadt sehen. Die Nächte gehören jetzt wieder wie vor der Schreckenszeit dem gesellschaftlichen Treiben der Salons. Die Damen müssen ausschlafen.

«Das Selbstkutschieren der Damen ist herrschende Mode. In ihren Cabriolets stürmen die fröhlichen, jungen Republikanerinnen, die sich selbst der Maske des Republikanismus schämen, im bequemen Hauskleid oder im Putz mit großer Geschicklichkeit im Lenken und Wenden, allein oder zu zweit durch die Gassen.»

Das Cabriolet war ein zweirädriger Einspänner.

Diese Beschreibung stammt aus J.L. Meyers «Fragmenten».

Hier und da sieht man in den Kutschen auch elegante junge Männer in der verrückten Tracht der «Incroyables», mit Halsbinden, die das Gesicht bis zur Nase verhüllen, Riesenkragen, hochgezogenen Jacken und enganliegenden Beinkleidern. Dazu tragen sie den revolutionären Zweispitz, blau-weiß-rote Rosetten im Knopfloch und derbe, gedrechselte Knotenstöcke.

Auch die Damen sind nach einer gleichsam tollgewordenen Mode gekleidet: hochgestellte Schutenhüte, fließende, tausendmal gefältete und bis zur Grenze des Möglichen ausgeschnittene Gewänder.

Nach Zeichnungen Isabeys, 1795

«Ah, Citoyen! Sehen Sie: Da fährt ‹Notre Dame de Thermidor› – die schöne Theresa Cabarrus, jetzt Madame Tallien! Und Tallien selbst – ihr Schatten und Sklave – kauert ihr zu Füßen!»

Eine wunderschöne, schwarzhaarige Göttin braust mit

feurigem Falbengespann über den Pont Neuf heran. Das also ist die abenteuerliche Frau, um derentwillen Tallien den Stein ins Rollen brachte, Theresa – die Revolutionsgöttin aus Bordeaux –, die Robespierres Sturz verursacht hat. Tallien lebt heute im Schatten seiner Gattin, er wird geduldet, er muß sich mit anderen, mächtigeren Männern in ihren Besitz teilen.

Nach Bildern von Fragonard.

«Es ist ein befriedigender Gedanke», äußert der ehemalige Hofschneider Poujol, «zu wissen, daß die Frauen der gestürzten Aristokratie, denen die Schreckenszeit den Weg tiefster Erniedrigung durch die Kerker und Tribunale der Sansculotten aufgezwungen hat, jetzt die Männer der Revolution demoralisieren. An diesen ehemaligen Marquisen und Comtessen gehen sie alle zugrunde. Auch Tallien!»

«Wer ist die fremdländische Schönheit neben Theresa Cabarrus?» fragt Friedrich Johann Meyer und wendet sich um, dem davonbrausenden Gefährt der Talliens nachzusehen.

«Josephine Beauharnais, eine Freundin Theresas, die ihre Befreiung im Thermidor ihrer Bekanntschaft mit Theresa verdankt. Auch sie ist eine Aristokratin, die Tochter des königlichen Hafenkapitäns von Martinique, Vicomte Tascher de la Pagerie, und Witwe des Vicomtes Alexandre de Beauharnais, den Robespierre zusammen mit Hébert hat guillotinieren lassen. Man sagt, sie sei augenblicklich die Geliebte des mächtigen Abgeordneten Barras.»

Jacques René Hébert (1757–94) war der Herausgeber des jakobinischen Hetzblattes «Père Duchesne».

Friedrich Johann Meyer horcht schon nicht mehr auf den Klatsch, den sein Wirt vor ihm ausbreitet. Das lärmende, wogende Leben der Boulevards hat ihn gefesselt. Aus dem Geschrei der Menge entnimmt er, daß der schwankende, fast täglich fallende Kurs der Assignaten die Gemüter am stärksten beschäftigt.

«Handlanger, Träger, Fiaker bestimmen sich nach dem Tageswert des Papiers ihre Preise in übertriebenen Verhältnissen. Wo die Mietkutscher in der Straße anrücken und sich der Letzte in der Kolonne anschließt, ruft er dem Vorgänger zu: ‹Combien?› ... er meint: ‹Wieviel gilt der Louisdor?› Diese Frage geht wie ein Lauffeuer durch die ganze Reihe bis zum ersten Fiaker. Dieser setzt den Kurs fest und die einsilbige Antwort kommt zurück: Cinq-six-huit (fünf-sechs-achttausend). Der Kurszettel des Tages ist gemacht.»

Aus Meyers «Fragmenten».

Am Quai Voltaire, der einer Ausstellungsgalerie von Kupferstichen gleicht, läßt Meyer anhalten; er möchte gerne einige Andenken an die Tage der Revolution aussuchen. Unter den zahllosen ausgehängten Bildern und den angebotenen Flugschriften, die auf den fliegenden Ständen und an den Hauswänden ausgebreitet sind, müßte wertvolles, historisches Material zu entdecken sein. Aber Meyer stellt fest, daß nichts mehr, aber auch nichts mehr an die vergangenen fünf Jahre erinnert – ein einziger, ziemlich schlechtgeratener Stich des Tuileriensturmes kommt unter den Zeitschriften und Kunstblättern zum Vorschein.

Mit dem Sturm auf die Tuilerien vom 10. August 1792 wurde praktisch die absolutistische Monarchie in Frankreich beendet.

Der Händler bemerkt, daß die Blätter mit den Köpfen berühmter Abgeordneter und die Darstellungen und revolutionären Aufrufe fast restlos vernichtet sind. Die Buchhändler lebten stets in Angst, das Bild irgendeines Mannes zu besitzen, der möglicherweise schon morgen in Ungnade fallen könnte. So ist um der persönlichen Sicherheit willen alles irgendwie Bedeutsame zerstört worden – selbst die Kupferplatten zu den Drucken. Der Händler holt ein Zeitungsblatt unter dem Ladentisch hervor. Es heißt «Tribun du peuple».

«Wenn der Bürger etwas über Revolution lesen will! Hier allein lebt sie noch.»

Meyer wirft einen Blick auf den Leitartikel, der erste Satz lautet:

‹Wir haben einen Rückschritt getan. Die Freiheit wieder erlernen, das ist schwieriger als sie neu zu lernen ...›

Aus der Nr. 2 des «Tribun du Peuple».

«O Citoyen!» entsetzt sich Monsieur Poujol, «lassen Sie um Gottes willen diese Gazette niemanden sehen! Es ist Babeufs Blatt, das radikale Organ derer, die noch nicht genug an der Revolution haben: die Kommuneleute, die Gleichmacher und neuen Schreckensmänner! Zudem ist Babeufs Klub aufgelöst und demoliert worden, das anständige Bürgertum hat erfreulicherweise wieder die Oberhand, die Tage Robespierres sind vorbei.»

François Babeuf (1760–97). Er vertrat als Gajus Gracchus eine frühkommunistische Richtung.

Der Wagen rollt weiter und wendet sich zum Quai du Louvre. Da drüben liegt der grau-schwarze Block der Tuilerien, die Spuren des 10. August sind deutlich erkennbar: Kugeleinschläge und besonders am Wohnflügel der königlichen Familie die Risse der Granattreffer. Dort drinnen, im ehemaligen Theatersaal, tagt noch immer der Konvent – Gerippe und Schatten seiner selbst.

Der Hamburger Gast, der über die letzten Jahre recht gut orientiert ist, meint die Leere im «Berg» selbst durch das schweigende Gemäuer zu spüren. Dort oben haben sie gesessen, die Männer der Revolution: Mirabeau, der rasende Marat, der geniale und großherzige Danton, Orléans und Hébert, Saint-Just und Robespierre.

Wo sie einst Ideen in die Welt schleuderten, wo sie zu Taten aufriefen, welche die Menschheit aufwühlten, gähnen jetzt leere Bänke, Was heute dort sitzt, ist eine Versammlung von Überlebenden, die sich müht, den reißenden Gießbach der Revolution in ruhige Kanäle abzuleiten.

Unter den Durchgängen des Louvre bemerkt der Hamburger Domherr Gruppen junger Leute, die mit Knotenstöcken bewaffnet sind und hie und da über Passanten herfallen. Sie pöbeln selbst Abgeordnete an, die durch ihre großen Trikolorenschärpen kenntlich sind.

«Unsere ‹Jeunesse dorée!›» lächelt Monsieur Poujol, «die jungen Herren der Rue Saint Honoré und der Boulevards. Sie sorgen dafür, daß sich kein Jakobiner mehr muckst.»

«Was bedeutet die seltsame Bezeichnung? Jeunesse dorée – Goldene Jugend?»

Der Hofschneider von vorgestern beginnt mit Behagen zu erzählen.

Jean Baptiste Carrier (1756–94) war für die Massenhinrichtungen von Nantes im Herbst 1793 verantwortlich. Nach der Revolution wurde ihm der Prozeß gemacht, er wurde hingerichtet.

Bei der sog. «Republikanischen Hochzeit» wurden jeweils zwei Todgeweihte aneinandergefesselt und so in der Loire ertränkt.

«Es war vergangenen Herbst, als der Streit darum ging, ob der schreckliche Johann Baptiste Carrier prozessiert werden sollte. Die Jakobiner, die mit Robespierres Untergang ihr Haupt und sichtlich auch ihre Linie verloren hatten, verteidigten blindlings jedes ihrer Mitglieder – also auch den verruchten Erfinder der ‹Republikanischen Hochzeiten›, den blutigen Dämon von Nantes, der die Loire mit Leichen verstopft hatte. Saint Huruge – einer der Bastillestürmer – sammelte im Palais Royal eine Anzahl junger, unternehmungslustiger Leute um sich, die willens waren, dem Jakobinerspuk endgültig den Garaus zu machen. Es kamen Bankgehilfen, Makler, Goldschmiede, Wechsler und Handlungsgehilfen, die man um ihres goldenen Gewerbes willen ‹Jeunesse dorée› nannte: lauter elegante, lebenslustige Herren, die sich bei Ballspiel und im Wettlauf am Marsfeld gestählt hatten. Diese Sportsleute des besseren Bürgertums wurden die Todfeinde des Straßenjakobinismus.

‹Ihnen schloß sich die Flut aus Handlungskreisen an. Die Kaufleute der Straßen Saint-Martin, Saint-Denis, des Lombards, du Temple fanden es ganz gut, daß ihre Handlungsgehilfen nach der Rue Saint-Honoré gingen, die Jakobiner anzukläffen›.»

An der breiten Kreuzung, an welcher der Blick auf die klassische Säulenfront der Madeleine fällt, rotten sich einige Dutzend dieser jungen Menschen zusammen, liegen im Streit mit einigen Arbeitern, die in blauen Leinenkitteln und Holzpantinen, finster, an die Wand gedrängt, dastehen, und schwingen ihre Rohrstöcke und Knüttel.

Friedrich Johann Meyer befiehlt dem Kutscher, zum Revolutionsplatz abzubiegen. Hier fällt sein Blick zum erstenmal auf das weltberühmt gewordene, schwarze Gerüst der Guillotine, das verlassen auf dem menschenleeren Platze steht.

«Die Stelle, wo das Haupt des unglücklichen Ludwig fiel und das Blut der Girondisten floß, bezeichnet der Stumpf einer verdorrten Freiheitspappel.

Auf dem Fußgestell der umgestürzten Reiterstatue Ludwigs XV. steht jetzt die Statue der Freiheit. Sie ist von bronziertem Ton und viel mehr das Bild der Vergänglichkeit als das Symbol der künftig befestigten Freiheit. Der täuschende Bronzeanstrich blättert, und die undichte Masse bröckelt weg und verwittert. Die sitzende Figur ist eine Nachbildung der Dea Roma: Sie hält den Speer in der einen Hand und stützt die andere auf eine Erdkugel, die auf dem Knie ruht ...»

Nach einer zeitgenössischen Radierung aus dem Jahre 1795.

Bürger Poujol, der die Nachdenklichkeit seines Gastes bemerkt, bringt eines der kursierenden Witzblätter zum Vorschein und reicht es herüber. Die Unterschrift unter der Karikatur lautet:

«Sehen Sie, Bürger! Madame Louisette feiert. Sie hat einen langen Ruhestand begonnen. Was wird aus Sanson, dem Henker, werden?»

Die Zeichnung zeigt den unglücklichen, um sein Brot gekommenen Henker von Paris, wie er sich aus Verzweiflung selbst guillotiniert. Der Schrecken hat sich selbst getötet, sogar der Tod ist als Vorstellung so abgegriffen und verbraucht, daß er zur Witzfigur herabgesunken ist.

Als der Wagen über die Bogenbrücke rollt und sich dem Gittertor das Tuileriengartens nähert, wird der

Fremde Zeuge einer kleinen Szene. Die Schildwache am Portal hat Auftrag, niemanden einzulassen, der nicht die Revolutionskokarde trägt. Die meisten der nach der Tagesmode gekleideten Damen lassen das vorgeschriebene Abzeichen vermissen oder tragen es versteckt. Werden sie daraufhin angesprochen, so heben sie irgendein Band oder einen Flor und weisen auf die kaum erbsengroßen Trikolorekokarden.

Die Kokarde war eine während der Revolution am Hut getragene Schleife oder Stoffblume in den Farben der Trikolore.

Die Revolution ist für die «Goldene Jugend» der vornehmen Bürgerquartiere bereits zu einer überholten Tatsache geworden, die man verbirgt und über die man am liebsten zur normalen Tagesordnung des Lebens übergeht.

Doch ehe sich der Fremde nach Art der Deutschen in tiefe philosophische Betrachtungen verliert, wird seine Aufmerksamkeit schon wieder auf ein neues Wunder dieser erstaunlichen Stadt gelenkt. Die Menschen auf der Straße laufen zusammen und deuten zum Himmel.

«Sehen Sie, Bürger!» ruft Poujol, «das Aerostatische Institut hat einen Ballon aufsteigen lassen!»

Der Heißluftballon war erst 1783 durch die Brüder Montgolfier erfunden worden.

Über dem Marsfeld schwebt eine gelblich-graue Kugel im Firmament und sendet aus ihrer Gondel Blinksignale, die vom Dach des Louvre aus erwidert werden. Es werden Versuche mit dem Optischen Telegraphen gemacht.

In diese Zeit fiel auch der Bau einer Linie von sog. Flügeltelegraphen (d. h. Masten mit verstellbaren Armen) zwischen Paris und Lille durch den Franzosen Claude Chappe 1794.

«Genug für heute!» sagt der Besucher. «Ich sehe schon, die Revolution ist tot, aber Frankreich lebt; die Ideen bleiben – es wird schon etwas Neues daraus werden.»

Und Monsieur Poujol gibt dienstfertig die Weisung zur Heimfahrt.

*

Unter den Bogen am Seinekai kauern zwei alte Arbeiter, die wegen ihrer jakobinischen Gesinnung aus der Glasfabrik des Unternehmers Orelly hinausgeworfen worden sind und nun ohne Verdienst herumlungern. Sie versuchen es mit Angeln, aber kein Fisch beißt an.

Mit wütenden Blicken folgen sie der rot-gelb lackierten Kalesche des fremden Herrn, die eben über die Brücke rollt.

«Es ist vorbei mit der Revolution», sagt der eine, «die Emigranten und Fremden haben das Spiel gemacht, ohne daß unsere Heere geschlagen wurden. Sie haben uns durch ihr Geld kleingekriegt, man hat uns verkauft und verraten.»

«Der Teufel hole die ‹Thermidoriens›! Als sie Robespierre erledigten, schlugen sie der Revolution das Haupt ab. Babeuf hat recht, wenn er im ‹Tribun du peuple› schreibt: ‹Wir unglücklichen Franzosen! Nun haben wir wieder eine Pompadour!› Er meint die Theresa Cabarrus, er meint Tallien und die Verräter der Arbeiter! ...»

Der zweite Angler legt sich auf die Ufersteine zurück und zieht langsam die Angel ein.

«Wir Arbeiter von St. Antoine haben zu spät begriffen, daß Robespierre unser Haupt und unser Herz war. Er allein kämpfte für die Gleichheit und die Brüderlichkeit. Das ist nun vorüber, unsere kleinen und großen Funktionäre sind mit Pöstchen und Ämtern abgefunden, der reiche Bürger regiert wieder, und uns geht es genau so schlecht wie unter dem alten Regime.»

St. Antoine war ein großes Arbeiterviertel im Osten von Paris.

«Schlechter, lieber Freund! Babeuf sagt, man könne sogar mit der äußersten Rechten – den Royalisten – gegen die bürgerliche Mitte zusammengehen, wenn es not tue.»

«Schimpfe nicht auf Babeuf! Er allein ist Robespierres Erbe, er allein hat ein Herz für die Arbeiter! Seit die Jakobiner aufgelöst sind, gibt es nur noch die Hoffnung auf ihn.»

«Ich merke schon, Kamerad, du bist ein Babeuf-Anhänger. Man sagt, er sei noch radikaler, als Saint-Just es war. Aber warum sollen wir Habenichtse uns gegenseitig um der Programme willen hassen? Jakobiner oder Babeufiens – wir wollen alle die Fortsetzung und Vollendung der Revolution, wir wünschen alle die Durchführung der wahren Gleichheit: die Lösung der Besitzfrage.»

Antoine de Saint-Just (1767–94), ursprünglich Schriftsteller, war einer der entschiedensten Anhänger Robespierres.

Der Verteidiger Babeufs hat nun seine Angel eingeholt, nimmt die Schnur und den Haken ab und versteckt die Gerte im Gebüsch. Dann rückt er näher zu seinem Genossen und blickt ihn prüfend an.

«Du scheinst ein ehrlicher Mann zu sein, Kamerad. Wenn du denkst wie du sprichst und nicht etwa ein Polizeispitzel bist, so will ich dich in eine Versammlung mitnehmen, die dir zeigen soll, daß die Revolution unter der Asche fortglimmt und daß sie gar bald wieder zur offenen Flamme werden soll.»

«Wohin, Freund?»
«Zum Tribunen des Volkes: zu Babeuf!»

*

Die Brüder Tiberius und Cajus Sempronicus Gracchus versuchten als Volkstribunen um 133 v. Ch. eine Landreform zugunsten der ärmeren Bürger durchzusetzen.

Seit die Thermidoriens den Tribunen Camille François Noël Babeuf, der sich selber Gracchus nennt, vor einem Vierteljahr verhaftet und nur zögernd wieder freigelassen haben, steht er unter Polizeiaufsicht. Das System der Provokateure, Agenten und Denunzianten, das schon die Schreckenszeit beherrscht hat, ist auch nach Robespierres Tod geblieben.

Trotzdem versammelt Babeuf in seiner Wohnung, mitten in der Rue St. Honoré, seine Unterführer und getreuesten Anhänger. Erprobte Leute sichern Haus und Wohnung vor ungebetenen Gästen. Seit die «Jeunesse dorée» sich mit Knotenstöcken bewaffnet hat, tragen auch die angegriffenen Sansculotten derbe Stöcke und Dolche unter den Kitteln.

Gracchus Babeuf ist ein hochgewachsener, bürgerlich einfach gekleideter Mann Mitte der Dreißig. Das bartlose Antlitz ist bleich, fast melancholisch: Dunkle Brauen beschatten den Blick; seine langen, natürlichen Locken fallen leicht gewellt auf den Kragen herab.

Als die beiden Arbeiter die Wohnung betreten, ist er gerade dabei, Verbindungsleuten der Faubourgs die Lage klarzumachen.

Über den Zustand von Paris ist nicht viel Neues zu berichten: Die Millionenstadt ist noch vom Schrecken erschöpft, sie will leben, nichts als leben. Und doch rührt sich selbst in dieser Herzkammer der Revolution die mächtig gewordene Reaktion. Man singt öffentlich das Lied der Reaktionäre, «Réveil du peuple». – Die «Muscadins», die Stutzer, verprügeln die Jakobiner, aufgebrachte Arbeiter verhelfen dafür einigen Gecken zu Bädern in den Tuilerienbassins oder in der Seine. Die Büsten Marats sind zertrümmert, sein Geist wird geschmäht.

Babeuf spricht von der neuen Ordnung der Besitzenden, die im Entstehen begriffen sei. Die Verfassung Robespierres vom Jahre 1793 soll aufgehoben und eine neue vorbereitet werden. Künftig werden nur noch Hauseigentümer wählbar sein, der Wähler aber muß nach englischem Muster die Zahlung von Steuern in einer gewissen Höhe

Die sog. Jakobinerverfassung wurde am 24.6.1793 durch den Konvent angenommen. Im Plebiszit vom 4.8. stimmten 1800000 für, und nur 18000 gegen die Verfassung.

nachweisen. Immer deutlicher wird der Mißerfolg der letzten Jahre: Die Revolution hat die Herrschaft der privilegierten Stände gestürzt, nur um die Tyrannei der bürgerlichen Klasse aufzurichten.

Herren von morgen sind der Lieferant oder Fabrikant, die sich an der Arbeitsleistung der Werkleute und an betrügerischen Verträgen mit dem Staate bereichern.

‹Ein Beispiel dafür ist Armand Seguin, der Chemiker ..., welcher behauptete, nur wenige Tage zum Gerben des Leders nötig zu haben, und der die Armeen im Handumdrehen mit Schuhwerk versah. Freilich war das Schuhzeug außerordentlich schlecht, aber bequem und leicht für den Soldaten. Er marschierte zwar in nassen Stiefeln, aber er marschierte ...›

Aus Michelet: «Histoire de la Révolution Française».

Wucherer und Spekulanten breiten sich aus. Rechtzeitig haben sie sich der wichtigsten Rohstoffe bemächtigt, um die Preise treiben und bestimmen zu können. Besonders drückend für die kleinen Leute ist die Wirksamkeit der «Assignatenjobber», jener Börsenhyänen, die künstliche Kursstürze herbeiführen, um sich an den Ersparnissen der Armen bereichern zu können.

«Sagen Sie uns, wie all dies anders werden soll!» ruft ein Arbeiter. «Muß die ganze Revolution noch einmal wiederholt werden? Soll das Blutvergießen niemals enden?»

Babeuf richtet sich auf. Man hat ihn oft verleumdet, zum Kinderschreck gemacht und behauptet, er wünsche die Beseitigung des Eigentums, die Kollektive und die Allmacht des Staates gegenüber dem Individuum.

Deutlich verkündet er sein Programm.

«Die Forderungen, welche der Arme zu stellen hat, sind bescheiden: Gesetze gegen Wucher und Spekulation; staatliche Unterstützung der Alten und Kranken; Erziehung, Schule und Arbeit für alle. Nur die Gleichheit der Chancen verbürgt die Gleichheit vor dem Gesetz und die wirkliche Freiheit des Menschen. Und endlich fordern wir Landreform, Aufteilung der konfiszierten Güter unter die heimkehrenden Soldaten. Wann je sollen die Ungerechtigkeiten der vergangenen Epoche gut gemacht werden, wenn nicht jetzt, da die Nation über die Güter des Adels und der Kirche verfügt? Haben nicht auch die Gracchen Roms für Bodenverteilung, Siedlung und Agrargesetze gekämpft? ...»

Nach Babeuf im «Tribun du peuple».

Den Arbeitern sind weder die alten Römer noch die Gracchen ein Begriff, sie fallen Babeuf ins Wort, wünschen Näheres über die Durchführung seiner Programmpunkte zu wissen.

Der Tribun erklärt, daß von den 12 Milliarden Werten an sogenannten Nationalgütern bis jetzt erst 6 Milliarden verkauft seien. Diese konfiszierten Landgüter, Schlösser, Klöster und Kirchenschätze, die Grundrechte, Äcker und Mühlen bilden die Deckung für die Assignaten. Statt die eingezogenenen Güter nun in der Hand der Nation zu behalten oder – wie Babeuf meint – an Genossenschaften von Neusiedlern zu geben, hat das herrschende Bürgertum aus dem Verkauf eine Riesenspekulation gemacht, bei der Millionen und aber Millionen verdient und verschoben werden. Ja, die Reaktion hat bereits einen Konventsbeschluß durchgesetzt, wonach die Güter den Hinterbliebenen von Emigranten zurückgegeben, die konfiszierten Ländereien heimkehrender Emigranten nicht mehr vom Staat verkauft und die bereits verkauften Besitztümer aller nach dem 10. März 1793 Hingerichteten ersetzt werden sollen.

«Hols der Teufel!» ruft ein Mann aus St. Antoine, «das wird den Royalisten Wind in die Segel geben, sie werden Mut bekommen, mehr zu verlangen.»

«Diese Leute werden sich rächen», meint einer der Anwesenden. «Heute ruft man die Emigranten zurück, morgen entschädigt man sie als Verfolgte und übermorgen läßt man ihnen freie Hand, sich an den Revolutionären zu rächen.»

Wieder hebt Babeuf seine beschwörende Stimme.

«Liebe Freunde, das Ziel ist hoch, um das wir kämpfen: Weit ist der Weg zur klassenlosen Gesellschaft der Bürger, Bauern, Soldaten und Arbeiter, in der die Gemeinschaft alle Güter erzeugt und sie in gleicher Form und Farbe liefert. Dann werden wir die Produktion und den Verbrauch staatlich lenken, kapitalistische Müßiggänger zur Arbeit zwingen, so daß die tägliche Arbeitszeit auf zwei Stunden herabgesetzt werden kann ...»

Ebenfalls aus dem «Tribune du peuple».

«Ach, Gracchus Babeuf!» unterbricht ihn einer der Funktionäre, «das ist ja alles sehr schön, und Saint-Just sprach wohl so ähnlich. Aber sag uns doch, was wir jetzt praktisch tun sollen, wo es ganz so aussieht, als beginne eine angriffslustige, royalistische Reaktion?»

«Haltet euch vorerst zurück von den Kämpfen, die sicherlich entbrennen werden. Nur eine Revolte kann die Revolution zum letzten Siege führen; aber ein Aufstand will vorbereitet werden, man muß eines Teiles der Behörden und der bewaffneten Macht sicher sein, dann allein hat man Aussicht auf Erfolg.»

«Sie raten also zu warten und zuzusehen, wie es die ‹Muscadins› und die ‹Jeunesse dorée› treiben?»

«Warten, Freunde, und bereit sein!»

*

Am andern Tag wird Paris wieder vom Geläute der Sturmglocken erschreckt. Randalierende Scharen jener Vorstadtmassen, die einst die Revolution getragen haben – empörte Jakobiner, verzweifelte Arbeiter und auch zahlreiches Gesindel –, sammeln sich auf dem Caroussel-Platz und versuchen, in den Saal des Konvents einzudringen. Aber der schlecht vorbereitete Aufstandsversuch der Jakobiner scheitert an der Bürgergarde, die schnell zur Stelle ist und scharf durchgreift.

Man schreibt den 1. April 1795.

Die Reaktion auf diesen Angriff läßt nicht auf sich warten. Es regnet Verhaftungen, die Gefängnisse füllen sich mit ehemaligen Jakobinern, die «Jeunesse dorée» erlebt große Tage und macht unter Führung des Abgeordneten Fréron förmlich Jagd auf politisch verdächtige Arbeiter.

Stanislas Louis Marie Fréron (1754–1802) hatte schon im Juli 1791 an der Erhebung auf dem Champ-de-Mars teilgenommen. Er wird als Unterpräfekt auf der Insel Saint-Domingue enden.

Der Rest der «Bergpartei» – etwa sechzig Mitglieder des Konvents – wird vor Gericht zitiert, es gibt Todesurteile und Verbannungsdekrete. Die Deportation nach der heißen, ungesunden Kolonie Cayenne ersetzt die Guillotine; die verwünschten Revolutionsmänner werden dahin geschickt, wo der Pfeffer wächst.

Der royalistische General Pichegru übernimmt die Stadtkommandantur von Paris.

Die Kunde von diesen Ereignissen durcheilt die Departements. Überall hebt die Reaktion aufatmend das Haupt. Die milden Dekrete des Konvents, die Amnestie für die heimkehrenden Emigranten, die Rückgabe eines Teiles der Nationalgüter und nun gar die Niederwerfung und Entwaffnung der Jakobiner macht der bisher verborgenen royalistischen Partei Mut. Vor allem der leidenschaftliche Süden, der vor einem Jahr Schauplatz der Rasereien des roten Terrors gewesen ist, erlebt nun die Hochflut der «terreur blanche» – der «weiße Schrecken» bricht aus.

Furchtbar sind die Meldungen über die Ausschreitungen in der Provinz.

Die Sonne, das Symbol des siegreichen Königtums, wird zum versengenden Zeichen der Rächer. Die Stunde des Leidens für ehemalige Jakobiner, Revolutionäre und auch für andere, einfache Leute, die sich verdächtig benommen haben, ist gekommen.

Nach Aufzeichnungen Goupilleaus, Lyon 1795.

In Lyon werden die Gefängnisse gestürmt, die Eingekerkerten, ob Frauen oder Kinder, unter Gejohle und Geschrei auf den Straßen abgeschlachtet.

«Royalistische junge Damen sind eifrig dabei, die ‹goldene Jugend› zum Mordgeschäft anzueifern. Sie versprechen Schäferstunden, und die Stutzer metzeln buchstäblich mit schöngeistigen Versen auf den Lippen ... Als die Sonnengesellen eines Tages durch die Straßen promenieren, läßt eine siebzigjährige Frau die Bemerkung fallen: ‹Die Muscadins haben flotte Tournüren ...›, sogleich wird die arme Greisin gepackt und zur Saônebrücke geschleppt. Sie schlagen ihr den Schädel ein und werfen sie in den Fluß ...»

Erst im November des Jahres 1793 hatten Fouché und Collot, damals als Konventskommissare in Lyon, Massenhinrichtungen durchführen lassen.

Der weiße Terror breitet sich über den Süden aus, eine Menge Gesindel, das aus den Tagen der Anarchie noch herumstrolcht, unterstützt jetzt die «Jeunesse dorée».

Die thermidorianischen Konventskommissare – selber Sendboten ehemaliger Mörder und Schreckensmänner – bleiben angesichts der ungeheuren Greuel untätig; sie sehen nicht ungern, wie sich ihre Gegner untereinander erledigen. Nur achtet man sorgsam darauf, daß von dem «weißen Schrecken» nicht viel gesprochen wird; er soll wohl seine Arbeit tun, aber nicht in der Geschichte verzeichnet werden.

«Wie seufze ich über die Langsamkeit der gerichtlichen Förmlichkeit. Die Verschleppung der (gegen die Jakobiner laufenden) Prozesse verwirrt die bestgesinnten Leute. Tut doch einen Generalschlag!»

Nach Cormbons Bericht aus Marseille, 1795.

Während der Konventskommissar von Marseille seinem Bedauern über den langsamen Prozeßverlauf Ausdruck verleiht, marschieren bereits die Mörder zu den Gefängnissen und Forts, reißen die Inhaftierten heraus und beginnen sie unter unsäglichen Greueln zu töten.

Am 24. Mai 1795 werden die Republikaner in Tarascon

gemordet. Da der Gefängnisturm hier auf einer steilen Felsenhöhe über der Rhône steht, macht sich der royalistische Pöbel einen Spaß daraus, die armen Menschen von der schwindelnden Höhe herab auf die Klippen zu stürzen. Bänke und Stühle sind wie in einem Zuschauerraum aufgestellt, heimgekehrte Emigranten und biedere Bürger teilen sich in die Plätze und klatschen den Mordorgien Beifall.

Ein Journalist verteilt eine Flugschrift mit dem Titel «Tuez-les» – Tötet sie! – Wehe, wer mit den Männern der roten Revolution verbunden war, wer sich als Freund der Freiheit oder Gleichheit bekannt hat!

Unter den ehemaligen Jakobinerfreunden, die in diesen blutigen Tagen den Süden verlassen, ist auch Brigadegeneral Napoleon Bonaparte, den die Wellen der aufgeregten Zeit in den letzten anderthalb Jahren wild auf- und abgeworfen haben. Nach seinem kühnen Manöver vor Toulon hatte man ihn zum General befördert und der italienischen Armee zugeteilt. Nach Robespierres Sturz war er als Jakobiner denunziert, verhaftet und eingekerkert worden. Seither ist er ohne Beschäftigung, ein aus der Laufbahn geworfener Militär, der froh sein muß, den «Sonnensöhnen» nicht aufzufallen und den «weißen Terror» zu überleben.

Ende Mai begibt er sich in das große Sammelbecken der Gescheiterten, Verfolgten, der Abenteurer und Glücksritter nach Paris. Sein Eintreffen in der großen Stadt fällt mit einem neuen, diesmal wirklich gefährlichen Aufstand der Jakobiner zusammen. Die Sturmglocken heulen, Bataillone marschieren durch die Straßen.

Es sind die Arbeiter von St. Antoine und den anderen Zentren der sterbenden, roten Revolution, die auf die Kunde von den Vorfällen in der Provinz gegen den Konvent ausrücken. Pöbelhaufen ohne Führung dringen in die Tuilerien ein, überwältigen schießend und pikenschwingend die Wachen und die Abgeordneten. Das Haupt des stellvertretenden Präsidenten der Versammlung wird auf einen Spieß gesteckt und herumgetragen. Es ist wie in den Tagen des schlimmsten Terrors.

Aber dann treffen die disziplinierten, von Barras neu organisierten Bürgertruppen in genügender Stärke ein. Die führerlosen Arbeiterscharen fluten nach St. Antoine zurück, werden dort umzingelt und durch die Übermacht zur Ablieferung der Waffen gezwungen.

Paul François Jean Nicolas Barras (1755–1829) war seinerzeit für die Hinrichtung des Königs eingetreten und als Befehlshaber der Pariser Truppen maßgeblich am Sturz Robespierres beteiligt.

St. Antoine gibt die letzten 120 Kanonen heraus, die es seit den Tagen des Tuileriensturmes bewahrt hat. Die neue Konventsgarde setzt sich aus überprüften, gemäßigten Leuten der Mitte zusammen: Es sind wie zu Lafayettes Zeiten die Söhne der Bürger, die Freiwilligen der besitzenden Klasse.

Die Revolutionstribunale wurden im Juni 1793 durch Konventsbeschluß eingesetzt und übten Justizterror auf die Pariser Bevölkerung aus.

Zugleich mit der Entwaffnung der Revolutionäre geschieht die Schließung der Revolutionstribunale, die Ächtung der letzten Jakobiner und die Konzentration der vollziehenden Gewalt.

Am gleichen Tage wurde der ungarische Jakobiner Martinovics mit seinen Anhängern in Budapest hingerichtet.

Die bürgerliche Mitte hat sich zwischen Jakobinern und Royalisten behauptet.

‹Zum ewigen Frieden›

Die Nachrichten, die aus Paris kommen, lassen erkennen, daß sich die Revolution ausgetobt hat, langsam steuert das Schiff der französischen Nation in ruhigere Gewässer. Im übrigen Europa atmen die Staatsmänner auf. Die Ächtung der Gironde soll aufgehoben worden sein – Zeichen für das Gefühl wiederkehrender Sicherheit im Bürgertum. Der April hat Royalistenaufstände gebracht – also dürfen es auch die Reaktionäre wieder wagen, ins Spiel einzugreifen. Seit Juni tobt der royalistische Krieg in der Vendée mit neuer Leidenschaft. Fast gleichzeitig melden die Zeitungen die Wiedereröffnung der Pariser Börse, die Unterdrückung von Aufständen des städtischen Proletariats und Hinrichtungen von Linksradikalen. Das sind für Frankreichs Nachbarn Anzeichen einer Rückkehr zur bürgerlichen Ordnung.

In kaum einem anderen Land Europas wirkt sich der Absturz aus einer Atmosphäre verhältnismäßiger Freiheitlichkeit in finsteres Muckertum stärker aus als in der neuen Großmacht Preußen. Hier ist auf den aufgeklärten Friedrich II. dessen starrer und engherziger Neffe Friedrich Wilhelm II. gefolgt, der alles haßt, was sich gegen die altüberkommene Ordnung erhebt.

Friedrich II, der Große (1712–86), war als «erster Diener des Staates» das große Vorbild des aufgeklärten Absolutismus und formte Preußen zur fünften Europäischen Großmacht.

Friedrich Wilhelm II. (1744–97) beendete die rationalistische Aufklärung in Preußen mit dem Religions- und dem Zensuredikt seines Kultusministers Wöllner.

Friedrich Wilhelm II. und die königliche Regierung haben dafür gesorgt, daß die Ereignisse der Französischen Revolution für Preußen nahezu ohne Spuren vorübergegangen sind – mit Ausnahme vielleicht der unkontrollierbaren Keime, die Ideen ins Denken der Menschen zu werfen pflegen. Besonders in den ostelbischen Staaten herrscht nach wie vor der Feudalismus mit Erbuntertänigkeit und gutsherrlicher Gerichtsbarkeit. Der Bauer in Ost- und Westpreußen muß seinem Rittergutsbesitzer wie im Mittelalter Hand- und Spanndienste leisten, Heirat oder Ortsveränderung bedürfen der herrschaftlichen Erlaubnis, die Kinder der Gutsleute gehören als Gesinde dem Ritter; ja, die Erneuerung des «Allgemeinen Preußischen Landrechts» von 1794 erlaubt sogar die «leichte körperliche Züchtigung» des Gesindes durch die Herren.

Beamte und Offiziere werden zum überwiegenden Teil – wie auch zu Zeiten des aufgeklärten Friedrich – vom Adel gestellt; Bürger und Bauer sind vom öffentlichen Leben so gut wie ausgeschlossen.

Doch je weiter sich das Land nach Osten zieht, um so weniger empfindet man die lastende Unfreiheit. Angestammte Treue zum gottgewollten Herrscherhaus, Bewunderung für den großen Friedrich und tiefe evangelische Gläubigkeit halten das Volk in gehöriger Zucht. Es sind nur kleine Kreise gebildeter und von den Ideen der Aufklärung erfaßter Intellektueller, die wider den Stachel löcken und mit dem französischen Feuer spielen. Mit ihnen wird die Regierung leicht fertig.

Als im Siebenjährigen Krieg die Provinz Ostpreußen gezwungen war, der russischen Kaiserin Elisabeth zu huldigen und von russischen Truppen besetzt war, unternahmen es die Beamten, Bürger und Adeligen trotzdem, heimlich Geld für ihren König zu sammeln und es ihm nach Berlin zu senden.

«Viele waren im Geheimnis, nicht ein Verräter darunter, verkleidet stahlen sie sich mit Lebensgefahr durch die russischen Heere. Und sie merkten, daß sie geringen Dank ernten würden; denn der König mochte seine Ostpreußen überhaupt nicht leiden, er sprach geringschätzig von ihnen und gewährte ihnen nur ungern Gnaden, die er anderen Provinzen erwies ... Die Ostpreußen aber ließen sich dadurch in ihrer Verehrung gar nicht stören, sie hingen in treuer Liebe an ihrem ungnädigen Herrn, und sein bester und begeisterter Lobredner war Immanuel Kant ...»

Aus Gustav Freytag: «Bilder aus der deutschen Vergangenheit».

Der Osten Europas war nicht nur räumlich weit von der Revolution entfernt. Am Rande Deutschlands hatte man noch kaum begriffen, daß der Kampf um die Würde und persönliche Freiheit des Menschen eröffnet war. Der preußische König aber hatte nicht erkannt, welch ungeheure Kraft seiner Krone aus der unbedingten Treue seiner Provinzen – insbesondere der östlichen – entgegenwuchs. Nach seiner Thronbesteigung hatte er den freisinnigen Kultusminister Karl Abraham von Zedlitz durch den ehemaligen Hofprediger Wöllner, den Urheber eines intoleranten Religionsediktes, ersetzt.

Ahnte der König in jedem Untertanen einen verkappten Revolutionär, so witterte Minister Wöllner insbesondere in den Männern der Wissenschaft schöngeistige Sansculotten. Das bekam bald auch das treue Ostpreußen zu spüren. Aller erwiesenen Loyalität zum Trotz geriet auch der weitberühmte Professor der Philosophie, Immanuel Kant, in ärgerliche Differenzen mit der Regierung.

Immanuel Kant (1724–1804), als Begründer des «transzendentalen Idealismus» der wohl berühmteste Philosoph der Neuzeit. Er wurde 1755 Privatdozent, 1770 Professor der Logik und Metaphysik an der Universität Königsberg.

*

Premierleutnant Ludwig von Boyen steht am Münzplatz zu Königsberg und füttert die Peking-Enten und die Schwäne im Schloßteich. Er hat drüben auf dem nahen Schloßplatz, wo die Samländer Bäuerinnen ihre Verkaufsstände haben, ein weißes Brot gekauft und zerkrümelt es nun für die stolzen Tiere.

Bei aller militärischen Straffheit ist er – wie es seinem Alter von 24 Jahren entspricht – eine empfindsame Seele. Vor nicht langer Zeit hat er die «neue Heloïse» von Rousseau und Goethes «Werther» unter Tränen gelesen, deren er sich nicht schämt und die seiner Zeit ganz natürlich erscheinen. Herz, Gefühl und Natur sind ihm wie Altäre, auf denen er gerne opfert.

Ein paar Bürger in taubengrauen oder resedagrünen Schoßröcken, enganliegenden Beinkleidern und breitrandigen Hüten bleiben stehen und schauen zu. Soldaten promenieren mit ihren Mädchen, und kleine Panjewagen gutshöriger Bauersleute, Kutschen vornehmer Bürger holpern über das Kopfsteinpflaster der Französischen Straße zum Münzplatz. Vom Schloßplatz herüber lärmt der Markttag.

Die folgende Beschreibung nach dem Bild von Chodowiekki, «Reise nach Ostpreußen».

Es ist viel Militär in der Stadt – mehr noch als sonst, seit die Aktion in Polen läuft. Die Kabinettspolitik der europäischen Großmächte hat die französischen Wirren zur Aufteilung des polnischen Staates benützt. In einer zweiten Teilung hat Preußen Danzig, Thorn, Posen und Südpreußen seinem Gebiet angefügt. Das unersättliche Rußland freilich verspeiste das Vierfache davon: vor allem die Ukraine. Der Aufstand der unseligen Polen unter Kosciuszko war dann willkommener Anlaß für die Großmächte, eine dritte Teilung vorzunehmen. Preußen hat rasch – um seine Truppen freizubekommen – mit dem revolutionären Frankreich den Frieden von Basel geschlossen und weite Gebiete, einschließlich Warschaus, besetzt. Österreich

Die zweite Teilung Polens erfolgte im Jahre 1793.

Zur allgemeinen Volkserhebung von 1794 unter Thaddäus Kosciuszko (1746–1817) kam es nach Aufständen in Wilna und Warschau.

Der Friede von Basel erfolgte im Februar 1795.

nahm Westgalizien und Rußland den Rest. Es gibt kein Polen mehr. Der Schild des Abendlands gegen die Ausdehnungsgelüste des «Dritten Rom» – wie die Altrussen Moskau nennen – ist zerschlagen!

Herr von Boyen ist Adjutant des preußischen Generals von Guenther, und öfters führt ihn ein dienstlicher Auftrag von Warschau nach Königsberg. Wohlgefällig huschen die Blicke der jungen Damen, die in bauschigen Röcken, engen Miedern und gewaltigen Frisuren, gefolgt von ihren Zofen oder Mägden, zum Einkaufen gehen, zu dem jungen, schmucken Offizier hinüber, der in dem weißen Rock mit den roten Aufschlägen, dem blitzenden Portepée, den hohen Reiterstiefeln und dem bebuschten Dreispitz eine gute Figur macht.

Herr von Boyen wendet sich zum Gehen.

Die Nordseite des Königsberger Schlosses zeigt noch die alte Fassade aus der Ordensritterzeit, auf der anderen Seite des halbrunden Platzes erhebt sich der prachtvolle, von Andreas Schlüter in den Jahren 1708/12 erbaute Pavillon und davor das Denkmal Friedrichs I. Hoch im kornblumenblauen Sommerhimmel treiben weiße Wolkenballen. Jetzt ist die Zeit, da auf den weiten Feldern der Rittergüter die Erntekolonnen zur Mahd antreten. Es ist ein schönes und fruchtbares Land, das sich zwischen Ostsee und Weichselbogen breitet, bis Warschau ist es nun preußisch geworden.

Als Leutnant von Boyen den Platz überquert, wird er angerufen.

Es ist der alte Professor Johann Gottfried Harre, der von seiner Vorlesung kommt.

«Guten Tag, Herr von Boyen, was führt Sie nach Königsberg zurück? Studieren Sie wieder?»

«Leider nein, Herr Professor! Ich habe die Feder mit dem Schwert vertauscht und helfe augenblicks mit, Polen zu verspeisen und Preußen groß zu machen.»

Plaudernd schlendern die beiden Herren die Französische Straße hinab. Mit lächelnder Ironie und doch mit einem Beiklang von Ernsthaftigkeit meint Professor Harre, er entsinne sich, daß sein und Immanuel Kants ehemaliger Schüler noch vor kurzem für Freiheit, Menschenrecht und französische Ideen geschwärmt habe. Wie sich das mit seiner gegenwärtigen Rolle als Polizist im Gefängnis eines fremden Volkes vertrage?

«Ich bin mir selber ein Rätsel, Herr Professor. Wir wissen nicht mehr, wem wir uns zuwenden sollen: der alten oder der neuen Welt. Ich habe in Goethes ‹Hermann und Dorothea› sehr passende Verse gelesen:

Johann Wolfgang von Goethe (1749–1832). Sein Werk «Hermann und Dorothea» erschien im Oktober 1797.

‹Denn, wer leugnet es wohl, daß hoch sich das Herz ihm erhoben,
Ihm die freiere Brust mit reineren Pulsen geschlagen,
Als sich der erste Glanz der neuen Sonne heranhob,
Als man hörte vom Rechte der Menschen, das allen gemein sei,
Von der begeisternden Freiheit und von der löblichen Gleichheit.›

Sie werden verstehen, Professor, daß ich nicht gerne den Büttel in Polen abgebe.»

«Seien Sie vorsichtig!» sagt der Gelehrte. «Die hochlöbliche Obrigkeit hört solche Reden nur mit Verdruß. Den armen Kollegen Kant hat man um geringerer Verfehlungen willen grob gemaßregelt.»

«Wir haben selbst in Warschau davon gehört. Herr Wöllner hat die Veröffentlichung von Kants Aufsatz ‹Vom Kampf des guten Prinzips mit dem Bösen um die Herrschaft im Menschen› in Biesters ‹Berliner Monatsheften› untersagt: Die Schrift mußte im freiheitlicheren Jena erscheinen.»

Professor Harre und Leutnant von Boyen sind am Ende der Französischen Straße angekommen. Der alte Herr nimmt Boyens Arm.

«Schlimmer, lieber Boyen, viel schlimmer! Wissen Sie nicht, daß vorigen Herbst Kants Aufsatz ‹Vom Ende aller Dinge› in den ‹Berliner Monatsheften› erschien, daß der brave Mann deutlich auf Wöllners puritanisches Kirchenregiment anspielte, sich gegen die Entkleidung des Christentums von aller Liebenswürdigkeit wandte und erklärte, die Reaktion werde ihr kurzes Regiment, das auf Furcht und Eigennutz gegründet sei, bald verlieren?»

«Allerhand Mut! Nein – davon hörte ich noch nicht. Wir rückten damals in Polen ein und lagen im Feldquartier ...»

«Hören Sie weiter, Boyen: Schon am 1. Oktober 1794 erging an Kant eine scharfe Kabinettsorder, worin ihm das Mißfallen der Majestät ausgesprochen wurde, weil er die Philosophie zur Entstellung und Herabwürdigung der Leh-

Die Schrift «Religion innerhalb der Grenzen der bloßen Vernunft» (erschienen 1794) trug Kant schließlich ein Verbot des Ministers Wöllner ein, in diese Richtung weiter zu lehren.

Es handelt sich hier um einen Erlaß des Kultusministeriums vom 1.10.1794.

ren der Heiligen Schrift und des Christentums mißbraucht habe, besonders durch seine Schrift ‹Religion innerhalb der Grenzen der bloßen Vernunft›. Bei Vermeidung allerhöchster Ungnade wurde er aufgefordert, künftighin sich nichts mehr dergleichen zuschulden kommen zu lassen, widrigenfalls er bei fortgesetzter Renitenz unfehlbar unangenehmer Verfügungen gewärtig sein müsse ...»

«Vor einem Jahr saß ich noch in Kants Kolleg», erwidert Boyen. «Was für ein großer und richtunggebender Mann! Wie kann sich dieser Minister Wöllner mit dem Odium belasten, Deutschlands bedeutendsten Philosophen zum Schweigen gebracht zu haben? Kants Wirkung geht längst über Preußen hinaus. Seit er 1781 seine ‹Kritik der reinen Vernunft› und 1783 die ‹Prolegomena› veröffentlicht hat, sorgen an allen Höfen und Universitäten seine Jünger und Anhänger dafür, daß seine Gedanken weithin ausstrahlen. Ich denke nur an die ‹Jenaische Allgemeine Literaturzeitung› des Professors Schütz, an den ‹Teutschen Merkur› Wielands, in dem Professor Reinhold die ‹Briefe über Kant'sche Philosophie› erscheinen läßt, und nicht zuletzt an die im Musenalmanach veröffentlichten ‹Briefe über die ästhetische Erziehung des Menschen› aus der Feder Friedrich Schillers, die ich mit Freude gelesen habe. Das alles ist Kants Geist – nein, man darf ihn nicht knebeln!»

Die Briefe «über die ästhetische Erziehung des Menschen» erschienen im Frühjahr 1795.

«Oh – in Königsberg schon! Freilich, er ist ein großer Mann, aber er ist alt und müde, geht er doch schon ins einundsiebzigste Jahr.

Sehen Sie, lieber junger Freund, in hundert Jahren wird sich die deutsche Nation vielleicht glücklich preisen, einen Immanuel Kant besessen zu haben. Er hat mit seinem System die Leibniz-Wolffsche Schule verdrängt, die seit dem Altertum unüberbrückbare Kluft zwischen naturalistischer und idealistischer Philosophie geschlossen und die ‹kritische› Denkweise begründet. Vielleicht gab es seit Platon und Bacon keinen Denker, der so sehr die Fundamente der Weltschau verändert hat wie er. Aber, was besagt das den preußischen Staatsgötzen! Nichts, lieber Boyen, absolut nichts. Man bezahlt ihm – der seit 1770 an der hiesigen Universität lehrt – im Jahre ganze 236 Taler, kaum genug zum Leben. Schlimmer: man läßt ihn nicht unbelästigt. Ich weiß, wie sehr er darüber klagt:

Aus einem Brief Kants an Magister Lindner in Riga.

‹Ach, hätt' ich doch nicht die elenden Buhlereien um den

Beifall und die abgeschmackten Einschmeichlungskünste nötig, die in Königsberg großtuerische, kleine Kollegen denen auferlegen, die ihre Belohnung verdienen und nicht erschleichen wollen ...»

«Das ist nicht nur in Königsberg so, Herr Professor!», entgegnet der Jüngere. «Leider herrschen auch in der Armee ähnliche Zustände. Wer nicht das Glück hatte, unter dem großen Friedrich zu dienen, gilt nichts. Dienstalter und laut betonte Loyalität gegenüber dem Königshaus, Verbindungen und Adelsprivilegien entscheiden bei der Besetzung der Kommandeurstellen. Exzellenz von Guenther klagt mir häufig sein Leid wegen dieser Ungerechtigkeiten. Er meint, mit einer solchen Armee hätte der Alte Fritz niemals seine Siege erkämpfen können.»

Der «Alte Fritz» war der im Volksmund gebräuchliche Name für König Friedrich II.

Die beiden Spaziergänger stehen vor der Altstätter Kirche. Nach links zweigt die stille Prinzessinnenstraße ab; hier hat sich Immanuel Kant 1784 ein Haus gekauft. Im unteren Stockwerk liegt auf der einen Seite der Hörsaal, auf der anderen wohnt die alte Köchin. Oben ist die Privatwohnung Kants; die Dachkammer hat der treue Diener Lampe bezogen.

«Wissen Sie was, lieber Boyen?» sagt Professor Harre, als sie das Kantsche Wohnhaus erreicht haben, «da Sie Kants Schüler waren, werde ich Sie vorstellen. Machen Sie sich keine Sorge, der Alte ist es gewohnt, ein paar Gäste an seiner Tafel zu haben. Häufig sind bei ihm Kaufleute, höhere Beamte, Kollegen oder auch Studenten zu Besuch. Er liebt es, Menschen zu sehen – wenn es nicht allzuviele sind. Im übrigen lebt er noch immer sein geregeltes Leben. Der alte Lampe weckt ihn ein Viertel vor 5 Uhr und darf nicht eher fortgehen, bis sich der Professor erhoben hat. Punkt fünf sitzt er in seiner Studierstube, trinkt zwei Tassen schwachen Tee und raucht eine Pfeife Tabak. Dann bereitet er sich zu den Vorlesungen vor, die er nur noch von 7 bis 9 Uhr hält, hernach studiert er, und um ein Viertel vor 1 Uhr wird gegessen. Wir kommen also eben zurecht.»

*

«Tritt man in das Haus, so herrscht eine friedliche Stille, und würde einen nicht die offene und nach Essen riechende Küche, ein bellender Hund oder eine miauende Katze,

Lieblinge von Kants Köchin (mit denen sie nach Kants Worten ganze Sermone hielt), eines anderen belehren, so hätte man gedacht, dies Haus sei unbewohnt. Steigt man die Treppe hinauf, so zeigt sich freilich der mit Tischdecken beschäftigte Bediente, doch geht man durch das ganz einfache, unverzierte, zum Teil räucherige Vorhaus in ein größeres Zimmer, das die Putzstube vorstellt, aber keine Pracht zeigt. Ein Sofa, etliche mit Leinwand überzogene Stühle, ein Glasschrank mit einigem Porzellan und ein Büro, das sein Silber und vorrätiges Gold faßt, nebst einem Thermometer, das sind alle Möbel, die einen Teil der weißen Wände bedecken. Und so dringt man durch eine ganz einfache, armselige Tür in das ebenso ärmliche Sanssouci ...»

Nach einer Beschreibung von Johann Gottfried Harre, einem Amtskollegen Kants.

Die folgenden Abschnitte nach Harre.

Vor der Studierstube Kants weist Professor Harre auf ein unter Glas und Rahmen gefaßtes zehnstrophiges Huldigungsgedicht. Begeisterte Schüler haben die Verse anno 1770 bei Antritt des Ordinariats dem verehrten Lehrer überreicht,

«dessen Herz nach Ehre nimmer geizte,
nie den Trieb zu niedrem Stolz empfand,
der mit seiner Tugendlehre heilig
einen Wandel – ihr gemäß – verband.»

«Ach, Professor», flüstert Boyen, «wie kann und darf sich solch ein Mann – ein Sokrates unserer Tage – von einem reaktionären Minister zum Schweigen bringen lassen? Man muß ihm zureden, Widerstand zu leisten.»

Johann Gottfried Harre schüttelt den grauen Kopf.

«Das geht sicher nicht, Leutnant. Kant ist ein loyaler und tief von der Untertanenpflicht überzeugter Bürger – kein Sansculotte, wie ihn Wöllner sehen möchte. Er hat dem König – auf den er den Beamteneid geschworen hat – versprochen, zu schweigen. Er wird es tun, solange Friedrich Wilhelm II. lebt.»

Der Professor pocht sachte an Kants Tür. Das fröhliche «Herein» einer beinahe noch jugendlichen Stimme kommt zurück.

«Das ganze Zimmer atmet Einfachheit und stille Abgeschiedenheit vom Geräusch der Stadt und Welt. Zwei gemeine Tische, ein Sofa und etliche Stühle, worunter sein Studiersitz ist, und eine Kommode lassen in der Mitte einen leeren Raum übrig, durch den man zum Thermo-

Die Schlacht von Salò am 31. Juli 1796, aus dem italienischen Feldzug Napoleons. Gemälde von H. Lecompte (Ausschnitt) (1)

Antoine-Jean Gros: Bonaparte auf der Brücke von Arcole.
(Paris, Louvre.) (2)

François-Pascal Gérard: Bildnis der Mme. Récamier, 1802. (3)

Antoine-Jean Gros: Der Kampf um Nazareth. Ölskizze auf Leinwand von Antoine-Jean Gros. Musée des Beaux-Arts, Nantes. Napoleon hatte die Ägyptische Expedition im Frühjahr 1798 begonnen, um die englische Mittelmeerstellung zu schwächen und gleichzeitig die englischen Verbindungen zu den indischen Kolonien zu stören. Im April des Jahres 1799 hatte General Junot am Berg Tabor mit zahlenmäßig schwachen Kräften eine weit überlegene türkische Streitmacht vernichtend geschlagen. (4)

und Barometer kommen kann ... Hier sitzt der Denker auf seinem ganz hölzernen Halbzirkelstuhle wie auf einem Dreifuß, entweder noch am Arbeitstische oder schon zur Tür gekehrt ...»

Immanuel Kant erhebt sich, die Gäste zu begrüßen.

Er ist klein, kaum fünf Fuß hoch und von schwächlichem Körperbau. Die Brust, von altväterlichen Spitzenjabots und samtenem Frack bedeckt, wölbt sich leicht nach innen, man erkennt, daß die rechte Schulter etwas verrenkt ist. Doch all diese Mängel eines Greisenkörpers verschwinden sofort, wenn man dem Manne ins Antlitz schaut. Das sanfte Auge strahlt Güte und Klugheit, die weiß gepuderte, an den Ohren leicht gerollte Perücke läßt eine hohe und helle Stirne offen, die schmalen, feinen Züge sprühen vor Leben.

Jabot, eine Brustkrause an den Männerhemden des 18. Jahrhunderts.

«Kommen Sie, lieber Harre», sagt er, «ich freue mich herzlich, Sie bei Tische zu haben. Daß Sie mir meinen ehemaligen Studiosus Boyen mitgebracht haben, rechne ich Ihnen besonders an.»

Er zieht die gestickte Klingelborte, das Zeichen für Diener Lampe, im Speisezimmer aufzutragen.

*

Immanuel Kant spricht mit großer Andacht das Tischgebet; dann trägt der alte Lampe die Gerichte auf. Bis zu seinem 63. Lebensjahr hat der unverheiratete Philosoph im Hotel zu Mittag gegessen, jetzt, wo ihn zunehmende Unpäßlichkeit und hohes Alter mehr ans Haus fesseln, kocht eine Magd für ihn.

Für heute haben es seine Gäste gut erraten: Auf dem Speisezettel stehen Suppe, Rindfleisch mit Senf, sodann eines der Kantschen Leibgerichte: Teltower Rüben mit Braten, und als Zwischengang sogar russischer Kaviar, von dem ihm sein Verleger Hartknoch aus Riga zuweilen ein Fäßchen schickt. Lampe schenkt dazu Rheinwein in die bunten, böhmischen Gläser. Kant greift kräftig zu und erwartet auch, daß es seine Gäste tun. Er bemüht sich lebhaft, seine Tafelrunde zu unterhalten. Gern vertieft er sich in Betrachtungen zur Lage in Polen oder Frankreich, am liebsten «schwelgt er nach seiner Art in politischen Gesprächen.»

*

Während die Diskussion vor allem zwischen den beiden Professorenfreunden Kant und Harre hin und her geht, beobachtet der Leutnant die Lebendigkeit dieses Greisenantlitzes und bewundert die Geistigkeit, die ihm aufgeprägt ist. Dieser gebrechliche Körper, – welche Gewalt ist von ihm ausgegangen!

1781 ist die «Kritik der reinen Vernunft» erschienen – ein Werk, das zum erstenmal die Frage nach einer Wissenschaft von der Erkenntnis dem ganzen Umfange nach aufstellte. Können wir überhaupt etwas sicher wissen und wie geht es vor sich, daß wir zu wissen glauben?

Hier sind die Fundamente aller künftigen exakten Arbeiten im Geiste gelegt worden: Nach Kant kommt es zur Erkenntnis der Wirklichkeit nur durch Erfahrung. Erfahrung ist aber nicht nur fortdauernde Empfindung des Gegenständlichen, nicht nur Anschauung, wird also nicht nur durch die Dinge außer uns bestimmt; sie ist auch Gestaltung des Empfundenen durch angeborene Vorstellungen von Raum und Zeit und die uns innewohnenden Kategorien oder Begriffe. Die Dinge sind also auch vom Denken abhängig.

Die Scholastik (von lat. scholastikus, zur Schule gehörig) bildete die christliche Theologie und Philosophie des Mittelalters

War das nicht die triumphale Lösung des alten Problems der Scholastik, die sich zwischen Realismus und Nominalismus nicht zu entscheiden vermochte!

Kants Werk «Kritik der praktischen Vernunft» erschien 1788.

Das Werk «Die Religion innerhalb der Grenzen der bloßen Vernunft» erschien 1793.

Und ebenso grundlegend wie auf dem Gebiet der Erkenntnistheorie sind Kants Arbeiten auf ethischem Felde gewesen. In der Schrift «Kritik der praktischen Vernunft» und in der anderen, die man ihm so übel angekreidet hat: «Die Religion innerhalb der Grenzen der bloßen Vernunft», ist die Philosophie des sittlichen Verhaltens behandelt.

Dieser kleine, schmächtige Mann hat der Fülle der überlieferten ethisch-philosophischen Grundsätze jene großartige Maxime gegenübergestellt, daß die Gesinnung des Handelnden das maßgebliche Tribunal für die sittliche Bewertung einer Tat sei. Das hieß, die Entscheidung von außen nach innen, ins Herz des Individuums verlegen. Der gute Wille entscheidet.

Johann Christoph von Wöllner (1732–1800), ursprünglich evangelischer Theologe, wurde 1788 Justiz- und Kultusminister. 1797 wurde er nach Aufhebung seines Religionsediktes entlassen.

Wenn Leutnant von Boyen das bedenkt, so begreift er wohl, warum Minister Wöllner gegen Kant eingestellt ist. Dieser engherzige Nachfolger des großartigen Ministers Zedlitz hat begriffen, daß Kant die sittliche Freiheit des Menschen verkündete – so wie die Amerikaner und Franzosen die bürgerliche verkündet hatten.

Denn – so fragt Kant – was ist guter Wille?

Und er antwortet: «Handle stets so, daß die Maxime deines Willens jederzeit als Prinzip einer allgemeinen Gesetzgebung gelten könnte.» Der Schritt von der Forderung nach Selbstverantwortung der Untertanen bis zur Forderung nach der politischen Mitbestimmung war nicht weit.

Aber er lehrte auch, daß die stete, sorgsame Erfüllung der sittlichen Verpflichtungen unter den Menschen die Seligkeit garantiere, und er glaubt an die Idee des Reiches Gottes, dem die Menschheit mit zunehmender Verwirklichung der ethischen Forderungen mehr und mehr näherkomme.

Wöllner und die Reaktionäre verkennen den Alten von Königsberg, seine tiefe Gläubigkeit und Güte, seine bedingungslose Loyalität zum Königshaus und seine menschliche und geistige Größe.

*

«Herr Leutnant, Sie träumen wohl?», sagt Professor Harre, da er den jungen Offizier in Gedanken versunken sieht. «Wollen Sie nicht ein Wort zu den Vorgängen in Polen sagen? Sie kommen ja geradewegs von Warschau.»

Etwas verwirrt antwortet von Boyen.

«Polen ist von dem Schicksal getroffen, das jeden Staat ereilt, der sich der klaren, sittlichen Pflicht entzieht, Sicherheit, Leben und Menschenrechte seiner Bewohner zu garantieren. Zwietracht der Herrschenden, krasser Eigennutz der Grundbesitzer und grausame Unterdrückung der Volksmassen haben den polnischen Staat zur wehrlosen Beute seiner Nachbarn gemacht. Ich habe in Polen gelernt, daß ein Staat ohne die Freiheit seiner Bevölkerung ein Nichts – ein Farbfleck auf der Landkarte ist.»

«Gut beobachtet, Herr von Boyen», sagt Kant lebhaft, «wo der Absolutismus das Volk von jeder Beteiligung am politischen Leben ausschließt, darf er auch in der Not nicht auf sein Volk rechnen. Man sollte die Untertanen zu Staatsbürgern machen.»

«In Polen ist das jedenfalls zu spät versucht worden», erwidert von Boyen. «Als man in Krakau daran dachte, die Leibeigenschaft durch die Verfassung von 1791 zu mildern, war der Bauer nicht mehr bereit, für seine bisherigen Herren zu kämpfen. Für ihn waren die Russen, die einen Teil Polens annektiert hatten, nicht schlechter als die eigenen, adeligen Blutsauger. Im preußisch besetzten Teil hat

Die Stadt Krakau (im heutigen Polen) war seit 1000 Bischofssitz. 1320–1609 polnische Hauptstadt. Bei der 3. Teilung Polens fiel die Stadt an Österreich.

man die fremden Truppen sogar wie Befreier begrüßt, brachten doch selbst die Eroberer mehr Freiheit, als man bislang genossen.»

«Und wie in Polen», sagt Professor Harre, «so ist es auch in anderen Ländern Europas! Wehe den Staaten dieses Kontinents, käme ein Robespierre und riefe die Unterdrückten zum Aufstand.»

Voltaire, eigentlich François Marie Arouet (1694–1778) war die wohl vollkommenste Verkörperung der Aufklärung. Als Philosoph stand Voltaire unter der Einwirkung von Locke und Bayle. Er versuchte die Vernunft auf allen Gebieten des Lebens durchzusetzen und die Menschen vom «Aberglauben» des «finsteren Mittelalters» zu befreien (écrasez l'infâme!)

Man ist beim Nachtisch angelangt. Professor Harre polemisiert gegen das ewige Kriegführen. Er zitiert Voltaires Dialog «Über das Recht des Krieges».

«Europa wird nicht immer vom Wahnsinn oder von der Pest angefallen – es genügt ihm häufig, daß irgendein toll gewordener Staatsminister einen anderen Minister beißt, um in zwei bis drei Monaten 400 000 bis 500 000 Menschen diese Tollheit mitzuteilen. Sie nennen es dann Krieg und heilig ...»

«Diese Krankheit», meint der Leutnant achselzuckend, «wird wohl bleiben, solange die Welt besteht. Den dauernden Frieden können wir unter der Sonne nicht erreichen; es ist der Erde nicht zugedacht, friedlich ihre Bahn zu ziehen ...»

Mit Hilfe des Dieners, der die Gedanken seines Herrn zu erraten scheint, erhebt sich Immanuel Kant, geht zum Wandschrank, der die kleine Handbibiliothek – ein paar Bände Plato, Descartes, Hobbes, Leibniz, Locke, Hume und andere – enthält und bringt ein Manuskriptheft zum Vorschein.

«Daran», sagt er, «arbeite ich im Augenblick. Wenn ich dies tue und mich mühe, gute und auf Grundsätze gerichtete Gesinnung zu verbreiten, so geschieht es mit einiger Wehmut, weil ich mich durch den kleinen Anteil an Lebenskraft, der mir noch zugemessen ist, von der Absicht ausgeschlossen sehe ... Gleichwohl mögen Sie hören, was ich geschrieben habe.»

Aus einem Brief Kants an Dr. Herz.

Immanuel Kant rückt den Sessel ans Licht und hebt den geistvollen Kopf. «Ich will es kurz machen und die Herren nicht lange molestieren. Ich habe die Präliminar-Artikel zum ewigen Frieden unter den Staaten der Welt entworfen, Gedanken, um die sich schon Platon und Leibniz bemüht haben.»

Im folgenden Auszüge aus Kants Schrift «Zum ewigen Frieden».

Er wendet sich dem Manuskript zu.

«Zum Ersten: Es soll kein Friedensschluß für einen

solchen gelten, der mit dem geheimen Vorbehalt des Stoffes für einen künftigen Krieg gemacht ist ...

Zum Zweiten: Es soll kein für sich bestehender Staat (klein oder groß, das gilt hier gleichviel) von einem anderen Staate durch Erbung, Tausch, Kauf oder Schenkung erworben werden können.

Zum Dritten: Stehende Heere sollen mit der Zeit ganz aufhören ...»

Er blickt den jungen Offizier an.

«Sie entschuldigen und verstehen wohl, Herr Leutnant? Aber solange die Welt aufrüstet, bedrohen sich die Staaten. Sie reizen einander durch die Menge der Soldaten auf, suchen sich zu übertreffen und indem durch die hohen Kosten der Friede noch drückender wird als der Krieg, sind Rüstungen zuletzt Ursachen von Angriffskriegen ...»

Dann liest er wieder aus dem Manuskript, dem er den Titel «Zum Ewigen Frieden» gegeben hat.

«Zum Vierten: Es sollen keine Staatsschulden in Beziehung auf äußere Staatshändel gemacht werden.

Zum Fünften: Kein Staat soll sich in die Verfassung und Regierung eines anderen Staates gewalttätig einmischen ...»

«Das ist allerdings nicht im Sinne der großen europäischen Koalition gegen die Revolution gesprochen», meint Professor Harre. «Man wird an diesem Punkte Anstoß nehmen.»

«Mögen sie Anstoß nehmen!» erwidert Kant und liest weiter aus seiner Schrift.

«Zum Sechsten: Es soll sich kein Staat im Kriege mit einem anderen solche Feindseligkeiten erlauben, welche das wechselseitige Zutrauen im künftigen Frieden unmöglich machen müssen, als da sind Anstellen von Meuchelmördern, Giftmischern, Brechung der Capitulation, Anstiftung von Verrat in dem bekriegten Staat.»

«Und Sie glauben, Herr Professor», wendet der Leutnant bescheiden ein, «daß bei Beachtung dieser Punkte ein ewiger Friede möglich wäre?»

«Ja, da der Friedenszustand unter Menschen, die nebeneinander leben, kein Naturzustand, sondern da dies viel eher der Kriegszustand ist, muß der Friede also gestiftet werden. Das kann nur durch das Gesetz geschehen ...»

«Und welche Garantien würde die Schaffung eines derartigen Weltgesetzes voraussetzen?» «Es sind drei:

1. Die bürgerliche Verfassung in jedem Staate müßte republikanisch sein.

2. Das Völkerrecht soll auf der Union freier Staaten gegründet werden, eine Weltorganisation müßte geschaffen werden.

3. Das Weltbürgerrecht sollte geschaffen und auf die Bedingung der allgemeinen Gastfreundschaft beschränkt sein.»

Alexander Pope (1688–1744), Dichter und Hauptvertreter des Klassizismus in England.

«Das sind großartige Ideen», begeistert sich nun auch Harre, «aber erklärt nicht der Engländer Pope: ‹Laßt über die beste Regierung Narren streiten; die bestgeführte ist die beste›. Nicht Systeme verbessern die Welt, sondern die Menschen – und die Menschen sind schlecht.»

«Das schönste Weltgesetz», antwortet Kant, «kann nicht verwirklicht werden, wenn es nicht auf einer breiten Basis der Macht steht. Darum schlage ich vor, ‹einen Völkerbund zu schaffen, der gleichwohl kein Völkerstaat sein müßte ...›»

Erst im Jahre 1919 wurde dieser Gedanke Kants in die Tat umgesetzt. Auf die Anregung des amerikanischen Präsidenten Wilson und englischer Kreise bildete die Völkerbundssatzung vom 28.4.1919 den Teil I des Vertrages von Versailles.

Und als er den Unglauben in den Gesichtern der Freunde liest, sagt er: «Was ich hier vorschlage, ist keine leere Idee, sondern eine Aufgabe, die nach und nach gelöst werden muß, da die Abstände, in denen die großen Fortschritte der Weltgeschichte geschehen, beständig kürzer werden. Ich glaube an die Zukunft der Welt und an die Menschheit.»

Leutnant von Boyen denkt einen Augenblick an das, was die Zukunft bringen wird. Was braut sich über dem Kontinent zusammen? Was wird ihm selber beschieden sein – eine lange, friedliche Garnisonszeit in einem großen und starken Vaterlande oder Schlachtendonner, Verwundung und Tod? Und was ist der Sinn dieser endlos im Ungewissen schwebenden Menschheitsgeschichte? Wohin zielt der Weg der Völker?

Als ob Kant die Frage des Jüngeren ahne, sagt er:

«Man kann die Geschichte der Menschengattung im Großen als die Vollziehung eines verborgenen Planes der Natur ansehen, um eine innerlich und zu diesem Zwecke auch äußerlich vollkommene Staatsverfassung zu Stande zu bringen, als den einzigen Zustand, in welchem sie alle ihre Anlagen in der Menschheit völlig entwickeln kann.»

Aus Kant: «Das Problem des Völkerbundes».

Die Chance des Generals

Frankreich frohlockt über die Bändigung des roten Terrors. Das Ende der Jakobiner bedeutet die Wiederkehr sorglosen Genusses größerer Sicherheit. Paris beginnt mit verstärkter Lust das neue, wiedergefundene Leben.

«Die Mauern sind mit Anzeigen aller Arten übersät: Bälle, Gastwirtschaften und neue Postkutschen kündigen sich lärmend an.»

Zu lange haben die Revolutionsmänner nur von Guillotine und Tod gesprochen; als sie unterlegen sind, scheint der Tod der eigentlich Besiegte zu sein.

«Von jenem Tage an ist alles wie neugeboren, jung, als müßte man nicht mehr altern. Man grämt sich nicht mehr um die verflossenen Jahre, die ganze Vergangenheit wird dunkel und versinkt vor der Gegenwart ... Terror oder Königtum – man wirft es von ganzem Herzen in den tiefen Brunnen des Vergessens ...»

Aus Michelet: «Histoire de la Révolution Française».

Sogar die Hinterbliebenen, die um Haaresbreite Entronnenen werfen sich der allgemeinen Festesfreude in die Arme. Da gibt es die sogenannten «Bälle der Opfer», auf denen man die Trauer um die Toten forttanzt und zu denen nur Frauen und Mädchen Zutritt haben, die zuwenigst ein Mitglied der Familie durch die Guillotine verloren haben. Die für solch seltsame Feste vorgeschriebenen Toiletten müssen dem Anzug ähnlich sein, in dem die Mütter oder Schwestern unterm Beil gestorben sind: ein weißes Kleid mit rotem oder schwarzem Halstuch und die Haare überm Nacken ganz kurz geschnitten.

Nach d'Allonville, «Mémoires secrets».

Schweigend bewegen sich diese Gesellschaften im Rhythmus schwermütiger Tänze.

«Unter zweihundert Frauen kein Laut, sie scheinen in Andacht zu versinken ...»

Nach Mercier und Goncourt: «Geschichte der französischen Gesellschaft unter dem Direktorium».

Die berühmte Pariser Geselligkeit erwacht zu neuer Blüte. Man wagt wieder Beziehungen zu Fremden aufzunehmen und sich in ihrer Begleitung zu zeigen, ohne die Denunziation als Spion und Agent des Auslandes zu fürchten.

So erhält auch Domherr Meyer eine der roten Einladungskarten mit der knappen Steinschrift: «Laissez passer le Citoyen Meyer». Unterschrieben ist das Billet, das zu einer Gesellschaft einlädt, mit dem Namen des Abgeordneten Barras, jenes Mannes, der im Thermidor die Konventstruppen gegen Robespierre organisiert hat.

Zur gleichen Abendgesellschaft ist auch General Napoleon Bonaparte geladen.

Dieser gescheiterte Jakobinergeneral und ehemalige Schützling Robespierres hat einen kleinen Posten im topographischen Büro der Kriegskanzlei erhalten. Er soll Karten zeichnen, beschäftigt sich aber immer noch mit hochfliegenden Plänen. Erzürnt über den langsamen Fortgang des italienischen Feldzuges, hat er dem Oberkommandierenden der Heimatarmee, General Scherer, einen fertigen Kriegsplan für die dortige Campagne eingereicht.

Das französische «Campagne» entspricht dem deutschen Wort «Feldzug».

Der hohe Kommandierende hat die «Hirngespinste» des sechsundzwanzigjährigen Generals mit Spott aufgenommen und seine strategischen Einfälle «wahnwitzige, einem kranken Hirn entsprungene Phantome» genannt.

Napoleon Bonaparte, der sich in einer Sackgasse festgefahren sieht, ist verzweifelt. Er trägt sich mit dem Gedanken, als Artillerie-Instrukteur nach Konstantinopel zu gehen. Noch eine letzte Hoffnung hält ihn zurück. Der mächtige Abgeordnete Barras ist ihm begegnet, hat ein paar nichtssagende Worte mit ihm gewechselt und eine Einladung hingeworfen, die ernst gemeint sein konnte oder auch nicht.

Er verdankt diese kostbare Karte einem Zufall. Eines Tages ging der kleine «General» von seinem Büro im Dachgeschoß der Tuilerien zum Palais Royal hinüber, als eine Rotte der «Jeunesse dorée» einen Abgeordneten umringte und trotz seiner Trikolore-Schärpe arg bedrängte. Dem Politiker wäre es wohl übel ergangen, hätte nicht der kleine General die Wache gerufen und ihn befreit.

Als sich der Herr vorstellte und bedankte, stellte sich heraus, daß es der ehemalige Gefährte Robespierres, Kommissar Carnot, war, der im Kriegsdepartement arbeitete.

In dem darauffolgenden Gespräch hatte Napoleon Bonaparte dem Abgeordneten Carnot die mißlichen Umstände seiner Karriere berichtet, und der Politiker hatte versprochen, etwas für ihn zu tun. Vielleicht konnte das Direktorium einen willfährigen, zu allem bereiten, militärischen

Büttel gebrauchen? Und so hatte ein Bote die begehrte rote Visitenkarte mit der Einladung gebracht:

General Bonaparte wird in der «Strohhütte» erwartet. Diesen etwas seltsamen Namen trägt ein in der «Allée des Veuves» gelegenes Haus, das mit unerhörtem Luxus ausgestattet sein soll und in dem «Notre Dame de Thermidor» – die Pompadour der Revolution – Bürgerin Tallien, ihre auserlesenen Bewunderer empfängt.

Jeanne Marie Thérèse Tallien (1773–1835), Gattin von Jean Lambert Tallien, der beim Sturz Robespierres eine wesentliche Rolle gespielt hatte.

Bonaparte sinnt darüber nach, welche Bedeutung diese Einladung in einen der ersten Salons von Paris für sein Schicksal haben könnte. Man muß Beziehungen schaffen, auf sich aufmerksam machen, Freunde haben, die helfen.

Der General entnimmt dem Schrank den einzigen blauen Uniformrock, den er besitzt, entfernt einige Fransen des verschlissenen Futters und färbt die weiß schimmernden Nähte mit Tinte blau. Prüfend tritt er vor den Spiegel des armseligen Hotelzimmers.

«Er ist das hagerste, das seltsamste Geschöpf, das man sich denken kann ... Nach der damaligen Mode trägt er ‹Hundeohren› – lange, bis auf die Schultern herabfallende Haare ... Sein düsterer Blick läßt Gedanken an einen Menschen aufkommen, dem man zur Nachtzeit nicht gerne im Walde begegnet wäre ...

Wäre er nicht so mager, daß er krank scheint und man bei seinem Anblick Mitleid empfindet, so hätte man bemerkt, daß er ungemein feine Gesichtszüge hat, besonders der Mund ist wundervoll ...»

Aus Stendhal, «Das Leben Napoleons».

Nun – im ganzen sieht er nicht wie ein Gast für Theresa Cabarrus-Tallien aus. Vielleicht wäre es besser, der «Strohhütte» fernzubleiben!

Aber der kleine General hat nichts mehr zu verlieren, doch vieles, vielleicht alles zu gewinnen. Kurz entschlossen greift er den abgenützten Zweispitz, den er schon auf den Schanzen von Toulon getragen hat. Auf der Straße ruft er einen Mietkutscher an und nennt als Ziel die Allée des Veuves.

Der Zweispitz gehörte schon vor der Revolution zur Hoftracht. Es handelt sich um einen Hut mit einer an zwei Seiten hochgeklappten Krempe.

*

In einem achteckigen, von funkelnden Kristallüstern erleuchteten Raume tanzen die Paare zum dezenten Klang von Violinen. Der Salon ist in Blau und Silber gehalten, die Kerzen stehen strahlend vor kleinen Spiegeln.

Eine große Zahl junger Herren und Damen drängt sich

auf der Parkettfläche. Die Frackröcke sind pastellfarben getönt: rosa, veilchen- oder malvenfarben, geblümt und gestreift; die seidenen Kniehosen und die zartgewebten Strümpfe halten sich meist in Goldgelb oder Weiß; an den roten und schwarzen Lackschuhen glitzern brillantenbesetzte Schnallen. Man sieht auch wieder leichtgepuderte Perücken und kleine Nackenzöpfe.

Noch kühner ist die Mode der Abendkleider, wie sie die Damen vorführen: langwallende, bis zu den Hüften geschlitzte Tuniken mit hohen Taillen und tiefen Ausschnitten. Man trägt Sandalen nach klassischer Art, an den Zehen Ringe, um die Knöchel kostbare Schmuckbänder.

Düster, als gehöre er nicht hierher, lehnt der kleine General mit den langen, unfrisierten Haaren an einer elfenbeinfarbenen Türe. Er hat die Arme verschränkt und sieht den rhythmischen Schwüngen der Paare zu, die nicht mehr die hüpfenden Tänze des Ancien Regime, sondern den revolutionären Dreivierteltakt walzen.

Der Walzer war der beliebteste Modetanz jener Zeit, ein Rundtanz im ¾-Takt mit stark betontem erstem Taktteil. Seine Blütezeit erlebte dieser Tanz später als «Wiener-Walzer».

Das muntere Gewoge bricht ab. Die wallenden Vorhänge einer Doppeltür fliegen auf: Madame Tallien – die schöne Theresa – erscheint am Arm ihres Geliebten, des Abgeordneten Barras. – Ein prachtvolles, auffälliges Paar!

In langem Gefältel fließt das scharlachrote Musselinkleid von der üppigen Brust Theresas herab, der olivenfarbene Teint der Spanierin, die feurigen, mandelförmigen Augen und das à la Titus geschnittene, schwarze Haar vollenden den Eindruck vollkommener Schönheit. Barras trägt die neue Tracht der führenden Klasse. Er ist der größte und schönste Mann im Konvent, ein angenehmer und fröhlicher Gesellschafter, der niemals den ehemaligen Vicomte ganz verleugnet, so wenig wie die Frau an seinem Arm die ehemalige Marquise de Fontenay.

Hinter Barras, der in dem goldgestickten Rock, mit sicheren Gesten, rot-weiß-blau gegürtet und halb Tribun, halb Herrscher einhergeht, hält sich unscheinbar und bedrückt der Gatte Theresas, der Bürger Tallien. Die Gäste beeilen sich, die Herren des Hauses zu begrüßen. General Lazare Hoche, der vielgepriesene Sieger von Quiberon, der nun endlich, nach zwei Jahren schrecklicher Kämpfe, den Aufstand der Vendée niedergeworfen und eine Landung der Engländer abgewehrt hat, ist einer der ersten. Er ist riesengroß, blond und selbstbewußt, er gilt als der aussichts-

Lazare Hoche (1768–97), einer jener aufstrebenden jungen Offiziere der Revolutionsarmee. 1792 erhielt er den Grad eines Leutnants und wurde im folgenden Jahr bereits zum General befördert.

reichste Soldat Frankreichs. Der große Carnot, der Organisator des Sieges und Verwalter des Kriegsministeriums, hat ihm freundschaftlich den Arm um die Schultern gelegt.

Am 30. 7. 1795 hatte die republikanische Armee unter Hoche bei Quiberon (Bretagne) über die Truppen der Emigranten, Royalisten und Chouans gesiegt.

«Carnot ist als geist- und gefühlvoller Dichter bekannt und als Privatmann einer der liebenswürdigsten Menschen. Seine blasse, etwas leidende Gestalt und ruhig heitere Miene trägt den Ausdruck einer sanften und frohen Seele ...

Carnot liebt die Künste und Wissenschaften, er widmet ihnen seine wenigen Erholungsstunden; im mathematischen Fach ist er Schriftsteller, und unter allgemeiner Zustimmung nahm ihn das Nationalinstitut im vorigen Herbst als einen verdienstvollen Gelehrten zum Mitglied an ...»

Aus J. L. Meyer, «Fragmente».

Sehr auffällig ist Madame de Staël gekleidet. Sie trägt einen bunten Turban auf dem krausen Haar, der seidene Überwurf ist mit Juwelen beladen. Wie ihre Kleidung, so ist auch ihr Benehmen. Abschätzend mißt sie den kleinen General, der wie ein fremder Vogel zwischen all diesen Pfauen und Kolibris steht.

Anne Louise Germaine Baronne de Staël-Holstein (1766–1817), französische Schriftstellerin.

Man erzählt sich, daß ihre Leidenschaft stets nach neuen Opfern ausspähe, sie liebe das Abwegige und Ungewöhnliche. Nichts auf ihrem gedunsenen Gesicht weist auf die Verfasserin geistreicher Romane hin.

Der vereinsamte General in seinem Winkel hört die Namen der Vorgestellten nennen: Der hagere Fuchs im eleganten, braungetönten Samtrock ist Fouché, der Polizeisachverständige des Konvents und, wie man sagt, einer der verderbtesten Männer unter den Thermidoriens. Neben ihm steht in schwarzem, hochgeschlossenem Rock, aufrecht und steif, der große Abbé Sieyès, der Schöpfer ungezählter Verfassungen und Resolutionen. Er debattiert mit Cambacérès, der eine weiße Perücke trägt und den Hochmut eines ehemaligen Hofintendanten zur Schau trägt.

Plötzlich vernimmt Bonaparte die Stentorstimme des Hausherrn, Barras hat ihn entdeckt und führt Theresa näher herzu.

«Ah, General! Sie sind wirklich gekommen! Man hört, daß Sie nächtelang arbeiten und wenig in Gesellschaft gehen!» Theresa reicht dem General die Hand.

«Sie kennen Barras, General? Hörte man nicht von Ihnen anläßlich der Einnahme von Toulon?»

«Gewiß, Bürgerin. Ich hatte schon damals die Ehre, General Barras vorgestellt zu werden.» Er küßt die Hand der Schönen. Es ist eine linkische, unsichere Bewegung, die auf ihn gerichteten Blicke bringen ihn in Verwirrung.

«Noch ein General!» spöttelt Cambacérès. «Man wird bald Arbeit für ihn finden. Es gärt in Paris, und die Sectionen rüsten zum Aufstand. Wohl dem, der sich der Generale versichert!»

Joseph Fouché (1759–1820) machte sich einen Namen als einer der Führer der Schreckensherrschaft 1793/94.

Auch Fouché tritt heran und mißt Bonaparte durch das Lorgnon; der Eindruck scheint nicht der beste zu sein, dieser finstere, unbewegte Mann im abgetragenen Rock ist wenig sympathisch.

«Wenn die Politiker am Ende sind, pflegt die Stunde der Generale zu kommen!» Fouché wirft einen Seitenblick auf Barras, dem man von allen Seiten Lobsprüche und Bewunderung zollt, Barras läßt die unverfrorene Anspielung unbeantwortet.

Abbé Sieyès (1748–1836) war schon 1789 als Mitglied der Generalstände eine der herausragenden Figuren der Revolution. Berühmt wurde er durch seine Flugschrift: «Was ist der Dritte Stand», die in den Grundzügen das politische Programm der ersten Revolutionäre umfaßt.

Cambon, das Finanzgenie der Revolution, ist in ein Gespräch mit Abbé Sieyès vertieft. Sie unterhalten sich über die Finanzmanöver Englands, das alle Mittel einsetzt, um die Revolution, die es nicht mit Waffengewalt besiegen kann, wirtschaftlich zu unterhöhlen.

«Wir wissen», sagt Cambon, «daß die Agenten Pitts bei den besten holländischen Kupferstechern die Druckplatten der Assignaten nachahmen lassen und bereits an die zwei bis drei Milliarden Falschgeld in Umlauf gesetzt haben. Als Hoche die aufständischen Royalisten der Vendée bei Quiberon entscheidend schlug, fand man bei einzelnen Gefangenen und Toten bis zu hunderttausend Franken Assignaten – alle waren gefälscht. Wie soll Frankreichs Währung dieses Manöver aushalten?»

Sieyès, der ein unleidlicher Doktrinär geworden ist, weil er sich ärgert, daß sein Verfassungsentwurf nicht in allen Punkten angenommen worden ist, erwidert nicht gerade freundlich. «An den Finanzen wird Frankreich nicht zugrunde gehen. Aber diese neugeplante Staatsordnung mit einem fünfköpfigen Direktorium, einem Rat der Alten und einem Rat der Fünfhundert an der Spitze ist lebensunfähig. Ihr macht euch eine Verfassung, die geradezu nach dem Staatsstreich ruft!»

Diese Staatsordnung, das «Directoire», war die oberste Regierungsbehörde Frankreichs in der Spätzeit der Revolution, begründet durch die Verfassung von 1795.

«Sie werden einer der Direktoren sein, Sieyès!»

«Ich bedanke mich für die Ehre! Nein, ich habe es abgelehnt. Barras und seine Freunde Carnot, Reubell oder Letourneur mögen sich in die Pfründen teilen!»

Cambon läßt das Thema fallen, das seinem Partner offenbar unsympathisch ist.

«Was halten Sie von den Gerüchten über eine Verschwörung der Sectionen von Paris?» fragt er. «Man nennt den Namen Babeufs, man spricht von seiner Verbindung mit den Royalisten und Jakobinern?»

«Ich kann mir denken, daß alle extremen Kräfte gegen die neue Verfassung Sturm laufen werden», antwortet Sieyès. «Wehe dem Konvent, wenn es zum Aufstand kommt! Barras ist ein Salongeneral. Es war sein Glück im Thermidor, daß Robespierre sich nicht verteidigte. Aber er glaubt an sein militärisches Geschick.»

Die Flügeltüren sind geöffnet worden. In den reizend eingerichteten Nebenkabinetten verteilen sich die Gruppen der Gäste nach ihren Interessen. Lärmende Kavaliere sammeln sich um die Schönen, die gleichsam Hof halten. Im Spielsaal haben Barras und seine Freunde sich an den Kartentischen niedergelassen und beginnen das Spiel. Die Chips und Goldmünzen klirren. Bonaparte, alleingelassen, steht mißmutig in einer Fensternische.

«Wird auch dieser Abend wieder in Leere und Einsamkeit enden? Ist die große Chance, auf die alles ankommt, schon vorüber?»

Er zieht einen der prächtigen Polsterstühle heran und starrt gedankenvoll in das Treiben. Eine weiche, singende Frauenstimme läßt ihn aufhorchen.

«So allein, Bürger General?»

Eine fremdartige Schönheit steht vor ihm, ein Wesen wie aus dem Märchen! Die schmale Gestalt ist in taubengraues Musselin gehüllt, die wohlgeformten Schultern von durchsichtiger Gaze kaum verschleiert. Auf dem schön geschwungenen Hals sitzt ein kindlich-liebliches Köpfchen. Der Teint hat den weichen Olivenschimmer, den die westindische Sonne auf die Haut der dort geborenen weißen Menschen legt, in den aufgesteckten, dunklen Locken liegt ein rotes Seidenband.

«Sie sind hübsch, Bürgerin!» Bonaparte neigt sich, als wäre er solche Galanterie gewohnt, über die schmale Hand und nennt seinen Namen.

«Ich bin Josephine Beauharnais, Theresas Freundin», erwidert die schöne Kreolin und läßt sich neben Napoleon im Sessel nieder. Aus den größeren Räumen dringt entfern-

Josephine Beauharnais (1763–1814), geborene Tascher de la Pagerie, hatte 1779 den Vicomte de Beauharnais geheiratet, der 1794 hingerichtet wurde.

Kreole ist die in Lateinarmerika gebräuchliche Bezeichnung für alle in Amerika geborenen Kinder von europäischen Eltern.

tes Gelächter, das Klirren von Geldrollen, Gemurmel und gedämpfte Musik – ein Zeichen, daß man sich gut unterhält.

Der General wird gesprächig, als wäre eine Schleuse hochgezogen und alles, was Einsamkeit und Schweigen in ihm verschlossen, bräche hervor. Vor der kindhaften, ganz natürlichen Frau hat der Korse alle Hemmungen verloren.

Was erfährt sie nicht alles! Daß er auf Halbsold gesetzt ist, daß der Verdienst im topographischen Büro kaum ausreicht, die zahlreiche, aus der korsischen Heimat vertriebene Familie zu unterstützen, daß der schäbige Rock, den er trägt, nicht erneuert werden kann, weil die Intendantur die Zuweisung von Tuch verweigert.

«Ich will mit Theresa reden», sagt Josephine. «Ein Wort von ihr wirkt Wunder.» Josephine ist arm, sie lebt in gänzlicher Abhängigkeit von ihren Freunden und sehnt sich nach dem Leben einer großen Frau. Theresa Tallien ist großmütig genug, sie in ihrer Nähe zu dulden und einen Abglanz ihres Ruhmes auf sie fallen zu lassen.

Napoleon reicht mit gewandter Geste Josephine den Arm, sie nimmt ihn und lächelt ihm zu. Er weiß nicht, daß sie die Geliebte des mächtigen Barras ist – freilich nur neben Theresa.

*

Der Abend in der «Strohhütte» war nicht verloren. Wenige Tage später hat Bonaparte sein erstes Rendezvous bei Josephine Beauharnais. Er trifft sie von nun an fast täglich in dem kleinen Häuschen an der Rue Chantereine, das sie mit dem Geld ihres Kavaliers Barras gekauft hat.

Josephine liebt den stürmischen, kleinen Korsen nicht.

«Ob ich ihn liebe?» schreibt sie an eine Freundin. «Nein, ich liebe ihn nicht ... Ich hege nur ein warmes Gefühl für ihn, das mir selbst nicht gefällt und das ehrbare, religiöse Menschen für das schlimmste halten.»

Aus Lacour-Gayet, «Napoleon», 1921.

Um so wilder brennt Napoleons Leidenschaft. Der heißblütige Korse ist noch ganz von Goethes «Werther» und Rousseaus «Neuer Heloise» gefangen. Von Konstantinopel ist nun nicht mehr die Rede. Statt dem Großherrn am Goldenen Horn verdingt er sich der schönen Josephine.

«Der Tag, an dem Du mir sagen wirst: ‹Ich liebe Dich weniger›», schreibt er an sie, «wird der letzte meines Lebens sein. Wenn mein Herz niedrig genug wäre, um unerwidert lieben zu können, würde ich es mit den eigenen Zähnen zerfleischen».

Aus Masson: «Napoléon: Manuscrits inédits», 1907.

Barras hat das Eingeständnis ihrer Beziehungen zu Napoleon mit Vergnügen zur Kenntnis genommen. Er ist Josephines müde und sieht die Rückzugslinie gesichert. Tränen und Auftritte sind ihm zuwider. Man wird sich von der schönen Kreolin ohne dramatische Szene lösen!

Barras wird Napoleon Bonaparte ein Kommando verschaffen. Das soll sein Abschiedsgeschenk an Josephine sein.

*

Inzwischen ist es September geworden, die dritte Verfassung soll in Kraft gesetzt werden. Die Freiheiten von 1793 werden weiter eingeengt. Die vollziehende Gewalt übernimmt ein Direktorium von fünf Personen. In die übrige Macht teilen sich der aus 250 Mitgliedern bestehende gesetzgebende Rat der Alten und ein Rat der Fünfhundert. Um in den Provinzen einen Wahlsieg der überhandnehmenden Royalisten zu verhindern, ist die Klausel beigefügt worden, daß zwei Drittel der gesetzgebenden Räte aus Konventsmitgliedern gewählt werden müssen.

Durch seine Spitzel erfährt der Polizeichef Fouché, daß die Royalisten von Paris mit der Nationalgarde in Verbindung getreten sind und einen Aufstand vorbereiten. Man spricht auch von geheimen Beziehungen zu den Linksradikalen unter Babeuf. Es soll beschlossen sein, das Direktorium noch vor seinem Amtsantritt zu erledigen und den Umsturz mit Waffengewalt zu erzwingen.

Die Nationalgarde war die von Lafayette zu Beginn der Revolution gegründete Bürgerwehr.

Die neue Verfassung (Direktorium) wurde am 23.9.1795 in Kraft gesetzt.

In dieser gefährlichen Stunde, da die mühsam erkämpfte Ruhe von beiden radikalen Flügeln bedroht ist, richten sich alle Blicke auf den militärischen Retter des Thermidor, den Triumphator über Robespierre: Jean-Paul Barras.

Der stolze und an ein luxuriöses Leben gewöhnte Mann besitzt genug Ehrlichkeit gegen sich selbst, um seine Grenzen zu kennen. Er weiß, daß er kein Feldherr ist – aber er wird es nicht eingestehen. Also beginnt er, sich nach einem geeigneten Manne umzusehen, der die Konventstruppen führen kann, ohne später selber eine Gefahr zu sein.

Cambon schlägt den Brigadegeneral aus dem topographischen Büro vor. Barras, der von Bonapartes Anhänglichkeit an seine Person überzeugt ist, unterstützt den

Vorschlag. Die Stimmen der beiden aktivsten Männer des Konvents entscheiden: Man beauftragt Napoleon Bonaparte mit der Führung der Truppen.

Um ein Uhr nachts läßt Barras General Bonaparte rufen und bietet ihm die große Chance.

«Geben Sie mir Bedenkzeit!» sagt Napoleon.

«Überlegen Sie – aber nicht länger als drei Minuten!» Barras bleibt vor ihm stehen und zieht die Uhr.

Nach Las Casas, «Tagebuch von St. Helena».

«Soll ich zum Sündenbock für so viele fremde Verbrechen werden?» denkt Napoleon. «Soll ich meinen Namen so vielen, furchtbaren Namen anreihen?»

Er möchte ablehnen, doch aus der Tiefe spricht die Stimme des Schicksals, die ihn lockt.

Als die drei Minuten vorüber sind, sagt er zu.

*

Die Oktobernacht ist unruhig. Pferdegetrampel, der rollende Marschtritt vieler Kolonnen lassen Paris nicht schlafen. Alle Straßen sind voll gefährlichen Lebens.

Dreißig von den achtundvierzig Sectionen von Paris befinden sich im Aufstand. Das bedeutet, daß beim Morgengrauen dreißigtausend Mann gegen ein paar tausend Soldaten des Konvents anrücken werden.

Um halb zwei Uhr nachts hat General Bonaparte das Büro von Barras verlassen. Eine Viertelstunde später ist der entscheidende Befehl gegeben. Sein Adjutant – ein gewisser Hauptmann Joachim Murat, Abenteurer und Glücksritter wie er – jagt mit einer Schwadron treuer Truppen ins Artillerielager nach Sablon. Er erreicht die Geschütze wenige Minuten, ehe die Aufständischen sie holen kommen.

Joachim Murat (1767–1815) hatte seine militärische Karriere in den Revolutionskriegen gemacht und wird 1800 die jüngste Schwester Napoleons, Karoline, heiraten.

Dann rollen die Kanonen unter Bedeckung nach Paris. Im Morgengrauen stehen sie auf dem Platz vor den Tuilerien.

*

Der General hat in wenigen Nachtstunden aus der Konventsgarde eine kleine, aber verlässliche Armee geschaffen. Als die Arbeiterbataillone, Seite an Seite mit den royalistischen Nationalgarden, die lange Rue St. Honoré herab gegen die Tuilerien anmarschieren, läßt Napoleon sie auffordern, sich zu ergeben.

Die Empörer antworten mit Gewehrsalven.

Napoleon hebt, auf den Treppen zur Kirche Saint Roche stehend, den Degen und befiehlt zwei mit Kartätschen geladenen Geschützen, in die dichtgedrängte Menge zu feuern. Von dieser Stelle aus hat er vor drei Jahren als unbekannter Hauptmann den Sturm auf die Tuilerien und den Untergang der Königsmacht erlebt.

Aber diesmal hat er selber das Kommando, und die Sache wird anders enden. Auf den Stufen von Saint Roche kommt es zum Nahkampf. Dann feuern die an den Flanken aufgestellten Kanonen, die Konventsgarde geht wie eine gutgelenkte Maschine vor. Die Aufständischen fliehen. Die Geschütze Bonapartes verfolgen sie bis zur Place Vendôme und an die Pforten des Palais Royal. In zwei Stunden ist der Putschversuch niedergeworfen.

*

Am Abend schreibt Napoleon Bonaparte an seinen Bruder Joseph:

«Gott sei Dank, nun ist alles vorüber, wir haben viele Leute getötet und die Sectionen entwaffnet. Jetzt ist alles ruhig, ich bin wie immer unverletzt. Das Glück ist mit mir ...»

Aus Masson, «Napoléon et sa famille».

Der Botschaft legt er 60 000 Franken für seine Mutter Laetitia bei, die in Marseille in größter Bedürftigkeit lebt.

Barras erstattet einen hochtrabenden Bericht an den Konvent und verschafft in seiner Freude über die endgültig gesicherte Stellung dem Sieger des Tages den Titel eines «Generals von Paris».

Der royalistische Aufstand der Pariser Sektionen, durch den Napoleon schlagartig berühmt wurde, fand am 5. Oktober 1795 statt.

Der Unbekannte aus dem topographischen Büro ist eine Größe im politischen Spiel geworden.

*

«Vorsicht, Barras!» warnt Fouché. «Hüte dich vor dem Retter des 13. Vendemiaire. Dieser kleine Korse gefällt mir nicht, er ist zu ehrgeizig und zu tüchtig. Im topographischen Büro erzählte man mir, daß er große, strategische Pläne für Italien entworfen habe. Bedenke, was das heißt, der Bursche zählt erst sechsundzwanzig Jahre!»

Barras schüttelt lächelnd den Kopf. Die beiden Männer befinden sich in Barras' Amtszimmer, dem ehemaligen Arbeitskabinett Ludwigs XVI.; den Vicomte Paul de Barras scheint das übrigens nicht zu stören.

«Bonaparte verdankt mir zuviel. Er ist dankbar und anhänglich, aber kein politischer Kopf, sondern ein Mann mit rein militärischen Interessen.»

«Vertraue nicht auf die Dankbarkeit irgendeines Menschen. Man muß seine Freunde in der Hand haben, sie beherrschen oder unlösbar mit ihnen verbunden sein.»

«Na – und du, Fouché? Nennst du dich nicht auch meinen Freund?»

Der Hagere verzerrt sein Gesicht zur Maske.

«Uns beide verbindet die Tatsache, daß wir Königsmörder sind. Es gibt keinen Weg zurück. Aber hüte dich vor den Unbelasteten, vor denen von der Rechten noch mehr als vor denen von der Linken.»

«Wer weiß?» erwidert Barras beziehungsvoll. «Vielleicht wird uns Ludwig XVIII. einst danken, daß wir ihm den Weg zum Throne freigemacht haben.» Als er Fouchés aufkeimendes Mißtrauen bemerkt, fügt er rasch hinzu: «Aber sei unbesorgt, ich bin des Regierens noch längst nicht müde!»

«Dann hüte dich vor Bonaparte!»

«Ich werde ihn in allen Ehren beiseite schieben, aber du mußt Geduld mit mir haben.»

*

Der «Ventôse» umfaßt die Periode vom 19. Februar bis zum 20. März.

Die Heirat Napoleons fand im März 1796 statt.

Im Ventôse des nächsten Jahres findet die Trauung Napoleon Bonapartes mit Josephine Beauharnais statt. Tallien und Barras, zwei ehemalige Liebhaber Josephines, sind die Trauzeugen.

Das Hochzeitsgeschenk, das Barras dem jungen Paar zu Füßen legen kann, ist wahrhaft königlich. Er hat die Ernennung des Generals zum Oberbefehlshaber der italienischen Armee durchgesetzt. Napoleon Bonaparte wird Gelegenheit haben, seinen kühnen Feldzugsplan von einst durchzuführen – oder zu verschwinden.

Zwei Tage nach der Hochzeit verläßt Napoleons Reisezug Paris. Josephine vergißt ihn fast augenblicklich, sie hat so unendlich viele Verpflichtungen: Teeeinladungen bei Madame de Staël, Geplauder bei Juliette Recamier, Pharaospiel bei Theresa Tallien ...

Napoleon aber rollt den Alpen entgegen, eine Armee zu übernehmen und sein Schicksal zu schmieden.

Schachbrett des Schicksals

Die italienische Armee liegt seit Jahr und Tag wie ein Pestgeschwür auf dem Lande Piemont. Hier ist noch alles im Lumpenornat der Sansculottenzeit. Die Biwaks sind mit erschreckend wilden Banditen in zerfledderten Uniformen, zerrissenem Schuhwerk und verrosteten Waffen gefüllt. Der Ruf dieser Soldateska ist ebenso schlecht wie ihre Montur.

«Lumpengesindel aus der ganzen Languedoc und der Provence, geführt von einem barfüßigen General ...»

Zitiert nach Lacour-Gayet, «Napoleon», 1921.

Im Stabe des Revolutionsgenerals Massena, dem Sohn eines Weinhändlers und ehemaligen Matrosen, gibt es kein Papier, um die Tagesbefehle zu schreiben. Es fehlt an Artillerie, an Nachschub, Geld und Verpflegung, die Disziplin ist die einer Räuberbande.

«Wenn der Soldat ohne Brot ist, treibt er es so, daß man sich schämt, ein Mensch zu sein. Ich werde furchtbare Exempel statuieren und die Ordnung wiederherstellen, oder ich gebe das Kommando über diese Banditen auf ...»

Aus einem Bericht Napoleons an das Direktorium, April 1796.

Die Herren in den Ministerien zu Paris haben Bonaparte mit ganzen 2000 Louisdors an seine Aufgabe geschickt. Alles Übrige muß sein Genie leisten. Die Lumpenarmee erwartet den Siebenundzwanzigjährigen mit skeptischer Neugierde.

Der Louisdor war eine Goldmünze mit wechselndem Goldgehalt. Sie war seit Ludwig XIII. in Gebrauch und wurde 1803 durch das 20-Franc-Stück ersetzt.

Als die bärtigen Sansculotten-Soldaten den kleinen, schmalen Mann im blauen Rock, mit dem gelblichen, scharfgeschnittenen Gesicht und den wild herabhängenden Haarsträhnen sehen, wie er beweglich und aufmerksam durch die Lager eilt, hier ein paar Worte spricht und dort eine Anordnung trifft, werden sie von einem dem Mitleid verwandten Gefühl ergriffen.

Jedes Kind sieht, daß dieser «kleine Korporal» krank ist, daß er sich nur durch seinen eisernen Willen aufrechterhält. Man sagt, er habe sich vor Toulon die Krätze geholt, die nun ins Blut übergegangen sei.

Und doch flammt ein verzehrendes Feuer aus den schwarzen Augen.

«Dieser kleine General, der Hundesohn, hat mir wahrhaft Angst eingejagt!» sagt der wilde Sansculottengeneral Augereau. «Ich vermag das Gefühl, das mich beim ersten Blick auf ihn mit einem Schlag zermalmte, selbst nicht zu erklären ...»

Aus Ségur, «Histoire de Napoléon et de la grande armée».

Napoleon war seit dem 23. Februar 1796 Oberkommandierender der Italienarmee.

Bald schon spürt die Armee, daß mit dem Erscheinen des neuen Feldherrn ein anderer, stürmischer Geist über sie gekommen ist. Diese Südfranzosen sind entzündlicher Stoff. Wer es versteht, kann sie leicht zur Begeisterung entflammen.

Vierzehn Tage nachdem Bonaparte im Lager erschienen ist, weiß er einen Strom feuriger Herzen hinter sich. Aus der Armee schlägt ihm der fordernde Ruf entgegen: Auf nach Italien! Voran zum Sieg!

Am 26. April – noch nicht drei Wochen, seit der Feldzug begonnen hat – erläßt General Bonaparte einen Aufruf an seine Truppen:

«Soldaten! Ihr habt in vierzehn Tagen sechs Siege erfochten, einundzwanzig Fahnen erbeutet, fünfundfünfzig Geschütze und mehrere Festungen genommen; ihr habt den reichsten Teil Piemonts erobert ...

Es hat euch an allem Notwendigen gefehlt, aber ihr habt alles wettgemacht; ihr habt Schlachten gewonnen ohne Kanonen, Flüsse ohne Brücken überschritten, Eilmärsche ohne Stiefel gemacht, biwakiert ohne Schnaps, ja, häufig sogar ohne Brot ...

Einzig republikanische Legionen, Soldaten der Freiheit, waren fähig zu ertragen, was ihr ertrugt ...

Aber ihr habt noch nichts getan im Vergleich zu dem, was noch zu tun übrig bleibt ...»

Die französische Armee lagert auf den Randhöhen Piemonts, unter ihr breitet sich die paradiesische Landschaft Italiens aus.

Der «kleine Korporal» – wie ihn nun die Soldaten liebevoll nennen – geht von Lager zu Lager. Er teilt Essen und Trunk mit den Sansculotten. Sie flüstern sich zu, daß er der Freund Robespierres und selber ein Jakobiner gewesen sei. Sie sind selbst fast alle Revolutionäre von 1792 und 1793, Männer, die das heilige Dreigestirn der Freiheit, Gleichheit und Bürderlichkeit in den Herzen tragen.

General Bonaparte hat sich in seinen dünnen Mantel gehüllt, die Haare hängen ihm lose über die Wangen. Wenn der Schein des Feuers auf sein Gesicht fällt, wird die gemeißelte Strenge und Zucht seiner Züge offenbar. Neben ihm steht, halb im rotüberflammten Schatten, sein Bruder und Adjutant Louis. Der Stabschef, General Berthier, ein großer, vornehm wirkender Mann, und Oberst Lannes – der rechte Sansculottenoffizier, Sohn eines Stallknechtes und ehemals Färber – hören dem Gespräch zu, das der General mit seinem alten Kameraden aus den Tagen von Toulon, Oberst Muiron, führt.

Alexandre Berthier (1735–1815) war schon im Alter von siebzehn Jahren in die Armee eingetreten. Er wurde unter Luckner Chef des Generalstabs.

Ringsum steht die dunkle Mauer der Grenadiere, hundert Augen aus dem Dunkel hängen an den schmalen Lippen des Feldherrn.

Die Grenadiere waren ursprünglich zum Werfen von Handgranaten (seit dem 16. Jh.) ausgebildete Soldaten. Später in Infanterieeinheiten eingeteilt.

Man spricht von den ungreifbaren, hinter den Wirklichkeiten verborgenen Dingen. Der verflossene Tag, die vergangenen Wochen haben die Menschen auf dem schmalen Grat zwischen Sein und Nichtsein entlanggeführt, der Tod ist ihnen vertraut geworden, und doch hüllen sich die letzten Geheimnisse in ewiges Dunkel. Vielleicht haben auch die Krieger früherer Jahrhunderte an den Lagerfeuern ähnliche Gespräche geführt; aber diese Sansculotten kommen aus einer veränderten, umgepflügten Welt. Die Lösung, die noch ihren Vätern und Großvätern genügt hat, hieß Religion. Die Seelen vergangener Zeiten flüchteten ins heilige Dämmerlicht des Glaubens. Ihnen aber hat die Revolution vieles erschüttert, die alten Altäre sind niedergerissen.

Auch Bonaparte ist einer von ihnen – ein Mensch der neuen Zeit des Unglaubens, einer, der ohne Gott groß sein will.

«Ich glaube, daß wir, wenn wir tot sind, auch richtig und für immer tot sind ...»

«Und die Seele?» wirft Berthier ein. Bonaparte zuckt die knabenhaften Schultern, macht eine zweifelnde Handbewegung.

Aus O'Meara, «Napoleon im Exil», 1822.

«Als man auf der Jagd vor meinen Augen einen Hirsch zerlegte, sah ich genau, daß er dieselben Eingeweide hat wie der Mensch ... Elektrizität, Galvanismus, Magnetismus – hier steckt das große Geheimnis der Natur. Ich bin geneigt zu glauben, daß das menschliche Gehirn wie eine Pumpe diese Ströme aus der Luft einsaugt und aus ihnen die Seele macht.»

«Damit leugnen Sie alles, mein General», sagt Lannes, «alles was sich nicht mechanisch oder mathematisch erklären läßt. Wie deuten Sie dann Ihr eigenes Genie?»

Napoleon Bonaparte wirft den Kopf in den Nacken.

«Es gibt eine andere, uns verschlossene Welt ... Die Hand sagt zum Auge: Wie kannst du zwei Meilen weit sehen, wenn ich nicht zwei Schritte weit fühlen kann? Das Auge sagt zur Ahnung: Wie kannst du in die Zukunft sehen, wenn ich nicht weiter als zwei Meilen sehen kann?»

Zitiert aus Gourgeaud, «St. Helena, Tagebuch», 1899.

«O, die Zukunft, General!» ruft Oberst Muiron feurig. Er ist ein alter Haudegen, den philosophische Gespräche beunruhigen und der die Gelegenheit benützt, auf näherliegende Gebiete abzulenken. «Was schwebt Ihnen vor, Bonaparte, wenn Sie erst Italien befreit und Österreich niedergeworfen haben?»

Der Mann, der eben noch die Seele geleugnet hat, wird offenbar selber von undurchschaubaren, magischen Kräften regiert. Aus diesen mystischen Abgründen steigen die Wünsche, die sich zu Visionen verdichten.

«Paris ...» beginnt er tastend, «bedrückt mich wie ein bleierner Mantel ... ich fühle es, daß Paris seine Aufgabe in der Revolution zu Ende gespielt hat. Es ist nur noch der Kraterherd, über dem die Fackel der neuen Zeit steht. Es zieht mich ins Große, uns alle treibt ein Ruf des Schicksals zur Welt und zur Menschheit. Frankreich hat die Idee geboren, nun mag es den Völkern der Erde das Licht bringen: die Einheit, die Brüderlichkeit und die Freiheit.»

«Ja, General, man muß das Chaos bändigen, das zerrissene und irregeleitete Europa mit brüderlichen Armen umschlingen und ihm sagen: Sieh aufwärts, Europa! Das Feuer ist angezündet, das einem jungen Jahrtausend leuchtet.»

Bewegung entsteht unter den Soldaten. Sie murmeln Beifall. Der Gedanke, Fackelträger der Revolution für den Erdteil, vielleicht für die Menschheit zu sein, entspricht ihrer empfänglichen, feurigen Gemütsart, in der noch immer der großmütige und heldische Geist der ersten Kreuzfahrer und Troubadoure lebendig ist.

Troubadoure waren ursprünglich die Dichter an den mittelalterlichen Höfen Südfrankreichs. Nach den Albigenserkriegen (1209–29) emigrierten die Troubadoure u.a. an die Höfe Nordfrankreichs, Spaniens und Siziliens.

Berthier schüttelt den Kopf, er ist nüchtern und verfällt nicht so leicht dem Zauber einer Stunde. Er bewundert Bonapartes Intuition und geniale Sicherheit, doch bleibt er auf dem Boden der Wirklichkeiten.

«General, Sie vergessen England! Wer die Meere beherrscht, umarmt die Kontinente mit tödlicher Kraft ...»

Der kleine Mann im blauen Rock macht eine wegwerfende Geste. Man sieht förmlich, wie neue Ideen in ihm auflohen.

«Dieser Kampf wird einzig im Osten entschieden!

‹Ein Maulwurfshügel ist euer Europa! Nur im Osten, wo sechshundert Millionen Menschen wohnen, können große Reiche gegründet und große Revolutionen verwirklicht werden ...›»

Aus Bourienne, «Mémoires».

Aber niemand begreift ihn in dieser Stunde. Die Kameraden blicken schweigend zu Boden.

*

«Völker Italiens! Die französische Armee kommt, eure Ketten zu sprengen; das französische Volk ist der Freund aller Völker. So eilt ihm denn entgegen ... vertraut uns, wir kämpfen nicht gegen euch, sondern einzig gegen eure Tyrannen.»

Nach einem Aufruf vom 30. April 1796.

Die Sansculottenarmee nimmt die Banner mit den drei Farben auf und stürmt in die lombardische Ebene hinab. «Italien! Italien!»

Die alten Feldmarschälle Österreichs weichen, die kaiserliche Übermacht räumt bestürzt Stellung um Stellung. Nichts gleicht der Wucht dieses Angriffs.

Eine unerhörte Kette von Siegen reiht sich auf, die Völker fahren erschreckt und geblendet zurück: In zwei Wochen ist Piemont erobert, sind sechs Schlachten gewonnen, die Kolonnen Bonapartes ergießen sich durch die Lombardei. Das französische Heer durchstürmt Oberitalien: Lodi, Lonato, Castiglione, Rovereto, Bassano, Arcole, Rivoli, Favorita, Tagliamento – die Tore nach Österreich brechen auf, Tirol und Steiermark liegen offen vor dem Sieger.

Ein neuer Held tritt strahlend vor die Welt: Napoleon Bonaparte. Die europäischen Zeitungen sind voll von seinen Taten, zu Zehntausenden gehen die Flugzettel von Hand zu Hand, die den Eroberer auf der Brücke von Lodi oder im Sturm auf Arcole zeigen ...

Arcole ... Bonapartes großer Tag!

Die Gefechte um die Brücke von Arcole dauerten drei Tage, vom 15.–17. November 1796.

Die Armee des österreichischen Feldmarschalls Alvinczy

ist von den Sansculotten hier durch die Sümpfe von Mantua umgangen worden; denn Napoleon siegt wie Alexander oder Scipio durch Märsche.

Als die Kolonnen der Franzosen aus dem schwankenden Boden hervorstiegen, fanden sie die Brücke von Arcole unter den feuerspeienden Höhen von Caldiero vom Feind besetzt. Zwei Geschütze warfen Feuer und Tod über den Holzbau, die Leichen türmten sich zu Bergen.

Die Soldaten weigerten sich, in den sicheren Tod zu gehen und begannen zu weichen. Die ganze Armee steckte ausweglos im Sumpf. Da erschien der «kleine Korporal» bleich, zerzaust und mit brennenden Augen, ergriff die Fahne eines Regiments, zog den Degen und stürmte allen voran auf die Brücke. Eine Woge von Flammen fauchte ihm entgegen, an seiner Brust sank Oberst Lannes, der tags zuvor zweimal verwundet worden war, mit einer dritten Wunde nieder. Oberst Muiron warf sich schützend vor den Feldherrn und wurde von einer zweiten Kartätschensalve zerrissen. Napoleon strauchelte und stürzte in den Sumpf, Grenadiere retteten ihn.

Tags darauf räumte Alvinczy die unerstürmbaren Höhen von Caldiero, gab die Festung Mantua auf und überließ Italien dem Genie eines Größeren.

*

Mitten im Jubel über die sich überstürzenden Siegesnachrichten, die aus Italien kommen, wird Paris durch einen gefährlichen Putschversuch in Schrecken gesetzt.

Nach den Unruhen des Frühjahrs 1795 war auch Babeuf verhaftet worden. Im Luxembourg-Gefängnis hat er die Bekanntschaft der inhaftierten Robespierrianer, besonders auch des ehemaligen Hauswirtes Robespierres, des Tischlers Duplay, gemacht. Bei einem geglückten Fluchtversuch aus dem Kerker ist er von einem ehemaligen Anhänger Saint-Justs und Robespierres, Darthé, versteckt und gerettet worden. All das hat den Schwärmer und Volksführer in die radikalen Bahnen der wildesten Jakobiner geführt. Er begann zu begreifen, daß Robespierre des Schreckens bedurft hatte, um seine Ideen gegen seine Feinde zu verteidigen und durchzusetzen. So hatte er seine ursprünglichen Absichten verschärft wieder aufgenommen.

Sein Klub war verboten worden, aber bald hatte er alte und neue Gesinnungsgenossen gesammelt. Die «Babeuvistes» oder «die Gleichen» trafen sich heimlich im Pantheon und an anderen unbeobachteten Orten. Freilich ahnten sie nicht, daß sie ständig von den Agenten Fouchés belauscht wurden.

Das Pantheon (griech.) war ursprünglich das «Heiligtum aller Götter». In Paris wurde das Pantheon 1764–90 nach Plänen Soufflots als Kirche der Hl. Genoveva erbaut und gilt seit 1791 als Ehrentempel für die großen Franzosen.

Am Tage der Schlacht von Lodi fällt der große Schlag gegen die letzten, wirklichen Sozialrevolutionäre: Die Polizei greift zu und verhaftet Babeuf und einige seiner Anhänger.

Man schreibt den 10. Mai 1796.

Nach kurzen Verhandlungen werden zweiundvierzig der Verhafteten zum Tode verurteilt, ein Teil wird erschossen, andere haben im Kerker auf ihr Schicksal zu warten. Unter denen, die für spätere Zwecke aufgehoben werden, ist auch Babeuf. – Im kommenden Frühjahr sind Wahlen. Das Direktorium braucht auch dann noch ein weithin sichtbares Opfer, das der Furcht des Bürgertums dargebracht werden kann.

*

Wenige Tage nach der Aufdeckung der «Verschwörung des Babeuf», als Paris noch voll von den Flugblättern der Polizei, voll von Gerüchten und Sensationen, Befürchtungen und Unruhe ist, bietet das Direktorium der lebensgierigen Stadt eine neue Ablenkung: General Bonaparte hat eine Abordnung aus Italien mit erbeuteten Fahnen geschickt. Im Luxembourg-Palais, dem Sitz der Regierung, soll ein prunkvolles, einem antiken Triumph nicht unähnliches Schauspiel stattfinden. Die Gesandten von Spanien und den Vereinigten Staaten, von Sardinien und Tunis wohnen der Feier bei.

Die während der Gefechte im Januar erbeuteten Siegeszeichen waren: 24 Fahnen und Standarten und 60 Geschütze. Darüber hinaus wurden 25 000 Gefangene gemacht, wobei sich die Verluste des Feindes auf mindestens 35 000 Mann beliefen.

*

Die Feste und Genüsse jagen sich. Umsonst warnt und mahnt Napoleons Bruder, Joseph Bonaparte, seine Schwägerin Josephine. Sie flirtet mit allen Offizieren ihrer Umgebung, hat den blonden Junot an sich gezogen, verdreht dem armen Leutnant Charles den Kopf, tändelt wieder einmal mit Barras und macht den feurigen Murat eifersüchtig. Ihr Wagen rollt von St. Cloud zur Oper, sie zeigt sich mit ihrem Verehrer in der Loge; man sieht sie in den

Joseph Bonaparte war der älteste Bruder Napoleons, er wurde später König von Neapel und Spanien.

Spielsälen, bei den Bällen der guten Gesellschaft, in den Salons der Damen Recamier und Staël.

Das einzig Störende in diesem Leben der Vergnügungen sind Napoleons Briefe. Er bestürmt die Geliebte, nach Italien, zur Stätte seiner Triumphe zu kommen. Sehnsucht und Eifersucht quälen ihn.

Aber Josephine ist unerschöpflich im Erfinden von Ausreden. Als alle verbraucht sind, läßt sie dem General mitteilen, sie erwarte ein Kind.

«Als ihm diese Nachricht zukommt, zeigt Napoleon seinen erschreckten Offizieren ein von Tränen benetztes Gesicht. Wenn er nach seinem Herzen handeln dürfte, würde er sie allesamt umarmen ...»

Aus Aubry, «Josephine».

Und er setzt sich hin und schreibt, obschon die Kuriere der kämpfenden Armee in den Vorzimmern seines Quartiers drängen.

«Ich sterbe vor Sehnsucht, Dich, meine geliebte Freundin, zu sehen; wie Du aussiehst, wenn Du in der Hoffnung bist. Das wird Dir ein majestätisches und würdiges Aussehen verleihen. Sieh vor allem zu, meine gute Freundin, daß Du nicht krank wirst ...»

Aus Masson, «Napoléon et les femmes», 1894.

Er schreibt und schreibt Seiten um Seiten, er schreibt während der Gefechte und nach ihnen, wenn er die Verwundeten besucht, Trost zugesprochen und Auszeichnungen verteilt hat. Josephine füllt sein ganzes Denken aus.

In der Rue Chantereine wird gefeiert. Die Orgien dehnen sich bis zum Morgengrauen. Angeheiterte Offiziere scherzen mit der schönen, verführerischen Hausfrau. Murat und Junot belauern sich wie zwei eifersüchtige Hähne und werden selber von Leutnant Charles gehaßt. Josephine vergißt immer wieder, auf die glühenden Liebesbriefe ihres Mannes zu antworten, selbst Barras – der anfängt, Bonaparte zu fürchten – mahnt sie zur Vorsicht.

Hinter den herabgelassenen Jalousien des kleinen Gartenschlößchens flammen hundert Kerzen, tönt nächtelang Musik. Ein Kurier auf schaumbedecktem Roß hält am Parktor, läutet und verlangt Josephine Bonaparte zu sprechen. Eine gewandte Zofe nimmt den Brief entgegen und führt den Offizier ins Nebenhaus.

Das Schreiben, welches der Kurier überbrachte, datiert vom 15. Juni 1796 und wurde von Napoleon in seinem Hauptquartier in Tortona abgefaßt.

Napoleon beginnt lästig zu werden! Josephine blickt auf das Kuvert, öffnet es aber nicht. Sie wirft sich, vom Walzer erhitzt, auf das Ruhebett, Murat und Junot fächeln ihr Kühlung zu.

Murat erkennt die Schriftzüge des Generals auf dem Briefe, den Josephine noch immer uneröffnet in der Hand hält. Ernüchterung überfällt ihn.

«Genug für heute! Vor den Fenstern graut der Tag, wir werden Sie Ihren Gedanken überlassen, Bürgerin.»

Als sie allein zurückbleibt, liest Josephine den Brief ihres Mannes.

«Mein Leben ist ein fortwährender Alpdruck, eine furchtbare Ahnung raubt mir den Atem. Ich lebe nicht mehr, ich habe mehr als das Leben, mehr als das Glück, mehr als die Ruhe verloren. Ich bin fast hoffnungslos ...

Ich schicke Dir einen Kurier. Er wird nur vier Stunden in Paris bleiben und mir dann Deine Antwort zurückbringen. Schreibe mir zehn Seiten, das allein kann mich etwas trösten ... Du bist krank? Du liebst mich nicht? ...»

Brief Napoleons an Josephine, zitiert bei Aubry, «Josephine».

Gelangweilt schlägt Josephine die Seiten um – ach, noch vier eng beschriebene Blätter geht das so fort! Ihre feinen, olivfarbenen Finger haben spielerisch eine Rose ergriffen, die achtlos auf das Sofa gefallen ist. Während sie tändelnd die Blütenblätter zerzupft und verstreut, schlummert sie ein.

Ein zufriedenes Lächeln ist auf ihre Züge gehaucht – wie bei einem Kind, dem man nicht böse sein kann.

*

Josephine kann die Abreise nach Italien nicht länger hinausschieben. Joseph Bonaparte, der sie argwöhnisch und beharrlich beobachtet, stellt ihr eine unmißverständliche Frist. Er selbst ist als Administrator der Verwaltung zur Italienischen Armee versetzt worden, auch Napoleons kleine Schwester Pauline weilt in Italien. Also bleibt wohl auch der Gattin des siegreichen Generals nichts anderes übrig, als abzureisen.

Josephine verließ Paris am 24. Juni in Begleitung von Joseph Bonaparte, Junot und Murat.

*

Nie waren Frankreichs Chancen, das Schicksal der Menschheit zu bestimmen und die Revolution zum Siege zu führen, größer als in diesen Maiwochen. Der italienische Feldzug ist beendet, das bunte Gewirr absolutistischer

Fürstentümer auf der Apenninenhalbinsel ist in eine Reihe von Republiken verwandelt. Der Papst hat um Frieden gebeten. König Karl Emanuel von Sardinien steht vor dem Zusammenbruch seines Widerstandes, und der Hof in Wien, durch Bonapartes Vorstoß über den Semmering in den Erblanden bedroht, hat einem Vorfrieden zugestimmt.

Nach dem Vertrag von Leoben vom 18. April 1797

Aber die Direktorialregierung besitzt nicht mehr das revolutionäre Feuer aus den Tagen Dantons und Robespierres. Man ist wieder bürgerlich und sogar ein wenig royalistisch geworden. Wichtiger als die Führung der Weltrevolution erscheint der Ausgang der Ergänzungswahlen, bei der die königlich Gesinnten bedeutende Erfolge errungen haben.

Wie zur Bestätigung der Koalition zwischen Bürgern und Royalisten wird nun endlich das Versöhnungsopfer dargebracht: Die beiden Revolutionäre Babeuf und Darthé, die seit einem Jahr im Kerker sitzen, erhalten Order, sich zur Hinrichtung bereitzumachen.

«Man will den vielen Eigentümern, Wucherern und Spekulanten einen Gefallen tun, indem man ihnen einen Stein vom Herzen nimmt und sagt: ‹Ihr könnt wieder atmen. Die Zukunft ist jetzt friedlich und wolkenlos. Fürchtet nichts, Babeuf wird sterben ...›»

Aus Michelet, «Histoire de la Révolution Française».

Die beiden Todgeweihten versuchen, sich mit einem Messer zu entleiben. Man schleppt sie schwerverwundet zur Guillotine, unter der am 26. Mai ihre Häupter fallen.

*

Im Oktober hat General Bonaparte endlich den Friedensschluß von Campoformio unter Dach, in dem das Haus Habsburg-Lothringen Belgien und die Lombardei an Frankreich abtritt, um dafür Venetien mit Dalmatien zu nehmen. Ein Friedenskongreß zu Rastatt soll die künftigen Reichsverhältnisse Deutschlands festlegen, das gesamte linke Rheinufer soll den Franzosen zufallen.

Am 17. Oktober 1797 muß Österreich im Frieden von Campoformio der Abtretung des linken Rheinufers zustimmen. Darüber hinaus tauscht es Belgien und Mailand gegen Venedig (was den Untergang dieser über tausendjährigen Republik bedeutet).

Im Kongreß zu Rastatt (11.3.1798) scheiterte die Umgestaltung Deutschlands vorerst.

Jetzt hat Bonaparte die Arme frei, sich gegen den zähesten Feind der Revolution zu wenden.

«‹Wir wollen›, schreibt er an das Direktorium nach Paris, ‹unsere ganze Tätigkeit auf die Flotte konzentrieren und England zertrümmern, dann liegt uns Europa von selbst zu Füßen ...›»

Aus Lacour-Gayet, «Napoleon».

*

Nach dem Friedensschluß von Campoformio ist der Divisionsgeneral Jean Baptiste Bernadotte, der sich im Italienischen Feldzug durch die Eroberung von Gradisca Bonapartes Vertrauen erworben hat, zum Gesandten der Republik am Wiener Hofe ernannt worden. Der Dreiunddreißigjährige hat eine typische Revolutionslaufbahn hinter sich: Als Sohn eines Advokaten zu Pau geboren, ist er beim Ausbruch der Revolution Sergeant gewesen und durch Tapferkeit und Umsicht schon innerhalb von fünf Jahren vom Mannschaftsdienstgrad zum General aufgestiegen.

Jean Baptiste Bernadotte (1764–1844) wurde als Karl XIV. König von Schweden und Norwegen.

Das mag Monsieur Bernadotte den Parisern empfohlen haben. In Wien aber empfängt man ihn mit eisiger Ablehnung.

Welch eine Umwälzung! Nur acht Jahre sind vergangen, seit die ersten Nachrichten über Aufruhr und Tumult aus dem Frankreich Marie Antoinettes gekommen sind, nur vier Jahre, seit ganz Österreich erschüttert das Ende der Kaisertochter auf dem Schafott vernahm, und heute muß der Neffe der Ermordeten, der 30jährige römisch-deutsche Kaiser Franz II., einen Gesandten dieser «Mörderbande» akzeptieren. Der Hof, der Adel und das monarchisch gesinnte Bürgertum Wiens müssen es sich gefallen lassen, daß die Revolution in ihrer Mitte gleichsam eine Filiale errichtet.

Franz II. (1768–1835) verzichtete am 6.8.1806 unter dem Druck Napoleons auf die römisch-deutsche Kaiserwürde.

Die französische Gesandtschaft ist schon bald Ausgangspunkt umstürzlerischer Ideen. Die Verführungsgewalt des Fremden, Gefährlichen und Verbotenen reißt vor allem junge, arme und unruhige Menschen an sich. In dem Hause Bernadottes geht es aus und ein. Sein Salon steht nicht leer, in den Büros beweist man eine offene Hand. Gut nur, daß die kaiserliche Polizei sehr wachsam ist.

*

In der Paternostergasse zu Wien, in der Verlagshandlung Steiner und Co., treffen sich zwischen 11 und 12 Uhr täglich die Musiker, Musikfreunde und Komponisten. Die wohllöbliche Polizei ist durch den Assistenten Prohaska vertreten, der sich als Liebhaber von Opern getarnt hat und um diese Stunde in Stößen von Musikalien blättert. Aber es entgeht Herrn Prohaska kein Wort.

Heute scheint die Ausbeute gering zu bleiben. Der hochgeachtete Herr Hofkomponist Salieri – zu Lebzeiten Mozarts dessen Todfeind – steht am Kontortisch des alten Herrn Steiner und wünscht Auskunft über einen Musiker, den Herr Prohaska nicht kennt. Er heißt Ludwig van Beethoven und stammt aus Bonn.

Das Subjekt ist also Rheinländer! Diese Grenzländer sind alle gefährlich, man liest in den Gazetten, wie leicht entflammbar sie da drüben für den Revolutionsspuk sind.

«Er wünscht Klavier- und Kompositionsstunde von mir», sagt Salieri. «Aber – mia Madonna – Fürst Lichnowsky persönlich war so freundlich, mich vor ihm zu warnen. Er soll ein seltsamer Kauz sein, mürrisch und eingebildet und mit der halben Welt verfeindet?»

Herr Steiner hebt abwehrend die Hände und rückt an der hohen Halsbinde.

«Hören Sie, Herr Hof-Opernkomponist, Sie tun Beethoven Unrecht. Die Leute kennen nur seine Außenseite. Mit Seiner Durchlaucht, dem Fürsten Lichnowsky, hat er sich wieder einmal zerstritten, deshalb ist der so böse! Beethoven ist schwer zu behandeln, man weiß nie, mit wem er gerade Freund und mit wem er Feind ist. Bis vor kurzem hat er im Palais Lichnowsky gewohnt, ist dann ohne Abschied ausgezogen, weil ihm Zwang, Etikette und Tischzeiten nicht behagten. Er wechselt die Wohnung, wie andere Leute das Hemd.»

Ludwig van Beethoven (1770–1827) war schon 1783 Mitglied des kurfürstlichen Orchesters in Bonn. Er gewann schon zu Lebzeiten höchstes Ansehen (Wiener Zeit), so daß der Wiener Hochadel sich seiner annahm.

«Man sagt, er halte sich wie ein Zigeuner», wirft Salieri ein. «Ich habe den jungen Mann mit dem Privatorchester des Fürsten Lobkovitz musizieren hören – nicht eben unbegabt! Der Musiker Dolezalek sagte mir freilich: ‹Die Musiker sind gegen Beethoven, den sie nicht verstehen und der ein böses Maul hat.› ...»

Herr Salieri macht eine Pause, als überlege er.

«Was soll ich mich mit dem ‹Großmogul› herumärgern? So nennen ihn wohl seine Bekannten. Er hat Unterricht bei Mozart, Haydn und Albrechtskirchinger gehabt, und an jedem war etwas auszusetzen.»

«Das stimmt nicht ganz», widerspricht Steiner heftig. «Was den Mozart betrifft – na, da war es mit dem Stundengeben nicht weit her: ein paar Zusammenkünfte, nichts sonst! Und im übrigen ging es wohl nicht um grundsätzliche Dinge. Die Komposition des ‹Don Juan› hat Beethoven nicht gefallen; er selber ist von größter Zartheit und Sauberkeit der Gesinnung gegenüber Frauen. Daß Mozart einen Verführer verherrlicht hat, ist Beethoven wider den Strich gegangen. Sie sehen, lieber Meister, so schlimm ist er nicht. Hinter seinem rauhbürstigen Wesen steckt eine gütige, für diese Welt beinah zu idealistische Seele. Er ist aufbrausend und selbstbewußt – freilich – aber erlauben Sie mir das zu sagen: Er ist halt ein Genie.»

Das Folgende frei nach Beethovens Briefen an seinen Verleger Steiner.

«Mag sein. Als er vor eineinhalb Jahren in Berlin konzertierte, hat man ihn – glaube ich – zu Hofe geladen und gnädig aufgenommen. Es könnte ja etwas aus ihm werden! Aber – ich mag unfreundliche und sauertöpfische Menschen nicht.»

Herr Steiner will eben antworten, als sein Blick durch das Schaufenster auf die Paternostergasse fällt. Er faßt Salieri am Arm und deutet auf einen kleinen, etwas geduckt dahereilenden Mann in Bratenrock und hoher Halsbinde. Er trägt einen breiten Zylinder aus kariertem englischen Tuch.

«Da kommt er selbst! Sehen Sie ...»

Der junge Ludwig van Beethoven ist mager und schreitet steif und aufrecht daher. Das Geduckte seiner Erscheinung kommt mehr von seinem mißtrauischen, etwas kurzsichtigen und abwehrenden Blick. Salieri, der ihn gespannt beobachtet, spürt die Leidenschaft, die gebändigt hinter dieser glatten und willensmächtigen Maske brennt.

Beethoven tritt unter Steiningers Gäste und geht gleich auf den Hausherrn zu, den er in seiner humorigen Art begrüßt.

Beethoven war, obwohl von Natur aus verschlossen und eigenwillig, ein lebensfroher und leidenschaftlicher Mann.

«Ah, der Herr Generalleutnant Steiner! Wo ist denn dero Compagnon, der Adjutant Haslinger?»

Und übersprudelnd in seinen bizarren Späßen fährt er fort: «Was ich sagen wollte, Herr Generalleutnant: Wie ist es mit der Marschorder für die geharnischten Männer, die sich längst auf dem Wege zu ihrem Generalissimus befinden sollten?»

Salieri, der kein Wort dieses Kauderwelschs versteht, tritt näher. Haslinger erklärt lachend, unter den «geharnischten Männern» seien die Gulden des letzten Honorares zu verstehen.

«Und wer ist der besagte ‹Generalissimus›?»

«Natürlich ich selber!» sagt Beethoven.

«Sie wären auch ein schlechter Musikus, wenn Sie kein Geld brauchten!», meint der Hofkapellmeister.

Beethoven erwidert ernst:

«Ich brauch's für andere. ‹Seh ich einen Freund in Not und mein Beutel leidet eben nicht, ihm gleich zu helfen, so darf ich mich nur hinsetzen, und in kurzer Zeit ist ihm geholfen.› Das ‹Generalleutnantsamt› des Herrn Steininger bezahlt schon ... Meine Kunst soll sich nur zum Besten der Armen zeigen ...»

Nach einem Brief Beethovens an Wegeler.

«Aha, der Herr hat eine Ader für die Brüderlichkeit, der Wind weht von Westen?»

Antonio Salieri (1750–1825) unterrichtete neben Beethoven auch Schubert und Liszt. Sicher aus der Luft gegriffen sind jene Gerüchte, wonach er Mozart vergiftet haben soll.

Salieri lenkt das Gespräch geschickt aufs Politische, und Ludwig von Beethoven, der sich allezeit gern über die Lage und über die politischen Zukunftsaussichten äußert, geht gern auf das Thema ein. Prohaska, der Polizeiagent, lauscht mit gespitzten Ohren, während er am Nebentisch in einem Stoß Musikalien blättert.

Er hört Beethoven sagen:

«Signore Salieri, da geht es nicht ums Politische, sondern ums Allgemein-Menschliche. Meine Devise ist: ‹Wohltun, wo man kann, die Freiheit über alles lieben, die Wahrheit nie, auch sogar am Throne, nicht verleugnen.›»

Aus einem Brief Beethovens.

«Es freut mich, Herr van Beethoven, daß Sie wenigstens den Thron bestehen lassen ...», meint Salieri lachend.

«Hols der Kuckuck!» grollt der ‹Generalissimus›. «Ich sag's, wie's ist. Ich bin für das republikanische Prinzip, es ist der Menschenwürde mehr angepaßt. Mir wär es lieber, so alle an der Leitung des Staates mitwirkten. Sollte dieser Bonaparte in Frankreich das allgemeine Wahlrecht einführen, so wär er mein Mann!»

«Per bacco, Signore! Welch eine Kühnheit! Sicher beziehen Sie Ihre Meinung aus dem Hause des Herrn Bernadotte, in dem Sie verkehren?»

«Damit Sie's wissen, Herr Hofkapellmeister: Ich habe mich schon, ehe es einen Bonaparte oder Bernadotte gab, vom alten Plutarch über politische Dinge unterrichten lassen.»

Herr Steiner, dem Beethovens offene Bekenntnisse peinlich sind, lenkt ab und bringt das Gespräch auf die Druckbogen der letzten Sonaten, in denen Beethoven einige Fehler entdeckt hat.

Das ist das richtige Thema!

In barschem Ton zieht Beethoven über die nachlässigen «Paternostergäßler» her, und bald entwickelt sich zwischen den Dreien eine temperamentvolle Diskussion über literarische, musikalische und verlagstechnische Probleme.

*

Die politische Gefahr geht für Beethoven diesmal vorüber. Die Kunde von der Abtretung des linken Rheinufers an Frankreich bringt die nationalen Gefühle Österreichs in hohe Wallung, es kommt zu Demonstrationen vor der Französischen Gesandtschaft.

Die Abtretung des linken Rheinufers an Frankreich erfolgte im März 1798.

Als kurz darauf – am 13. April 1798 – anläßlich eines republikanischen Festes der Gesandte Bernadotte die Kühnheit besitzt, vom Balkon seines Wiener Botschaftsgebäudes die dreifarbige Revolutionsfahne zu hissen, stürmen Studenten und Bürger die Gesandtschaft und nötigen ihn, Wien fluchtartig zu verlassen. Damit ist auch Beethovens und vieler anderer Freiheitsfreunde gefährliches Sympathisieren mit den neuen Ideen zunächst vorüber.

In diesen Tagen, die erfüllt sind von unerhörten neuen Botschaften und Umwälzungen, schreibt der leidende, lebenshungrige Beethoven sein Opus 13, die C-Moll-Sonate mit dem Namen «Pathétique» – ein ausdrucksgewaltiges, großartig dahinschreitendes Werk, das der Musikwelt zuerst die volle Größe und den Reichtum eines jungen, sich entfaltenden, leidenschaftlichen Genius enthüllt.

Insgesamt schrieb Beethoven 32 Klaviersonaten.

Großes Herz an der Heerstraße

Die Siege Napoleon Bonapartes und der Vormarsch der übrigen Revolutionsgenerale über den Rhein haben die Errichtung einer Reihe junger Tochterrepubliken ermöglicht, die sich nun wie ein Wall zwischen Frankreich und die monarchisch regierten Länder Europas schieben. Um der finanziellen Bedrängnis des Direktoriums abzuhelfen, werden die «befreiten» Gebiete mit einer Flut von republikanischen Kassenanweisungen überschwemmt und durch Truppeneinquartierungen und Kriegssteuern belastet. So geschieht es, daß man da und dort, wo man zunächst in der Freude des jungen Tages Freiheitsbäume errichtet und begeistert die Ideen Frankreichs verkündet hat, anfängt, nachdenklich zu werden. Die Befreier werden langsam als Bedrücker empfunden.

Im März 1798 wird auch die Schweizer Eidgenossenschaft unter dem Druck französischer Truppen Republik von Frankreichs Gnaden; für die «Helvetische Republik» soll Luzern die künftige Hauptstadt sein. Aber im Lande Tells und Winkelrieds lebt ein trotziger und selbständiger Geist. Besonders in den katholischen Urkantonen um den Vierwaldstätter See wehrt man sich gegen die revolutionären Ideen und ihre Verkünder und Diener. Das Helvetische Direktorium in Luzern versucht, die Widersetzlichen in friedlichen Unterhandlungen zur Unterwerfung zu bringen. Eine Abordnung der revolutionären Regierung fährt über den See und trifft in der schmalen Bucht von Stansstad mit einer vom «Husarenkapuziner», Pater Paul Styger, geführten Gruppe von Aufständischen zusammen.

Johann Heinrich Pestalozzi (1746–1827) gilt als der geistige Schöpfer der modernen Volksschule. Er ist auch bekannt als Verfasser pädagogischer und philosophischer Schriften.

Bei der Besprechung am grünblauen See ist auch Johann Heinrich Pestalozzi anwesend. Er hat seine Felder der neuen Zeit zur Verfügung gestellt und verfaßt seit kurzem zusammen mit Direktor Legrand von der Regierung Aufrufe und Flugschriften. Pestalozzi ist so etwas wie eine europäische Berühmtheit, ein Menschenfreund und tätiger Christ, der durch Wort und Werk an der Verbesserung der

Gesellschaft gearbeitet hat. Schon vor einem Vierteljahrhundert hat er eine Armenerziehungsanstalt zu Neuhof im Kanton Aargau gegründet. Er hat sich auch schriftstellerisch betätigt, und seine Bücher, die «Abendstunden eines Einsiedlers», vor allem aber die Romane «Lienhard und Gertrud» und «Christoph und Else» haben seinen Namen über die Grenzen der Schweiz hinausgetragen. Der Revolutionskonvent in Paris hat ihn neben Washington, Kosciuszko, Klopstock und Schiller zum «Citoyen d'honneur», zum Ehrenbürger Frankreichs, ernannt.

George Washington (1732–99), im Unabhängigkeitskampf war er Oberbefehlshaber der amerikanischen Armee. Er leitete 1787 den Verfassungskonvent und wurde anschließend einstimmig zum ersten Präsidenten der Union gewählt.

Verständlich, daß Pestalozzi nun auch praktisch für die Ideen eintritt, von denen er sich wahre Brüderlichkeit und Menschlichkeit erwartet. Aber es verletzt ihn tief, als er bei dem Gespräch in der Stansstader Bucht erkennen muß, daß die Nidwaldener und Luzerner, beides freie Schweizer, die ihre Heimat lieben, sich um der politischen Anschauungen willen mit gehässigen Worten anfallen und als Todfeinde auseinandergehen.

Die Urkantone lehnen die Unterwerfung unter das revolutionäre Luzerner Direktorium ab. Der «Husarenkapuziner» und seine Freunde rufen Nidwalden zu den Waffen; aus Uri und Schwyz kommt Zuzug, und ehe man sich umsieht, stehen dicht vor den Toren der neuen Hauptstadt Luzern die aufrührerischen Haufen. Das Direktorium ruft die Franzosen an. Ein General rückt mit sechzehntausend Sansculotten ins Land, und drei Tage später geraten die alte und die neue Weltanschauung auf den Höhen von Stans aneinander.

Diese «Nidwaldner Schrekkenstage» begannen am 9. September 1798, einem Sonntag, und dauerten mehrere Tage.

Für die freien Schweizer Bauern ist dieser Kampf ein Religionskrieg, und sie führen ihn mit Todesverachtung und Hingebung.

Frauen und Kinder kämpfen mit Sense, Axt und Morgenstern an der Seite der Männer, es gibt keine Gnade und keine Gefangenen. Das geschulte, besser bewaffnete Militär, das in der Überzahl kämpft, dringt unerbittlich gegen das kleine Städtchen Stans vor, metzelt von Haus zu Haus, tötet Weiber und Männer, Greise, Kranke und Mütter. Als der Morgen dämmert, liegt Stans in rauchenden Trümmern – die einst blühende Gemeinde ist ein schwelendes Ruinen- und Totenfeld.

Die republikanische Regierung aus Luzern entsendet Johann Heinrich Pestalozzi nach Stans, damit er auch dort nach Kräften Hilfe leiste. Der Menschenfreund fährt mit dem Kahn über den See und pilgert die Hügel hinauf. Da oben stehen letzte Rauchsäulen unter niedrig ziehendem Gewölk, französische Soldaten schaufeln mit verbissenen Gesichtern große Gräber.

Aus den Brandruinen, aus den nahen Wäldern kommen die Kinder, suchen nach ihren Eltern und sinken weinend an den Straßenrand, als sie hören, daß Väter und Mütter tot sind. Es fällt wie Bergeslast auf Pestalozzis Gemüt, als er im Schicksal dieser Waisen die Mitleidlosigkeit dieser neuen Weltanschauung des Westens erkennt. Was er hier schaut, ist die lebendigste Anklage gegen die rasende Menschheit, die unablässig von hohen Idealen spricht und immer nur Ruinen, Blut und Tränen schafft.

Wenn das, was er in den wüsten Gassen von Stans sieht, die Ergebnisse der Politiker sind, dann will er nicht länger zu ihnen zählen! Pestalozzi wird keine revolutionären Aufrufe mehr schreiben! Angesichts solchen menschlichen Elends kann nur eines vor Gottes Antlitz Gewicht haben: zuzugreifen, wo tätige Hilfe nötig ist, und ein Diener der Nächstenliebe sein.

In den Trümmern des Frauenklosters von Stans sammelt er die Waisenkinder – eine struppige, verschüchterte, hungernde Schar. Pestalozzi teilt den bescheidenen Inhalt seines Schnappsackes unter die Kleinen; er stülpt seine Taschen um, trennt die silbernen Schnallen von den Schuhen und schickt mit dieser Münze einen der herumlungernden Sansculotten zum See, um am anderen Ufer Brot für die Waisen zu kaufen.

Er kennt seine künftige Aufgabe.

*

Johann Gottfried von Herder (1744–1803) war einer der Begründer des «Sturm und Drang».

Friedrich von Schiller (1759–1805) studierte zunächst Jurisprudenz und Medizin und wurde 1780 Regimentsmedikus in Stuttgart, so daß er sich erst relativ spät der Schriftstellerei zuwandte. Daneben tat er sich aber auch als Geschichtsschreiber hervor (1789 Professor für Geschichte und Philosophie in Jena).

Es kommt der rauhe Herbst, die Nächte sind so kalt, daß den Bauern die Kartoffeln im Boden erfrieren. Johann Heinrich Pestalozzi hat beim Luzerner Direktorium den Bau eines Waisenhauses zu Stans durchgesetzt, er selber mauert und sägt, zimmert und gräbt auf dem Berg neben dem Frauenkloster. Langsam wächst der Rohbau empor.

Hier beginnt sein großes Werk abseits der Weltgeschichte. Es ist ein Leben für die Mitmenschen, ein Versuch, die Jugend zur Humanität Herders und Schillers emporzufüh-

Antoine-Jean Gros: Bildnis des Leutnants Charles Legrand. Um 1808.
(County Museum, Los Angeles.) (5)

Pierre-Paul Prud'hon: Bildnis der Kaiserin Josephine, 1805, Ausschnitt (Paris, Louvre) (6)

Der britische Admiral Nelson (1758–1805). Besiegte die französische Flotte in der Seeschlacht bei Abukir 1798 und vernichtete die Hauptflotte der Franzosen und Spanier bei Trafalgar 1805, wobei er selbst tödlich verwundet wurde. (7)

Jean-Baptiste Odiot, Henkelkanne – Geschenk Napoleons I. an die Kaiserin Josephine. Paris 1804. Vermeil (feuervergoldetes Silber), Höhe 40 cm. (Musée des Arts Décoratifs, Paris.) (8)

ren, von der er träumt. Pestalozzi opfert sich selbst, «weil ihn des Volkes erbarmt».

«Jede Hilfe, jede Handreichung in der Not, jede Lehre, die die Waisen erhalten, geht unmittelbar von ihm aus. Seine Hand liegt in ihrer Hand, sein Aug ruht in ihrem Aug. Seine Tränen fließen mit den ihrigen zusammen, und sein Lächeln begleitet das ihrige. Sie sind außer der Welt, außer Stans, sie sind bei ihm und er bei ihnen.

Ihre Suppe ist die seinige, ihr Trank der seine. Er hat nichts, keine Haushaltung, keine Freunde, keine Dienste – er hat nur sie. Sind sie gesund, so steht er in ihrer Mitte; sind sie krank, so steht er an ihrer Seite. Er schläft in ihrer Mitte, er ist am Abend der letzte, der ins Bett geht und am Morgen der erste, der aufsteht; er betet mit ihnen und lehrt sie noch im Bett, bis sie einschlafen – sie wollen es so ...»

Zitat nach einem Brief Pestalozzis aus Stans, 1798.

An einem Morgen, der stahlgrau durch den Seenebel über den Bergen dämmert, steht Pestalozzi in der einzigen, bisher fertiggestellten Stube des Waisenhauses und beginnt sein Tagewerk.

Der abgeschabte, dunkelbraune Rock hängt lose um die magere, leicht gebeugte Gestalt des Zweiundfünfzigjährigen, aber das weiße, geknotete Halstuch ist sauber, die langen, herabwallenden Haare sind gekämmt. Sein kleines, vor der Zeit alt gewordenes Gesicht wird von den großen, gütigen Augen beherrscht, die unter dunklen Brauen freundlich leuchten. Zwischen den Strohsäcken seiner Kinder hin und her gehend, verliest er die Morgenandacht.

Während sie das Tagwerk beginnen, die Tafeln hervorholen und sich in Grüppchen um die älteren Kinder sammeln, die schon Erziehungsarbeit leisten und Vater Pestalozzi an die Hand gehen, rollt auf der Ruinenstraße von Stans eine vornehme Reisekutsche heran und lenkt zum Kloster herüber, zum Waisenhaus.

Ein elegant nach der Mode des Pariser Directoire gekleideter Herr entsteigt dem Wagen, fragt in singendem Französisch nach Pestalozzi.

Ein Dutzend neugieriger Kindergesichter späht hinter Pestalozzis Rockschößen aus der Tür nach draußen. Der hochgewachsene, ein wenig abenteuerlich aussehende Herr verbeugt sich und nennt seinen Namen: «Saint-Simon – ehedem Graf, wenn das den Begriff verdeutlichen kann.»

Claude Henry de Rouvroy, Graf von Saint-Simon (1760–1825), einer der wichtigsten Vertreter des französischen Sozialismus dieser Zeit.

Aber Pestalozzi, der sein Leben mit Plänen zur Verbesserung der Volksbildung, zur Errichtung von Armenschulen und einer neuen Art der Erziehung zugebracht hat, kennt den Namen nicht.

Claude Henry, Graf von Saint-Simon, hat eine sehr bewegte Laufbahn hinter sich. Vor nunmehr achtunddreißig Jahren in glänzenden Verhältnissen geboren, genoß er eine hervorragende Bildung und ging mit siebzehn Jahren nach Amerika, um unter Washington für Freiheit und Menschenrecht zu kämpfen. Sein unruhiger Geist hat ihn quer durch den neuen Kontinent geführt. Vergeblich suchte er den spanischen Vizekönig von Mexiko für einen Kanalbau zu gewinnen, der die beiden Ozeane verbinden sollte. Sein Blick war immer auf das Große gerichtet – auch anno 1785, als er Holland für eine Indienexpedition begeistern wollte, oder anno 1787, als er in Madrid den Bau einer Wasserstraße betrieb, die Madrid mit dem Meere verknüpft hätte, wenn sie gebaut worden wäre. In der Revolution hat er sein riesiges Vermögen eingebüßt, sich aber in den paar Jahren seit dem Sturze Robespierres durch Spekulationen und Börsenmanöver ein neues erworben.

In den Jahren von 1790–98 erwarb Saint-Simon ein Vermögen durch die Spekulation mit Nationalgütern, er verarmte jedoch bald wieder.

Im Augenblick befindet er sich – wie er freimütig erklärt – im Stadium des Erfahrungsammelns. Noch ein paar Jahre werden den Reisen, dem Studium von Büchern, von interessanten Menschen und ganz allgemein der Betrachtung des Lebens gehören, dann wird er mit seinen langsam heranreifenden Theorien die Menschheit überraschen.

«Denn sehen Sie, Bürger Pestalozzi, wenn ich die experimentelle Periode meines Lebens abgeschlossen und die Zusammenhänge unserer sozialen Ordnung recht begriffen habe, so werde ich darangehen, durch eine Reform der modernen Wissenschaften, durch ein System verbesserter Produktionsbedingungen herbeizuführen, was der Revolution nur unvollkommen gelungen ist: die Erneuerung der Gesellschaft!»

Der von Natur schüchterne Waisenlehrer von Stans ist durch diesen stürmischen und redseligen Besucher überrascht und bedrückt und weiß nicht recht, was er dem großen Herrn erwidern soll. Aber der andere wartet die Antwort gar nicht ab, nimmt den seltsamen Heiligen von Stans in seine Sammlung von praktischen Erfahrungen auf, faßt ihn freundlich unter den Arm und zieht ihn fort. Sie gehen auf dem überwachsenen Spazierweg den Hang hinan, von wo man die toten Häuserschächte des Städtchens übersieht.

«Man hat mir erzählt, Pestalozzi, Sie hätten sich auf Ihrem Gut Neuhof mit einer Armenschule versucht. Sie hätten die Färbewurzel, den Krapp auf dem Heideland angebaut, um ihre Zöglinge sich den Unterhalt selbst verdienen zu lassen, da Sie keine Zuschüsse erhielten!»

«Ich hab's versucht, Monsieur», entgegnet Pestalozzi, «aber es lohnte sich nicht. Was übrigblieb, waren Schulden, ich mußte das Unternehmen aufgeben. Ich hatte etwa fünfzig arme Kinder um mich gesammelt, die wie Tiere aufgewachsen waren; sie sollten sich im Sommer durch diese Feldarbeit, im Winter mit Spinnen und Weben die Mittel ihres Unterhaltes erwerben und daneben im Anschauen, Denken, Sprechen, Lesen und Schreiben unterrichtet werden. Aber ohne Hilfe des Staates wird aus den Volksschulen und aus der allgemeinen Bildung nichts.»

Aus einem Brief Pestalozzis an Niederer.

Saint-Simon, in dem bei allem Idealismus stets ein Spekulant steckt, schüttelt den Kopf.

«Mit Kindern kann man so etwas nicht machen. Nehmen Sie sich der Erwachsenen an. Wir brauchen Maschinen und tüchtige Leute, die sie bauen und bedienen können. Darum plane ich, eine Schule für die Vervollkommnung der industriellen Methoden und für die technischen Werkleute und Werkleiter einzurichten.»

«Sie denken an die wissenschaftliche und methodische Ausbildung von Fachleuten, ich denke zu allererst an den Menschen.

‹Ich stehe als Armen-Vater im Kreise meiner Kinder. Ich habe in eigentlicher wissenschaftlicher und Kunstbildung nichts, ich habe nur die Vaterkraft meines Herzens ... Der Geist des häuslichen Lebens, dieses ewigen Fundaments aller wahren Erziehung, entfaltet seine Segenskraft einfach und wahrhaft naturgemäß durch meine Liebe, meine Hingabe und Aufopferung.›

Pestalozzi betonte immer wieder die bildende Kraft der Arbeit und des Gemeinschaftslebens.

Die fachliche Ausbildung gedeiht nur in engster Verknüpfung mit der Menschenbildung. Ich suche beides zu verbinden.»

«Ich bewundere Ihre humanitäre Gesinnung», erwidert Saint-Simon. «Sie haben ein großes Herz, aber wenn Sie die Erneuerung der Gesellschaft von Stans aus versuchen, so bleiben Sie ewig im zähen Schlamm der Alltäglichkeiten stecken. Wir müssen ins Große wirken. Woher kommt das Elend, woher rühren die sozialen Spannungen – das müssen wir zu begreifen suchen, wenn wir die gesellschaftlichen Zustände ändern wollen. Man muß das System einer neuen Sozialwissenschaft und Religion entwickeln ...»

Das zerknitterte Gesicht Pestalozzis verschließt sich, er wendet den Blick auf sein geliebtes Stans.

«‹Schon lange, ach, seit meinen Jünglingsjahren wallte mein Herz wie ein mächtiger Strom, einzig und allein nach dem Ziele, die Quelle alles Elends zu stopfen, in das ich das Volk rings um mich versunken sah ...›

Aus Pestalozzis Erziehungsroman: «Wie Gertrud ihre Kinder lehrt».

Aber es ist zu oft schon versucht worden, mit äußeren Hilfsmitteln den Armen zu helfen. Wir müssen den Menschen verändern, der diese Zustände verschuldet hat und künftig ähnliche Zustände herbeiführen könnte.»

«Erwarten Sie sich so viel von der Erziehung, Bürger?»

«Alles – mein Freund! ‹Der Mensch muß in seinem Innern erhoben werden, wenn der Arme in seinem Äußern erhoben werden soll.› Die Gesellschaftsreform oder der Eingriff von Staats wegen kann die Menschen nicht bessern, da sie ihn nicht dazu führen wird, in einer verbesserten Gesellschaft auch so zu leben, daß nicht morgen wieder die gleichen Elendszustände zutage treten. Ihr System, Saint-Simon, mag den Vorgang der Erneuerung beschleunigen, aber es kann ihn ohne echte Herzensbildung nicht herbeiführen. Es kommt nicht darauf an, die Menschheit zu verstaatlichen, sondern den Staat zu vermenschlichen.

‹Allgemeine Emporbildung der inneren Kräfte der Menschennatur zu reiner Menschenweisheit ist der allgemeine Zweck der Bildung auch der niedersten Menschen›.»

Nach Pestalozzi, «Abendstunde eines Einsiedlers».

«Alles recht schön und gut, Pestalozzi!», wehrt Saint-Simon ungeduldig ab, «Sie sind ein Idealist – ich aber stütze mich auf meine Welt- und Lebenserfahrung. Und das Leben hat mir gezeigt, daß sich Unternehmer und Arbeiter wie zwei feindliche Nationen innerhalb ein und desselben Volkes gegenüberstehen. Die durch Arbeit erzeugten Güter kommen nur der kleinen Schicht der Besitzenden zugute, die Masse der Produzierenden ist ausgeschlossen, hat weder Anteil an den Freuden des Daseins, noch an dem, was wir Kultur nennen. Wie wollen Sie dieses Problem allein mit Herzensbildung lösen, da es doch in den Lebensbedingungen begründet liegt? Was Sie predigen, Pestalozzi, haben die Männer der Revolution – ein Mirabeau, Saint-Just und vor allem Condorcet – vergeblich zu verwirklichen versucht:

‹die wahrhaft große Idee von gleicher, nationaler, d.h. die ganze Nation umfassender Erziehung, von einer möglichen Überwindung, nicht bloß Milderung der Klassengegensätze durch die höchste, geistige Gemeinschaft der Bildung ...›»

Gabriel de Riqueti, Graf von Mirabeau (1749–91) war 1789 Vertreter des Dritten Standes in den Generalständen (États généraux) und beherrschte später mit seiner überragenden Rhetorik die Nationalversammlung. Er versuchte in Frankreich eine konstitutionelle Monarchie nach englischem Vorbild durchzusetzen.

Aus Paul Natorp, «Pestalozzi», 1912.

Pestalozzi lächelt. Seine Überzeugung ist es, daß die Welt besser werden müßte, wenn es möglich wäre, alle Menschen klug, wissend und aufgeklärt zu machen. Nur Dummköpfe und primitive Rohlinge werde man in ständiger Abhängigkeit und Not halten können. Die Unterweisung des Volkes, wie sie bisher gehandhabt worden sei, tauge gar nichts.

«Sehen Sie, Saint-Simon», sagt er, indem er auf die Ruinen des Städtchens hinabweist, «diese Brandtrümmer sind das Endergebnis von Politik, Ideologie und Fanatismus. Es ist genug geredet und organisiert worden auf Erden, nun lassen Sie uns von Grund auf neu beginnen und neue Menschen bilden. Das schlichte Haus der Waisen und Armen dort unten soll der Anfang sein.»

«Gebe Gott», ruft Saint-Simon, «daß Sie niemals Ihren edlen Irrtum am eigenen Leibe büßen müssen!»

Sie gehen Seite an Seite nach Stans zurück.

*

An einem Frühlingstag des Jahres 1798 stampfen schweizerische und französische Soldaten durch die Hauptstraße von Stans nach Luzern zu. Sie führen Verwundete mit sich.

Es heißt, sie seien im Gebirge von Österreichern geschlagen worden und befänden sich auf dem Rückzug. Vater Pestalozzi hat seine Kinderschar im Arbeitssaal um sich versammelt, als ein Abgesandter der Luzerner Regierung Pestalozzi herausbittet und ihm fast verlegen einen Befehl vorweist. Das Waisenhaus muß geräumt werden, weil es als französisches Lazarett benötigt wird. Kein Einwand hilft, der Beschluß ist unabänderlich.

Die Helvetische Regierung öffnete ihm dafür das Schloß Burgdorf zur Gründung eines Erziehungsheimes, verbunden mit einem Lehrerseminar.

*

In der letzten Nacht geht Pestalozzi ruhelos zwischen den Lagerstätten seiner Kinder umher. Am Morgen teilt er aus, was in den fünf Monaten seines Wirkens an Wäsche, Kleidung und spärlichen Geldern gesammelt worden ist. Dann nimmt er traurig Abschied von seiner Schar, die er einem ungewissen Schicksal überlassen muß.

Einsam, wie er gekommen, geht er am Nachmittag den Berg hinab nach Stansstad, besteigt den Kahn, um über den See zu rudern. Noch einmal schaut er zu dem Ruinenort hinauf und sieht die ersten Wagenzüge mit Verwundeten heranrollen.

Zwischen Alexander und Caesar

In diesen Tagen beginnt Napoleon Bonaparte das ägyptische Abenteuer.

Napoleon bricht am 19. Mai 1798 von Toulon nach Ägypten auf.

Die Welt hat nun eine erregendere Sensation, als es das Schicksal eines Schweizer Menschenfreundes und seiner Kinder je sein könnte. Die Überraschung über Napoleons Unternehmen ist um so größer, als jedermann überzeugt gewesen ist, daß seine Heldentage vorüber seien. Der feurige Kometenlauf dieses Mannes war zu steil und flammend emporgestiegen. Der Friede von Campoformio schien das Ende des Kriegshelden zu sein.

Aber während die Welt nach einem Jahrzehnt der Kriege aufzuatmen hoffte, hat dieser kleine, blasse Korse schon neue, ausgreifende Pläne ausgearbeitet. Europa ist ihm zu klein geworden.

«Paris lastet auf mir wie ein bleierner Mantel! Ein Maulwurfshügel ist euer Europa! Nur im Osten, wo sechshundert Millionen Menschen wohnen, können große Reiche gegründet und große Revolutionen durchgeführt werden.»

Aus Napoleons Werk, «Denkwürdigkeiten».

Es ist Europas letzte Chance, der Enge zu entfliehen, wenn es das Tor zum Osten aufstößt und als Herrin unter die Millionen Asiens tritt. Das ist Bonapartes Überzeugung.

An einem Frühlingsmorgen des Jahres 1798 versammelt Bonaparte im großen Kongreßsaal des «Institut de France» die berühmtesten Gelehrten des Landes, um ihnen zu eröffnen, daß er eine Expedition nach dem Osten plane. Höher als die Gestirne aller Kaiser und Feldherrn in zweitausend Jahren abendländischer Geschichte gestrahlt hätten, leuchteten die Sterne Alexanders, der Europas Geist bis an die Grenzen Indiens getragen habe. Den Heldenzug des Makedoniers beabsichtige er mit den modernen Mitteln der revolutionären Zeit zu wiederholen und zu vollenden.

Alexander der Große, König von Makedonien (356–323 v.Ch.) erstrebte die Herrschaft über das Persische Reich und drang 326 v.Ch. bis nach Indien vor.

Zu Füßen Napoleons sitzen Astronomen, Chemiker,

Mineralogen, Orientalisten, Maler, Geometer und Schriftsteller.

Unter den Wissenschaftlern und Spezialisten, die ausersehen sind, den Zug ins Land der Sage zu begleiten, sieht man den Kupferstecher des großen Malers David: Dominique Denon, der ein Günstling Josephines ist. Er hat Auftrag, als Berichterstatter mit dem Zeichenstift nach Ägypten mitzugehen. Ein anderer Mann von Verdiensten und Rang, der dabei sein wird, ist Jean Dominique Larrey, der Chefchirurg Bonapartes im italienischen Feldzug. Ihm verdankt die Armee die neue Einrichtung der «fliegenden Ambulanzen», berittenen und mit Fuhrwerk ausgestatteten ärztlichen Betreuungsstellen, die in der Lage sind, die Verwundeten gleich auf dem Schlachtfeld oder dicht hinter den Frontlinien zu versorgen.

*

Bonaparte hat nichts mehr gemein mit dem schmalen, auf Halbsold gesetzten, bemitleidenswerten General, dem Barras einst die Kommandos wie Almosen hingeworfen hat. Wie ein drohender Schatten erhebt er sich gegen die Direktorialregierung Frankreichs. Schon im September 1797 hat er bewiesen, daß er mehr als ein glücklicher Sieger ist. Damals haben die Royalisten versucht, durch einen Handstreich die verlorene Macht wieder an sich zu reißen, aber die Republikaner erinnerten sich rechtzeitig daran, daß der Oberkommandierende in Italien, der Sieger von Lodi und Arcole, daß Napoleon Bonaparte einst Robespierres Freund und als Jakobiner Vorkämpfer des republikanischen Gedankens gewesen ist.

Sie haben ihn gerufen, damit er dem royalistischen Spuk baldigst ein Ende setze; Napoleon ist nicht selber gekommen, hat vielmehr einen seiner Generäle nach Paris entsandt, und die Republikaner haben den Vertreter Bonapartes zum Stadtkommandanten ernannt. Auf seinen Befehl ist eine Anzahl Mitglieder der gesetzgebenden Körperschaft, unter ihnen General Pichegru, verhaftet worden.

Zum ersten Male hat damals Frankreich die Faust eines Bändigers im Nacken gespürt. Kein Wunder also, wenn die Regierung den phantastischen Plänen des neuen Volkshelden widerspruchslos zustimmt und ihn mit Begeisterung in den Orient, das Geburtsland der großen Karrieren, ziehen läßt. – Mag er Alexanders Spuren von Ägypten bis Indien folgen; England, der große Feind der Revolution, kämpft in Indien mit dem Sultan Tippu Sahib, dem Herrn von Mysore, um die endgültige Beherrschung dieser Schatzkammer der Welt. England wird nur in Indien tödlich zu treffen sein!

Tippu Sahib (1749–99), der Sultan von Maisur, verlor 1790–92 im 3. Maisur-Krieg die Hälfte seiner Länder an die Engländer, worauf er sich 1797 mit Frankreich verbündete. Im 4. Maisur-Krieg fiel er bei der Erstürmung seiner Hauptstadt.

Ehe er sich einschifft, kauft Napoleon für Josephine das über der Seine gelegene Lustschlößchen La Malmaison nicht weit von Versailles. Der nicht ohne Grund Eifersüchtige wünscht seine Gattin in der Abgeschiedenheit eines ländlichen Besitzes geborgen – weit weg von Paris mit seinen Vergnügungen und seinen Versuchungen.

*

Im Hause des neuernannten Ministers für Auswärtige Angelegenheiten, Charles Talleyrand-Périgord, ist eine erlauchte Gesellschaft versammelt. Der wankelmütige, ehemalige Prinz aus altfranzösischem Hause hat die Revolution bis 1792 sehr aktiv mitgemacht, ist aber dann – von einer feinen Witterung für Gefahren gewarnt – noch vor Beginn der Schreckenszeit nach Amerika entflohen und erst wiedergekehrt, als die Festigkeit der Verhältnisse ihm persönliche Sicherheit bot. Nach dem Italienfeldzug ist er mit fliegenden Fahnen zu Napoleon übergegangen.

Charles Maurice, Herzog von Talleyrand-Périgord (1754–1838) wurde 1788 Bischof von Autun und 1789 in die Generalstände gewählt, wo er sich entschieden für den Dritten Stand einsetzte. Nach der Niederlage Napoleons gelangte er an die Spitze des Ministeriums, trat später aber zurück. Erst unter Louis Philippe trat er wieder in die Dienste seines Landes und wurde Botschafter in London (1830–34).

Unter den Gästen Talleyrands befindet sich auch Barras, Mitglied des Direktoriums, er führt Germaine de Staël zu Tisch. Auch Josephine ist erschienen; sie begegnet der bekannten Schriftstellerin sehr liebenswürdig, obschon sie weiß, daß Madame de Staël General Napoleon einstmals schamlos um den Hals gefallen ist. Sie hat ihm geschrieben ...

«Wir sind von der Natur füreinander bestimmt, die sanfte Josepine ist nur durch ein Versehen mit Ihrem Schicksal verbunden worden; es scheint, als habe die Natur eine feurige Seele wie die meine zur Vergötterung eines Helden, wie Sie es sind, bestimmt ...»

Aus einem Brief von Madame de Staël, 1797.

Bei seiner Rückkehr aus Italien hat sie dem General einen unmißverständlichen Antrag gemacht und ist mit derben Soldatenworten zurechtgewiesen worden. Seither haßt sie alles, was mit Napoleon zu tun hat.

Auf die Frage von Madame de Staël, wer wohl gegenwärtig die erste Frau der Welt sei, soll Napoleon geantwortet haben: «Diejenige, die die meisten Kinder geboren hat.»

Lebhaft und vergnügt gibt sich wie immer Theresa Tallien, die augenblicklich mit dem Bankier Collot zusammenlebt. Josephine vermerkt Theresas herablassende Freundlichkeit mit deutlichem Mißmut. Hat man nicht bis vor kurzem noch Josephine Bonaparte als die erste Dame von Paris gefeiert? Schrie nicht das Volk «Notre Dame des Victoires»? Hatte man nicht die Rue de Chantereine, in der sie mit Napoleon wohnte, in «Rue de la Victoire» umgetauft? Die bedeutendsten Männer des Directoire hatten sich gedrängt, ihre Hand zu küssen.

Die Gattin Napoleons spürt die feindselige Stimmung, die sie umgibt.

Da steht Fouché, lang und scheeläugig, ein Pferdegesicht, sein Amt als Chef der Geheimen Staatspolizei scheint ihm ins Antlitz geschrieben. Er mißt Josephines schlanke Figur mit abschätzenden Blicken, als frage er sich «wie lange noch?»

Lucien Bonaparte (1775–1840) war der zweite und wohl begabteste Bruder Napoleons.

Flüstert Fouché nicht mit dem frechen und händelsüchtigen Lucien Bonaparte, dem spitzzüngigen und regsamen Bruder des steifen Joseph Bonaparte, der kein Auge von der Gattin Napoleons läßt?

Lucien ist ein Intrigant. Er hat die starke Stellung des Generals geschickt benützt, um sich neben Joseph einen Platz im Rat der Fünfhundert zu sichern, er macht Politik, spinnt Beziehungen an, spekuliert, sucht die Freundschaft der Börsenmänner.

Noch immer steht Josephine allein in einer Fensternische. Der eifrige, lärmende Kreis der Verehrer, der sie für gewöhnlich umgibt, hält sich jetzt fern. Ein lähmendes Gefühl überkommt sie. Sie braucht Wärme und Zuneigung, man muß sie lieben, umschwärmen, ihr schmeicheln, sonst verdorrt sie.

Hat ihr Talleyrand, der eben humpelnd aus dem anstoßenden Salon tritt, nicht unzählige Male die Hände geküßt? Heute begnügt er sich mit einer förmlichen Verbeugung. Selbst Barras, der alte, bewährte Freund, spricht sie nicht an, er plaudert mit Madame de Staël und hat keine Zeit für die Frau Bonapartes.

Rechnen diese Menschen schon mit ihrer Trennung von dem mächtigen Manne? Ja, das wird es sein; niemals würde sonst ein so vorsichtiger Mann wie Talleyrand es wagen, sie ganz offensichtlich zu kränken.

In kaum verborgener Enttäuschung betritt Josephine Bonaparte eines der kleinen Seitenkabinette, wirft sich auf ein Ruhelager und beginnt haltlos zu schluchzen.

Arnault, der Poet, kommt leise herein.

«Beruhigen Sie sich, Josephine! Es wird gewiß nicht so schlimm sein in Ägypten. Nicht jedem gelingt, was Alexander dem Großen gelungen ist. Vielleicht wird er bald wieder hier sein!»

Josephine wendet sich überrascht um, trocknet die Tränen.

«Oh?!» ruft sie mit erstaunten Augen, «das also ist es. Napoleon kommt zurück? Und ich weiß gar nichts, man sagt mir nichts.»

«Hoffen wir, daß er heimkehrt!» sagt der Freund ein wenig vorsichtiger. «Es liegen keine guten Nachrichten vor.»

«Soll ich hoffen?» lächelt Josephine, «soll ich hoffen oder fürchten?»

*

Nein, das ägyptische Abenteuer geht nicht gut! Am 19. Mai 1798 hat sich die Expeditionsflotte von 500 Segeln endlich auf der Reede von Toulon vereint. Außer den Truppen sind an Bord genommen: 2 Luftballons, eine Kompanie Luftschiffer, eine Bibliothek, ein chemisches und ein physikalisches Kabinett, Instrumente aller Art, 20 Buchdrucker, 6000 Spezialarbeiter und Gelehrte der verschiedensten Fachrichtungen.

Vor Toulon liegt Englands Admiral Horatio Nelson mit der großen Kampfflotte des Inselreiches. Wie könnten ihm die fünfhundert französischen Segel entgehen? Und doch gelingt es. Bonapartes aufsteigender Stern führt in einem geschickten Tarnmanöver die Geschwader nach Malta. Die Inselfestung, letzte Zufluchtsstätte des Johanniterordens, fällt unter den Kanonen Frankreichs.

Lord Horatio Nelson (1758–1805) eine der volkstümlichsten Figuren der englischen Geschichte. Durch seine Siege verschaffte er England eine uneingeschränkte Seeherrschaft.

Nelsons große Schiffe durchpflügen vergebens die See. Sechs Wochen lang kreuzen die beiden Flotten aneinander vorbei, dann gelingt es Bonaparte, in Alexandrien zu landen. Seit den Tagen des Römerreiches hat kein europäisches Heer den Strand der einst berühmten Weltstadt betreten. Nun aber marschieren Männer aus Lothringen, aus der Picardie und Provence unter rotüberflammtem Wüstenhimmel, an Papyrusfeldern entlang, deren Blätterschöpfe wie fludriges Gewölk an silbergrauen Stengeln hängen. Kanonenräder mahlen im Sand, Schwärme rosaroter Flamingos kreisen über den Kolonnen; Nilpferde tauchen mit triefenden Häuptern – uralten Gottheiten gleich – aus dem schwarzen Strom. Und eines Tages stehen die violetten Schatten seltsamer Berghäupter vor den Marschierenden: die Grabpyramiden der Pharaonen, bewacht von riesenhaften Felsfiguren.

Als der Morgen dämmert, ist der ferne Wüstenhorizont voller Reiterscharen. Napoleon ordnet seine Truppen zur Schlacht, ruft ihnen zu:

«Soldaten Frankreichs! Vier Jahrtausende blicken auf euch von der Höhe der Pyramiden herab!»

Die Schlacht an den Pyramiden, 19. Juli 1798.

Dann bricht in rasendem Galopp die mameluckische Reiterei auf die bajonettstarrenden Karrées herein. Flatternde Burnusse, juwelenglitzernde Waffen, bunte Turbane, Roßschweife und wallende Banner!

Aus den französischen Truppenblöcken flammt Gewehrfeuer, Kanonen schleudern den Tod, das Gemetzel beginnt.

Das Ende ist Raub, Plünderung, Markt in der Wüste. Araberpferde, Damaszenerklingen, Brillantenagraffen, perlenbestickte Sättel, seltsame Gefäße gehen von Hand zu Hand. Anderntags ziehen die Franzosen in Kairo ein.

Napoleon verwandelt sich. Ein neuer Mensch schält sich aus der Hülle des Europäers. Der General wird Freund und Bruder der Beys und Ulemas, ein weitblickender Geist, der um das Herz des Orients wirbt.

Bey bezeichnet einen ehemaligen türkischen Titel, in der Rangstufe zwischen Efendi und Pascha.

Der Ulema (arab. «Gelehrter») ist der islamische Theologe bzw. Rechtsgelehrte.

Wenn der Feldherr im Palastgemach auf den Seidenkissen lagert, aus winzigen Goldschalen Mokka trinkt und mit den mohammedanischen Gelehrten, den Scheiks und Derwischen spricht, dann löst sich sein Weltbild von der kleinen Halbinsel Europa. Die Mamelucken und Araber nennen ihn «Gesandten Gottes» oder «Feurigen Sultan». Sie ahnen, was hinter dieser schmalen, bleichen Stirn an Träumen brennt.

Napoleons Phantasie wandelt den Spuren Alexanders nach. Der Heldenzug des Makedoniers nach Syrien und Babylon, quer durch die Endlosigkeit persischer Hochflächen, über wolkenhohe Gebirge und durch wasserlose

Wüsten zum heiligen Indus, zu den Märchenpalästen am Ganges, an die blauen Gestade des Indischen Ozeans – dieser Marsch: Warum sollte er nicht auch ihm, nicht seinen mit den modernsten Mitteln ausgerüsteten Truppen gelingen?

Aber dann – an einem Augusttage 1798 – bringt der Unglücksbote dem General die Nachricht von Abukir. Nelson hat die Flotte der Franzosen auf der Reede von Abukir, nahe bei Alexandrien, entdeckt, angegriffen und vernichtet. Aus ist es mit den Orientträumen! Der Feldzug ist zum verzweifelten Abenteuer geworden. Das von der Heimat abgeschnittene Heer ist aus Europa hinausgestoßen und seinem eigenen Schicksal überantwortet.

Am 1. 8. 1798 vernichtete Nelson die 232 Schiffe umfassende Flotte Napoleons vor Abukir.

Am 10. Februar 1799 bricht das Heer nach dem Nordosten auf, durchwandert, verdurstend, die Sinaiwüste, dringt in Syrien ein und nimmt Festungen, die auf einsamen Felsen am Meer ragen, düstere Kastelle in gelber Einsamkeit, weiße Städte unter Palmen. Sie stürmen Jaffa und metzeln die Besatzung nieder. Dann ziehen sie um den Berg Karmel und stoßen auf Akka, die ehemals stärkste Burg der Johanniter und einst Sitz des Hochmeisters, jetzt eine «elende, winzige Festung». Sie stürmen. Akka widersteht.

Das geschichtliche Akka (lat. Colonia Ptolemais) war während eines Jahrhunderts (1191–1291) der Hauptstützpunkt der Kreuzfahrer.

«Ein Sandkorn hat meinem Schicksal Halt geboten ... Wäre Akka genommen worden, so hätte sich die französische Armee auf Damaskus und Aleppo geworfen und in kürzester Zeit den Euphrat erreicht. Sechshunderttausend christliche Drusen hätten sich mit uns vereinigt, und wer kann wissen, wohin das geführt hätte? Ich wäre nach Konstantinopel, nach Indien gegangen. Ich hätte das Antlitz der Welt verändert ...»

Nach Las Casas, «Tagebuch von St. Helena» und Bourienne, «Mémoires».

Der englische Admiral Sidney Smith fängt mit seinem Mittelmeergeschwader alle Nachschubtransporte für Bonapartes Armee ab. Im Belagerungsheer vor Akka bricht die asiatische Beulenpest aus. Zu Hunderten sterben die Soldaten, umsonst trägt der Feldherr die Pestsiechen auf seinen eigenen Armen in die Zelte. Das Schicksal ist gegen ihn. Napoleon muß an Rückzug denken. Im wehenden, heißen Wüstensand, unter furchtbaren Strapazen, denen viele seiner Leute erliegen, führt der neue Alexander die Reste seiner Armee nach Kairo zurück.

*

Während Napoleon mit seinen Elitedivisionen noch in Syrien weilt, hat General Desaix das zurückgelassene Gros der Armee in kühnen Eilmärschen nilaufwärts nach Oberägypten geführt.

Den französischen Gelehrten beim Heer, die zum erstenmal die jahrtausendalten Tempelstädte, Sphinxalleen und Pyramidenfelder erblicken, eröffnet sich eine ungeahnte Welt.

Dominique Vivant, Baron de Denon (1747–1825), hatte als Kriegszeichner schon an den Italienfeldzügen teilgenommen. Er wurde 1804 Generalinspektor der Museen in Paris.

Wie durch verzaubertes Land wandert Dominique Denon, der Maler, Kupferstecher und Kunstgelehrte. Er hat vergessen, daß er durch feindliches Land zieht. Manchmal eilt er stundenweit der Vorhut voraus, manchmal wieder verliert er sich weit hinter den letzten Troßwagen, um eines der gewaltigen Trümmerfelder uralter Tempelstätten zu durchforschen, um zu vermessen, zu zeichnen und zu notieren.

Während Bonaparte und sein General Desaix Krieg führen, sammelt Denon Schätze für die Wissenschaft. Er zieht mit dem Heer bis Assuan, seine Skizzenblätter füllen viele Mappen, er zeichnet Statuen, Tempel, Reliefs und Hieroglyphenschriften, Landschaften und Szenen aus dem Leben. Langsam kommt das Material seines späteren, großen Bildwerkes «Reise in Ober- und Unterägypten» zusammmen, dessen Erscheinen ganz Europa in Aufregung versetzen wird.

Dieses Werk erschien 1802 in Paris.

Wie Denon sammeln andere Gelehrte; auch Generale und Ingenieure suchen nach Kunstschätzen – nach Reliefs, Bildwerken, Papyri und anderen Altertümern.

Solche Papyri wurden in Bodenschichten gefunden, die nicht durch das Grundwasser erreicht werden konnten. Zu den ältesten und besterhaltenen gehören die sog. hieroglyphischen Rollen, darunter ein 40 m langer Taten- und Rechenschaftsbericht Ramses' III. (nach seinem Entdecker «Großer Papyrus Harris» genannt).

Die kulturelle Beute soll einmal die französischen Museen füllen.

Bei Ausschachtungsarbeiten an dem verfallenen Fort Rachid, das in ein modernes Fort verwandelt werden soll, wird 7,5 km nordwestlich von Rosette am Nil ein etwa tischplattengroßer Stein aus schwarzem Basalt gefunden. Die Soldaten rufen ihren Chef Bouchard herbei, Bouchard benachrichtigt den General der Genietruppen d'Hautpoul.

Denn dieser «Stein von Rosette» – das erkennen die Offiziere sogleich – ist ein besonderer Fund. Zum erstenmal finden sich in drei Kolumnen nebeneinander uralte Inschriften in drei verschiedenen Schriften: Die erste hat vierzehn Linien und ist in Hieroglyphenschrift abgefaßt, die zweite mit zweiunddreißig Linien ist in einer hierogly phischen Priesterschrift geschrieben – die dritte Reihe zeigt auf vierundfünfzig Linien griechische Buchstaben.

Von den drei Sprachen ist nur Griechisch zu entziffern.

Wenn aber der Text vielleicht dreimal denselben Inhalt haben sollte, so wäre der Schlüssel zur Hieroglyphenschrift gefunden; dann öffneten sich endlich die Archive Alt-Ägyptens mit ihren Zehntausenden von Papyri, Inschriften und Tafeln, die bisher dem Verständnis der Gelehrten noch verborgen sind, dann träte die Menschheit in einen neuen Abschnitt ihres geschichtlichen Wissens.

Ein unabsehbarer Weg täte sich auf.

Freilich – es ist nur eine Hoffnung! Alle Versuche, den Stein von Rosette zu entziffern, scheitern vorerst, die Geheimnisse Ägyptens bleiben noch ein Vierteljahrhundert lang versiegelt.

*

Ein halbes Jahr ist keinerlei zuverlässige Nachricht aus Frankreich herübergekommen, nur dumpfe Gerüchte gehen um, über einen neuen Koalitionskrieg, über Frankreichs Bedrängnis, den Verlust der italienischen Eroberungen, über die Not des revolutionären Vaterlandes.

Dieser 2. Koalitionskrieg, 1799–1801/2, endete mit den Friedensschlüssen von Lunéville (1801) – in denen Österreich die Bedingungen von Campoformio bestätigen muß (Abtretung des linken Rheinufers an Frankreich) – und Amiens (1802).

Endlich läuft in Alexandrien ein griechischer Segler ein, er bringt Briefe aus Paris. Der General jagt ans Meer. Er findet Botschaften seiner Brüder Joseph und Lucien, Briefe verschiedener Freunde, ein Schreiben Talleyrands.

Alexandria, einst die Weltstadt des Hellenismus, die Metropole des alten Ostens, ist nur noch ein kleines Städtchen mit 6000 Einwohnern. Der Hafen ist versandet, der Pharusleuchtturm liegt als Schuttkegel auf verlassener Insel, die riesigen Bauten der Ptolemäer sind vom Sand überweht.

Zwischen dem Geröll aus Hausteinen, Säulenstümpfen und vom schwarzblauen Wasser überspülten Gesimsen geht Bonaparte auf und ab. Roustam, der Leibmameluck in roten Pluderhosen und blauem, goldgesticktem Jäckchen, in Turban und Opanken hält den großen Sonnenschirm über ihn. In der Nähe verweilen Stabschef General Berthier, würdig und ernsthaft wie immer, der riesige, blonde Junot, fein und rassig der achtzehnjährige Stiefsohn Eugen de Beauharnais, und endlich, mit der Brief-

Eugen de Beauharnais (1781–1824).

mappe unter dem Arm, der einstige Kriegsschulkamerad und nunmehrige Privatsekretär Bourrienne.

Bonaparte nimmt nichts von der trostlosen und doch imponierenden Landschaft wahr, in sein Bewußtsein dringen nur die störenden, weißen Flecken der Segel, die lauernd im Halbkreis um die Küste liegen: Admiral Sidney Smith bewacht die gefangene Armee.

Was schreibt Talleyrand? Europa steht wieder in Flammen. Frankreichs Grenzen sind von der Koalition der Könige bedroht. In Italien sind die Kaiserlichen wieder eingezogen – die Namen Lodi und Arcole sind gelöscht. Morreau ist bei Cassano, Jourdan bei Stockach geschlagen worden, Joubert ist gefallen. Wer soll das Vaterland retten? Es gibt nur zwei Feldherrn von Genie, der eine war Lazare Hoche, aber er ist mit neunundzwanzig Jahren einem Fieber erlegen. Der andere ist der gleichaltrige Bonaparte.

Zar Paul I. (1754–1801), er wird sich 1800 mit Napoleon verbünden.

Selbst Rußland ist aus dem schweigenden Osten aufgestanden, Zar Paul I. hat Heere wider die Revolution ausgesandt. Um einen Beschützer gegen die Eroberung ihrer Insel durch Franzosen oder Engländer zu haben, hat das Ordenskapitel der Malteserritter ihm die Ehren-Großmeisterwürde angeboten. Er hat sie angenommen und Frankreich wegen der Besetzung Maltas durch Napoleon den Krieg erklärt.

Talleyrand legt in seinem Brief die möglichen Entwicklungen im innerpolitischen Streit auseinander. Den Sieg der Royalisten, die unter jedem Schlag, den Frankreich erhält, stärker werden, darf Bonaparte nicht wünschen, er, der den Staatsstreich des Fructidor zugunsten der Republik entschieden hat. Wahrscheinlich ist, daß die Sansculottenpartei siegen wird. Die Generale Jourdan, Augerau und Bernadotte stehen ihr nahe; General Masséna, ein alter Jakobiner, hat soeben die russische Invasionsarmee bei Zürich geschlagen. Er könnte auf den Gedanken kommen, nach Paris zu eilen und die Revolution im radikalen Sinne fortzusetzen.

Am 25. September 1799 schlug General Masséna den russischen Heerführer Korsakow in der Gegend von Zürich und zwang damit die russische Armee zum fluchtartigen Rückzug über den Rhein.

Hier steckt die Chance Bonapartes! Muß nicht England, als das Haupt der Reaktion, unter allen Umständen eine Erneuerung des Republikanertums, eine verjüngte Revolution der Sansculotten zu verhindern bestrebt sein? Müssen nicht die englischen Flottenbefehlshaber jetzt alles vergessen, was Bonaparte durch seine Ausfahrt nach Ägypten versucht hat, müssen sie nicht die Blockade öffnen, damit er die Jakobiner verscheuche?

«Bourrienne!» befiehlt der General, «Berthier! Ihr nehmt sofort geheime Verbindungen mit Sir Sidney Smith auf. Ich wünsche mit ihm zu sprechen, es ist wichtig und eilt ...»

Napoleon blättert in den übrigen Briefen. Es sind quälende Schreiben. Die Brüder Joseph und Lucien erheben erbittert Anklage gegen Josephine. Die Enthüllungen treffen ihn tief und verwunden sein Herz. Josephine ist ihm nicht treu!

«Bourrienne», sagt er nach einer Weile, «einen Brief an meinen Bruder! Schreiben Sie!»

Der Sekretär läßt sich auf ein verwittertes Kapitell nieder, das halb aus dem Sande hervorragt. Bonaparte diktiert:

«Mein Freund, ich gedenke nach Frankreich zurückzukehren. Die Nachrichten, die ich von dort erhalte, bestimmen mich zu einer raschen Rückkehr. Ich habe Deinen Brief auf dem Wege über Tunis erhalten. Triff alle Vorbereitungen, daß meine Ehescheidung gleich bei meiner Ankunft ausgesprochen wird. Du hast meine Vollmacht dazu. Mein Entschluß ist unwiderruflich ...

Ich bin manchmal sehr unglücklich; doch ich bin erst neunundzwanzig Jahre alt, das Vergessen wird kommen. Andere Sorgen, meine Familie, mein Vaterland werden mich trösten ...»

Aus Masson: «Napoléon et sa famille», 1897 ff.

*

Am 23. August 1799 wird in den Lagern der französischen Ägyptenarmee das folgende Manifest verlesen:

«Soldaten! Nachrichten aus Europa zwingen mich, Ägypten zu verlassen. Ich übergebe das Kommando der Armee dem General Kléber. Die Armee wird bald von mir hören, mehr kann ich nicht sagen. Es fällt mir schwer, die Soldaten zu verlassen, an denen ich mehr als an allem hänge, doch meine Abwesenheit wird nicht lange währen ...»

Jean Baptiste Kléber (1753–1800) hatte 1793 den Aufstand in der Vendée unterdrückt. Er wurde am 14. 6. 1800 in Kairo ermordet.

Zitiert bei Mereschkowski, «Napoleon».

Bonaparte hat insgeheim mit Sir Sidney unterhandelt. Es ist ihm erlaubt worden, drei kleine Segler mit Beutegegenständen nach Frankreich senden zu dürfen. Seltsamerweise lichtet eben jetzt die große Flotte die Anker und geht nach Cypern, um die Frischwasservorräte aufzutanken. Als sie gemächlich zurückkehrt, weiß bereits ganz Ägypten, daß der General entwichen ist.

*

Nach fünfundvierzigtägiger, abenteuerlicher Schleichfahrt entlang den afrikanischen Küstengebirgen erreicht die Fregatte «Muiron», auf der Napoleon Bonaparte mit seinem Stabe fährt, den kleinen Fischereihafen St. Raphael-Fréjus.

Napoleon erreichte am 8. Oktober 1799 die französische Küste.

Ein Aufatmen geht durch Frankreich: Bonaparte, der Held von Lodi, Arcole und Riva, der jugendliche Sieger über Italien, der Sagenheld aus dem Orient ist zurückgekehrt! Alles wird gut werden!

«Geben Sie uns den Frieden, General», sagt der Bürgermeister von St. Raphael bei seiner Begrüßung, «und wir werden Sie zum König machen!»

Während ihn auf seiner Fahrt nach Paris Jubel umrauscht, vergräbt er sich in die wissende Stille seines Inneren. Die Entscheidung ist unumgänglich: Er ist ausgezogen, den Sternen Alexanders nach dem Osten zu folgen, aber er kehrt heim, wie Caesar: Nicht der Erdkreis, sondern Europa ruft ihn.

Im Januar des Jahres 49 v.Ch. überrschritt Cäsar den Rubikon, ein kleines Flüßchen der nördlichen Ostküste Italiens, das die Grenze zwischen dem Zisalpinischen Gallien und Italien bildete. Damit wurde der Bürgerkrieg eröffnet.

Und wie Caesar steht er nun vor dem Rubikon, der das Gesetz von der Gewalt trennt. Auch er wird ihn überschreiten.

So wird Geschichte gemacht

Das Auftauchen des Generals ruft in den herrschenden Kreisen Frankreichs größte Bestürzung hervor. So bald hat man ihn nicht erwartet. Sieyès, der Politiker der Revolution, Mitglied des Direktoriums, ist empört über das eigenmächtige Verlassen des ägyptischen Kriegsschauplatzes und tobt: «Der freche Kerl müßte standrechtlich erschossen werden!»

Auf Sieyès' Seite steht General Bernadotte, der den Aufstieg Bonapartes immer schon mit Neid beobachtet hat, auch er ist fürs Zuschlagen; aber der in Untätigkeit versunkene Barras meint: «Dazu sind wir nicht stark genug ...» Andere sagen, Napoleon habe die Wahl zwischen dem Thron und dem Schafott.

Aus J. L. Meyer, «Fragmente».

Der heimgekehrte Abenteurer schlägt sein Hauptquartier in der altvertrauten Rue Chantereine auf, der jetzigen «Rue de la Victoire». Napoleon ist klug genug, sich kaum sehen zu lassen, um dadurch die Neugier der Menge aufs höchste zu spannen. Die bedeutendsten Persönlichkeiten suchen die Verbindung mit dem Manne, dessen Namen in aller Munde ist, in dem die alten Soldaten den Retter, das Volk den Friedensbringer und die Direktoren – einen Hochverräter sehen.

Sieyès wird gewonnen, Bonaparte verspricht ihm die Annahme seiner neuesten, wortreichen Verfassung. Die Führer der Jakobiner, die Agenten der Bourbonen, die Bankiers und Spekulanten – alle gehen in der Rue de la Victoire aus und ein.

Ganz selten taucht der General außerhalb seines Hauses auf, meist besucht er bei solchen Gelegenheiten die Polytechnische Schule, jenes großartige Institut für die Pflege der Naturwissenschaften, in dem sich die Direktorialregierung ein Denkmal gesetzt hat.

«Die Polytechnische Schule nimmt einen großen Teil des weitläufigen, ehemaligen Palais Bourbon ein; hier wohnen die Direktoren, die Lehrer und Zöglinge selbst; hier sind

Heute ist das Palais Bourbon Sitz der französischen Abgeordnetenkammer.

die Lehrsäle, die Laboratorien, die Bücher-, Modell-, Instrumenten- und Kunstsammlungen, die zum Unterricht gehören. Der Zweck der Anstalt ist der Vortrag der physikalischen und mathematischen Wissenschaften, welche auf alle Fächer der Künste und Gewerbe Bezug haben.»

Diese durchaus moderne, dem praktischen Nutzen und dem technischen Fortschritt geweihte Anstalt hat Bonapartes nüchternen Sinn von jeher angezogen. Wenn er jetzt seine kurzen Erholungsstunden hier verbringt, so sucht er nicht nur Ablenkung; er wirbt zugleich auch um die einflußreichen Professoren, von denen manche Mitglieder der gesetzgebenden Körperschaften sind.

*

An einem grauen Novembertag lehnen Volney und Cabanis in einer der hohen Fensternischen des Palais Bourbon und erwarten ihren Kollegen Pierre Simon Laplace, der im Institut eine leitende Stelle einnimmt. Volney ist Weltreisender, Spezialist für orientalische Sprachen, Historiker und Mediziner und soeben aus Nordamerika zurückgekehrt; er arbeitet an einer «Beschreibung von Klima und Boden der Vereinigten Staaten».

Pierre Simon, Marquis de Laplace (1749–1827), der französische Physiker, Mathematiker und Astronom, wurde 1799 Innenminister, dann Senator und 1803 Kanzler des Senats.

Doktor Pierre Jean George Cabanis ist als Arzt Mirabeaus berühmt geworden, hat sich mit philosophischen Gedanken über die Verbesserung des Volkserziehungswesens beschäftigt und durchforscht im Augenblick die «physikalische und seelische Ordnung des Menschen», wobei er – ähnlich wie sein Freund Volney – manchmal die Ratschläge des großen Laplace in Anspruch nimmt.

Pierre Jean Georges Cabanis (1757–1808) zog beim Tod Mirabeaus den Verdacht auf sich, diesen vergiftet zu haben. Um sich zu verteidigen, veröffentlichte er ein «Journal de la maladie et de la mort de Mirabeau».

Cabanis ist zudem Mitglied des «Rates der Fünfhundert» und eng mit dem politischen Leben verbunden.

Volney trommelt nervös mit den Fingern auf der Fensterscheibe.

«Sagen Sie mir, Cabanis, wie soll das Satyrspiel der Geschichte weitergehen? Wir haben ein Jahrzehnt der erschütterndsten Umwälzungen hinter uns, das Gefüge der alten Weltordnung ist zusammengestürzt und wird nie mehr wiedererstehen. Was nun? Hat das Bürgertum in seinem Kampf um die Gleichberechtigung seine Lage oder die der Menschheit wirklich verbessert? Was hat der Bürger an die Stelle der alten Zustände gesetzt: Wir sind um den Fanatismus der Politik bereichert worden; wir erleben, daß die Kriege aus Fürstenangelegenheiten zu wahren Volksplagen geworden sind. Terror, Neid, kleinlicher Haß der Menge sind an die Stelle des Adelshochmuts getreten, aber ich muß sagen, es lebt sich leichter unter einem hochgeborenen Prinzen als unter der Despotie eines emporgekommenen Fuhrknechts. Die Masse hat wenig gewonnen: Gewiß, sie hat unter dem Druck der königlichen Steuerschraube geseufzt, heute aber lasten die Börsenspekulanten, die Schieber und Geschäftemacher auf ihr; wo einst ein adliger Grundherr den Bauern plagte, hat jetzt ein reichgewordener Bürger seine Fabrik gebaut und hält sich die Armen in Lohnknechtschaft. Also sagen Sie, Cabanis, was hat diese Revolution für einen Zweck gehabt, wenn es niemandem besser geht?»

Cabanis kennt diese Ausbrüche der Skepsis bei seinem Kollegen. «Sie sind enttäuscht, Volney», sagt er, «enttäuscht wie wir alle. Das Directoire, seine Korruptheit und Untätigkeit, sein Versinken im Lebensgenuß, hat nicht nur Ihre Gefühle abgekühlt. Aber trotzdem übertreiben Sie, wenn Sie der Revolution ihre Verdienste absprechen. Nein, nein, Volney, die Gedanken Mirabeaus, Vergniauds, Dantons und Robespierres – die Ideen der Menschenrechte, der Gleichheit und Freiheit, sind nicht mehr auszulöschen und brennen weiter; brennen auch dann noch, wenn Flugsand und Asche auf die heilige Flamme fallen. Es gibt kein Zurück mehr, der Stein ist angestoßen, das Abendland wird von schicksalhaften Kräften weitergetrieben.»

Der kleine, bewegliche Volney blickt erstaunt auf den Sprecher.

«Ich leugne keineswegs, daß wir in manchem weitergekommen sind. Aber wir werden zurückfallen ... jetzt, da Caesar den Rubikon überschreitet.»

Cabanis gilt für einen Freund des Generals, er und Professor Laplace haben dieser Tage eifrig für Bonaparte geworben. Da er die Anspielung des Freundes versteht, führt er ihn vor eine der neuen Voltaschen Säulen, wie sie das «Polytechnikum» seit zwei Jahren besitzt. Zwischen drei hohen Glasstäben ist eine Anzahl Doppelplatten aus Kupfer und Zink, die durch feuchte Filzlappen voneinander getrennt sind, aufeinander geschichtet. Die oberste Kupferplatte ist mit der untersten Zinkplatte durch einen feinen Draht verbunden.

«Lassen Sie mich, lieber Volney, das Spiel der geistigen Kräfte am Spiel der physikalischen erklären; denn vielleicht ist es ja so, wie Hartley und nach ihm Priestley behauptet haben, daß die elektrischen Ströme und die Gehirnschwingungen im Grunde ein und dieselbe Kraft in verschiedenen Wirkungsformen sind ... Wir wissen, seit Galvani seine Froschschenkelversuche gemacht hat, daß durch die Berührung zweier Körper Elektrizität entsteht. Sehen Sie selbst: Der positive Strom fließt vom Kupfer zum negativ geladenen Zink; wenn ich die beiden Leitungsdrähte berühre, entsteht ein knisternder Funke.

Frankreich befindet sich gegenwärtig in der Situation einer galvanischen Batterie: Zwei fremde Elemente stehen sich gegenüber, elektrische Spannungen sind entstanden und drängen nach Entladung. Napoleon Bonaparte wird der glänzende Funke sein, der aus der Voltaschen Säule der Revolution hervorgeht, er wird in wenigen Tagen die Drähte zum feurigen Kontakt bringen.»

«Ich nehme Ihren Vergleich gerne an, Cabanis», erwidert Volney, «aber ich sehe in diesem Streit einiger Persönlichkeiten um die Macht nicht das elektrische Gespanntsein der Nation; das Volk scheint mir vielmehr der ewigen Aufladungen müde zu sein und nach Stetigkeit, nicht nach neuem Funkenschlag zu verlangen.»

Cabanis stimmt dem Freunde zu: «Gewiß, es ist ein gut Teil Friedenssehnsucht, Ruhebedürfnis und Heimweh nach Autorität, was den General hinaufträgt. Aber es geht auch tiefer. Wie in der Voltaschen Säule Kupfer und Zink die feindlichen Pole bilden, so stehen sich in unserem Falle Gesetz und Gewalt, Ideologie und Tat, Resigniertheit des Directoire und handfeste Machtpolitik des Soldaten gegenüber. Kurz – es ist die nun untergehende Welt der doktrinären Revolutionäre, die dem Auftritt Caesars begegnet, der das Große der Revolution in die Zukunft tragen wird.»

«Es wird also zum Staatsstreich kommen?» fragt Volney erregt, «Sie setzen auf sein Gelingen?»

«Ich würde an meinem Urteilsvermögen zweifeln, wenn der Putsch mißlänge. Er ist geschickt vorbereitet, ich meine, er wird die historische Vollendung und der

David Hartley (1705–57), gestützt auf seine Anatomischen Studien des Gehirns und der Nerven begründete er die Assoziationspsychologie.

Joseph Priestley (1733–1804) versuchte die Assoziationspsychologie auszubauen und physiologisch zu begründen. Daneben entdeckte er unter anderem den Sauerstoff und das Ammoniak.

Luigi Galvani (1737–98), Anatomieprofessor in Bologna (1766), entdeckte in seinem berühmt gewordenen Froschschenkelversuch (1789) einen Zusammenhang zwischen Elektrizität und Reizleitung.

Galvanische Elemente sind Stromquellen, die aus zwei Elektroden bestehen, welche in eine Elektrolytlösung eingetaucht werden.

Abschluß einer Epoche sein, eine der großen Stunden der Geschichte!»

«So endet also der Aufstand der Freiheit in der Diktatur?»

«Sie mögen es so nennen! Aber die ganze Welt sehnt sich nach Frieden und sicheren Verhältnissen, um in Ruhe dem Erwerb nachgehen zu können. Wer in diesem Augenblick Ordnung, Besitz, Sicherheit und Frieden zu bieten hat, wird die herrschenden Schichten auf seiner Seite haben.»

«Die Nation besteht nicht nur aus Bankiers und Fabrikanten, Cabanis! Denken Sie daran, daß die Revolution von 1792 durch die Kleinbürger, die von 1793 durch das Proletariat erkämpft worden ist.»

«Auch die Kleinbürger und Arbeiter blicken heute nur in Angst auf jene Schreckenszeit zurück, auf den Jakobinerputsch, den Anschlag der Babeuf-Leute. Die Freunde Bonapartes haben dafür gesorgt, daß Paris voller Furcht ist. Wenn die Sansculottenangst aufs höchste gestiegen ist, wird der General in der Rolle des Retters der Gesellschaft auftreten. Und seine Stellung ist stark. Sein italienischer und ägyptischer Ruhm überstrahlt alle anderen. General Murat, der ehemalige Adjutant Bonapartes, ist der Gatte der Karoline Bonaparte; General Leclerc, in Italien Adjutant Bonapartes, ist inzwischen zum Bräutigam von Napoleons Schwester Pauline avanciert; General Berthier ist im Stabe untergekrochen und wird gute Dienste leisten; General Lannes steht als Kommandant der Infanterie in Paris und ist ein alter Freund aus Italien; Marmont führt die Artillerie, er ist ebenfalls in Italien und Ägypten gewesen und schwört auf seinen Meister. Sebastiani, Korse wie Napoleon, führt die Dragonerschwadronen. Zudem ist er durch Bankier Collots Geld gekauft worden, wie Oberst Jubé, der Kommandeur der Direktorialwache ...»

Karoline Bonaparte (1782–1839), die jüngste Schwester Napoleons, hieß früher Annunciata. 1800 vermählte sie sich mit Joachim Murat.

Pauline Bonaparte (1780–1825), früher Carlotta, war die zweite Schwester Napoleons. Sie heiratete 1801 den General Leclerc, 1803 den Fürsten Camillo Borghese.

«Und General Jourdan? Bernadotte, der Bonaparte verabscheut?»

«Jourdan ist krank und hütet das Bett; Bernadotte wird es für klug finden, still zu sein. Außerdem ist er der Schwager Joseph Bonapartes geworden. Lucien Bonaparte, der augenblicklich den Vorsitz im Rat der Fünfhundert führt, wird es zu arrangieren wissen, daß der Theatercoup gut abläuft. Talleyrand ist längst zu den Bonapartes übergegangen, man sagt, er habe die politische Beratung des

Generals übernommen; Fouché stellt ihm die Geheimpolizei zur Verfügung ... Sie sehen also, es fehlt an nichts!»

«Ach, zum Teufel!» entgegnet Volney. «Will denn diese korsische Banditenfamilie ganz Frankreich einsacken? Warum handelt die Regierung nicht?»

Cabanis zuckt die Achseln und lächelt.

«Mit Barras, dem faul und satt gewordenen Satrapen, ist es zu Ende; er hat sich bereits gestern in sein Landhaus zurückgezogen. Die Direktoren Gohier und Moulins – so erzählt man sich offen – haben Hausarrest, und General Moreau bewacht sie. Bleiben Sieyès und Ducos, die sich klugerweise auf die Seite Bonapartes geschlagen haben ...»

«Und die Bankiers, die Geldleute, die Börse?» – Doch bevor Cabanis antworten kann, öffnet sich die Tür. Es ist Professor Laplace. Aber er tritt nicht ein, sondern gibt mit tiefer Verneigung dem General Bonaparte den Vortritt.

«... ein hoher Filzhut in Zylinderform, eine grüne, langschößige Redingote, mit einem orientalischen bunten Schal umgürtet, an der Seite einen krummen, diamantenbesetzten Yatagan. Er sieht so elend aus, daß es scheint, er könne keine Woche mehr leben. Brust und Wangen sind eingesunken, die Gesichtsfarbe ist bräunlichgrün, nur die riesengroßen Augen leuchten in unerträglichem Glanz.»

Die Redingote ist ein ursprünglich englischer Rock (18. Jh.) mit aufgeschlagenen und gestutzten Stößen.

Der Yatagan war der lange, gebogene Säbel der Türken (auch in Indien und im Iran gebraucht).

Aus Vandal, «Avènement de Bonaparte», 1902–07.

«Ah!», ruft Bonaparte, als er der Herren ansichtig wird, in gespieltem Enthusiasmus. «Meine Lehrmeister! Gratulieren Sie mir, meine Freunde: die Direktoren Sieyès und Ducos haben meine Ernennung zum Oberkommandierenden aller Truppen des Pariser Bezirks durchgesetzt. Nur so kann man wirksam den Plänen eines terroristischen Staatsstreiches begegnen.»

«Ja», lächelt Laplace triumphierend, «und aus demselben Grunde werden die beiden gesetzgebenden Versammlungen aus Paris fortverlegt und nach Saint Cloud verpflanzt.»

«Unser Schicksal liegt in Ihrer Hand, General!» sagt Volney beziehungsreich. Cabanis aber verbeugt sich devot, ohne ein Wort zu sagen.

*

«Der 16. Brumaire ist als Tag für den Umsturz ausersehen worden; dann wird er auf den 17. – einen Freitag –

verschoben; doch Bonaparte ist abergläubisch, er fürchtet die schweren Tage, und auf sein Drängen wird der Termin noch einmal hinausgeschoben, auf den 18. Brumaire ...»

Aus Marmont, «Mémoires»; der 18. Brumaire ist der 9. November 1799.

An diesem Tage gegen zehn Uhr vormittags trifft Napoleon mit großem Gefolge, begleitet von einer Dragonerschwadron des gekauften Oberst Sebastiani, in den Tuilerien ein, wo der «Rat der Alten» tagt. Bonaparte soll als neuer Oberkommandierender, dem der Schutz der Verfassung und des Parlaments anvertraut ist, den Eid auf das bestehende System schwören.

In seiner Ansprache sagt er:

«Die Republik ist dem Untergang geweiht ... Ihr habt das begriffen und ein Dekret erlassen, das sie retten wird ... Nichts in der Geschichte gleicht dem Ende des 18. Jahrhunderts; nichts im 18. Jahrhundert gleicht diesem Augenblick ... Mit Hilfe aller Freunde der Freiheit, aller, die die Verfassung ins Leben gerufen und geschützt haben, will ich ihr Wächter sein. Wir wollen eine Republik, die aufgebaut ist auf Freiheit und Gleichheit, auf den heiligen Grundlagen der Volksvertretung, und wir werden sie haben. Ich schwöre es.»

Zitiert bei Mereschkowski, «Napoleon».

«Wir schwören es!» antwortet der Chor der Generale. Das Volk, das die Tribünen füllt, klatscht und schreit Beifall. Es ist derselbe Raum, in dem Danton und Robespierre ihre letzten Reden gehalten haben.

Dieses Mal aber ist er die Begräbnisstätte der Revolution ...

*

Anderntags treten die beiden gesetzgebenden Versammlungen – der «Rat der Alten» und der «Rat der Fünfhundert» – in dem vor den Toren von Paris gelegenen Schlößchen Saint Cloud zusammen.

Rings um den niederen und weitläufigen Bau sind Truppen aufmarschiert. Eine Terroristenverschwörung soll bevorstehen. Schweigend warten die langen Ketten der Nationalgarden, in blauen Röcken mit weißen Hosen und weißem Lederzeug, die Gewehre zu Pyramiden gesetzt; hinter ihnen halten, abgesessen, einige Dragonerschwadronen in dunkelblauen Uniformen und römischen Kupferhelmen mit roten Roßschweifen, in der Nähe der

Auffahrtstraße warten die Linientruppen, ehemalige Grenadiere Bonapartes aus der italienischen Armee.

Der Tag ist kalt und klar, die Soldaten treten frierend von einem Bein aufs andere. Gegen zehn Uhr erlaubt man, Lagerfeuer anzufachen, und bald darauf zieht ein qualmender, feuriger Kreis um Saint Cloud.

Manchmal eilen Deputierte über den Platz. Die Truppen staunen über die seltsame Tracht der Senatoren und Räte: Nach Davids Entwurf tragen sie scharlachrote, römische Togen, stelzen auf hohen Kothurnen und haben die Lockenhäupter mit viereckigen, durch dreifarbige Hahnenfedern verzierte Mützen bedeckt. Aus dem Saal der Orangerie, einer langen und sehr engen Galerie, die ihr Licht aus einem Dutzend hoher Fenster der Gartenfront erhält, dröhnen immer noch die Hammerschläge der Handwerker herüber, die an der Fertigstellung des Sitzungssaales arbeiten.

Jacques Louis David (1748–1825) wurde von Napoleon zum Hofmaler ernannt. Er schuf vor allem Bilder aus dem Kaiserreich und aus der antiken Geschichte.

Die Orangerie ist allg. das Gewächshaus zum Überwintern südlicher Pflanzen, vor allem in den Parks des 18. und 19. Jahrhunderts

Niemand weiß, was eigentlich gespielt wird, doch spürt man die Spannung, die über allem liegt. Bonapartistisch gesinnte Offiziere glauben zu wissen, daß zur Zeit über Sondervollmachten für den General verhandelt werde: Nur eine starke Hand könne Frankreich retten.

Ach, wenn die Bürgersoldaten jetzt den Mann sehen könnten, dessen Schatten so schwer auf der Volksvertretung lastet! Er hat in diesem Augenblick nichts von einem künftigen Diktator an sich.

Bonaparte hält sich in einem der tiefergelegenen Gartensäle von Saint Cloud auf. Es ist ein prachtvoll ausgestatteter, aber ausgeplünderter Saal, der durch seine Leere doppelt kalt wirkt. In einem hohen Ledersessel vor dem prasselnden Kaminfeuer sitzt Sieyès und schürt in aller Seelenruhe die Glut. Bonaparte hastet unruhig hin und her.

Das Gespräch, das die beiden Männer führen, oftmals durch die Meldungen des Adjutanten Lavalette unterbrochen, ist wie die Lektion, die ein alter Theoretiker der Staatsweisheit dem Lehrjungen der Macht erteilt.

«Ich habe alle Phasen der Umwälzung erlebt», sagt Sieyès – er sieht alt und verbraucht aus. «Wir begannen anno 89 mit der Bitte um Recht, wir versuchten die Macht in eine gesetzgebende und eine vollziehende Gewalt zu teilen, wie Montesquieu gelehrt hatte; dann stürzten wir

Charles de Secondat, Baron de la Brède et de Montesquieu (1689–1755) entwickelte eine Staatswissenschaft, in der erstmals die Gewaltenteilung vorgesehen ist. Er hatte damit einen großen Einfluß auf die Französische Revolution bis 1791.

den Thron, nahmen die vollziehende Macht in unsere eigenen Hände und suchten sie durch Verfassungen zu bändigen. Es kamen und gingen Ideologien, wir erlebten die Konstitutionellen, die Gemäßigten, die Girondisten, die rasenden Anhänger Marats und endlich die kalte Verstandesmaschine Robespierre. Aber was auch war, General, es war immer Kampf um die Macht. Merken Sie sich das!»

«Man muß den Zipfel eines Rechts haben, Sieyès, an das man sich klammern kann. Es bedarf des moralischen Vorwands, der den brutalen Schlag rechtfertigt. Es kämpft sich zu schwer auf der Seite des Unrechts.»

Sieyès schürt mit der Feuerzange neue Buchenscheite nach, der Holzstoß flammt und kracht.

«Der Vorwand wird leicht gefunden, wenn der Wille vorhanden ist, zu handeln. Ihr Recht, General, ist die Tat. Das Direktorium der vergangenen Jahre war morsch und lahm. Die Nation ist einer Freiheit müde, die in Schwäche und Duldung aller Verbrechen ausartet. Einfache Menschen – und Nationen setzen sich aus einfachen Menschen zusammen – wünschen immer klare, feste Richtlinien, die sie begreifen können.»

«Wenn mir die ‹Fünfhundert› eine kleine Handhabe reichen wollten! Ich schwöre, Frankreich den Frieden und die Festigkeit zu geben, die es braucht. Aber im Rat der Fünfhundert sitzen die Jakobiner, die Terroristen, die Babeufiens!»

«Ihr Bruder Lucien führt den Vorsitz! Und – General, vergessen Sie nicht, daß Sie mit zwanzigtausend Fürsprechern in Saint Cloud erschienen sind.»

Sieyès deutet mit der rauchenden Feuerzange nach draußen, wo man die dunklen Schatten der Truppen erkennt. Bonaparte ist aufgeregt, verwirrt, unsicher. Er horcht auf den nahenden Schritt des Adjutanten Lavalette.

Lavalette weiß nur zu berichten, daß der Rat der Fünfhundert gegen Mittag zusammengetreten sei und schrecklich gegen Bonaparte wüte; Präsident Lucien beherrsche die Sitzung kaum noch. Man behaupte, der General plane einen Staatsstreich, es gebe gar keine Jakobinerverschwörung. Auch hätten sich einige der wildesten Revolutionsmänner nach Paris aufgemacht, die Arbeiterviertel gegen ihn aufzuwiegeln. Viele Hoffnungen setze man auf das

Es ist immer noch der 18. November 1799.

Eintreffen der zuhilfe gerufenen Generale Jourdan und Augereau, die beide fanatische Jakobiner sind.

Der General ist gelblich fahl. «Sehen Sie, Sieyès!» sagt er, als der Offizier gegangen ist, «es wird schiefgehen, wir werden Ihre neue Verfassung niemals durchsetzen.»

Aber Sieyès beschäftigt sich gelassen mit dem Feuer. Wievielmal hat er nun schon theoretisch die Welt verbessert! Diesmal muß es gelingen: Drei Konsuln an der Spitze der Regierung, Bonaparte der Erste, aber Sieyès – so Gott will – als der geistig Führende. Also die Macht in wenige, geschickte Hände geballt! Dann wird man wie Prometheus den Tonklumpen formen, der zur menschlichen Ordnung werden muß ...

Das Gespräch schwingt sich in hohe, theoretische Bereichc auf. Während Sieyès von leidenschaftsloser Staatskunst spricht, denkt der General an Macht, Karriere, Aufstieg, an die Bändigung der Revolution. Sie reden aneinander vorbei.

Am späten Nachmittag kommen neue Nachrichten: Die «Fünfhundert» toben und fordern Absetzung Bonapartes, Verhaftung und Anklage. Auch heißt es, daß Bernadotte es sich nun doch überlegt habe und nach Saint Cloud marschiere.

Totenbleich stürzt der General aus dem Saal, überläßt Sieyès seinen verfassungsrechtlichen Träumereien und begibt sich, nur von zwei Adjutanten begleitet, in die Tagung des «Rates der Alten». Hier sitzen Laplace und andere Freunde, der Senat ist auf seiner Seite.

Er erklärt – aber es ist eine freche Lüge –, daß soeben vier der fünf Direktoren um ihre Entlassung nachgesucht hätten. Es gebe keine Regierung mehr, man brauche also eine neue.

«Denkt daran», ruft er theatralisch, «daß die Göttin des Glückes und der Kriegsgott meine Schritte begleiten!»

Das ist deutlich, und die Versammlung begreift ihn. Dann stürmt er hinaus.

Lucien hat inzwischen Botschaft geschickt, es müsse etwas geschehen, die Abgeordneten der größeren Versammlung rasten und seien nicht mehr zu bändigen. Napoleon rafft einige Grenadiere, riesige Leute mit Bärenmützen, zusammen und eilt durch den engen Durchgang, der das Schloß mit der Orangerie verbindet. Da es kalt ist, hat man hier einen Windfang aus Brettern und Teppichen gebaut, vor dem sich neugierige Zuschauer aufhalten.

Als der General heranstürmt, macht man Platz, seine Soldaten bleiben zurück. Bonaparte tritt allein in den Saal.

Der hohe, trotz seiner roten Wandbespannungen kahle Raum zeigt korinthische Pilaster, die schnell aufgestellten Bankreihen sind durch den Tumult verschoben oder umgestürzt. Durch die hohen Fenster strömt graues, rötliches Licht.

Man hat seinen Eintritt nicht bemerkt. Schreiend, gestikulierend umdrängen die Abgeordneten Luciens Präsidentenpult. Vergeblich schwenkt Lucien die Glocke.

«Abstimmung! Abstimmung! Ächtet den Hochverräter!»

Dann aber hat einer den General erkannt. Jäh brandet die Woge um ihn. Fäuste, rote, flatternde Togen wenden sich gegen ihn.

«Nieder mit dem Diktator! Erklärt ihn für vogelfrei! Auf die Guillotine mit dem Tyrannen!»

Bonaparte kreuzt die Arme, er ist wie gelähmt, Geist und Mut haben ihn gleichzeitig verlassen. Bleich und verwirrt stammelt er inmitten der Rasenden.

«Als er über die Verschwörung befragt wird, von der man so viel Aufhebens gemacht hat, weiß er nur zu sagen, daß ihm Barras und Moulins Vorschläge zum Sturz der Regierung gemacht hätten.»

Zitat nach Michelet, «Histoire de la Révolution française».

Höhnisches Gelächter ist die Antwort. In der Erregung hat der General sich ein kleines Geschwür an der Stirn aufgerissen, Blut rieselt über sein Gesicht, so daß es den Anschein hat, als habe man ihn angegriffen. Schon schiebt es sich heran – groß und sicher; es sind bärtige, einfache Gesichter unter riesigen Bärenmützen: Die Grenadiere kommen und holen ihren «kleinen Korporal» heraus.

*

Wo ist seine Entschlossenheit, seine Kaltblütigkeit?

Totenbleich, mit wirrem Haar und blutiger Stirn, wie ein Gezeichneter, läuft er von Truppe zu Truppe, stammelt unzusammenhängende Sätze, beschwört die Treue der Regimenter.

Die Dragoner waren die mit einem Gewehr (Arkebuse) ausgerüsteten Reiter im 16.–19. Jh.

Ein Schwadron ist eine Kavallerieeinheit mit 100–150 Mann.

Die Dragoner und die Linientruppen, die ihn aus Italien kennen, empfangen ihn mit starkmütigem Zuruf: «Vive Bonaparte!»

Eine Schwadron ermuntert ihn: «Voran, General, du kannst dich auf uns verlassen!»

Aber Napoleon Bonaparte wagt nicht zu handeln, sein Gefühl für die Stimmung der Masse sagt ihm, daß sich die blau-weißen Blöcke der Grenadiere, die Nationalgarde, noch nicht entschieden haben. Ein Befehl in diesem Augenblick, der nicht befolgt würde, könnte alles in die Katastrophe stürzen.

Es ist nun fünf Uhr vorüber, der Novemberhimmel hängt grau und dämmrig über dem Park von Saint Cloud, die Nacht sinkt rasch hernieder. Unter großem Lärm bringen Grenadiere den Präsidenten des «Rates der Fünfhundert» heraus, Lucien Bonaparte flüchtet sich in den Schutz der Truppen.

In großer Pose befreit er sich von der Narrenkleidung, wirft Toga und Federhut von sich, steigt zu Pferde und sprengt vor die Nationalgarde.

«Generale, Soldaten, Bürger! ... Die Terroristen im Rate der Fünfhundert, freche, von England bestochene Räuber, haben sich gegen den Rat der Alten empört und wollen die Ächtung über den Oberkommandierenden der Armee verhängen ... Ich erkläre euch, nur jene sind die wahren Gesetzgeber Frankreichs, die aus der Versammlung zu mir herauskommen; die anderen sollen mit Gewalt verjagt werden ...

Diese Mörder sind keine Vertreter des Volkes mehr, sondern Vertreter des Dolches ...

Glaubt ihr es wohl, daß sie sogar von mir verlangt haben, ich solle meinen Bruder töten und außer dem Gesetz stehend erklären?»

Bewegung läuft durch die starren Reihen der Grenadiere. Das Murren, das sich erhebt, gilt der Volksvertretung. Lucien geht einen Schritt weiter, er spielt jetzt bewußt Theater. Mit gezücktem Degen tritt er auf Napoleon zu, setzt ihm die Spitze auf die Brust.

«Ich schwöre, meinen Bruder zu töten, wenn er einen Anschlag gegen die Freiheit Frankreichs wagen sollte!»

Die Dragoner und Infanteristen drängen aus Reih und Glied, drücken gegen die immer noch unschlüssige Nationalgarde, schreien, gestikulieren, brüllen und toben, reißen endlich auch die Grenadiere mit sich.

«Vive Bonaparte!» dröhnt es durch den Schloßhof.

Der General glaubt nun jenen Anschein des Rechtes zu besitzen, den er verlangt hat. Lucien ist der Präsident der Volksvertretung, er hat den Vorschlag gemacht, Gewalt anzuwenden.

In einer Kutsche fährt Sieyès vorüber, ihn fragt der immer noch wie gelähmte Bonaparte: «Was ist zu tun?»

Sieyès zuckt lächelnd die Achseln, er ist ganz ruhig.

«Sie erklären euch außerhalb des Gesetzes, machen Sie dasselbe mit ihnen ...»

Aus Michelet, «Histoire de la Révolution française».

General Murat gibt das Kommando, eine Kompanie Grenadiere mit Bärenpelzmützen fällt die Bajonette und dringt in die Orangerie ein, in der noch immer der Lärm der Abgeordneten tobt. Protestschreie werden laut, die hohen Fenster öffnen sich, und rotgewandete Gestalten springen zornbebend heraus, man hört Bänke umstürzen.

Während die gewählten Vertreter der Nation sich in den Park zu retten suchen, brechen die Regimenter aus den Reihen, umringen den General und finden sich in dem brausenden Chor: «Vive Bonaparte! Vive la nation!»

*

Über Saint Cloud bricht die Nacht herein. Rotflammende Kreise stehen in der Finsternis des Parkes, um die Lagerfeuer kauern dunkle Gestalten, fern auf der Chaussee nach Paris rollt der Trommelschlag der abrückenden Truppen.

General Napoleon Bonaparte, der Sieger dieses Tages, an dem die Revolution endgültig geopfert wurde, weicht nicht aus dem Kreise seiner Ratgeber: Da steht der fahle Polizeichef Fouché; neben ihm, puderweiß und steif, Cambacérès, der Freund Josephines und Bonapartes – er wird später zweiter Konsul neben dem General sein. Dann sieht man Bankier Collot, verschlossen und ein wenig verächtlich – vielleicht lächelt er über die Wunder, die sein Geld gewirkt hat; Sieyès, schon wieder in einer gelehrten Debatte über Verfassungsrecht, und Laplace, der eben zum Minister des Innern befördert worden ist; Cabanis, neuernannter Senator, und Lucien Bonaparte, der Komödiant.

Jean Jacques Régis de Cambacérès (1753–1824). Als Präsident des Kriminalgerichts spielte er schon am Anfang der Revolution eine Rolle. Unter Napoleon wurde er später zweiter Konsul.

Humpelnd, mit verkniffenem, ungemein listigem Gesicht folgt Talleyrand dem ruhelosen Hin- und Herwandeln des neuen Machthabers.

Gegen zehn Uhr verlangt der Erste Konsul Bonaparte die Eröffnung der neuen «gereinigten Volksversammlung». Man hat etwa achtzig von den fünfhundert Abgeordneten zusammengebracht.

Die lange, öde Scheune der Orangerie wird nur von zwei flackernden Kerzen auf dem Präsidentenpult erhellt. Umgeworfene Bänke, herabgerissene Draperien, verlorene Togen zeugen von dem, was hier geschehen.

Bleich sitzt Lucien wieder auf dem Präsidentensitz. Zwei Abgeordnete führen Protokoll, während die Grundzüge der von Sieyès entworfenen Verfassung der Konsularregierung verlesen werden.

«Gegenüber, im engen gedrängten Raum, ruht eine Gruppe Abgeordneter, die bei allem, was man vorträgt, gleichgültig bleibt; die meisten haben drei kleine Bänke, auf die sie sich ausstrecken: Die erste dient als Sitz, eine andere als Fußschemel und die dritte als Kopfkissen. Mitten unter ihnen sitzen auf dieselbe Weise und in buntem Gemisch einfache Privatleute. Etwas weiter hinten bemerkt man ein paar Bediente, die im Saal Schutz vor der Kälte gesucht haben und eingeschlafen sind, während sie auf ihre Herren warteten.

Das ist der wunderliche Areopag, der Frankreich eine neue Regierung gibt ...»

Der Areopag, nach einem Hügel westlich der Akropolis benannt, war nach dem Sturz des Königstums die eigentliche Regierung Athens. Später (seit dem 5. Jh. v.Ch.) nur noch Blutgerichtshof.

Michelet, «Histoire ...».

Konsul der neuen Zeit

Die Revolution ist gebändigt, der große Mann erhebt sich aus dem Chaos.

Viele Franzosen, die bisher von ausländischen Beobachtungsposten aus noch immer in Mißtrauen und Furcht der Entwicklung in der Heimat gefolgt sind, kehren nun zurück. Sie finden verändertes Licht über Paris. Eine einzige Frage von Wichtigkeit beschäftigt die Menschen: Wird der Erste Konsul den ersehnten Frieden, wird er das goldene Zeitalter heraufführen?

Es gibt auch Feinde der Diktatur, Freiheitsbesessene, die in Bonaparte den Verräter jener Revolution sehen, die ihn genährt und emporgetragen hat. Aus anderem Grunde hassen ihn die Royalisten. Sie betrachten ihn als Usurpator – der nicht viel besser ist als die Königsmörder –, weil er den Weg des rechtmäßigen Königs zum Throne versperrt.

*

Es ist in Abbaye aux Bois, dem reizenden Landhaus Madame Juliette Recamiers. Germaine de Staël, die geistreiche Tochter von Jacques Necker, dem Finanzminister Ludwigs XVI., Witwe eines schwedischen Diplomaten, weilt zu Gast. Ihre erbitterte Feindschaft gegen Bonaparte und ihre gefährliche Lästerzunge haben zu einem Dekret der Konsularregierung geführt, das ihr den Aufenthalt in Paris und in einem Umkreis von 40 Reisestunden untersagt hat. Das Verbot hat Madame de Staël trotz ihrer nicht geringen Angst vor den Spitzeln der Fouchéschen Staatspolizei ein wenig übertreten; denn Juliette Recamiers Landhaus liegt nahe an der Hauptstadt. Aber man kann, wenn man Madame de Staël ist, nicht ganz ohne die Nähe von Paris, ohne Salons und anregende Gesellschaft leben.

Jacques Necker (1732–1804). Der Genfer Bankier wurde 1777–81 sowie 1788–90 Finanzminister in der französischen Regierung und setzte 1789 die Berufung der Generalstände durch.

Zudem erwarten die Damen den Besuch des zweiunddreißigjährigen, klugen und vielversprechenden François René de Chateaubriand. Der junge Chevalier ist nach

François René de Chateaubriand (1768–1848). Der französische Dichter und Staatsmann stand seit 1800 im Dienste Napoleons, später sein erbitterter Gegner.

ausgedehnten Reisen, die ihn auch nach Nordamerika geführt haben, in London seßhaft, aber nicht heimisch geworden. Er hat durch geistreiche Schriften von sich reden gemacht und ist, von Bonapartes aufsteigendem Gestirn angezogen, nach Paris zurückgekommen. Aus seinen Vorlesungen in den Salons weiß man, daß er an einem Roman «Atala» arbeitet, für dessen Abdruck sich der «Mercure de France» interessieren soll. Dieses Buch ist nur ein Auszug aus einem größeren Werk, das Chateaubriand «Das Genie des Christentums» nennen will.

Chateaubriands Roman «Atala», eine Indianergeschichte, erschien 1801.

Also ein Bekenntnis zu den gestürzten Altären, ein romantischer Ruf nach dem Gestern, eine Gloriole um den durch die Revolution geschändeten Namen Christi! Die geistigen Werte der Vergangenheit kehren ins neue Haus Frankreichs zurück.

«Du wirst ihn lieben, Juliette!» sagt Madame de Staël. «Er ist ein Mensch aus der Gotik, der durch die Revolution gegangen ist; ein König der Salons. Man spürt die salzige Seeluft seiner bretonischen Heimat, stammt er doch aus einem meerumbrandeten Schloß bei San Malo. Seefahrersehnsucht, Freibeutertum und uralte keltische Geheimnisse schwingen durch seine Seele.»

Juliette Recamier, die in schneeweißem, nach antiker Art wallendem Kleid, malerisch aufgestützt auf einer gepolsterten Ruhebank liegt, neigt den feingeschwungenen Nacken. Ihre dunklen Haare sind schlicht gescheitelt und werden von einem gerollten Seidentuch am Hinterkopf gehalten.

«Ich habe das kleine Büchlein Chateaubriands gelesen, das du mir mitgebracht hast, liebe Freundin, und ich war entzückt. Welche Ausblicke reißt dieser Mann vor uns auf: Da spannt sich der grünüberflammte Himmel niegesehener Urwälder über uns, das purpurfarbene Firmament ferner Wüsten. Seine Menschen leben aus der glühendsten Leidenschaft heraus, sie verströmen Herzblut.»

Germaine lächelt:

«Du bist ja jetzt schon in ihn verliebt! Aber still, ich höre den Wagen, er kommt!»

René de Chateaubriand ist ein Achill, der sich nach der letzten Mode kleidet – hochgewachsen, kraftvoll und mit einem Heldenhaupt, das von leuchtenden Augen beherrscht wird.

Achill, Sohn des Königs Peleus und der Meergöttin Thetis, nach der griechischen Sage der tapferste Held vor Troja.

Ist es gut gespielte Kavaliersgeste oder echte Hingerissenheit, die den Frauenliebling auf der Schwelle des Zimmers zögern läßt?

Wie erstarrt schaut er Juliette Recamier an. René de Chateaubriand hat sich auf den ersten Blick in die dreiundzwanzigjährige Schönheit verliebt.

«Ich frage mich, ob ich ein Porträt der Unschuld oder des Eros sehe. Ich bitte den Himmel, diesen Engel zu altern, ihm etwas von dem Überirdischen zu nehmen, um einen geringeren Abstand zwischen uns zu schaffen ...

Sie vereint auf merkwürdige Weise den Charme der Unschuld mit dem der Geliebten. Sie ist verführerisch wie eine Venus, und sie inspiriert wie eine Muse, verliebt stürzt man ihr zu Füßen und verharrt dort vor Respekt ...»

Aus Chateaubriand, «Mémoires d'outre tombe».

Chateaubriand beugt sich über Juliettes Lager, küßt die errötend dargereichte Hand.

«O meine Damen, erlauben Sie mir, vor so viel Schönheit zu schwärmen ... Ohne die Frauen würde der Mann roh, grob, einsam sein und die Anmut nicht kennen, die nur das Lächeln der Liebe ist. Die Frau umschlingt ihn mit den Blumen des Lebens, wie jene Lianen der Wälder, die den Stamm der Eiche mit ihren duftenden Kränzen zieren ...»

Nach Chateaubriand in den «Œuvres complètes».

«Wie schön Sie sprechen, Chateaubriand!» flüstert Juliette Recamier. «Ich begreife, daß man Sie den ‹Homer der Melancholie› genannt hat, Sie verführen die Seele zum Träumen.»

Die Augen des Dichters flammen auf.

«O ja, Homer! Der Ruhm! Ich gestehe, daß ich den Ruhm liebe wie eine Frau, wie meine erste Liebe! Am liebsten säße ich» – er lächelt über sich selbst – «in ‹einer Mönchszelle auf einer Theaterbühne›. Ich möchte in der Literatur sein, was Bonaparte in der Politik ist: ein Held!»

Madame de Staël tritt rasch neben den Gast – sie ist es nicht gewohnt, eine Nebenrolle zu spielen.

«Bürger, ich habe mit Politikern gesprochen, die sagten mir, Sie wären ein großer Dichter, aber die Dichter meinen, Sie wären ein großer Politiker. Wir würden gerne die Erklärungen eines dichtenden Politikers oder politisierenden Dichters über die neueste Konstruktion unseres Staates vernehmen! Sie verehren den Ersten Konsul. Es gibt aber Leute, die ihn mit Caesar vergleichen und ihm den Dolch des Brutus wünschen.»

Chateaubriand nimmt auf dem der Antike nachgeformten Scherensessel Platz.

«Bürgerin, Sie zwingen mich zum Bekenntnis: Ja, ich verehre Bonaparte, wie man den Heros verehrt, der die Köpfe der Hydra abgeschlagen und die Menschheit ans feste Ufer gerettet hat.»

Die Hydra ist in der griechischen Mythologie das neunköpfige Ungeheuer im Sumpf von Lerna bei Argos (daher auch Lernäische Schlange), dem für jeden abgeschlagenen Kopf zwei neue wuchsen.

«Was verstehen Sie unter den Köpfen der Hydra? Etwa die Freiheit, die Gleichheit, die Brüderlichkeit, die unter dem neuen Caesar bald ein Ende haben werden?»

«Bonapartes feste Hand wird die aufgepeitschten Masseninstinkte zügeln – das ist das erste. Unter ihm wird es keinen Terror mehr geben – das ist das zweite. Er wird die überspitzte Vernünftelei in die Schranken weisen, er gibt Raum für die mystischen, die überirdischen Mächte – das ist das dritte. Ihm in diesem Bestreben zu Hilfe zu kommen, ist der Sinn meines entstehenden Buches ‹Das Genie des Christentums›.

Chateaubriand, «Génie du Christianisme».

‹Gott ist kein Gegner der blumenübersäten Wege, wenn sie nur zu ihm zurückführen. Das verirrte Schaf muß nicht unbedingt über rauhe und steile Bergpfade wieder nach Hause finden.›»

«Sie haben schon einmal anders geschrieben, Bürger!» lächelt Madame de Staël boshaft. «Damals in London, als Ihnen der Paß nach Frankreich noch von Atheisten ausgestellt wurde.»

«Mein Herz hat sich immer zu Gott bekannt, nur mein Geist verkannte ihn. Bonaparte fühlt wie ich. Ich weiß von meinem Freunde, dem Grafen Ségur, daß der Erste Konsul kürzlich in vertrautem Kreise das Wort Voltaires zitiert hat: ‹Wenn Gott nicht wäre, so müßte man ihn erfinden.›»

«Das nehme ich nicht als Beweis an, Bürger; denn mir scheint, Sie sind im Begriffe, ihre Seele der Tyrannei zu verkaufen. Wer sich einer Diktatur verschreibt, muß schließlich alles gut an ihr finden, was sie hervorbringt. Diktaturen sind nur im ganzen feil.»

«So freuen Sie sich wenigstens über die straffe Zentralisation, Bürgerin!» erwidert Chateaubriand lächelnd. «Frankreich wird der modernste und kraftvollste Staat der Welt sein. Der Erste Konsul plant über alle Departements

Schlacht bei Aspern 21./22. Mai 1809, in der Napoleon zum erstenmal besiegt wird. Als die Heere Napoleons am 21. Mai 1809 unterhalb Wiens von der Insel Lobau aus über die Donau setzen wollen, treffen sie in der zweitägigen Schlacht von Aspern und Eßling auf solchen Widerstand, daß sie ihr Vorhaben aufgeben müssen. (Historisches Museum, Wien.) (9)

Kaiserkrönung Napoleons I. 1804 in Notre-Dame zu Paris. (10)

Königin Luise von Preußen (1776–1810), Gattin Frierich Wilhelms III., bemühte sich 1807 vergeblich, von Napoleon I. bessere Friedensbedingungen zu erhalten. (11)

Pauline Bonaparte (1780-1825), verheiratet mit Fürst Borghese, von Canova. (12)

Präfekten und über die Arrondissements Unterpräfekten zu setzen, er gleicht Cyrus an Größe. Man kann nicht umhin, in seinem Schicksal die Hand der Vorsehung zu erkennen, die ihn seit langem zur Erfüllung eines wunderbaren Zieles ausgewählt hat.»

Cyrus der Große (d. Ältere), gest. 529 v. Ch., der Gründer des alten Perserreiches.

Madame Recamier richtet sich von ihrer Liegestatt auf. Sie bedauert es, daß die leidige Politik sogar die Geselligkeit der Salons zu überschatten beginnt. «Bürger, überlassen wir Bonaparte dem Schicksal, das ihn stürmisch davonführt. Wir aber wollen den Tag genießen!»

*

Napoleon Bonaparte steht wieder an der Spitze einer Armee. Während General Moreau über den Rhein durch Schwaben und Bayern vordringt und München besetzt, führt der Erste Konsul eine andere Heereskolonne gegen den kaiserlichen Feldmarschall Melas, der Italien wiedergenommen und soeben die letzte französische Bastion – die Hafenstadt Genua – erobert hat.

Bonaparte führt seine Truppen mit Artilleriepark, Troß und Kavallerie auf den Spuren Hannibals über den Paß des Großen Sankt Bernhard. Jenseits der Zentralalpen erscheint er so schnell auf italienischem Boden, daß der österreichische Feldherr an einen Irrtum glaubt, als ihn wie ein Blitz aus heiterem Himmel die Nachricht erreicht, die Franzosen seien bereits in Mailand eingezogen.

Napoleon zog am 27. Mai 1800 in Mailand ein.

Sofort überschreitet Bonaparte den Po, um die zurückgehende kaiserliche Armee abzuschneiden. Melas zieht nach Osten ab, um sich mit seinen Garnisonen und heranmarschierenden Reserven zu vereinen. Der Konsul aber dehnt seine Frontlinie immer weiter aus, die Österreicher in sein Netz zu locken.

Die Linie der französischen Armee wird dünner und dünner, die Kolonnen fallen auseinander, die Artillerie bleibt bei der Verfolgung zurück. Feldmarschall Melas hat das begriffen und sich mit verstärkter Macht in der Ebene von Marengo – nahe bei Alessandria – zur Schlacht gestellt. Bonaparte kann nicht mehr zurück, fast ohne Kanonen, mit weit unterlegenen Kräften, sieht er sich vor die Entscheidung gestellt.

*

Er sitzt auf einem Meilenstein an der Straße bei San Giuliano, ein kleiner, nun schon etwas korpulenter Mann in weißen, enganliegenden Hosen, grünem Jägerrock mit roten Aufschlägen.

Die Sonne brennt sengend herab, es ist erst zwei Uhr, und doch scheint alles zu Ende.

Starr ruht Napoleons Blick auf den im Grase ausgebreiteten Karten, die General Berthier mit dicken, roten Einzeichnungen versehen hat.

Über die glühende Ebene von Marengo wälzt sich der Staub zum sonnenübergossenen Himmelsgewölbe, ein einziger, rollender Donner erschüttert die Luft. Die Österreicher haben zwölf Kavallerieattacken abgewiesen, sie rükken seit Stunden Schritt für Schritt durch die reifen Felder vor. Bei Marengo stehen die Feuerwände brennender Maisgarben, durch deren gelben Qualm die Kartätschen der Kaiserlichen unaufhörlich in die Reihen der Franzosen einschlagen.

Murat – in goldstrotzender Generalsuniform und auf einem mit Purpurschabracke gesattelten Schimmel – sprengt heran. Er bringt eine neue Hiobsbotschaft: Auch die letzte Reserve, die riesigen Grenadiere mit den Bärenmützen, die den stolzen Titel «Konsulatsgarde» führen, auch sie weichen zurück.

Die Schlacht ist verloren.

Wer hat das Wort ausgesprochen?

Weiß er, daß es den Sturz in einen Abgrund bedeutet, der tiefer ist als der, in den Danton und Robespierre gestürzt sind?

Wenn Bonaparte unterliegt, ist der Vertrag zwischen ihm und Frankreich zerrissen. Vom Helden zum Hochverräter ist nur ein Schritt!

Unbeweglich starrt der General vor sich hin. Stumm umstehen ihn seine Offiziere.

Da, im Westen, auf der Straße, eine Staubwolke! Fahnen wehen, Geschütze rasseln: die Division des Generals Desaix!

Louis Charles Antoine Desaix (1768–1800) wurde 1793, im Alter von 25 Jahren, General. Sein Feldzug am Nil gehört zu den glorreichsten Kapiteln der französischen Kriegsgeschichte.

Über Bonapartes Gesicht geht ein Lächeln.

«Die Schlacht ist verloren!» sagt er. «Gut, beginnen wir eine zweite!»

Dann wendet er sich an die heraneilenden, frischen Truppen.

«Soldaten, ich brauche euer Leben, ihr müßt es mir opfern!»

Und sie greifen an, sie sterben, sie gehen singend in den Tod: Der Konsul, ihr General, hat es verlangt. Desaix fällt, von Kartätschen zerrissen, die Grenadiere stürmen die österreichischen Batterien, sie halten den Siegesmarsch der Kaiserlichen auf, sie verwandeln die Niederlage Frankreichs in den herrlichsten Sieg.

*

Am Tag nach dem Triumph Bonapartes bei Marengo trifft ein Geheimkurier aus Paris ein. Fouché und Talleyrand, die beiden Verbündeten des Ersten Konsuls, haben wenige Tage nach seiner Abreise zur Armee eine große Verschwörung aufgedeckt, deren Zweck es war, die alte Freiheit wiederherzustellen, die Republik zu retten und den «Verbrecher des 18. Brumaire» zu bestrafen.

An der Spitze der Verschwörung standen Lucien Bonaparte, der unberechenbare Bruder des Konsuls, Kriegsminister Bernadotte, der Kommandant von Paris Lefebvre und – wie eine vertraulich durch Talleyrands Hand beigefügte Meldung zynisch verrät: der Polizeiminister Fouché.

Aber der Sieger von Marengo ist klug genug, keinen Lärm zu schlagen. Es stärkt das Vertrauen zu neuen Diktaturen nicht, wenn man die Möglichkeit ihres Sturzes einräumt. Und so wird die Verschwörung in aller Stille erledigt, die Beteiligten kommen mit Kaltstellung oder Warnungen davon. Fouché bleibt.

Es handelte sich hier weniger um eine Verschwörung als um die Frage des Nachfolgers Napoleons, denn aufgrund der Nachrichten aus Italien mußte man in Paris annehmen, daß Napoleon die Schlacht bei Marengo verloren hatte.

Die beste Garantie für Bonaparte ist der Sieg seiner Waffen.

*

Nach seiner Rückkehr nach Paris, als der Krieg gegen Österreich in den letzten Zügen liegt, als Piemont und die Lombardei zurückgewonnen und die Heeressäulen im Vorstoß auf die Habsburger Erblande sind, legt Polizeiminister Fouché dem Sieger von Marengo eine Flugschrift vor, die er für staatsgefährlich hält.

Napoleon kehrte am 2. Juli 1800 nach Paris zurück.

Als Erster Konsul ist Bonaparte verpflichtet, die Republik zu behüten und staatsgefährlichen Umtrieben entgegenzutreten; als Mann der Zukunft aber muß er Dinge wünschen, die nicht in der Verfassung stehen. Die Flugschrift drückt derartige Dinge aus.

Oliver Cromwell (1599–1658). Der englische Landedelmann opponierte seit 1640 gegen König Karl I., den er mit Hilfe seiner Truppen, den «Ironsides», bei Marston Moor und Naseby schlug. In der Folge wurde er als «Lordprotector» eine Art Militärdiktator.

Sie heißt «Parallele zwischen Caesar, Cromwell und Bonaparte».

«Der Verfasser, Bürger Konsul», sagt Fouché und heuchelt Betrübnis, «trägt leider den erlauchten Namen Joseph Bonaparte. Ihr Bruder, Bürger Konsul!»

Joseph Bonaparte muß in die Verbannung gehen, sein Tempo ist zu ungeduldig, sein Spiel zu lärmend. Er wird Gesandter am Hof zu Madrid.

*

Vor den hohen, schmalen Fenstern des Palastes flimmern winzige Schneekristalle. Es ist im letzten Drittel des Dezember.

Napoleon Bonaparte sitzt an seinem prunkvollen Schreibtisch. Der runde, gekachelte Ofen, der von stilisierten Girlanden umzogen ist, verbreitet gemütliche Wärme. Wenige, streng symmetrisch geordnete Bilder schmücken die Damasttapete, die prachtvollen Möbel weisen die verschiedensten Stilmerkmale auf – sie sind zusammengetragen aus den Ländern, die der Konsul besucht hat: italienische Renaissancearchitrave, klassische Kapitelle an den Pilastern, und als Zierate auf den Schrankaufsätzen Obelisken, Sphinxe und Pyramiden.

Das Gesicht Napoleons ist voller geworden wie auch seine Figur, das Haar ist gelichtet. Nichts erinnert mehr an den hageren Revolutionsgeneral mit den langen, wilden Strähnen.

Vor dem Schreibtisch steht der Außenminister Talleyrand. Ein bleiches, sehr geistvolles, sehr aristokratisches Gesicht. Trotz seines hinkenden Ganges verrät doch alles an ihm den Grandseigneur, den selbstsicheren Sproß aus fürstlichem Haus.

Bonaparte liebt ihn nicht. Sein Auftreten, seine Erscheinung verweisen ihn auf seine eigene kleine, ärmliche Abstammung und darauf, daß ihn nur die Revolution und militärische Erfolge auf den Platz gebracht haben, den sonst Männer wie Talleyrand innehätten.

Der Minister erstattet Bericht. Der Konsul hat es absichtlich unterlassen, ihm Platz anzubieten. Napoleon kann, wenn er will, sehr unhöflich sein.

Aber Talleyrands Nachrichten sind gut. Soeben haben die Kuriere die Bestätigung gebracht, daß Rußland nun endgültig zur kontinentalen Front – also zu Frankreich, als dem Vorkämpfer des Erdteils wider England – überschwenkt. Am 16. Dezember, zwölf Tage nach Moreaus Sieg bei Hohenlinden, hat Zar Paul die «Nordische Konvention» mit Schweden, Preußen und Dänemark geschlossen, ein Abkommen, nach dem diese Staaten ihre Häfen für englische Schiffe schließen und damit die größte Flotte der Welt aus der Nord- und Ostsee aussperren.

«Bürger Konsul, das Schicksal will Ihnen wohl», sagt Talleyrand schmeichelnd. «Nun hat sich auch das Nordmeer für die Briten geschlossen. Die Sehnsucht nach Frieden ist auch in England sehr groß. Das Ministerium der Reaktion, Pitts Regierung, ist gestürzt; das neue Ministerium Addington will verhandeln. Man berichtet mir aus London, daß das Volk Ihrem Gesandten die Pferde ausgespannt und die Kutsche jubelnd nach Westminster Palace gezogen hat – so sehr wünscht man auch jenseits des Kanals den Frieden ...»

William Pitt (1759–1806); wurde, gestützt auf die Torypartei, 1783 Premierminister. 1801 mußte er zurücktreten, 1804 übernahm er aber wieder die politische Führung des Landes.

Henry Addington (1757–1844), der Nachfolger Pitts als Premierminister, schloß 1802 den Frieden von Amiens.

Bonaparte unterbricht mit einer herrischen Geste.

«Sparen Sie sich Schwärmereien, Talleyrand. Wir müssen England, das in Europa nur noch einen Absatzmarkt für seine Kolonialwaren sieht, isolieren oder zwingen, sich zum Kontinent zu bekennen. Wenn England die Anlehnung nicht will, so wird das vereinigte Europa diesen Krämern widerstehen. Der Kontinent muß erkennen, auf welcher Seite seine wahren Interessen verteidigt werden.»

«Gut, Konsul, Sie werden Österreich und Rußland, Bayern und Preußen vielleicht auf Ihre Seite ziehen. Aber – was dann? Haben Sie die Mittel, die Insel zu schlagen?»

«Wir werden eine Flotte haben, wir werden England zum Bekenntnis zu Europa zwingen ... oder wissen Sie einen besseren Rat?»

Talleyrand schweigt eine Weile, dann sagt er:

«Ja, Konsul, dieses bessere Mittel gibt es: Verzichten Sie auf den Ruhm, geben Sie den Ehrgeiz auf, bleiben Sie der Bannerträger der Revolution, und Sie werden den Kontinent umwälzen. Eine Woge wird sich auftürmen, die auch auf die Insel hinüberdringt. Man kann das Abendland niemals durch Waffen, aber man kann es durch Ideen erobern.»

Der kleine General schiebt mit einem Ruck den Stuhl zurück und erhebt sich. Er steckt die Linke zwischen die untersten, geöffneten Knöpfe der Weste und tritt ans Fenster.

«Danke, Talleyrand, ich glaube nicht, daß ich heute nochmals Ihres Rates bedarf. Im übrigen führt mich das Schicksal.»

*

Dieses Komplott vom 24. Dezember wurde nie aufgeklärt, es hieß sogar, daß es von der Polizei selber inszeniert worden sei.

Zwei Tage später, am 24. Dezember 1800, fährt der Erste Konsul mit seinem Gefolge zur Großen Oper, in der das Oratorium «Die Schöpfung» des österreichischen Komponisten Haydn aufgeführt werden soll.

Als der Wagenzug durch die Rue St. Nicaise, eine enge und nur wenig von Laternen erleuchtete Straße, fährt, explodiert dicht bei seinem Wagen eine Höllenmaschine. Die Fenster splittern, Pferde gehen durch, und einige Passanten finden den Tod.

Napoleon und sein Adjutant bleiben unverletzt, aber in der nachfolgenden Kutsche Josephines schneiden Glassplitter in die Hand ihrer Tochter Hortense.

Beim Eintritt in die Oper tritt Bonaparte an die Logenbrüstung und nimmt den Jubel der zweitausendköpfigen Menge entgegen, als ob nichts geschehen sei.

*

Inzwischen haben Joseph Bonaparte und der österreichische Staatskanzler Graf Cobenzl zu Lunéville über den Friedensvertrag Einigkeit erzielt. Im Februar 1801 wird der Abschluß unterzeichnet. Neapel und die Türkei und endlich auch England schließen sich dem Frieden an. Die französische Ägyptenarmee kehrt auf englischen Schiffen nach Frankreich zurück.

Der Friede von Amiens, geschlossen am 27. März 1802.

Nur die machtlosen deutschen Kleinstaaten finden keinen Fürsprecher. Weder Preußen noch Österreich verteidigen die Interressen der zahlreichen Reichsstände. Sie werden zur Münze, mit der die Friedensschlüsse bezahlt werden. Die Abmachungen des Friedens von Campoformio werden bestätigt. Das linke Rheinufer bleibt französisch.

Die durch den Verlust der linksrheinischen Gebiete geschädigten Fürsten werden durch rechtsrheinische Herrschaften der kleinen deutschen Reichsstände entschädigt. Das Ende der noch aus dem Mittelalter herrührenden Ordnung ist auch in Deutschland gekommen. Reichsstädte, die Reichsritterschaft und viele Grafen und Freiherrn verlieren ihre «Reichsunmittelbarkeit», die nur den Kaiser als ihren Souverän anerkannt hatte. Sie werden «mediatisiert» und werden jetzt Untertanen der großen benachbarten Landesfürsten. Das gleiche Schicksal trifft die geistlichen Landesherrn, auch die Kurfürsten von Köln, Trier und Mainz. Sie werden «säkularisiert», die geistlichen Besitzungen werden an die geschädigten Landesherren neu verteilt. Die Bestimmungen des Lunéviller Friedens werden durch den Reichsdeputationshauptschluß sanktioniert.

Mediatisierung (lat. «mittelbar machen»), nach dem Frieden von Lunéville (1801) wurde eine Reichsfriedensdeputation eingesetzt, um die rechtsrheinischen Fürsten, die ihre Gebiete verloren hatten, zu entschädigen. Das sollte durch die Einziehung der «immediaten» (reichsunmittelbaren) Herrschaften, der Reichsstädte, Reichsgrafschaften usw. geschehen.

*

Der Kontinent jubelt über die Wiederkehr des Friedens. In Frankreich geht ein Stich von Hand zu Hand, der den Ersten Konsul auf hohem Denkmalspodest zeigt, wie er unter der Friedenspalme, lorbeergekrönt und von der Göttin der Weisheit beraten, den Völkern Gesetze gibt. Um dieses Standbild französischer Größe tanzen die Nationen Europas freudig den Carmagnole-Tanz.

Stich von Le Coeur, 1801.

Ja, der Friede ist eingekehrt. Die Kanonen schweigen, aber auf dem diplomatischen Schachbrett werden die Figuren vorsichtig zu einer neuen Partie verschoben.

Die Haltung der großen Weltmacht des Ostens, des von Peter und Katharina emporgeführten Rußland, hat nicht zuletzt die augenblickliche Niederlage Englands entschieden. Rußland ist in dieser Zeit ein Mann: Zar Paul I., der in jungen Tagen schwer unter der überragenden Gestalt seiner Mutter, Katharina der Großen, gelitten hat. Mißtrauen, Spitzelwesen, Verschwörungen und Heuchelei haben seine Mannesjahre umschattet. Als er endlich auf den Thron gelangt, ist er ein verschlossener, grausamer Menschenverächter und Tyrann geworden.

1754–1801

Zar Paul I. bestieg 1796 den russischen Thron.

*

Die Wachtposten vor dem Winterpalais in St. Petersburg stapfen, in Schafspelze gehüllt, in den verschneiten Höfen hin und her. Da und dort flackern Kohlenfeuer in eisernen Körben.

Im Zimmer des Grafen Peter Ludwig von der Pahlen, des Ministers für Auswärtige Angelegenheiten, Gouverneurs von Petersburg und Chefs der Geheimen Staatspolizei, sind die rotseidenen Vorhänge zugezogen. Trotz der frühen Nachmittagsstunde brennen Kerzen im Lüster, in den silbernen Leuchtern vor den hohen Spiegeln und an den Wandarmen.

«Vorsicht!» flüstert Graf Pahlen. «Entfernen Sie sich, meine Freunde und warten Sie nebenan! Ich höre ihn kommen.»

Der Graf schiebt die Mitverschworenen, die Generale Bennigsen, Galizien, Platon und die Brüder Valerian und Nikolaus Zubow, den Admiral Rivas und die anderen Militärs fast mit Gewalt in das Nebenkabinett, dessen Türe durch Portieren verdeckt ist.

«Bedenken Sie, Pahlen», sagt Graf Panin, der Vizekanzler, mit gequälter Stimme, «Absetzung, nicht Mord! Nur darauf haben wir geschworen ...»

«Gehen Sie, Panin! Ich höre Alexander kommen.»

Alexander I. Pawlowitsch (1777–1825) Zunächst Verbündeter, später erbitterter Feind Napoleons. Nach seinem Tod verbreitete sich die Legende, er sei nicht gestorben, sondern lebe unter dem Namen Fedor Kusmitsch als Einsiedler weiter.

Gleich darauf tritt der Kronprinz ein: Alexander ist von stattlicher, schlanker Figur, er trägt unter dem weiten, schwarzen Mantel die dunkelblaue Generalsuniform. Sein Gesicht ist bleich und verstört. Wie verabredet, ist er ohne Begleitung erschienen.

«Sie wollten mich sprechen, Pahlen?» Er wirft sich nervös in einen Sessel, springt aber gleich wieder auf und beginnt unruhig auf- und abzuschreiten. «Also, sprechen Sie schon, sagen Sie etwas!»

«Der englische Botschafter hatte heute eine vertrauliche Unterredung mit mir, kaiserliche Hoheit. Rußlands letzter Freund hat sich mit höflichen Worten ... verabschiedet.»

«Ach!» ruft Alexander verzweifelt, «ich weiß es ja, daß viel Unsinn gemacht worden ist. Aber kann ich es ändern? Ich, der bewachte und von Spionen umgebene Kronprinz?»

Pahlen legt ein Schriftstück auf den Schreibtisch, das Formular trägt den Namenszug des Zaren und den Geheimstempel der Staatspolizei. Es ist der Haftbefehl gegen den Kronprinzen.

Alexander wird blaß bis an die Lippen, er ringt nach Worten.

«Also das ist es ...!»

«Nein», erwidert Graf Pahlen kühl, «nicht das! Ich hielt es nur für meine Pflicht, Eure kaiserliche Hoheit darauf aufmerksam zu machen, wie weit die Vorsichtsmaßnahmen des Zaren gehen. Der Befehl sollte im Geheimarchiv der Staatspolizei ruhen, bis Seine Majestät den Augenblick für gekommen halten.»

«Was beabsichtigen Sie mit alledem, Pahlen?»

«Eure kaiserliche Hoheit kennen den Zaren so gut wie ich: Es gibt keine Sicherheit für irgendwen, der Zar folgt einzig seinen Launen, seinen gefährlichen Einfällen. Er ernennt Wachtposten zu Kommandeuren und schickt Kommandeure nach Sibirien, weil er bei irgendeinem Rekruten in deren Regiment einen fehlenden Gamaschenknopf entdeckt hat. Aber lassen wir diese Nebensächlichkeiten, viel wichtiger erscheint mir, daß er aus Rußland ein Spiegelbild Potsdams machen will, ein Potsdam mit einem Bonaparte als Exerziermeister.»

«Ein Wahnsinn, diese Bonaparteschwärmerei! Ja, Pahlen, es ist so: Alle Zimmer Seiner Majestät hängen voller Bilder des Ersten Konsuls. Seit ihm der Sieger von Marengo gar eine Musterkompanie geschickt hat, lebt und stirbt er für Bonaparte.»

Graf Pahlen richtet sich auf und wiederholt die letzten Worte mit Nachdruck.

«Der Zar lebt oder stirbt für Bonaparte!»

Der Prinz fährt erschreckt auf und mustert sein Gegenüber mit mißtrauischem Blick. Graf Pahlen fährt gelassen fort:

«Als Zar darf man ruhig für Rußland leben und sterben. Sie wissen das, kaiserliche Hoheit, in Ihnen lebt der Geist Peters des Großen. Sie besitzen den Mut der großen Katharina. Rußland ist in den vergangenen hundert Jahren aus einem kleinen, barbarischen Staat am Rande Europas zu einem Weltreich emporgewachsen. Unsere Fittiche streifen an drei Meere. Aber wir gewannen Macht und Einfluß nur, indem wir konsequent den Grundsätzen Peters folgten: Jeder Krieg, den unsere Nachbarn untereinander führten, brachte Rußland Provinzen ein, wir haben uns am Streit der Welt genährt. Katharina die Große

Peter I. der Große (1672–1725). Unter seiner Herrschaft erreichte Rußland (im Frieden von Nystad, 1721) die Anerkennung als europäische Großmacht anstelle Schwedens.

Katharina II. die Große (1729–96). Sie bestieg den Thron 1762 nach der Ermordung ihres Gatten, Peter III.

verstand es, die Französische Revolution zum Sturmwind in ihren Segeln zu machen, denken Sie an die Teilung Polens, denken Sie an die Gewinne am Schwarzen Meer!»

«Warum sagen Sie mir das?» fragt Alexander ahnungsvoll. Er spürt, wie eine furchtbare Entscheidung auf ihn zukommt.

Pahlen bleibt kühl und hart.

«Zar Paul hat Bündnisse mit allen Staaten Europas geschlossen und hat sie ganz nach Laune wieder aufgegeben. Indem er in den Koalitionskrieg gegen Frankreich eintrat, machte er diese stärkste Nation Europas zu Rußlands Gegner. Indem er die Koalition verließ, schuf er uns Feinde in England, Österreich und Preußen. Heute behagt es ihm, für Bonaparte und die ‹Nordische Konvention› zu schwärmen, die England wider uns in Waffen bringen wird. Kaiserliche Hoheit, Rußland kann nur dann gedeihen, wenn es russische Politik macht, Zar Paul aber ist ein Träumer, ein Phantast, ein Narr ...»

«Pahlen, wie sprechen Sie von Ihrem Souverän!»

«Wie von einem Toten!» Als der Prinz betroffen zurückweicht, mildert der Minister das grausige Wort – «wie von einem politisch Gestorbenen. Der Zar muß den Thron räumen ... wir haben heute die Abdankungsurkunde ausgefertigt.»

«Niemals ...»

«Als künftiger Herrscher sollen Sie das Wort ‹niemals› hassen! Rußland braucht Eure kaiserliche Hoheit.»

«Ich kann meinen Vater nicht stürzen!»

«Sie können Ihr Vaterland nicht verlassen, da es Sie ruft.»

Alexander sinkt in sich zusammen und verbirgt das Antlitz schluchzend in den verkrampften Händen.

Nach einer Weile wendet der Prinz sein verstörtes Antlitz gegen den Minister.

«Aber ... die Person des Zaren muß unantastbar sein!»

Der Graf antwortet beruhigend.

*

In der Nacht vom 23. auf den 24. März – sieben Wochen nach dem Frieden von Lunéville – dringen die Verschworenen, hohe Offiziere und Palastbeamte, in die Gemächer des Zaren ein und zwingen ihn, die Abdankungsurkunde zu unterzeichnen. Es kommt zu wilden Auftritten, die Wachsoldaten vor den Türen werden unruhig, die Kerzen erlöschen, der Zar entringt sich seinen Häschern. Im Finstern durchsuchen die Generale das kaiserliche Schlafzimmer, ein Gewandzipfel, der aus dem Kaminschacht herabhängt, verrät den Verlorenen. Sie zerren ihn herab und erwürgen ihn auf seinem Lager.

Am Tage darauf wird Alexander I. zum Zaren aller Reußen ausgerufen. Er spricht das Verbannungsurteil über den bisherigen Außenminister Graf von der Pahlen aus, aber er verfolgt dessen Politik und söhnt sich mit England aus. Die «Nordische Konvention» wird aufgelöst.

Alexander I. war 1801–25 russischer Kaiser.

*

Am 15. Juli 1801 wird in Paris das Konkordat mit dem Heiligen Stuhl geschlossen. Die Revolution ist auch auf geistigem Gebiet liquidiert. Der Erste Konsul ist Realpolitiker.

«Soll ich vielleicht eine neue Religion erfinden? Nein, ich sehe die Dinge anders. Ich brauche die alte katholische Religion. Sie allein wurzelt in den Herzen; sie ist unausrottbar, und nur durch sie kann ich mir die Herzen gewinnen und alle Hindernisse überwinden ...»

Aus Roederer, «Notes inédits», Paris 1825.

Die Masse der französischen Menschen, denen Gott und die Kirche immer die Heimat der Seelen gewesen ist, atmet auf. Aber die Armee mit den alten Sansculottengeneralen, die noch den Atheismus der wilden Tage eines Chaumette und Cloots in sich tragen, die Jakobiner und Fortschrittbesessenen staunen und murren.

Jean Baptiste Cloots (1755–94), eine der rätselhaftesten Figuren der französischen Revolution. Er erbte von seinem Vater ein enormes Vermögen, das er auf seinen Reisen durch Europa, vor allem aber in Paris, verpraßte. Vgl. auch Bd. 15.

Am 18. April 1802, dem Ostersonntag, feiert ganz Frankreich die doppelte Wiederkehr des Friedens. Mit England ist der Friede von Amiens unterzeichnet worden; England gibt den überseeischen Besitz Frankreichs, den es erobert hatte, zurück, erwirbt aber die Insel Ceylon und in den kleinen Antillen die Insel Trinidad. Die Versöhnung mit der kirchlichen Macht krönt das Friedenswerk.

«‹Eine prächtige Zeremonie›, sagt der Revolutionsgeneral Augereau während des Ostergottesdienstes, ‹leider fehlt die Million Menschen, die gestorben sind, um das zu zerstören, was wir wiederherstellen.›»

Zitat nach Lacour-Gayet.

Seit einem Jahrzehnt zieht zum ersten Male wieder die hohe Geistlichkeit im Pontifikalornat unter Glockengeläut und militärischer Ehrung in Notre Dame ein. Mit ihr betreten unter dem ehrfürchtigen Schweigen der Menge Napoleon Bonaparte und Josephine das Schiff des Domes.

*

Der Friede, den der Erste Konsul nach einem Jahrzehnt der Revolutionskriege endlich erzwungen hat, wirkt nirgends umwälzender als in Deutschland.

Da ist Bayern, das sich bei den Verhandlungen zu Lunéville offen an Frankreich angelehnt hat. Keiner der großen deutschen Staaten, weder Preußen noch Österreich, haben die Wittelsbacher Lande vor dem Schicksal bewahren können, ewiges Schlachtfeld zu sein. Österreich hat sogar die Kriegswirren benutzt, um seine alten Pläne, sich den Nachbarstaat anzugliedern, wieder aufzugreifen.

Maximilian IV. Joseph (1756–1825) schloß sich im Rheinbund Napoleon an und erhielt die Königswürde. Innenpolitisch leitete er wichtige Reformen ein und gab Bayern 1818 eine Verfassung.

Der Nachfolger des 1799 kinderlos verstorbenen Kurfürsten Karl Theodor, Kurfürst Maximilian IV. Joseph, hat vor seinem Regierungsantritt längere Zeit in Frankreich gelebt und ist Oberst-Inhaber des französischen Regiments «Alsace» in Straßburg gewesen. Er und sein leitender Minister, Baron Maximilian Joseph Montgelas, sind bemüht, aus dem verschuldeten, unorganisierten und von einem unfähigen und korrumpierten Beamtentum schlecht verwalteten Land einen modernen, lebensfähigen und achtunggebietenden Staat zu machen.

Nach französischem Vorbild wird die Verwaltung zentralisiert, ein neues Recht – ohne Folter und peinliches Verhör – ist im Entstehen, die Gleichheit der Bürger vor dem Gesetz wird anerkannt und damit der alte Ständestaat endgültig liquidiert. Auch die Anerkennung der Gleichberechtigung der Konfessionen bedeutet einen wesentlichen Schritt vorwärts. Das Bemühen um die Hebung der allgemeinen Bildung, die Neuordnung des höheren Schulwesens und des Volksschulwesens, die Gründung einer ersten Lehrerbildungsanstalt und vor allem die Einführung der allgemeinen Schulpflicht entsprechen den politischen Anschauungen des vom Geist der Aufklärung erfüllten Ministers. Auch in seiner Außenpolitik will er, der einmal von Bayerns Geschichte sagte, sie sei eine «Geschichte verpaßter Gelegenheiten», neue und kühne Wege gehen.

*

In einem der buntbemalten Kabinette der Münchener Residenz, dessen Fenster auf den schönen Innenhof gehen, legt Staatsminister Montgelas dem Kurfürsten die Schriftstücke seines Portefeuilles vor. Er steht im blauen, betreßten Staatsrock und in kurzen, schwarzseidenen Kniehosen vor seinem Fürsten, dessen breites, gutmütiges Gesicht sich aufmerksam über die Aktenstücke beugt.

Maximilian, Graf von Montgelas (1759–1838) 1799–1817 leitender Minister. Er wurde wegen seiner Opposition gegen den Kronprinzen Ludwig in der Verfassungsfrage 1817 gestürzt.

Vor ihm liegt ein «Aufruf des General-Schul- und Studiendirektoriums an alle Geistlichen Bayerns, der oberen Pfalz und des Herzogtums Neuburg, die den hohen Beruf ihres Standes kennen, fühlen und lieben.»

«Unser gnädigster Landesfürst, innigst überzeugt, daß menschliches und bürgerliches Wohl nur in der Nation, diesem heiligen Zwecke der Menschheit, blühe; überzeugt, daß Geisteskultur vorzüglich auf dem Wege der Jugendbildung als Preis wechselseitigen Zusammenwirkens errungen werden müsse, hat sich eine wohltätige Reform der Landschulen vorgesetzt ...»

Aufruf vom 11. Januar 1803.

Der Kurfürst schaut auf und lächelt dem Minister zu.

«Da höre ich meinen Montgelas reden! Sie sind doch Illuminat oder Freimaurer, Baron, nicht wahr? Klären Sie meine Bayern auf, ja, tun sie es, man kann eine durchgreifende Verbesserung der gesellschaftlichen Zustände auf die Dauer nur durch Bildung erreichen – aber vergessen Sie darüber nicht die Erziehung.»

«Bildung und Erziehung, Kurfürstliche Gnaden, scheinen mir dasselbe zu sein oder sich doch gegenseitig zu bedingen ...»

«Auch das ist Montgelas! Nein, mein Lieber, Sie sehen zu nüchtern, zu kalt. Dafür haben Sie kein Organ. Mir scheint, daß das eine auf den Verstand, das andere aber auf das Herz zielt. Und ich will keine superklugen, aber eiskalten Menschen aus meinem Bauernvolk machen. Der Pfarrer muß neben dem Lehrer stehen, ja, er muß nicht nur dank seiner höheren Bildung, sondern auch als Vertreter des Gotteswortes die Volksschulen überwachen.»

Der Minister deutet auf einen Absatz des Aufrufs, der

Aufruf vom 11. Januar 1803.

ihm eine Antwort auf die Bedenken des Fürsten zu sein scheint.

«Fühlt aber der gemeine Mann und Bürger die Wichtigkeit guter Volksschulen? Kann er sich bei dem jetzigen Grade seiner intellektuellen und bürgerlichen Kultur auf den lichten Standpunkt der Regierung erheben? Sind die Landschulen bereits ehrwürdige Bildungsstätten der aufblühenden Menschheit? Ist guter Wille, heller Verstand aller Landschullehrer Anteil? Wie mancher verscheucht nicht die Naivität und den Frohsinn der Schüler und erzieht leider methodisch zur Dummheit und Immoralität! – Männer von Kopf und Herz! Inniges Gefühl für Sittlichkeit und Menschenwohl erhebt euere Brust, entzündet eueren Eifer und – die Blüte der künftigen Generation wird nicht mehr verwelken ...»

«Gut, sehr gut, lieber Baron», lobt Kurfürst Max Joseph. «Jetzt verstehen wir uns. Man muß immer die glättende Güte bereithaben, wenn der denkende Kopf etwas Neues und Umstürzendes befiehlt. Ich wünschte, Sie würden auch in den Angelegenheiten der Säkularisation mit mehr Nachsicht und Menschenfreundlichkeit verfahren, es sind mir wieder zahlreiche Klagen unterbreitet worden ...»

Säkularisation, allgemein die Umwandlung geistlicher Güter und Herrschaftsbereiche in weltliche. Hier die Ausführung der Bestimmungen des Friedens von Lunéville durch den Reichsdeputationshauptschluß. Andere Säkularisationen in der abendländischen Geschichte unter Herzog Arnulf von Bayern (10. Jh.); Joseph II. in Österreich (1781), nach dem Westfälischen Frieden; in Frankreich 1789; in Italien 1860/70 (Kirchenstaat).

Als Montgelas auffahren will, beruhigt ihn Max Joseph durch eine freundliche Handbewegung.

«Ich weiß: Viel geht auf den Bürokratismus der unteren Organe; auf den Übereifer von Leuten, die sich voriges Jahr noch mit der Kerze in der Prozession zeigten und die heuer mit den Kirchenstürmern in Frankreich wetteifern. Aber die Aufsichtsbehörde muß dafür sorgen, daß die Einziehung des geistlichen Besitzes nicht zur Kulturschande und zur Plünderung wird.»

Der Minister räuspert sich, auf seinen bleichen Wangen brennen rote Flecke. Er hat das Empfinden, sich rechtfertigen zu müssen.

Im Reichsdeputationshauptschluß vom 25. Februar 1803 wurde die Gebietsentschädigung der Deutschen Fürsten durch die letzte außerordentliche Reichsdeputation festgelegt.

«Kurfürstliche Gnaden erlauben, daß ich erwähne: Bayern wurden laut Beschluß des Reichsdeputationshauptschlusses die Bistümer Augsburg, Freising, Passau, Bamberg und Würzburg, ferner Teile von Eichstätt, dazu 13 Reichsabteien und 15 Reichsstädte wie Kempten, Kaufbeuren, Memmingen, Nördlingen, Rothenburg oder Schweinfurt zugesprochen. Daß bei der Übernahme der umfangreichen Liegenschaften Unregelmäßigkeiten und

Härten vorkommen, ist von München aus nicht abzustellen.»

Der Kurfürst zeigt auf die vor ihm liegenden Akten.

«Man hat mir aber berichtet, daß unsere Beamten zum Beispiel bei der Überführung der kostbaren Bibliotheken aus den säkularisierten Klöstern und Domkapiteln in die Münchner Staatsbibliothek mit erschreckendem Unverstand gehaust haben. Man hat die Freisinger Dombibliothek buchstäblich mit Schaufeln auf Leiterwagen geworfen; alte Schweinslederbände sind verlorengegangen, die Soldaten haben sich aus Pergamenturkunden Fidibusse für die Pfeifen gemacht.»

«Darum: Volksbildung, kurfürstliche Gnaden!»

«Ja, und ... behördliche Aufsicht! Milde, Monteglas! Es ist nicht nötig, daß man ehrwürdige, die ganze Landschaft schmückende Bauwerke, wie den Freisinger Dom, auf Abbruch ausbieten läßt.»

«Es sind dreitausend Gulden eingegangen, die Freisinger Bürger zur Erhaltung der Kirche gestiftet haben. Der Staat braucht Geld, um seinen Pflichten gegen das Staatsvolk nachkommen zu können. Kurfürstliche Gnaden haben hier nur leere Kassen und Schulden vorgefunden.»

«Gewiß, aber wir dürfen es nicht treiben, wie drüben am Rhein, wo ich Zeuge war, als sie die wunderschönen Figuren aus der Fassade des Straßburger Münsters rissen, nur weil sie Kronen trugen. Wo man Maueranschläge las, auf denen der Barbarismus stand: ‹Die Kathedrale von Metz zu vermieten.› Wir beide sitzen hier in einem Kabinett zu München und stellen Pläne auf dem Papier auf. Draußen aber sieht die Wirklichkeit anders aus; was wir erdenken, wird dort zu Härte, Leid und Tränen. Seien wir menschlich, Montgelas! Sehen wir zu, daß die Güte ihr Licht übers Volk gieße. Ich glaube an das Wort, das Professor Sailer in Ingolstadt kürzlich zur Reform der Pädagogik sprach: ‹Seid selber, was Ihr aus anderen bilden wollt – das ist die ganze Erziehungsweisheit!›»

Nach einer Urkunde im Staatsmuseum von Metz.

Nachmals Bischof Johann Michael Sailer von Regensburg, bedeutender Pädagoge und Philosoph.

Jenseits der Enttäuschung

Anfangs des Jahres 1804 wird in Paris eine Anzahl von Verschwörern verhaftet, die einen Anschlag auf das Leben des Ersten Konsuls planen. Unter den Festgenommenen befinden sich einer der furchtbarsten royalistischen Terroristen, der «Chouan» George Cadoudal, und die Generale Pichegru und Moreau. Die Untersuchungen, die Polizeiminister Fouché leitet, scheinen auf ein österreichisches Agentennetz hinzuweisen und einen der letzten Abkömmlinge des bourbonischen Königshauses, den Prinzen Louis von Bourbon-Condé, Herzog von Enghien, zu belasten. Dieser mögliche Anwärter auf den französischen Thron aber wohnt als friedlicher, gänzlich unbeteiligter Privatmann zu Ettenheim in Baden, unweit der französischen Grenze.

Am 15. März überschreitet eine Abteilung französischer Gendarmen die Rheingrenze, fällt in Ettenheim ein und schleppt den jungen, ahnungslosen Herzog mit sich. Er wird nach Paris und später in die Festung Vincennes gebracht, ein vom Ersten Konsul bestelltes Scheingericht fällt ein rasches Urteil, und im Morgengrauen des 21. März findet die Erschießung vor den Wällen von Vincennes statt.

Frankreich, ganz Europa ist bestürzt, empört, entsetzt. Eine Maske ist gefallen, die Tyrannei Frankreichs erhebt erneut ihr Haupt.

Ségur, «Histoire de Napoléon et de la grande armée», 1824.

Der Freund Chateaubriands, Graf Ségur, schreibt über den blutigen Willkürakt Bonapartes:

«Wir sind zu den Greueln des Jahres 1793 zurückgekehrt; dieselbe Hand, die uns aus dem Abgrund gezogen hat, stößt uns wieder hinein. Ich bin vernichtet. Bisher bin ich stolz gewesen auf den großen Mann, dem ich diente. Nun aber ...»

Der «Code civil», später «Code Napoléon», war der erste, zivilrechtliche Teil der «Cinq codes», einer umfassenden französischen Gesetzessammlung unter Napoleon.

Am Tage vor der Urteilsvollstreckung an dem unschuldigen Opfer wird für Frankreich und die Welt der «Code Civil» – das erste, bürgerliche Gesetzbuch, das endlich fertiggestellte, großartige Gesetzeswerk der Menschheit –

verkündet. Grell stehen Theorie und Praxis nebeneinander.

Über den «Code Civil» schreibt Chateaubriand von Rom an Madame de Staël, die in Weimar weilt:

«Vor mir liegt ein Exemplar seines einzigartigen Gesetzbuches, des ‹Code Civil›, und ich verstehe das Wort, welches mir ein Freund aus Paris von einem alten Minister Ludwigs XVI. berichtet:

‹Bonapartes Siege flößten mir mehr Furcht als Achtung ein. Als ich aber in den Code hineinschaute, empfand ich Ehrfurcht …›

Welch ein Werk! Die Menschheit hat Ähnliches seit den Pandekten des Justinian nicht mehr erlebt. Wahrhaft, der Konsul hat die brodelnden Lavaströme der Revolution in die Form von Gesetzen gegossen; die Ideen der neuen Zeit sind nun Wirklichkeit und lebendige Tat unter den Völkern geworden. Ich bin überzeugt, daß dieses bürgerliche Gesetzbuch die Welt erobern, daß es Frankreichs Namen mit mehr Glorienschein umgeben wird, als die Triumphe der Waffen es getan haben.

Da haben wir alles Große und Neue in Paragraphen festgelegt: die Gleichheit der Bürger vor dem Gesetz, die Öffentlichkeit und Mündlichkeit des Verfahrens, die Freigabe von Grund und Boden, die Fesselung richterlicher Willkür durch das weise abgewogene Strafmaß. Ja, es ist vor allem das Maß, das ich bewundere. Ich entsinne mich nun wieder jenes Wortes, das der Konsul gleich nach dem 18. Brumaire in einen Aufruf setzen ließ:

‹Das Maß ist die Grundlage der Sittlichkeit und die erste Tugend des Menschen. Ohne sie ist er ein wildes Tier. Eine Partei kann ohne Mäßigung bestehen, eine Volksregierung nicht.›

Zitiert bei Vandal, «Avènement de Bonaparte».

Das ist Bonaparte, der Mann, dem die Welt Standbilder errichten sollte. Aber wären sie errichtet, so müßten sich die Freunde der Gerechtigkeit, die Gläubigen der Freiheit zusammenschließen und sie niederreißen. Denn dieser Konsul herrscht nicht durch das Gesetz über uns, sondern durch den Staatsstreich, durch die blinde Ergebenheit seiner Truppen und durch Fouchés Geheime Staatspolizei.

O Madame, wie zerrissen bin ich! Der Urheber des Code civil und der Mörder Enghiens sind ein und dieselbe Person – heißt das Mensch sein, aus solchen Widersprüchen zu bestehen? Lebe wohl, Bonaparte! Mein Weg wendet sich ab von dem deinen.»

*

Bald darauf empfängt Chateaubriand die Antwort seiner geistreichen Freundin.

Das Folgende frei nach den Gedanken der Madame de Staël.

«Mein Freund, ich teile Ihre Gefühle, aber ich bleibe nicht bei Gefühlen stehen, sondern suche mich über sie zu erheben.

Wenn wir aus dem Raum der irdischen Heimat vertrieben werden, wenn wir die Orte, die wir lieben, fliehen müssen, weil sich die Unfreiheit darin ausbreitet, dann flüchten wir uns zu den Ufern, die jenseits der Enttäuschung in der unverlierbaren Heimat der Geister leuchten.

Ich habc, seit ich zu reisen begann, etwas Großes entdeckt: Ich fand Deutschland!

Die Ereignisse unserer Welt: Jahre der Revolution und des Aufstiegs, die bedeutenden Männer unserer Nation haben uns eingesponnen und geblendet, wir haben nicht beachtet, welch großes und bewundernswertes Volk neben uns lebt. Ich glaube, daß dieses bunte Gemisch von Stämmen, dieser vielfarbige Teppich von Herrschaften und Hoheitsgebieten, der sich Deutschland nennt, in einer ganz ähnlichen Entwicklung wie Frankreich begriffen ist.

Wir bauten eine neue Welt für die irdische Ordnung, in Deutschland schuf man einen neuen Himmel – eine ätherische, geistige Landschaft aus Gedanken, Musik und Versen.

Xenien (griech. Gastgeschenke), Name für eine mehr als 400 Distichen umfassende Sammlung, die 1797 in Schillers «Musenalmanach» erschien und durch die sich Schiller und Goethe gemeinsam der literarischen Feinde erwehrten.

Ich habe hier in Weimar die Xeniensprüche des Staatsministers Johann Wolfgang von Goethe gelesen; einer davon lautet:

‹Zur Nation euch zu bilden, ihr hofft es, Deutsche vergebens; bildet, ihr könnt es, dafür freier zu Menschen euch aus ...›

Die Besten dieses Volkes finden nicht zur Nation, sondern fliegen auf entfalteten Fittichen des Geistes schon zur höheren Stufe der Menschheit voraus.

Einer ihrer Dichter und Kritiker des vergangenen Jahrhunderts, Gotthold Ephraim Lessing, sprach es aus:

‹Ich habe von der Liebe zum Vaterlande keinen Begriff und sie scheint mir höchstens eine heroische Schwachheit zu sein, die ich gern entbehre.›

Allegrain: Ansicht des Schlosses und Gartens von St. Cloud, der Staatsresidenz Napoleons. (Museum Versailles.) (13)

Die Schlacht von Borodino 1812 (Ausschnitt aus einem Gemälde von Lejeune). Napoleon siegte unter großen Verlusten. (14)

Lady Hamilton (1765-1815), Gattin des englischen Diplomaten William Hamilton und Geliebte Nelsons, des Siegers von Trafalgar. (National Portrait Gallery, London.) (15)

Nächste Seite:
Herzog von Wellington, Fürst von Waterloo (1769-1852) Englischer Feldherr und Staatsmann. Gewann 1815 die legendäre Schlacht von Waterloo gegen Napoleon. (16)

Selbst Goethes bedeutender und patriotischer Dichterfreund, Friedrich von Schiller, schrieb vor wenigen Monaten an einen Bekannten:

‹Wir wollen nur dem Leib nach Bürger unserer Zeit sein, weil es nicht anders sein kann; sonst aber und dem Geiste nach, ist es die Pflicht und das Vorrecht der Philosophen wie der Dichter, zu keinem Volke und zu keiner Zeit zu gehören, sondern im eigentlichen Sinne des Wortes der Zeitgenosse aller Zeiten zu sein.›»

Aus einem Brief Schillers an den Philosophen J. H. Jakobi.

Von weiteren Eindrücken über ihre Deutschlandreise berichtet Germaine de Staël an Chateaubriand aus Berlin, wo sie August Wilhelm Schlegel besucht, dem sie in Weimar begegnet war.

«Schlegel», so schreibt sie dem Freund, «gehört einem Kreise von Männern an, die Ideale in der romantischen Vergangenheit suchen, da sie Nüchternheit, Aufklärung und Machtgeschrei der Zeit ebenso wenig befriedigen, wie die kühle, klassizistische Sphäre des Weimarer Hofes. Diese Romantiker kehren in die heilige Dämmerung des deutschen Mittelalters zurück, sie träumen von gotischen Domen, von Rittern, Königen und Mönchen, sie durchwandern die unberührte Landschaft und suchen in den Hütten des einfachen, vom Zauber der Natur befangenen Volkes die Lieder, Sagen und Märchen einer versunkenen Zeit, von der sie glauben, daß sie mehr Heimat der Seelen gewesen sei, als die allzu nüchterne, vernünftige Welt unserer Tage.

Sie kommen aus dem Südwesten Deutschlands, wo es lange schon schwärmerische und stürmische Bünde von Dichtern gegeben hat. August Wilhelm Schlegel, ein junger Philosoph namens Georg W. Friedrich Hegel und der unglückliche Dichter Hölderlin, um nur einige zu nennen, sind schon auf der Hohen Schule zu Tübingen Freunde gewesen. Hölderlin aber ist seit einem Jahr im Geiste umnachtet, sein empfindsames Herz ist unter der Wucht des Neuen und Gewaltigen zerbrochen, das er entdeckt zu haben glaubt. Er hat die neue Form am reinsten geahnt.

Georg Wilhelm Friedrich Hegel (1770–1831), seit 1801 Privatdozent in Jena, 1807 Leiter der «Bamberger Zeitung». 1816 wurde er als Professor nach Heidelberg berufen, 1818 nach Berlin, wo er bis zu seinem Tode (Cholera) wirkte.

Friedrich Hölderlin (1770–1843) war vor allem Lyriker. Auch sein Briefroman «Hyperion» ist getragen von einer stark lyrisch getönten Sprache.

Hölderlin kehrte 1803 unheilbar krank aus Bordeaux zurück.

Ein paar Verse, mein Freund, müssen Sie von ihm lesen, sie werden an Ihr Gemüt rühren und Ihnen sagen, wie einsam und götternah dieser Poet gewandelt ist. Ich fand sie in dem Roman ‹Hyperion› – einem Werk, das

Hölderlins «Hyperion» erschien 1797.

sich in Sehnsucht nach der Schönheit der verlorenen Griechenwelt verzehrt.

‹Ihr wandelt droben im Licht
Auf weichem Boden, selige Genien!
Glänzende Götterlüfte
Rühren euch leicht,
Wie die Finger der Künstlerin
Heilige Saiten.
Schicksallos, wie der schlafende
Säugling, atmen die Himmlischen;
Keusch bewahrt
In bescheidener Knospe,
Blühet ewig
Ihnen der Geist,
Und seligc Augen
Blicken in stiller
Ewiger Klarheit.
Doch uns ist gegeben,
Auf keiner Stätte zu ruhn,
Es schwinden, es fallen
Die leidenden Menschen
Blindlings von einer
Stufe zur andern,
Wie Wasser von Klippe
Zu Klippe geworfen,
Jahrlang ins Ungewisse hinab.›

Das Folgende nach G. Freytag, «Bilder aus der deutschen Vergangenheit» und anderen zeitgenössischen Quellen.

Ich kam also nach Berlin und will Ihnen ein Bild dieser in Frankreich so wenig angesehenen und so sehr verpönten Stadt geben. Die Sauberkeit und das rege Leben, das ich dort, ganz im Gegensatz zu den hochberühmten deutschen Reichsstädten gefunden habe, überraschte mich. Denke ich etwa an Nürnberg oder Köln, die auf 30 bis 40 000 Einwohner herabgesunken, ohne Straßenbeleuchtung, mit geringem, holprigem Pflaster, voller Muffigkeit und Verfall, angefüllt mit einem rückständigen, abergläubischen und trägen Volke, dahinleben, so muß ich mehr noch Berlins Regsamkeit und Fleiß loben.

‹Selbst das mächtige Augsburg ist ja nur noch ein Schatten seiner früheren Größe, aus den fürstlichen Kaufleuten sind schwache Kommissionshändler und kleine Wechsler geworden; es wird behauptet, die Stadt enthalte keine sechs Firmen, die mehr als 200 000 Gulden vermöchten; die Kunstakademie ist nichts als eine Handwerkerschule ...›

Und nach solchen Bildern Deutschlands sah ich nun Berlin.

Zunächst fällt ins Auge, daß überall gebaut wird, daß die reinlichen, gutgepflasterten Straßen von zahlreichen Lastwagen befahren werden und sich ein emsiges, immer lärmendes Volk in Geschäften, Werkstätten und auf den Gassen breit macht. Wunderschön ist die neugebaute, ganz nach klassischen Vorbildern gestaltete Einfahrt, wenn man aus dem schütteren Föhrenwalde herkommt und das triumphale Brandenburger Tor mit der Quadriga aus Erz erblickt. Rechts und links davon sind schöne, antike Säulentempel aufgeführt – ein Anblick, der an eine größere Zukunft dieser Stadt denken läßt, wenn man die ungewöhnlich breite, mit Linden bepflanzte Einfahrtsstraße hinabschaut.

Wir besuchten die privaten Vorträge eines aus Jena wegen einiger freigeistiger Äußerungen mit Schimpf entlassenen Philosophieprofessors namens Johann Gottlieb Fichte. Sie haben sicherlich von ihm gehört, denn er trat während der Revolution mit der Schrift ‹Beitrag zur Berichtigung des Urteils des Publikums über die Französische Revolution› auf Frankreichs Seite und machte von sich reden, als er eine Broschüre verfaßte, die den ansprechenden Titel trug: ‹Zurückforderung der Denkfreiheit von den Fürsten Europas›. Fichtes Vorträge sind immer sehr gut besucht, er fordert die geistige und moralische Freiheit und bemüht sich um die Weiterbildung der Deutschen zu freien, selbstbewußten Staatsbürgern.

Johann Gottlieb Fichte (1762–1814), wurde 1794 Professor in Jena, 1799 jedoch der Gottlosigkeit angeklagt und entlassen. 1805 folgte er einem Ruf als Professor nach Erlangen und wurde 1810 erster gewählter Rektor der Universität Berlin.

Nach Fichtes Reden hörten wir den Studienfreund Schlegels, Friedrich Hegel, der sich als Privatdozent habilitiert hat. Wenn ich von ihm spreche, bin ich versucht, einen Teil dessen, was ich über Deutschlands träumenden und unpolitischen Zustand vorhin gesagt habe, zurückzunehmen.

Ich hörte Hegel sagen:

‹Der Staat ist ein irdisch Göttliches, er vereinigt die Freiheit des einzelnen und der Familie mit dem Interesse der bürgerlichen Gesellschaft, er verwirklicht das Werden der Freiheit und Sittlichkeit ...

Der Staat ist das an und für sich Vernünftige ... ja, die

absolut höchste Erscheinungsform des Geistes überhaupt ...

Das Individuum hat kein Recht, sondern nur die Pflicht, vollkommen im Staatsleben aufzugehen ...›

Lieber Freund, diese Deutschen sind beängstigend gründlich. Wehe der Idee, die sie in die Hände nehmen! Sie organisieren sie zu einem ausweglosen System, manchmal dünkt mich, in jedem Deutschen stecke ein Robespierre des Geistes.»

Mittagsstunden am Meer

Das Unabwendbare nimmt seinen Lauf.

Die aus dem Ausland lancierten Angriffe auf Person und Stellung des Ersten Konsuls häufen sich und wirken beunruhigend auf die breitere französische Öffentlichkeit. Frankreich in seiner Mehrheit befürchtet die Wiederkehr des kaum gebändigten Chaos, falls mit Napoleon die einzig feste Autorität fallen sollte, an deren segensreichen Taten man sich sonnt. Diese Stimmung der überwiegenden Mehrzahl der Bevölkerung wird durch die bonapartistische Partei geschickt ausgenutzt. Der große Mann enthüllt nun seine Absichten.

Im April 1804 richtet der Senat eine Adresse an ihn.

Hier klingt schon an, was der Senat am 18. Mai beschließen wird: Napoleon die Kaiserwürde anzutragen.

«Bürger Erster Konsul! ...

Will man Ihren Untergang, so will man den Frankreichs; denn die Engländer und Emigranten wissen recht wohl, daß von Ihrem Schicksal das der französischen Nation abhängt ...

Es ist Ihnen – Bürger Erster Konsul – nicht freigegeben, über Ihre Existenz unbekümmert zu sein; der Senat muß den gesellschaftlichen Vertrag von 30 Millionen Menschen honorieren.

Verewigen Sie die von Ihnen begründete neue Ära, denn Glanz ohne Dauer ist nichts ...

Es ist die Stimme der Nation: Großer Mann, machen Sie Ihr Werk unsterblich wie Ihren Ruhm; Sie entrissen uns dem Chaos der Vergangenheit, erfreuen uns mit den Segnungen der Gegenwart – sichern Sie uns die Zukunft ...»

Plötzlich regnet es Adressen und schwärmerische Bittschriften aus der Provinz, die Regimenter schreiben, die Städte schicken Eingaben. Es ist wie ein gut organisiertes Schauspiel: Frankreich schart sich im Rausch der Begeisterung um seinen Bannerträger. Am deutlichsten drücken die Bürger Lyons aus, was von den Bonapartisten erstrebt wird:

«Das einzige Mittel, das erhabene Haupt der Revolution

vor Rottierern, Mördern und Giftmischern und selbst gegen die Schläge des Schicksals sicherzustellen, beruht auf der Erblichkeit der höchsten Würde in einer einzigen Familie, und zwar in der Familie dessen, der sie eben bekleidet ...»

Im Tribunat wird der Antrag eines «Volksvertreters» Curée eingebracht, der folgenden Inhalt hat:

«... der Wunsch der ganzen Nation ist es:

1. Napoleon Bonaparte, jetzt Erster Konsul, soll zum Kaiser erwählt werden und als solcher die französische Republik regieren.
2. Die Kaiserwürde soll in seiner Familie erblich sein.
3. Eine neue Verfassung soll beschlossen werden ...»

Veröffentlicht im «Moniteur», 30. April 1804.

Unter den regierenden Männern steht nur ein einziger auf, die Republik und die Freiheit der Revolution zu verteidigen, es ist Carnot, der «Republikaner mit der Römerseele», der Mann, der anno 93 den Sieg organisierte und die Armee erneuerte. Er hat es bereits gewagt, gegen die Lebenslänglichkeit von Bonapartes Konsulat zu stimmen, nun sucht er die vom Glanz des Genies berauschten Senatoren und Tribunen zur Vernunft zurückzurufen.

Lazare Carnot (1753–1823) hatte im August 1793 das Kriegswesen übernommen und den Aufruf zur «levée en masse» erlassen.

«... Wie groß auch die Verdienste sein mögen, die ein Bürger seinem Vaterlande geleistet hat, immer wird die Vernunft der Nationaldankbarkeit gewisse Grenzen vorschreiben. Stellte der genannte Bürger die öffentliche Freiheit wieder her und bewirkte er das Heil des Vaterlandes, wie kann man ihm dann schicklicherweise als Belohnung eben diese Freiheit zum Opfer darbringen? ...

Die Nordamerikanischen Staaten bieten ein Vorbild dar; täglich wächst ihr Wohlstand und setzt die übrigen Nationen in Erstaunen. Von der neuen Welt also muß die alte lernen, daß es nur unter der Herrschaft der Freiheit und der Gleichheit ein ruhiges Leben gibt ...»

Carnots republikanische Rede verhallt ohne Echo im lauten Schwall der Schmeicheleien, Huldigungen und Ergebenheitserklärungen, die auf Bonaparte zielen.

*

Am 18. Mai 1804 rollt eine Kette von Equipagen nach dem Schlößchen Saint Cloud, dem Schauplatz des Staatsstreiches vom Brumaire 1799. Gardekürassiere mit roten

Roßschweifen auf den Kupferhelmen eskortieren die Kolonne.

Im gleichen Saal, in dem Bonaparte an jenem 9. November sorgenvoll und bleich in Gesellschaft von Sieyès die Entwicklung im Rat der Fünfhundert abgewartet hatte, ist nun der Senat versammelt. Der amtierende Zweite Konsul – Cambacérès – beginnt stammelnd, unsicher eine Ansprache: «Bürger Konsul ... Sire ... Majestät! Der Senat ruft hiermit Napoleon I. Bonaparte als Kaiser der Franzosen aus ...»

Der Sprecher wird unterbrochen vom Beifall der Senatoren, und zum erstenmal wird der Ruf hörbar, der bald Europa erheben lassen wird: «Vive l'empereur!»

Die Soldaten und die Neugierigen im Hof des Schlosses nehmen den Ruf auf. Die Kanonen donnern ihren Salut.

Tags darauf wird dem Volke die neue Verfassung bekanntgegeben, sie beginnt mit den Worten:

«Napoleon von Gottes Gnaden und durch die Verfassung der Republik Kaiser der Franzosen, allen, die Gegenwärtiges hören und hören werden, Unseren Gruß zuvor.

Aus dem «Moniteur» vom 1. Mai 1804.

Der Senat hat nach Anhörung der Redner des Staatsrates beschlossen und Wir befehlen folgendes ...»

Und dann liest Frankreich die Gedanken des künftigen Grundgesetzes. Die Revolution, die aufgebrochen war, das Gottes-Gnadentum zu stürzen, mündet wieder im gleichen Gottes-Gnadentum. Der Aufstand der Nation gegen den Absolutismus endet in einer absolutistisch «befohlenen» Verfassung.

Nicht nur einige wenige, den republikanischen und klassisch-römischen Idealen verbundene Franzosen sind von den Ereignissen bis ins Innerste erschüttert. Tiefste Enttäuschung überfällt die Reihen der Freiheitsfreunde Europas: Der große «Held des Morgenrots» ist herabgestürzt, ein Machtbesessener ist zum Vorschein gekommen.

Als Ludwig van Beethoven in Wien die Kunde von der Kaisererhebung Napoleons vernimmt, ruft er verächtlich aus: «So ist also auch der nur ein gewöhnlicher Mensch!» Er zerreißt die Widmung der Symphonie Nr. 3, die «Eroica» heißt und den Namen Bonapartes auf der

Eroica (ital. eroico, heldisch), Name für die 3. Symphonie in Es-Dur von Beethoven, die, 1803/04 komponiert, zunächst dem «echt republikanischen Helden Napoleon Bonaparte» gewidmet war, nach dessen Thronbesteigung aber «dem Andenken eines Helden» geweiht wurde. Die Widmung an Bonaparte zerriß Beethoven.

Titelseite getragen hat. Der Titel wird künftig lauten: «Sinfonia eroica, composta per festiggiare il sovenire di un grand uomo» – Heroische Symphonie – zur Erinnerung an einen großen Mann ... Es ist dem republikanisch gesinnten Beethoven, als wenn sein Held schon gestorben wäre.

*

Doch Frankreich blüht auf; Künste und Wissenschaften, gewerblicher und industrieller Fleiß finden durch die kaiserliche Regierung großzügige Unterstützung. Öffentliche Preisverteilung für Werke der Literatur, Kunst und des Handwerks, Ausstellungen und neugegründete Schulen bereichern das gewohnte Leben der Nation.

Das Volk bezahlt den äußeren Glanz mit der Preisgabe der Freiheit. Dic Geheime Staatspolizei wird vermehrt und waltet allmächtig, anonym und außerhalb des Gesetzes; die Presse steht unter Zensur; das Briefgeheimnis wird gebrochen. Aber es gibt viele Widerspenstige, die insgeheim auf die Änderung der Verhältnisse hinarbeiten.

Die eigentliche Gefahr für den Kaisertraum Napoleons kommt jedoch von außen. Zwar haben Spanien, Neapel, Preußen und die kleineren, deutschen Staaten die neue Würde schon im Juli anerkannt, aber die Großmächte zögern: Österreich wartet ab, Rußland und Schweden verweigern die Zustimmung.

Mit England befindet sich Frankreich trotz des so hoffnungsvoll abgeschlossenen Friedens von Amiens noch immer im Kriegszustand. Vor Jahresfrist ist der Kampf in Übersee, der durch die Rückgabe der eroberten Gebiete
Im Mai 1803. abgeschlossen schien, neu entbrannt. England hat sich geweigert, laut Vertrag die Insel Malta – die Sperrfeste des Mittelmeeres – zu räumen und ist zu Angriffen auf die westindischen und amerikanischen Besitzungen Frankreichs übergegangen. Louisiana, der weite, reiche Landstreifen vom Golf von Mexiko bis an die großen Seen an der Grenze Kanadas, ist ohne Flotte nicht zu halten. Napoleon willigt in den Verkauf an die Vereinigten Staaten und legt damit den Grundstein zur amerikanischen Weltmacht. Man hat aber, noch bevor Napoleon zum Kaiser proklamiert wurde, beschlossen, England, das in Übersee unangreifbar ist, auf dem Kontinent energischer anzupak-

ken. Das Stammland der englischen Könige, Hannover, wird von Bernadottes und Mortiers Truppen besetzt. Die Einfuhr englischer Waren in Frankreich wird gesperrt, und einige Geschwader laufen nach San Domingo aus, wo sich französische Pflanzer eines von England angezettelten Negeraufstandes erwehren.

«‹Ich muß England vernichten, und Frankreich wird der Herr der Welt sein!› sagt Napoleon. ‹Konzentrieren wir unsere ganze Tätigkeit auf die Flotte, zertrümmern wir England, und ganz Europa liegt uns zu Füßen!›»

Aus Vandal, «Avènement».

Aber in London hat drei Tage vor der Proklamation von Saint Cloud wieder das Haupt der Konservativen und der Kriegspartei, Sir William Pitt, die Regierung übernommen. Seine Politik ist völlig klar: Englands Geld wird sich – wie bei allen Auseinandersetzungen der letzten einhundertfünfzig Jahre – einen Festlandsdegen kaufen. Irgendeine oder auch mehrere kontinentale Mächte müssen als Bundesgenossen Englands dafür sorgen, daß jeder Versuch, eine Hegemonie auf dem Kontinent aufzurichten, scheitern wird. Ein europäischer Gewalthaber müßte England verhängnisvoll werden.

William Pitt wurde 1804–06 zum zweiten Mal Ministerpräsident.

Die Kriegsgefahr ist groß. Der Regierungswechsel in Rußland hat die Gefahr brennend gemacht; denn Alexander I. liebt Frankreich und den Usurpator auf dem Throne nicht. Österreich aber zögert noch immer mit der Anerkennung der französischen Kaiserwürde, es interveniert weiterhin hartnäckig wegen der widerrechtlichen Verhaftung und Aburteilung des Herzogs von Enghien; das bedrohte Bayern meldet fieberhafte Kriegsrüstungen Österreichs nach Paris. Erst am 11. August 1804 kommt die Zustimmung der Großmacht Österreich zu Napoleons Kaisertum. Aber zugleich hat sich Franz II. zum Kaiser von Österreich proklamieren lassen. Der alte Kaisername hat seinen Sinn verloren. Kaiser zu sein bedeutete einst für das Abendland den Anspruch auf Führerschaft. Nun gibt es einen Kaiser-Zaren von Rußland, einen Kaiser von Österreich, der zugleich noch den traditionellen Titel eines Römischen Kaisers trägt, und den revolutionären Kaiser von Frankreich. Der einst einzigartige Titel ist billig geworden.

Franz II. (1768–1835) wird 1806 unter dem Druck Frankreichs seine Kaiserkrone wieder ablegen.

*

Pius VII. (1740–1823) wurde 1785 Kardinal, 1800 Papst. Nach dem Sturz Napoleons stellte er 1816 den Kirchenstaat wieder her und gab ihm eine Verfassung.

Im Herbst ist Papst Pius VII. auf Wunsch Napoleons nach Paris gekommen, um die Krönung des neuen Herrn des Abendlandes zu vollziehen und gleichzeitig die Rechtslage der Kirche in Frankreich endgültig zu ordnen.

Da der Papst Gewalt befürchtet, hat er in Rom die Verzichterklärung auf den Papstthron zurückgelassen für den Fall, daß Napoleon ihn zu erpressen versuche.

Er trifft in Napoleon einen glaubenslosen, ehemaligen Jakobiner, der die religiöse Weihe nur begehrt, um in den Augen der Menge den Nimbus des Gottgesandten zu gewinnen. Bestürzt erfährt der Heilige Vater, daß Napoleon und seine Gattin Josephine bislang noch nicht kirchlich getraut sind. Der Onkel des Kaisers, der aus Korsika stammende Kardinal Joseph Fesch, muß heimlich und ohne Zeugen die Trauung im Arbeitszimmer Napoleons vollziehen. Doch weigert sich der neue Herr, zur Beichte und Kommunion zu gehen.

Nach dem «Mémorial».

«‹Früher oder später›, sagt ihm Papst Pius, ‹werden Sie selbst zu uns kommen und mit uns gehen.›»

Die Krönung Napoleons wurde am 2. Dezember 1804 vollzogen.

Als Napoleon unter ungeheurem Pomp in der Kathedrale Notre Dame gekrönt wird, nimmt er dem Heiligen Vater die Krone aus den Händen und setzt sie sich selber aufs Haupt. Ein symbolischer Akt, bei dem manche unter den Gästen, denen Salbung und Krönung durch den höchsten Repräsentanten der Kirche ein gnadenspendendes Sakrament bedeuten, ein Schauer überläuft. Der Kaiser-Usurpator hat die Gnade zurückgewiesen!

Wenige Monate später, im Mai 1805, geht er nach Mailand und läßt sich zum König Italiens krönen.

«Il cielo mi la diede; guai a chi la tocchera!» sagt er, «Gott hat mir die Krone gegeben, weh dem, der daran rührt!»

Aus Abrantes, «Mémoires», Paris 1825.

Über den Hofstaat des Kaiserpaares und die Generale geht ein Goldregen von Ernennungen und Rangerhöhungen nieder.

Es gibt wieder Herzöge und Fürsten, Marschälle, Reichsämter und kaiserliche Hofchargen.

Um die Rückkehr zur beruhigten Zeit auch äußerlich zu dokumentieren und einen Wunsch des Papstes zu erfüllen, ordnet der Kaiser an, daß der Revolutionskalender mit dem 7. Nivose des Jahres XII enden und am

1. Januar 1806 der alte Kalender wieder in Kraft treten soll.

*

Im April 1805 gelingt es dem Ministerium Pitt, eine neue Koalition zustande zu bringen, um das Übergewicht Frankreichs in Europa zu brechen: Rußland, Österreich, Schweden und Neapel treten auf die Seite Englands. Die Haltung Preußens ist trotz des russischen Druckes vorerst noch schwankend. Die Entladung der hochgetürmten Gewitterwolken über Europa steht aber unmittelbar bevor.

*

Seit beinahe zwei Jahren hat Frankreich umfangreiche Vorbereitungen für einen Gegenschlag getroffen. An der engsten Stelle des Frankreich und England trennenden Ärmelkanals häuft sich, zuerst heimlich, dann in aller Öffentlichkeit, das Kriegsmaterial für die Invasion Englands. Die Kanalhäfen werden vertieft, die Molen weiter ins Meer vorgetrieben, die Verladepiers verbreitert und starke Forts errichtet. Marine und Landtruppen üben seit Monaten mit Strickleitern, Flößen und Barkassen seltsame Sturmmanöver an den Steilküsten. Die Engländer allerdings witzeln über das unwahrscheinliche Abenteuer. Auf Spottzeichnungen sieht man den erwarteten französischen Angriff dargestellt: durch die Luft mit einer Flotte von Montgolfiereballons und Flugdrachen; zur See mit einer gewaltigen Landungsflotte, unterirdisch durch einen Tunnel am Meeresgrunde.

Aber langsam wird die Stimmung in der Bevölkerung ernsthafter. England erkennt, daß «Boney», wie Bonaparte dort im Volksmund heißt, die Entscheidung, die ihm im Orient mißlungen ist, nun auf der Insel selbst sucht.

Die Entschlossenheit Frankreichs ist groß. In der Stadt des «Ewigen Friedensschlusses» von 1802 – in Amiens – wird ein Triumphbogen errichtet, der die Inschrift trägt «Weg nach England». Auf den Hügeln von Boulogne-sur-Mer breitet sich eine Zeltstadt von sechs Armeen aus. Tausende von Standarten und Fahnen flattern im Seewind,

Der erste, von Joseph Michel Montgolfier 1783 zum Aufstieg gebrachte Ballon, die Montgolfiere, war unten offen. Unter der Öffnung hing eine große Pfanne, auf der ein Feuer brannte, welches die Luft erhitzte, so daß sie emporstieg und die Ballonhülle mit sich emportrug. Die Montgolfiere wurde von der Charliere, dem Gasballon, abgelöst.

Nach einem zeitgenössischen Kupferstich im Britischen Museum.

Batavische Republik, 1795 Name der Vereinigten Niederlande nach der Vertreibung der Oranier durch das revolutionäre Frankreich, 1806 von Napoleon zum Königreich Holland erklärt.

Nach dem «Moniteur», Juli 1805.

und an der Küste liegen Hunderte von Transportschiffen vor Anker.

«Zur Aufnahme der Truppen stehen 1800 Fahrzeuge bereit, 49 französische und 12 batavische Linienschiffe empfehlen auch den englischen Kreuzern Behutsamkeit ... Admiral Nelson hütet die Meerenge von Gibraltar, um das Auslaufen der französischen Mittelmeerflotte zu verhindern ...»

Die Marschälle Ney, Viktor und Soult kommandieren im Lager. Der Kaiser selbst hat die neue Taktik erdacht, nach der die französischen Regimenter Tag und Nacht gedrillt werden.

*

Das große Unternehmen ist auch politisch vorbereitet. Im Juli überrascht Napoleon die Welt mit der Erklärung der «Kontinentalsperre». Kein britisches Schiff darf mehr einen kontinentalen Hafen anlaufen. Die Einfuhr englischer Waren ist verboten. Napoleon will damit die wirtschaftlichen Grundlagen der britischen Macht treffen.

Die Insel ist seit langem das Kaufhaus Europas, und die «Kontinentalsperre» bedeutet, daß die Völker Europas von all den unentbehrlich gewordenen Gütern der weiten Welt ausgeschlossen sein sollen, an die sie ein halbes Jahrtausend des Freihandels gewöhnt hat. Kaffee, Tabak, und selbst Salz, die Tuche Manchesters, das Indigo des Ostens, die Gewürze der heißen Länder, die Maschinen der aufblühenden, englischen Eisenindustrie und die tausenderlei Erzeugnisse der Kolonien beginnen knapp zu werden und sind bald nur noch zu Überpreisen auf dem Schwarzen Markt zu haben. Schmuggel, Schiebung und Korruption – dieses unvermeidliche Dreigestirn einer gestörten Wirtschaft – beginnen Handel und Wandel auf dem Kontinent zu bestimmen.

Vor allem ist es der Rohrzucker Westindiens, der nun für die breite Masse der Völker fast unerschwinglich wird. In Frankreich hat man die Versuche des Chemikers Andreas Marggraf an der Berliner Akademie zu Berlin, der den Zuckergehalt der Runkelrübe nachgewiesen hat, so wenig beachtet wie die folgenden Experimente des Physikers Franz Achard, der seit nunmehr vier Jahren in seinem Gut Kunern in Schlesien eine erste Runkelrüben-Zuckerfabrik betreibt. Zucker kommt ausschließlich aus den Plantagen von San Domingo, Haiti und Cuba nach Europa.

Auf diesen westindischen Inseln aber befinden sich die Plantagennegersklaven in hellem Aufruhr gegen ihre französischen und spanischen Herren. Sie kämpfen für das Menschenrecht, das Frankreich so laut verkündet hat. Auf Haiti hat der «schwarze Napoleon» Dessalines schon 1803 der französischen Herrschaft ein Ende gemacht und sich als Jakob I. zum Kaiser proklamiert.

Jean Jacques Dessalines (um 1760–1806). Er erklärte Haiti 1804 zur Republik und ließ sich als Generalgouverneur ausrufen.

Die Kontinentalsperre bringt Entbehrungen und Einschränkungen. Die Franzosen und alle ihre Nachbarn trinken jetzt den Kaffee ohne Zucker, verzichten auf Torten, Konfekt und Süßspeisen.

Die Macht Napoleons zwingt die Spanier und Portugiesen in das Blokadesystem. Holland, Italien und die Schweiz müssen Soldaten, Material und Schiffe beisteuern.

Für England aber scheint eine nicht minder lebensbedrohende Gefahr heraufzuziehen wie in den Zeiten Philipps II.: eine mächtige Armee und eine gefährliche Armada stehen sprungbereit auf dem anderen Ufer des Kanals.

Philipp II. (1527–98) war von 1556 bis zu seinem Tode König von Spanien.

Wie unter Königin Elisabeth findet die Stunde der Bedrängnis das englische Volk zu jedem Opfer bereit. In kürzester Frist eilen 500 000 Männer zu den Fahnen und beginnen die Küsten zu befestigen. Es sind Zivilisten, ihre Zahl bedeutet fast nichts vor dem wohlgeschulten und gut ausgerüsteten Heer des Feindes, aber zwischen ihnen und der Großen Armee liegt ein Festungsgraben von 32 Kilometern Breite – der Kanal.

«‹Acht günstige Nachtstunden›, schreibt Napoleon an den Admiral Ganteaume, ‹können das Schicksal der Welt entscheiden›, ... und später an Admiral Latouche-Treville: ‹Wenn wir den Kanal nur sechs Stunden lang in Besitz haben, erobern wir die Welt!›»

Nach Lacour-Gayet.

Das Wasser! Die See! Alles hängt von der Beherrschung des Meeres ab. Doch vor dem Lager von Boulogne pflügen die Kiele der englischen Schlachtflotte die Wogen, über der Kimmung stehen die weißen Segel der britischen Schiffe.

*

Am 18. Juli 1805 begibt sich der Kaiser mit glänzendem Gefolge ins Lager von Boulogne, besichtigt die sechs Korps und überprüft aufs genaueste die getroffenen Vorbereitungen.

Sein Plan ist genial.

Die neugebaute, französische Großkampfflotte soll aus Cherbourg und Brest auslaufen und die Engländer in den Glauben versetzen, daß ihr Ziel Westindien und die aufständischen Küsten auf Haiti sei. In einem plötzlichen Wendemanöver wird sie sich dann vor die englische Flotte setzen und sie von der Kanaleinfahrt abschneiden. Sechs Stunden muß der Kanal in den Händen Napoleons sein – dann ist alles gut. Mag dann die französische Flotte zu Grunde fahren.

Auf der anderen Seite des Wassers steht William Pitt. Er ist jetzt 46 Jahre alt, und von diesen 46 Jahren war er 19 Jahre Premierminister.

Dank seiner geschickten Diplomatie und dem Versprechen von Subsidien erreicht er, daß der stärkste Staat des Kontinents, Österreich, sich zum Angriff auf Frankreich bereit macht. Österreich schiebt langsam seine Armeen gegen die obere Donau und den Mittelrhein; wenn der Kaiser über das Wasser geht, wird die Welt hinter ihm in Flammen stehen.

*

Der 15. August 1805 ist der erste Geburtstag, den Napoleon als gekrönter Kaiser begeht.

«Am Hafen von Boulogne, in einem natürlichen Amphitheater, stellen sich die zusammengezogenen Truppen in einem Halbkreis auf; diesem gegenüber ist eine viereckige Erhöhung, worauf ein eiserner Stuhl in gotischer Form steht, welcher dem König Dagobert gehört haben soll. Eroberte Fahnen, Roßschweife und goldene Lorbeerzweige umgeben diesen Thron, ringsum stehen die Großwürdenträger des Reiches, Generaladjutanten halten Helm und Schild Bayards, worin die Ehrenzeichen liegen ...»

Nach Berichten aus dem «Moniteur».

Wolkenlos wölbt sich der Himmel über die Mittagsstunde am Meer. Erstarrt stehen die Kader der Divisionen auf den Dünen: Das Blau der Linieninfanterie, die roten Roßschweife der Kürassiere, das blinkende Weiß der Garde zu Pferd, die turmhohen Bärenfellmützen der Kaisergarde und das helle Grün der Jäger bieten ein farbenbuntes Bild.

Der Kaiser ist bleich wie immer, die mittlere Strähne seines spärlich gewordenen Haares hängt lässig über die runde, vorgewölbte Stirn. Er trägt den schlichten grünen Rock der Jäger mit roten Aufschlägen, eine rote Schnur hängt über die weiße Weste. Seine Einfachheit wirkt imposant gegen den Hintergrund von Marschällen, die in lorbeerbestickten Prunkuniformen, ordenbedeckt und mit abgenommenen Federhüten um ihn herum stehen.

«‹Soldaten!› ruft Napoleon, ‹schwört, die Ehre des französischen Namens, euer Vaterland und euren Kaiser bis zum letzten Blutstropfen zu verteidigen!›

Nach Berichten aus dem «Moniteur».

Wie aus einem Munde rufen die Truppen: ‹Wir schwören es!› Sie halten die Mützen auf den Spitzen der Bajonette empor und jubeln mit größter Begeisterung: ‹Vive, l'empereur!›»

Das Folgende nach zeitgenössischen Berichten und den «Denkwürdigkeiten» des Fürsten Metternich.

Unter dem Wirbel von 1000 Trommeln, dem Feuer von 30 Batterien und dem jauchzenden Gesang der Nationallieder beginnt der Kaiser mit der Verteilung von Orden und Ehrenzeichen. Ein großes Feuerwerk, von einer Schlachtlinie von 15000 Mann aus inszeniert, beschließt die Feier.

*

Die Tage in Boulogne sind bis zum Rand voll Arbeit. Der Sekretär Bourrienne und seine Untersekretäre sind am Ende ihrer Kräfte, sie wanken wie Schatten ihrer selbst dahin; diesem Tempo und dieser Vitalität vermag kaum einer zu folgen. Meist schläft Napoleon nur zwei oder drei Stunden am Tag, selten mehr als fünf, und das immer mit Unterbrechungen.

Da er sehr unregelmäßig zu essen pflegt, müssen zu jeder Tageszeit Hühnchen am Spieß bereit sein, damit er – wann immer er nach Speise verlangt – sofort bedient werden kann. Selbst beim Frühstück empfängt er wichtige Persönlichkeiten. In Boulogne sieht er während des Morgenimbisses die Naturwissenschaftler Monge, Bertholet, Denon und Corvisard, die Schauspieler Gerard und Talma bei sich, Künstler wie David, Isabey oder Fontaine weilen in seiner Gesellschaft.

Auch große Abendempfänge gibt der Kaiser. Sie dienen ihm zur Entspannung; denn oft ist er bis zur Erschöpfung überarbeitet. Die Kaiserin hat dann unter seinen Launen ebenso zu leiden wie andere.

«Wie oft habe ich Ihnen gesagt, Madame, Sie möchten sich wie eine Dame und nicht wie eine Fandangotänzerin kleiden! Warum stecken Sie eine so geschmacklose Blume ins Haar? Wenn ich noch einmal etwas Derartiges an Ihnen sehe, werfe ich es ins Feuer, wie unlängst Ihren Schal.»

Der Fandangotanz ist einer der ältesten und feurigsten spanischen Volkstänze aus Andalusien und Kastilien.

Das alles wird mit höchster Stimmstärke und ohne Rücksicht auf die in den Sälen promenierenden Gäste gesagt. Josephines dunkle, noch immer wie von samtenem Glanz überdeckten Augen füllen sich mit Tränen. Sie steht unter den Blicken aller Welt wie mit Blut übergossen, beleidigt knixt sie und will sich zurückziehen.

«Bleiben Sie! Wann Sie gehen, Madame, das bestimme ich!»

Noch herrscht betretenes Schweigen ringsum, da huscht die Andeutung eines Lächelns über Napoleons Züge. Er geht geradewegs auf einen Gardisten zu, der wie ein Standbild aus Erz neben der Säule des Thronbaldachins Posten steht. Sein ganzes Wesen hat sich verändert. Er ist nicht mehr der Kaiser, sondern wieder der «Kleine Korporal» von Lodi und Arcole.

Zuerst betrachtet er mit dem Ausdruck des Wohlgefallens die wunderbare Uniform der kaiserlichen Hatschiere, dann faßt er den Mann am Rockaufschlag.

«He, mein Sohn? Du heißt Charles Guttier und warst bei Rivoli dabei? Stimm's? Damals trugst du freilich die Uniform der 32. Halbbrigade, mit der wir gerade noch zurecht kamen, um den Österreichern Mantua wegzunehmen?»

Die Schlacht bei Rivoli, 14. Januar 1797, einer der glänzenden Siege Napoleons im Italienfeldzug.

Das Gesicht des Soldaten strahlt, seine Augen werden feucht. Daß ihn der Kaiser wiedererkannt hat, das erschüttert ihn mehr als alles. Sein Leben gehört Napoleon.

«So ist es, Sire», antwortet er voll innerer Erregung. «Wissen Sie noch, wie Ihnen die Zweiunddreißiger damals zuriefen: Du willst den Ruhm, General? Nun gut, wir werden ihn kotzen ...»

Unterdrücktes Gekicher huscht durch den Saal, die Damen wenden sich verlegen ab, aber Napoleon lacht kurz auf.

«Ich weiß Treue zu belohnen, Charles. Sag das deinen Kameraden!» Er ruft Roustam, den Leibmamelucken, den er aus Ägypten mitgebracht hat. Der Mohr bringt ihm eine

Schatulle, aus der er eine Handvoll Goldstücke nimmt, um sie dem alten Veteranen in die Taschen zu stopfen.

In einer entfernteren Ecke steht Marschall Ney neben dem großen Juristen und Mitverfasser des «Code Civil», Hans-Jakob Cambacérès aus Mömpelgard, ehemals Zweiter Konsul, jetzt Herzog und Erzkanzler des Kaiserreichs.

«Staunen Sie nur nicht zu sehr, Herr Erzkanzler», flüstert Ney Cambacérès zu. «Ich weiß, wie Napoleon das macht. Sein Flügeladjutant stellt für gewöhnlich an bestimmte Plätze der Besichtigungsfront oder der Postenkette Leute, deren Namen und Daten der Kaiser auf einem Zettel seines Schreibtisches vorher findet. Da ist es kein Kunststück, alte Kameraden wiederzuerkennen.»

*

In einem der weniger belebten Zimmer tritt dem Kaiser ein schlecht nach englischem Schnitt gekleideter Mann mittleren Alters in den Weg und wartet, bis er angesprochen wird.

«Reden Sie! Was wünschen Sie?»

«Sire, mein Name ist Robert Fulton. Ich habe Ihren Büros vor langer Zeit Pläne über einen neuen Schiffstyp eingereicht, der vom Winde unabhängig das Meer kreuzen wird. Aber man hat mich bis heute ohne Bescheid gelassen.»

Robert Fulton (1765–1815). Der amerikanische Ingenieur erbaute das erste brauchbare Dampfschiff. Das Schiff, es hieß «Claremont», hatte eine Länge von 45,7m und war mit einer Maschine von Watt ausgerüstet, die ca. 20 PS leistete.

Der Kaiser stutzt, denkt kurz nach. Man hat ihm in Boulogne allerhand phantastische Erfindungen unterbreitet: fliegende Flöße, die, von Montgolfiereballons getragen, den Kanal überqueren sollen; Minen mit Unterwasserzündung, Flugdrachen, auf deren Rücken ganze Bataillons segeln können und so fort. Jetzt kommt dieser Ausländer und bietet ein Schiff ohne Segel an.

«Es wird ein Dampfschiff sein, Sire», sagt der Erfinder zaghaft, «ein Schiff, das von Maschinen getrieben wird ...»

«Ach – der amerikanische Firlefanz? Sie haben eine Probefahrt auf der Seine gemacht, nicht wahr? Monsieur, es ist hier nicht der Ort, um über Narrheiten zu reden.»

Kurz darauf reicht Napoleon Josephine den Arm und geleitet sie zur wartenden Equipage. Der kleine Amerikaner bleibt im allgemeinen Aufbruch des Hofes unbeachtet stehen.

Robert Fulton, wer ist das schon? Ein ehemaliger Maler und späterer Mechaniker, ein Projektemacher und Phantast! Will mit Dampfschiffen den Ozean durchpflügen und Englands Segelflotte mit seinen Maschinen besiegen!

Der Kaiser hat den Narren bereits vergessen.

*

Alles ist so berechnet, daß innerhalb von zwei Gezeiten eine Armee von 132000 Mann nach Dover transportiert werden kann.

Der große Plan rollt ab. Seit Tagen ist die Armee alarmbereit. Man weiß, daß Admiral de Villeneuve mit der Flotte mit Kurs auf die Antillen ausgelaufen ist und tatsächlich die englischen Geschwader nachgezogen hat. Nur eine dünne Sperre ist im Kanal zurückgeblieben.

Aber bei dem vorgesehenen Kehrtmanöver der Franzosen stößt die Flotte Villeneuves vor der spanischen Küste bei Ferrol auf die Flotte Nelsons.

Wenn die französischen Linienschiffe jetzt plangemäß im Kanal erscheinen – selbst wenn die Engländer ihnen folgen sollten – und für einen einzigen Tag die Überfahrt sichern, dann ist alles entschieden. Aber am 23. August erhält der Kaiser die niederschmetternde Nachricht, daß sich Villeneuve von Nelson nach Süden hat manövrieren lassen und daß das Unternehmen mißlungen ist.

Das bedeutet das Ende des Invasionsplanes. England ist gerettet.

Am gleichen 23. August, an dem seine kühnsten Absichten zusammengestürzt sind, gibt der Kaiser in einer Proklamation an die Armee bekannt, daß sich Österreich – vom Golde Englands gekauft – im Rücken Frankreichs erhoben habe.

Der große Krieg in Europa hebt an.

Bernardini: Perspektivische Ansicht des Angriffs der europäischen Koalitionsmächte auf Paris am 31. März 1814. (Musée d'Ile de France, Sceaux.) (17)

Die Schlacht von Smolensk im August 1812, in der Napoleon mit dem Hauptheer der «Großen Armee» über die Russen siegt. (18)

Napoleon. Preuß. Eylau (19)

Der Übergang der «Großen Armee» über die Beresina vom 26. bis 28. November 1812. Der Übergang vollzog sich äußerst verlustreich und führte zur Auflösung der verbündeten Heere. (20)

Schlacht um den Kontinent

Die Koalition der Großmächte hat den Feldzug gegen Napoleon eigentlich erst für das folgende Jahr geplant. Bis dahin dachte man mit den Rüstungen fertig zu sein, die russischen Armeen konnten ihre Ausgangsstellungen bezogen haben, und vielleicht war es bis dahin auch gelungen, Preußen als Bündnispartner zu gewinnen. Die Beschäftigung Napoleons mit seinen Englandplänen im Lager von Boulogne hat Österreich aber unvorsichtig gemacht und Kaiser Franz zum früheren Angriff verleitet.

So kommt der Krieg zu früh und wird mit einem unfertigen Heereskörper und einer in der Ausbildung befindlichen Truppe begonnen.

Kaiser Franz ist ein sehr steifer, in Mißtrauen und Vorurteile eingesponnener Herr, der seinem Außenminister Graf Cobenzl eine anmaßende und feurige Politik erlaubt, als wäre Österreich noch die ungeschlagene Macht aus den Tagen des Prinzen Eugen. Im Wiener Hofkriegsrat sieht einzig der Bruder des Kaisers – Feldmarschall Erzherzog Karl – klar und ohne Illusionen die militärische Unterlegenheit gegenüber Frankreich. Er hat vor einer zu frühen Demaskierung gewarnt und erst die gründliche Reform der Truppe gefordert – vor allem die Umstellung der altertümlichen Angriffsweise in dichtgeschlossener Kolonne auf die gelockerte Schwärmtaktik der Franzosen; außerdem die Durchführung der Verbesserungsmaßnahmen an der Bewaffnung und in der Organisation.

Graf Cobenzl (1744–1810). Österreichischer Außenminister unter Franz II.

Prinz Eugen (1663–1736). Nachdem Ludwig XIV. seine Dienste ablehnte, trat er in die kaiserliche Armee ein. Er entschied den großen Türkenkrieg und errang im spanischen Erbfolgekrieg glänzende Siege über die französischen Truppen.

Erzherzog Karl (1771–1847) reorganisierte als Kriegsminister (seit 1801) das österreichische Heer.

*

Am 22. September hat Talleyrand vor dem französischen Senat eine Erklärung abgegeben, die der Nation Ursache und Zweck des neuen Krieges bekanntgibt.

«Die ewigen Feinde des Kontinents sehen ihre Wünsche erfüllt, in Deutschland ist der Krieg ausgebrochen. England, Österreich und Rußland geben die Menschheit also neuerdings allen Unfällen des Krieges preis.

Wir haben alle Beleidigungen geduldig ertragen, aber die österreichische Armee hat den Inn überschritten, München überfallen, den Kurfürsten von Bayern aus seinem Lande vertrieben und unsere Hoffnungen vernichtet ...

Ich weine über das Blut, das dieser Krieg Europa kosten wird, aber Frankreich wird aus ihm nur glänzender hervorgehen.»

Aus dem «Moniteur», 23. September 1805.

Der Kaiser hat in dem Augenblick des Mißlingens seiner englischen Pläne das Steuer herumgeworfen und sich zum großen Feldzug gegen Osten entschlossen. Die Vorhuten seiner Heeressäulen sind noch am 23. August aus Boulogne aufgebrochen und in Eilmärschen an die Rheingrenze vorgestoßen.

Beim Überschreiten des Rheines erläßt Napoleon in Straßburg eine Proklamation an die Armee.

«Soldaten, euer Kaiser ist mitten unter euch. Ihr seid die Avantgarde der Großen Nation; auf meinen Ruf wird sich die gesamte Nation wie ein Mann erheben, um die neue, durch Englands Gold gestiftete Koalition zu vernichten. Soldaten, wir werden Eilmärsche machen und allerhand Mühseligkeiten und Entbehrungen erdulden, aber wir werden unsere Adler über den Städten der Feinde aufpflanzen ...»

Entlang des Maines, des Bodensees und Neckars dringen die Kolonnen der schnellen französischen Armeen vor. Es gibt nur wenige und bedeutungslose Gefechte. Immer wieder sehen sich die Österreicher in Flanke und Rücken bedroht und müssen die eigene Linie zurücknehmen. Kein Kanonenschuß fällt, und dennoch flutet die Armee des Gegners zurück, immer weiter zurück. Napoleon siegt durch Märsche.

Um die Stadt Ulm zieht sich das Netz zusammen. Eine Heeresgruppe der Franzosen kommt in weitausholendem Schwunge durch das preußische Gebiet von Ansbach und Bayreuth, ohne die Proteste des neutralen Preußen zu beachten. Sie geht an Ulm vorbei gegen München. Eine zweite, stärkere Kolonne unter Napoleon selbst umschließt die bei Ulm konzentrierte österreichische Armee.

Der süddeutsche Raum hat sich in wenigen Wochen mit französischen Heeresmassen gefüllt. General Mack, der Kommandeur der bei Ulm zusammengepreßten österreichischen Verbände, läßt sich dadurch einschüchtern. Er vergißt, daß russische und österreichische Heeresgruppen zu seinem Entsatz unterwegs sind, verzichtet auf weitere Verteidigung und kapituliert.

Die Kapitulation erfolgte am 20. Oktober 1805.

Der Kaiser richtet von Ulm aus eine Proklamation an seine Truppen:

«Soldaten! In 15 Tagen haben wir einen Feldzug beendet; was wir beschlossen haben, ist erfüllt. Die Truppen des Hauses Österreich sind aus Bayern vertrieben, unser Verbündeter sitzt wieder auf dem Throne. Die Armee, welche sich unvorsichtig und prahlerisch gegen unsere Grenzen zog, ist vernichtet.

Was aber bekümmert das England? Es hat seinen Zweck doch erreicht: Wir sind nicht mehr in Boulogne, und seine Unterstützungsgelder rollen weiter.

Von der 100000 Mann starken Armee des Feindes sind 60000 gefangengenommen, sie werden unsere Felder in Frankreich bebauen. Wir haben 200 Kanonen und 90 Fahnen erbeutet ... All meine fernere Sorge wird darauf gerichtet sein, durch so wenig Blutvergießen wie nur möglich den Sieg davonzutragen, denn meine Soldaten sind meine Kinder ...»

*

Am Tage der Kapitulation von Ulm segelt fern im Westen die englische Schlachtflotte an der Mündung des Quadalquivir vorüber auf den Trichter des Atlantik zu. In der blauen Weite des Ozeans taucht um die gleiche Zeit eine Kette weißer Pünktchen auf. Die Matrosen in den Krähennestern der Großkampfschiffe richten die Fernrohre, dann wechseln sie Rufe mit den Maaten, und Offiziere klettern in Eile zu den Mastkörben hinauf.

Von Schiff zu Schiff läuft das Gerücht, man habe die feindliche Kampfflotte gesichtet, und eine Entscheidungsschlacht stehe bevor.

Eine Stunde später laufen die Gaffelflaggen zum Stag empor, die Schiffe wechseln Signale.

Es gibt keinen Zweifel mehr, da draußen kreuzen die vereinigten Flotten Frankreichs und Spaniens. Der Kampf um die Herrschaft zur See wird ausgefochten werden, und es wird ein Sieg Englands sein.

Horatio Nelson (1758–1805). Der Sohn eines Pfarrers wurde zum wohl berühmtesten englischen Admiral.

In der Kajüte des Schlachtschiffes «Victory» sitzt Lord Horatio Nelson und schreibt in sein Tagebuch:

Fregatte (engl. «Frigate»), schnelles, sehr scharf gebautes Kriegsschiff mit drei Masten und Vollschifftakelage. Rahen an allen drei Masten; ein Batteriedeck. Die Geschützzahl betrug zwischen 30 und 60, die Besatzung zwischen 300 und 600 Mann.

Am 21. Oktober 1805.

Zitat nach Villeneuve bei Lacour-Gayet.

«den 20. Oktober 1805

Angesichts des Feindes werfe ich mich betend vor Dir, großer Gott, nieder. Gib England zum Wohle eines bedrückten Europa einen großen, glorreichen Sieg! Ich selbst befehle mein Leben in Deine Hände, der Du es mir gegeben hast.

Gib meinen Bemühungen, dem Vaterlande treu zu dienen, Deinen Segen. Ich vertraue Dir allein die heilige Sache an, zu deren Verteidiger Du mich bestellt hast. Amen.»

Das Meer ist bewegt, die Schiffe ächzen über hochgehende, grobe See. Kühl und heftig weht der Wind.

Lord Nelson wird die Stärke des Feindes gemeldet: Admiral de Villeneuve führt 33 Linienschiffe und 7 Fregatten und ist damit etwas stärker als die englischen Geschwader. Der Tag geht unter Manövern dahin, die langsam die Flotten einander näherbringen.

*

Nelson ist inzwischen zur Höhe von Kap Trafalgar aufgekreuzt. Vor ihm rauscht die französische Schlachtflotte in fächerförmiger Linie heran: Es sind langgestreckte, helle Schiffsrümpfe mit den Stockwerken der Geschützdecks, darüber von netzartigem Tauwerk umsponnene Riesenmaste, an deren schwingenden Rahen sich weißballige Segel wölben. Wie Sturmgewölk aus Leinwand schwillt die Besegelung der Kreuzer herauf, an Heck und Bug wehen breite Trikoloren, hinter der Schanzverkleidung ducken sich die Matrosen und Soldaten.

In diesem erregenden Augenblick, in dem die Geschwader aufeinander zusteuern, steigen an den Signalleinen die Tagesbefehle der beiden Flottenchefs herauf.

«Es soll nicht auf die Signale des Admirals gewartet werden», befiehlt Villeneuve. «Das Kampfgetümmel macht sie manchmal unsichtbar; jeder soll nur auf die Stimme der Ehre hören und dorthin eilen, wo die Gefahr am größten ist. Für jeden Kapitän gilt dies: Sein Platz ist mitten im Feuer.»

Die Augen der englischen Besatzungen gehen zur «Victory», auf deren Hauptmast Nelsons Parole sichtbar wird.

«England expects every man to do his duty! – England erwartet, daß jedermann seine Pflicht tut.»

Es ist ein Uhr mittags, gleich darauf rollt der Donner der ersten Breitseiten.

*

Die Schlacht ist furchtbar. Nie zuvor hat der Ozean ein so wütendes Ringen gesehen.

Vier Schlachtkreuzer, die «Victory» und die «Témeraire», das französische Flaggschiff «Bucentaure», gefolgt von seinem Schwesterschiff «Formidable», liegen beinahe Bord an Bord. Sie sind in Rauch und Feuer gehüllt. Das Getöse stürzender Masten kracht in die rollenden Salven der Geschütze.

Horatio Nelson steht in Paradeuniform, die Brust mit Orden bedeckt, wie sein eigenes Denkmal inmitten des Infernos und gibt Befehle. Der leere rechte Ärmel steckt im Brustlatz.

Auf dem Fockmast der «Formidable» liegt ein französischer Matrose und zielt auf den Admiral. Die Kugel durchschlägt den Körper Nelsons von der Schulter zur Wirbelsäule. Nelson wird hinunter in seine Kajüte getragen.

Doktor Beatty untersucht die Wunde, aber hier kann keine ärztliche Kunst mehr helfen.

Um 4 Uhr 20 Minuten sinkt die Flagge des Flottenchefs auf Halbmast. Zur selben Stunde ist die Schlacht schon entschieden, und die Wracks der französischen Flotte treiben brennend auf dem Meer.

Nelson starb am 21. Oktober 1805.

*

Die Nachricht von Trafalgar erreicht den Kaiser während seines triumphalen Weitermarsches nach Osten. Nun haben sich die schwäbischen und bayrischen Regimenter mit ihm vereint, die Österreicher laufen vor ihm her und sammeln irgendwo tief in Mähren eine neue Armee.

Der Sieg Englands vor Trafalgar war der Beginn einer über hundertjährigen Seeherrschaft.

Sieg! Sieg! jubeln die Tagesbefehle Napoleons.

Als ihn aber die Botschaft von dem, was auf dem Atlantik geschah, erreicht, weiß er, daß dies alle Siege auslöscht. Der Tag von Trafalgar hat ihn für alle Zeit die Herrschaft der Meere gekostet.

Aber er darf das nicht offen bekennen. Sein Tagesbefehl über Trafalgar lautet:

«Eine Anzahl französischer Schiffe ist, nach einem unvorsichtig angenommenen Kampf durch Sturm vernichtet worden ...»

Man spricht nicht weiter davon.

*

Noch ist der Mittag seines Glückes. In den vierzig folgenden Tagen zerstreut oder entwaffnet er 80 000 Österreicher. Der Rest flieht, und die Kaiserstadt Wien fällt kampflos in seine Hände.

Die Franzosen in Wien! Nun haben sie ihren vor sieben Jahren verjagten Gesandten Bernadotte im Geleit von Armeen zurückgeführt, und auch für die Freunde der Revolution in Wien scheint ein neuer Morgen anzubrechen. Napoleon verhandelt mit den österreichischen Ministern über die Friedensbedingungen.

Aber mancher Österreicher, der noch vor Jahren voll Glut die Freiheit und Brüderlichkeit herbeigesehnt, der für den Helden des neuen Europa – Bonaparte – schwärmte, hat sich inzwischen voll nationaler Erbitterung von den Eroberern abgewandt und flucht nun dem zum Tyrannen und Imperator gewordenen Napoleon. Auch Ludwig van Beethoven nennt Napoleon Bonaparte nun offen den Zerstörer der Freiheit.

Mit Feuer hat Beethoven in den Monaten vor Kriegsausbruch den Auftrag des Barons von Braun, des neuen Theaterleiters «an der Wien», angenommen und das französische Gesangsdrama von Gaveaux und Paer «Léonore ou l'amour coniugal» als Oper bearbeitet. Unter dem Titel «Fidelio» ist es vollendet: ein Hohelied auf getreue und zu jedem Opfer bereite Menschen, die einem finsteren Tyrannen widerstehen.

Die erste Fassung von Beethovens «Fidelio» erschien 1805 unter dem Titel «Leonore» als Opus 72b. Die Uraufführung fand 1814 in Wien statt.

Am 20. November 1805, kurz nach der Besetzung Wiens durch die Franzosen, findet die Uraufführung statt. Nicht mehr das adelige und bürgerliche Wien vereint sich in edler Musikbegeisterung im Parkett. Abbild des kriegerischen Tages, drängen sich dort französische Offiziere, die als Revolutionäre von gestern der kämpferischen und gefühlvollen Musik nur kühlen Beifall spenden. Vielleicht auch weht es sie wie eine Ahnung ersten Widerstandes auf ihrem Siegeslauf an.

Doch das ist nur eine kurze Episode. Bedeutsamere

Ereignisse zeichnen sich ab. Im Norden, hinter den mährischen Hügeln, wälzt sich das russische Heer heran. Kaiser Alexander I. hat Napoleon durch General Savary eine Botschaft übermitteln lassen:

«Frankreich, das an sich schon zu stark ist, darf sich nicht weiter ausdehnen und muß endlich zu vernünftigen Ideen zurückkehren ...»

Aus dem «Moniteur», November 1805.

Eine Unterredung Napoleons mit Fürst Dolgoruki, dem Abgesandten Alexanders, endet ergebnislos. Zu seiner Umgebung äußert Napoleon:

«Sind denn die Russen ganz verrückt, mir etwas von der Räumung Italiens vorzusagen, während sie mir nicht einmal Wien entreißen können? Was würden diese Leute mit Frankreich anfangen, wenn sie mich besiegen könnten? Es komme, wie Gott will, aber so wahr ich lebe, ehe 48 Stunden ins Land gehen, werde ich ihnen die Wege gewiesen haben.»

Zit. nach anonymer Quelle aus dem Jahre 1830, verlegt bei Hirschfeld, Leipzig.

Östlich von Brünn haben sich noch 85000 Österreicher angesammelt. Zu diesen stoßen nun 35000 Russen unter General v. Bennigsen, einem der Mörder des Zaren Paul. Weitere 80000 Russen sind auf dem Anmarsch durch Ungarn. Wenn es gelingt, Napoleon noch einige Zeit hinzuhalten, bis Preußen seine Rüstungen vollendet hat, so kann man weitere 100000 Mann in die Waagschale werfen und ihm sein Trafalgar zu Lande bereiten.

Aber Napoleon hat die Lage längst durchschaut. Er bricht alle Verhandlungen ab und eilt mit seinen sieggewohnten Truppen nach Mähren.

Am Vorabend des ersten Jahrestags seiner Krönung haben sechzigtausend, die dem Kaiser bis hierher an die Pforten des Ostens gefolgt sind, Strohbündel auf die Spitzen der Bajonette gesteckt und bei Eintritt der Dämmerung entzündet; eine funkelnde Kette von Lichtern strahlt festlich in das Dunkel der Nacht. Napoleon reitet mit seinem Stabe die Front entlang und nimmt die Huldigungen seiner Soldaten entgegen.

Ein alter Gardist tritt vor und sagt:

«Sire, setze du dich keinen Gefahren aus; kämpfe du nur mit den Augen, und die Grenadiere deiner Armee werden dich zur Feier des Jahrestages deiner Krönung mit den Fahnen und der Artillerie der Russen beschenken.»

Nach einer zeitgenössischen Erinnerung.

Von der anderen Seite der ausgedehnten Front starren

225 000 Augenpaare erschreckt und staunend auf das Schauspiel, das die Franzosen bieten. Ihnen ist es, als schleiche ein feuriges Ungeheuer über die dunklen Höhenzüge heran.

Im Morgengrauen des 2. Dezember beginnt die Schlacht. Nebel bedeckt das winterliche Land, und man weiß nicht, ob er liegenbleibt oder sich lichtet. Das große Geschehen entfaltet sich in ziehenden Dunstschwaden und geheimnisvoller Dämmerung.

Drei Kaiser stehen gegeneinander – Sinnbild der zerstörten abendländischen Einheit: Kaiser Alexander I. von Rußland und Franz, deutscher Kaiser und Kaiser von Österreich, führen ihre Heere gegen den Repräsentanten der Revolution, der sich selbst zum Kaiser gemacht hat.

Eine verwegene Reiterattacke Murats bricht überraschend aus dem brodelnden Nebel heraus und drängt die österreichische Infanterie gegen die Ortschaft Austerlitz ab. Während die feindlichen Batterien die Anhöhen behämmern, auf denen vorige Nacht der Fackelzug sichtbar gewesen ist, marschieren die starken Angriffskolonnen der Franzosen, durch Hügel gedeckt, bereits dicht vor der Linie der Österreicher.

In dem entscheidenden Augenblick, in dem die ersten Wellen der französischen Infanterie auf den Anhöhen auftauchen und gleich darauf die Batterien polternd auffahren, sinken unheimlich schnell die Nebel zurück und – wie später der offizielle Schlachtenbericht sagt – «le soleil d'Austerlitz se leva radieux» – es ging strahlend die Sonne von Austerlitz auf.

Es ist das Mittagsgestirn des Kaisers, die Sonne des Sieges.

Die Hügel hüllen sich in Pulverwolken und Flammen, die französische Artillerie speit Tod und Verderben in die gedrängte Masse des fliehenden Feindes.

*

Das Folgende nach dem «Moniteur» und nach Berichten des Grafen Stadion.

Am 4. Dezember sucht Kaiser Franz II. von Österreich in Begleitung des Feldmarschalls Fürst v. Schwarzenberg und des neuen Außenministers, Graf Stadion, den Sieger im Biwak bei Saroschütz auf. Napoleon, in der einfachen, grünen Jägeruniform, die er mit Vorliebe trägt, geht dem Habsburger freundlich entgegen und umarmt ihn.

Kaiser Franz ist ein schlanker Herr im dunklen Rock. Das weißseidene Halstuch mit der Krawatte schließt dicht am Kinn ab und gibt dem Haupt etwas Steifes, Unnatürliches. Die leicht gepuderten Haare sind an den Schläfen gekräuselt und sammeln sich in einem winzigen Zopf.

Napoleon lädt den Kaiser mit einer Handbewegung ein, sich auf einem Feldstuhl am Lagerfeuer niederzulassen.

«Ich empfange Sie in dem Palaste, den ich seit zwei Monaten bewohne.»

Der Österreicher versucht ein starres Lächeln.

«Die Wohnung, Sire, hat sich für Sie als sehr vorteilhaft erwiesen ...»

Später, als die beiden Herrscher auf den Kern der Lage zu reden kommen, gesteht Kaiser Franz offen zu:

«Die Engländer sind Kaufleute, die das Festland wegen ihres Handels in Flammen setzen wollen; ohne Zweifel hat Frankreich in seinem Streit mit England recht ...»

Da vermag Napoleon sein Temperament nicht zu unterdrücken und weist den Gegner von gestern zurecht.

«In Ihrem Minister Cobenzl und seinesgleichen liegt die wahre Ursache des Krieges; gäben sich Eure Majestät ferner solchen Intriganten hin, so würden Sie Ihre Staaten zugrunde richten und sich die Herzen Ihrer Untertanen entfremden, obschon Sie soviele Eigenschaften besitzen, die glücklich machen und Liebe erwerben können ...»

Der Waffenstillstand ist eine beschlossene Sache, die Friedensbedingungen sollen alsbald in Preßburg durch die Diplomaten formuliert werden.

Als sich Kaiser Franz von Napoleon verabschiedet, fragt ihn Bonaparte noch einmal: «Eure Majestät versprechen mir also, keinen Krieg mehr gegen mich zu führen?»

Franz von Österreich legt die bleiche Hand beteuernd auf die Brust: «Ja, ich schwöre es, und ich werde mein Wort halten!»

*

Am 15. Dezember kommt ein preußisch-französisches Bündnis zu Schönbrunn zustande. Preußen tritt Wesel,

Neuenburg, Ansbach und Bayreuth ab, nimmt dafür das englische Hannover in Besitz und verfeindet sich dadurch mit England.

Österreich mußte in Preßburg harte Friedensbedingungen unterzeichnen: Es gab Tirol an Bayern, Venetien an das Königreich Italien, Oberschwaben an Württemberg, den Breisgau und die Stadt Konstanz an Baden. Bayern und Württemberg wurden Königreiche, Baden 1806 Großherzogtum.

Der Friede mit Österreich wird am 26. Dezember zu Preßburg geschlossen, er ist hart und verlangt neue Opfer von Österreich: Die Habsburger müssen Venetien, ihren letzten italienischen Besitz, an Frankreich abtreten. Tirol und Vorarlberg kommen an Frankreichs Bundesgenossen Bayern; die oberrheinischen und schwäbischen Habsburgerherrschaften, das sogenannte «Vorderösterreich», wird unter die verbündeten Fürsten Süddeutschlands verteilt.

Hier entstehen neue Mächte, die fähig sind, Österreich die Waage zu halten. Bayern und Württemberg sollen künftig Königreiche, Baden Großherzogtum sein.

Die Landkarte des Kontinents gerät in Fluß. Wie einst die Revolution einen Kranz von Tochterrepubliken um sich zog, so schafft der Kaiser Frankreich nun eine Gefolgschaft höriger Königreiche und Fürstentümer, die er an Angehörige und Freunde vergibt.

Um die Jahreswende 1805 auf 1806 erobern die Generale Massena und St. Cyr das bourbonische Königreich Neapel und führen den Ältesten der Bonaparte – Joseph – als neuen König nach Neapel. Als Joseph die Regierung übernommen hat, untermauert er das System klug durch die Freiheiten der Revolution: Die Feudalherrschaft und die Fideikommisse werden aufgehoben, Verwaltung und Justiz getrennt, der Code Civil eingeführt; auch in Süditalien zieht die junge Zeit ein: Klöster und Bischofssitze verfallen der Beschlagnahme zugunsten des Volkes, ein neues Steuersystem ersetzt die bisher geübte Willkür, Schulen und Volksbildungsstätten blühen empor.

Das Fideikommiß ist jene Einrichtung des deutschen Rechts, wonach das Familienvermögen, vor allem Grundbesitz, im Erbfall in der Hand nur eines Familienmitglieds blieb.

Der zweite Bruder des Kaisers, Louis Bonaparte, der Gatte von Napoleons Stieftochter Hortense, zieht am 5. Juni 1806 als König in Holland ein. Auch hier wird der «Code» zur Grundlage einer modernen Rechtspflege, auch die sieben alten Provinzen trifft ein Hauch der Revolution.

Karoline Bonaparte, die Frau des Marschalls Murat, sieht sich ebenfalls standesgemäß zu souveräner Herrschaft erhoben. Murat wird Großherzog des neugegründeten, niederrheinischen Fürstentums Berg.

Jerôme Bonaparte, der jüngste der Brüder, ist mit General Leclerc nach Haiti zur Niederwerfung des Negeraufstandes gegangen. Von dort ist er nach Nordamerika entkommen, wo er eine Kaufmannstochter aus Baltimore geheiratet hat, die ihm Kinder gebar. Auf Napoleons Befehl betreibt er die Scheidung und kehrt nach Frankreich zurück.

Auch die getreuen Vasallen werden erhöht: Talleyrand wird Fürst von Benevent, Fouché Fürst von Otranto und Bernadotte darf sich künftig Prinz von Pontecorvo nennen. Die anderen Marschälle erhalten Fürstentitel nach den Orten ihrer Triumphe.

Aus den neuentstandenen deutschen Fürstentümern schmiedet der Kaiser einen europäischen Staatenbund, der an Frankreichs Seite stehen soll. Im Juli 1806 entsteht der «Rheinbund», dem nur Österreich, Preußen, Braunschweig und Kurhessen fernbleiben. Die letzten Reichsstädte – Frankfurt und Nürnberg –, die letzten Reichsritter, Grafen und Kleinfürsten verlieren ihre Souveränität an die Rheinbundstaaten.

Der Rheinbund, frz. Confédération du Rhin, wurde am 12. Juli 1806 gegründet.

Für Deutschland ist das Ende einer tausendjährigen Epoche gekommen. Man begreift das Schicksalhafte der Stunde auch in Wien: Kaiser Franz II. legt die sinnlos gewordene Kaiserkrone Deutschlands nieder.

Franz II. verzichtete am 6. August 1806 auf die Kaiserkrone.

*

Rußland hat nach dem Fehlschlag von Austerlitz zu seiner seit einem Jahrhundert geübten Taktik zurückgefunden, die Wirrnis und gegenseitige Verfehdung der europäischen Staaten für seine imperialistischen Pläne auszunützen. Der Zar weiß die westlichen Nachbarn mit der Neuordnung ihres kontinentalen Hausstandes beschäftigt, wirft sich auf die schwach und alt gewordene Türkei und beginnt den Krieg um das Schwarze Meer, um Bessarabien – vielleicht schon um den Zugang zu Balkan und Bosporus. Es gibt keine Macht, die den Türken in diesem Augenblick helfen könnte. Selbst England nicht.

Dieser Krieg dauerte von 1806 bis 1812.

England hat seinen großen Staatsmann Pitt verloren. Die Nachricht von Austerlitz hat ihn niedergeworfen. Auf dem Totenbett klagt er: «O my country! – O mein Vaterland!» Nun ruht er unter einem Marmordenkmal in der Westminsterabtei. Aber der große Kampf, den er gegen den Diktator Europas angeführt hat, wird weitergehen.

Nach dem Pariser Vertrag, September 1806.

Während Napoleon die Kontinentalsperre zur totalen Blockade Englands auszudehnen versucht und nun auch Preußen zur Schließung seiner Häfen für britische Schiffe zwingt, nimmt die Flotte Englands langsam alle Kolonien Frankreichs, Hollands und Spaniens fort und dehnt seinen Kolonialbesitz zum weltumspannenden «Empire» aus.

*

Ein Raunen geht durch Deutschland, es ist, als rühre sich ein schlafender Riese und stöhne im Traum. Nur wenige begreifen die Vision Napoleons von einem von Frankreich geführten, geeinten Kontinentaleuropa. Das Volk weiß nur aus täglicher Erfahrung, daß fremde Soldaten im Lande liegen und auf seine Kosten prassen. Von der Freiheit und Brüderlichkeit, die der Eroberer bringen sollte, spürt das Volk nichts. Die Unzufriedenheit steigt.

Die Sprache der Zeitungen und Flugblätter wird drohender und deutlicher. Eine Schrift erscheint, «Über den Vaterlandsstolz», in der es heißt:

Diese Schrift wurde durch den Journalisten Sturz verfaßt.

«O, Germanien, träume nicht von Freiheit, solange wir wie Caesars Knechte auf jeden Wink ausrufen:
Gegen das Leben der Brüder, ja gegen die eigene Mutter,
Wenn Er's befiehlt, wir führen den Streich, ob die Hand sich auch sträube ...»

Johann Philipp Palm (1766–1806)

In Nürnberg lebt der Buchhändler Johann Philipp Palm; er ist Geschäftsführer der Steinschen Buchhandlung. Im Frühjahr 1806 verschickt Palm eine von einem Ansbacher Professor verfaßte Flugschrift mit dem Titel «Deutschland in seiner tiefsten Erniedrigung», in der das beschämende Verhalten der französischen Besatzungstruppen in Bayern einer harten Kritik unterzogen wird.

Die Broschüre gelangt durch Zufall in die Hände französischer Offiziere, die sie dem Kaiser zustellen.

Napoleon befiehlt die sofortige Aburteilung des Schuldigen, «wegen absichtlicher Verbreitung ehrenrühriger Schriften wider Frankreich». Palm wird in der ehemals freien Reichsstadt Nürnberg aufgegriffen, nach Braunau im Innviertel überführt und – da er sich weigert, den Namen des anonymen Verfassers zu nennen – innerhalb 24 Stunden standrechtlich erschossen.

Ein dumpfes Murren geht durch Deutschland.

Ist diese Diktatur der französischen Waffen das neue Europa?

In Berlin ziehen junge Offiziere vor das Gebäude der französischen Gesandtschaft und wetzen ihre Säbel an den Stufen. Als man im Schauspielhaus den Wallenstein des vor einem Jahre verstorbenen Friedrich von Schiller gibt, erheben sich Hunderte von Offizieren in den Logen, nehmen Front zum Sitz des französischen Gesandten und singen stehend die Strophe mit, in der es heißt:

«Frisch auf Kameraden, aufs Pferd, aufs Pferd!
Ins Feld, in die Freiheit gezogen!
Im Felde, da ist der Mann noch was wert,
Da wird das Herz noch gewogen ...»

Der frische, stürmische Wind fährt nun auch in die Puderluft des preußischen Kriegsministeriums, in dieses Invalidenhaus der friderizianischen Zeit. Der ewig unentschlossene, ängstliche König Friedrich Wilhelm III., ein strenger, geistig wenig beweglicher Herr aus der alten Zeit, wird von der nationalen Partei überredet, nun endlich Preußens Machtwort zu sprechen.

Friedrich Wilhelm III. (1770–1840). Unter seiner Herrschaft erfolgten die großen Reformen Steins, Hardenbergs und Scharnhorsts, die Neuerungen blieben jedoch nur Stückwerk.

Prinz Louis Ferdinand ist der Führer der zum Krieg Entschlossenen, auch die schwärmerische und von Gefühlen bestimmte Königin Luise glaubt an die Wiederkehr der Tage von Roßbach und Leuthen. So kommt jenes preußische Ultimatum an Napoleon zustande, das die sofortige Räumung Süddeutschlands durch die französischen Truppen und die Errichtung eines Norddeutschen Bundes unter preußischer Führung fordert.

Louis Ferdinand, eigentlich Friedrich Ludwig Christian, Prinz von Preußen(1772–1806), zeichnete sich schon während der Revolutionskriege aus. Er fiel als Kommandant der preußischen Vorhut bei Jena am 10. 10. 1806.

Das Ultimatum erfolgte am 1. Oktober 1806.

Die Note erreicht den Kaiser in Bayreuth, als er sich bereits an der Spitze einer nach Norden marschierenden Armee befindet.

Seit Austerlitz sind die Vorbereitungen für einen Feldzug gegen Preußen getroffen. Am Rhein stehen riesige Reservekorps bereit, eine mehrfache Auffangstellung sichert die rückwärtigen Verbindungen der französischen Truppen. Es sind rund 100 000 Mann, die sich gegen Preußen in Bewegung setzen. Die bewährtesten Männer der Großen Armee stehen an der Spitze der Korps; die Stäbe der Divisionen verfügen über ausgezeichnete Karten des feindlichen Gebietes, während die herabgekommene preußische Armee keinerlei Kartenmaterial des eigenen Landes besitzt.

König Friedrich Wilhelm hat den alten Herzog von Braunschweig mit der Führung des Oberkommandos beauftragt, obschon der Herzog durch sein Versagen im Revolutionskrieg bereits gekennzeichnet ist. Aber der Braunschweiger hat unter Fridericus Rex gefochten – das allein entscheidet. Die Perückengenerale von anno dazumal führen eine verwahrloste und schlecht organisierte Truppe ins Feld.

Die französischen Heere strömen in drei großen Kolonnen nordwärts. Am 9. Oktober trifft die Infanterie Bernadottes auf die preußischen Sperren und drängt die Vorhuten zurück, Fürst Hohenlohe gibt nach hartem Ringen die Taleingänge frei. Am Tage darauf prallen die Kavallerievorhuten von Marschall Lannes auf die preußische Spitze bei Saalfeld. Pistolenschüsse krachen, Pferde jagen schnaubend dahin, und Säbelhiebe sausen von Sattel zu Sattel. Abgeschnitten von den Seinen fliegt Prinz Louis Ferdinand über Hecken und Gräben, verfolgt von französischen Chasseurs: Dann haben sie ihn umkreist – noch einmal blitzen Schüsse, und langsam gleitet der junge Prinz vom Rücken des Pferdes.

Am 14. Oktober entbrennt die Hauptschlacht.

In weitausholender Bewegung schiebt Napoleon seine Divisionen um Jena und Auerstedt zusammen.

«Hier», sagt er zu Berthier und deutet auf einen steilen Höhenzug, den die Karte zeigt, «wenn wir dort oben sind, beherrschen unsere Geschütze die Verbindungslinien des Gegners.»

Was die Höhen von Pratzen bei Austerlitz waren, das soll nun der Landgrafenberg von Jena werden. Er ist fast unzugänglich, aber am Morgen, als die Sonne aufgeht, stehen Napoleons Divisionen oben.

«Die Sonne von Austerlitz!» ruft der Kaiser, und donnernd rollt die Antwort von Berg zu Berg: «Vive l'empereur!»

Tief unten im Tale aber erkennt man die Vierecke der marschierenden preußischen Truppen, in deren Flanke und Rücken bereits Davout und Lannes stehen.

Dann bricht die Große Armee von den Bergen herab, und die Täler versinken in Rauch und Feuer.

*

Am Abend, als alles vorüber ist und es keine preußische Armee mehr gibt, wandert ein Thüringer Handwerksbursch über das Schlachtfeld von Jena und Auerstedt. Er heißt Johann Nikolaus Dreyse, ist noch nicht zwanzig Jahre alt, aber bereits Geselle des Schlosserhandwerks, ein nachdenksamer, intelligenter Junge, der begierig ist, überall zu lernen.

Das Folgende nach «Nikolaus von Dreyse und das Zündnadelgewehr», 1866.

Johann Nikolaus von Dreyse (1787–1867) arbeitete zunächst in der Waffenmanufaktur Pauli in Paris, wo schon damals ein Hinterladergewehr mit neuartiger Patrone und Zündung konstruiert wurde. Davon ausgehend erfand Dreyse das Zündnadelgewehr.

Er hat Freude an schönen, blanken Waffen – vor allem an Gewehren – und seine Absicht geht dahin, später einmal nach Paris zu wandern, um in der berühmten Gewehrfabrik des Monsieur Pauli zu lernen und zu arbeiten. Das Interesse an den Waffen hat ihn auch veranlaßt, dieses Feld der Schrecken zu betreten, aus dem noch immer verlorenes Seufzen und Stöhnen dringt. Dunkle Gestalten mit Säcken und derben Knotenstöcken huschen raubend hin und her. Aber Dreyse hält sich fern von ihnen. Seine Aufmerksamkeit wird von einer merkwürdigen Erscheinung gefesselt.

Es ist ihm aufgefallen, daß die preußischen Toten viel dichter liegen als die gefallenen Franzosen, daß die Einschüsse meist im Kopf oder in der Brust sitzen, ganz anders als bei den Gegnern. Er erkennt auch den Grund.

Es sind die verschiedenen Gewehre! Deutlich glaubt er das Bild der kämpfenden Linien vor sich zu sehen: hier die Preußen in dreifacher Schützenlinie, wie sie nach Kommando hinknien, die Ladestöcke in die langen Gewehre stoßen, wie sie, durch die Länge der Rohre genötigt, sich weit aus der Deckung erheben müssen und hierbei getroffen werden.

Und drüben die kleinen, wendigen Franzosen mit ihren kurzen Karabinern, nicht in geschlossener Exerzierlinie, sondern als Einzelschützen – sich von Stein zu Stein vorschiebend, ladend, zielend, schießend.

Nikolaus Dreyse empfängt in diesem Augenblick, auf dem düsteren, schrecklichen Felde, eine neue Idee: Man müßte ein Gewehr bauen, das die Zündung von innen erhält, dessen Patrone alle zur Zündung nötigen Teile in sich schließt und das dem Schützen erlaubt, aus jeder Lage zu feuern.

Über diesen Aufenthalt von Dreyse auf dem Schlachtfeld existiert eine Karikatur von Honoré Daumier, «Der Traum des Erfinders des Zündnadelgewehrs», 1866.

Dann geht er weiter, und das Dunkel verschlingt ihn.

Das erste Zündnadelgewehr war als Vorderlader konzipiert und erstmals 1827 gebaut worden.

Die große Einsamkeit

Das Gefühl, unter der Drohung einer übergewaltigen Gefahr dahinzuleben, das die kunstbeflissene und lebenslustige Gesellschaft von Weimar schon in den Tagen gestreift hatte, als Madame de Staël dort zu Gast weilte, hat sich nach den neuen Siegen Napoleons noch verstärkt. Das Ausweglose und schicksalhaft Heraufschwellende versetzt die Menschen erst recht in fiebernde Gier, von den Genüssen des Daseins an sich zu reißen, was noch zu erlangen ist. Weimar taumelt von einem Fest zum andern.

Friedrich Schiller starb am 9. Mai 1805 in Weimar. Seine sterblichen Überreste wurden auf dem Jakobskirchhof beigesetzt und 1827 von dort in die Weimarer Fürstengruft übergeführt.

Selbst das Erlöschen des großen Genius Friedrich Schiller im Frühling 1805 hat diese Stimmung kaum zu stören vermocht. Ganz still ist er dahingegangen, mit zunehmender Krankheit fast ohne Schmerz, in glühend gesteigertem Lebensdrang und schaffend bis zum Ende. Seine Tragödie «Demetrius» ist unvollendet geblieben, aber die Worte, die er darin Marfa in den Mund legt, als sie sich in die Freiheit wünscht, sind wie der Aufschrei seiner eigenen Seele, die sich aus der kleinstädtischen, von Hofgunst abhängigen Enge seines Daseins hinaussehnte. Die letzten Verse, die man auf seinem Schreibpult findet, drücken dieses Gefühl erschütternd aus:

O, warum bin ich hier eingeengt, gebunden,
Beschränkt in dem unendlichen Gefühl,
Du ewige Sonne, die den Erdenball
Umkreist, sei Du die Botin meiner Wünsche ...»

*

Schon der Herbst des Jahres gehörte neuen rauschenden Festen, die vergessen ließen, wie nahe die dunkle Flut des Untergangs und Todes dieses friedliche Schutzgehege der Künste umbrandete. Kaiser Alexander I. von Rußland besuchte die Stadt, verteilte juwelenbesetzte Orden, ehrte die Dichter und Künstler, versetzte den kleinen Hof in eitel Wonne.

Dieses Nichtsehenwollen der Wirklichkeit, das bewußte Abwenden von dem näherrückenden Schicksal bestimmte auch das folgende Jahr 1806. Den ganzen Herbst über lag die Stadt voller preußischer und sächsischer Truppen; die Offiziere gingen bei Hofe aus und ein. Herzog Karl August war allezeit ein begeisterter Soldat und Soldatenfreund gewesen, sehr zum Ärger seines olympischen Ministerfreundes Goethe, der von der Kriegskunst nichts hielt und sagte, «sie sitze Karl August wie die Krätze unter der Haut».

Die Krätze ist eine durch sog. Krätzmilben hervorgerufene ansteckende Hautkrankheit.

Nun zog Napoleon als ein blutiges Gestirn über den träumerischen Himmel Weimars herauf. Der Krieg brach ins Land.

Am 11. und 12. Oktober, als sich schon die drei Heersäulen der Franzosen über die Mittelgebirge heranschoben, war die preußische Armee ins verbündete Weimar eingerückt; König Friedrich Wilhelm und seine schöne Gemahlin, Königin Luise, kamen in die Stadt, und auf dem Frauenplan – direkt vor Geheimrat Goethes Haus – fand eine lärmende Parade statt.

Er selbst schaute an der Seite seiner «kleinen Freundin» Christiane Vulpius aus einem Fenster des ersten Stockwerkes.

Christiane Vulpius (1765–1816) lebte seit 1788 in freier Gemeinschaft mit Goethe. Sie gebar ihm fünf Kinder, von denen nur das älteste, August, am Leben blieb.

Auch August, der schon siebzehnjährige Sohn des Geheimrats, und Goethes Schwager, Christian Vulpius, der als Verfasser des vielgelesenen Räuberromans «Rinaldo Rinaldini» für manche bekannter und bedeutender als Goethe war, hatten einen Platz an den Fenstern des Goethehauses gefunden.

*

Christiane ist nicht mehr die hübsche Frau, die den von Italien Heimkehrenden vor zwanzig Jahren so sehr entflammt hat. Auch an ihr ist die Zeit nicht spurlos vorübergegangen, sie ist fülliger geworden: Die einst lang zur Schulter fließenden Locken stecken geringelt unter einem Netz von Bändern.

Diese vielgelästerte Christiane, die ihn einst so viele Freunde und auch die Sympathien der Frau von Stein gekostet hat, ist die Tochter eines kleinen Beamten, die als Arbeiterin in einer Fabrik für künstliche Blumen tätig war, ehe sie der Herr Staatsminister und Geheime Rat zu sich nahm und eine «Gewissensehe» mit ihr einging. Sie hat ihm den Sohn August geschenkt und ist seine treue Helferin bei seinen botanischen, mineralogischen und Kunstsammlungen und im Laboratorium, wenn er im Rahmen seiner Farbenlehre Versuche macht. Sie hat ihn zu trösten versucht, als das deutsche Lesepublikum seine «Gesammelten Werke» über alle Erwartung schlecht aufnahm und sich anderen neuaufgehenden Gestirnen, wie diesem Jean Paul, zuwandte. Der breiten Masse der gebildeten Stände schienen die humorigen, in Kleinmalerei angelegten Romane «Titan» oder «Die Flegeljahre» Jean Pauls viel mehr Vergnügen zu machen als die gedankenschweren Bücher des Geheimrats.

Jean Paul, eigentlich Jean Paul Friedrich Richter (1763–1825) studierte zunächst Theologie und wurde später Hauslehrer. Seit 1804 lebte er in Bayreuth.

Während unten die dunkelblauen, preußischen Bataillone vorüberdefilieren, streift Goethes Blick freundlich Christiane, und er faßt ihre Hand.

Was wird kommen?, denkt er. Und die Verse fallen ihm ein, die er Madame de Staël einstmals zugesandt hat ... «Im Dunklen drängt das Künft'ge sich heran ...»

*

Am Abend des 11. Oktober reist das großherzogliche Paar zur Armee ab.

Am 13. Oktober spielt man abends im Hoftheater die Operette «Fanchon, das Leiermädchen», der Text ist von Kotzebue, die Musik von Himmel. Nach der Aufführung findet sich die Gesellschaft im Wittumspalais zu fröhlicher Feier zusammen. Der Champagner fließt, der Komponist Himmel singt zu wiederholten Malen August v. Kotzebues leichtsinniges Liedchen:

«Es kann schon nicht alles so bleiben
Hier unter dem wechselnden Mond;
Es blüht eine Zeit und verwelket,
Was mit uns die Erde bewohnt,
Wir sitzen so fröhlich beisammen,
Wir haben uns alle so lieb,
Erheitern einander das Leben,
Ach, wenn es doch immer so blieb'!
Doch weil es nicht immer kann bleiben,
So haltet die Freude recht fest!
Wer weiß denn, wie bald uns zerstreuet
Das Schicksal nach Ost und nach West ...»

Bei Jena wurde das preußische Korps unter dem Fürsten Hohenlohe geschlagen, während die preußische Hauptmacht unter Herzog Karl v. Braunschweig bei Auerstedt unterlag.

Am nächsten Tag schlägt Kaiser Napoleon die Vernichtungsschlacht bei Jena und Auerstedt.

*

Francisco de Goya: Die Erschießung der spanischen Aufständischen vom 3. Mai 1808. (Prado, Madrid.) (21)

Jacques-Louis David: Napoleon überschreitet den großen St. Bernhard-Paß, 1800.
(Kunsthistorisches Museum, Wien.) (22)

Francisco de Goya, oben: Nackte Maja. Kurz vor 1800. (23)

Unten: Die bekleidete Maja. Kurz vor 1800. (Beide Gemälde im Prado, Madrid.) (24)

Durch den Staatsstreich am 18. Brumaire (9. November 1799) wurde Napoleon Erster Konsul. (Gemälde von François Bouchot.) (25)

Flüchtende Scharen wälzen sich gegen Weimar, preußische Offiziere ohne Helm, mit zerfetzten Uniformen und blutigen Verbänden, jagen durch die Straßen, nehmen einen raschen Trunk und machen sich davon.

«Alles verloren!» dringt der Ruf des entsetzten Volkes durch die Stadt. Schon im Morgengrauen des 15. Oktober erscheinen französische Patrouillen, und bald strömt eine wilde, vom Sieg trunkene Armee gegen die Ilmbrücken.

Nie sind die Menschen so sehr allein gewesen wie jetzt in der Gefahr, die sie alle bedroht und alle vereinzelt. Wo ist die glänzende und vornehme Gesellschaft des Tiefurter und Weimarer Kreises? Alle haben sich in ihre Häuser gesperrt und erwarten pochenden Herzens das Schlimmste.

Geheimrat Goethe allein bewahrt den Mut, der ihn stets auszeichnet. Er sieht vom Fenster aus die Rauchwolken brennender Häuser über den Dächern Weimars – aber er stellt auch fest, daß es nur fünf Brandstellen zu sein scheinen und keineswegs die ganze Stadt angezündet ist, wie die entsetzten Hausnachbarn glauben. Bedrohlich ist das sich nähernde Geschrei der Plünderer, der scharfe Peitschenknall der Schüsse!

An die Pforte des Hauses am Frauenplan hämmern Gewehrkolben. Das Tor gibt nach, und betrunkene Franzosen – die den Keller des Wittumspalais geplündert haben – stürmen die Treppen herauf. Der Hausherr steht im langen, verschnürten Rock, einen Stock in der Hand, auf dem Treppenabsatz.

Hart trifft die Eindringlinge der Blick aus den großen Augen. Er wagt es, die Soldaten des Kaisers in ihrer eigenen Sprache Diebe und Banditen zu schimpfen, sie aus dem Hause zu weisen!

Die Plünderer stürmen treppauf, sie werden dem Unverschämten Verstand beibringen. Aber bevor sie ihn fassen können, wirft sich eine resolute Frau zwischen die Männer und schützt den alten Herrn mit ihrem Leibe.

Christiane wehrt die Männer ab, reißt die schweren, silbernen Leuchter von der Kredenz im Treppenhaus, streckt sie den Betrunkenen entgegen. Die Soldaten – im Abschätzen von Wertgegenständen geübt – lassen Goethe unbehelligt und machen sich mit der Beute davon.

*

Christoph Martin Wieland (1733–1813) war zunächst Hauslehrer und seit 1760 Ratsherr bzw. Kanzleileiter in Biberach. 1772 wurde Wieland auf Veranlassung der Herzogin Anna Amalia nach Weimar gerufen.

Der alte Christoph Wieland, der in einem anderen Stadtteil Weimars sein Heim hat, kommt gut durch die Schrekkenstage. Seine Werke sind einigermaßen in Frankreich bekannt, man nennt ihn drüben den «Voltaire de l'Allemagne», und Marschall Ney hat eine Ehrenwache vor seinem Hause aufziehen lassen. Um so schlimmer ergeht es dem übrigen Weimar. Rasch füllen sich Kirchen, Gasthofsäle und das Theater mit Verwundeten und Sterbenden, kaum ein Haus, das der Plünderung entgeht. Frau von Steins schönes Anwesen wird so vollständig ausgeraubt, daß ihre Freunde mit den nötigsten Kleidungsstücken aushelfen müssen; der Maler Kraus stirbt an den erlittenen Mißhandlungen, und der Frau des Schriftstellers Vulpius wird schweres Leid angetan.

Georg Melchior Kraus (1737–1806). Der dem Kreis um Goethe nahestehende Maler wurde durch seine Bildnisse und Landschaftsbilder bekannt.

Niemand weiß um das Schicksal des Herzogs Karl August. Von dem Heerführer, dem Herzog von Braunschweig, hört man gerüchtweise, daß er durch eine Kugel beide Augen verloren habe und sterbend davongebracht worden sei. In seiner Nähe soll auch der kriegsbegeisterte Landesherr Sachsen-Weimars, Karl August, gesehen worden sein. Einer will ihn auf einer Trommel sitzend unter seinen Offizieren beobachtet haben.

Seine Gemahlin, die Großherzogin Luise, ist allein in das Residenzschloß zurückgekehrt, wo mittlerweile auch Napoleon und Murat sich einquartiert haben.

In der Nacht läßt Napoleon die Herzogin rufen und erlaubt ihr Worte der Verteidigung für ihren Gemahl. Der Mut der Herzogin gewinnt einen diplomatischen Sieg.

«Das ist eine Frau», ruft Napoleon aus, «die sich auch durch unsere zweihundert Kanonen nicht in Furcht setzen läßt.»

Zit. bei P. Wahl, «Weimar», 1925.

Das Großherzogtum Weimar wird erhalten bleiben.

*

Nach sechsunddreißig Stunden der Gesetzlosigkeit beruhigt sich die Lage, Ordnung kehrt einigermaßen wieder in Weimar ein. Im Haus am Frauenplan sind nun französische Marschälle einquartiert, der Geheime Rat Goethe und die Seinen sind auf einige Zimmer zusammengedrängt. Aber in diesem beschränkten Raume sammeln sich doch wieder die ersten Freunde, sich zu erkundigen, wie er durch das Unheil gekommen sei. Und vor diesen

Gästen geschieht es, daß Goethe die Hand seiner Christiane ergreift und ihr für ihre Treue in diesen unruhigen Tagen dankt.

Die Anwesenden sind verblüfft und betreten, als er ihnen sagt, er werde Frau Christiane auch nach dem Gesetz zu seiner Gattin machen, morgen schon, wenn es gehe. Der Herr Staatsminister und Freund des Herzogs will dieses schlichte Mädchen, diese kleine, bedeutungslose Vulpius auf die Stelle erheben, die so viele angesehene, geistvolle und vornehme Frauen der höfischen Welt vergeblich erstrebt haben!

Ja –, Goethe heiratet Christiane, mag die Welt tuscheln und denken, was sie will! Am 19. Oktober findet in der Sakristei der Hofkirche in aller Stille die Trauung statt. Die schockierte Weimarer Gesellschaft fehlt.

Über das Ereignis aber gehen zahllose geschwätzige Briefe in alle Welt.

Johanna Schopenhauer, eine wohlhabende Danziger Kaufmannswitwe, die sich in diesen Tagen mit ihrer Tochter Adele in Weimar niedergelassen hat, schreibt an ihren Sohn Arthur, der in Hamburg das Gymnasium besucht:

Arthur Schopenhauer (1788–1860) studierte in Göttingen und Berlin Naturwissenschaften und Philosophie und promovierte 1813 in Jena. 1820 wurde er Privatdozent in Berlin, siedelte aber wegen einer Choleraepidemie 1831 nach Frankfurt um.

«Goethe hat gesagt, in Friedenszeiten könne man an den Gesetzen wohl vorbeigehen; in Zeiten wie den unseren aber müsse man sie achten. ... Diesen Abend ließ er sich bei mir melden und stellte mir seine Frau vor. Ich empfing sie, als wenn ich nicht wüßte, wer sie vorher gewesen wäre. Ich denke, wenn Goethe ihr seinen Namen gibt, können wir ihr wohl eine Tasse Tee geben. Ich sah wohl, wie sehr ihn mein Benehmen freute, es waren noch einige Damen bei mir, die sehr formell waren, aber später meinem Beispiel folgten ...»

Aus einem Brief vom 24. Oktober 1806.

Die Freundin seines Geistes, Charlotte von Stein, aber macht aus Eifersucht und Enttäuschung kein Hehl. Sie schreibt an ihren Sohn Friedrich:

«Die Trauung hat mir etwas Grauenhaftes, gesteh ich! In einer Kirche, wo Tote, Verwundete tags zuvor gelegen, wo man erst alle Spuren der vorhergehenden Tage sorglich verwischt hatte, eine Zeremonie vornehmen zu lassen, die jeder Mensch nur in den glücklichsten Tagen seines Lebens oder nie feiern sollte!! Dieses ist mir ein Gefühl, das ich nicht ganz verdrängen kann; das Nachteilige des Eindrucks, den dieser Schritt auf die Gemüter tun wird, ist nicht zu unterdrücken. ... Ich habe nicht Glück wünschen können, wie andere und schwieg lieber ...»

Brief vom 24. November 1806.

*

Die zerschlagenen Reste der preußischen Armee treiben wie Wrackstücke nordwärts. Überall ziehen die langen Linien der Muratschen Reiterei über die Ebene, die Fliehenden aufzufangen oder niederzuhauen. Nur wenige Regimenter gehen mit Ehren unter.

«Zum Unglück gesellt sich die Schande.»

Ein Ausspruch Gneisenaus.

Die einst bei Fehrbellin, Hohenfriedberg und Leuthen ruhmreichen Banner Preußens senken sich vor dem Sieger. Bataillone liefern freiwillig die Waffen ab, Divisionen kapitulieren vor französischen Bataillonen, die festen Plätze des Landes hissen die weißen Fahnen.

Nur wenige Ausnahmen gibt es. Da ist ein Regiment, das sich, unermüdlich kämpfend, bis Lübeck durchschlägt und dort erst kapituliert, als es ohne Brot und Munition von der Übermacht umschlossen ist. Sein Kommandeur ist ein alter Haudegen namens Gebhard Leberecht von Blücher.

Gebhard Leberecht von Blücher (1742–1819) seit 1801 General, 1811 vorübergehend des Kommandos enthoben, übernahm er 1813 die Führung der schlesischen Armee, wobei ihm Gneisenau als Generalquartiermeister zur Verfügung stand.

Von den vielen Festungen des Landes versperren einzig Kolberg und Graudenz ihre Tore. Kolbergs Heldenkampf ist beispielhaft in diesem Zusammenbruch. Hier ist es der weitgereiste, weltkundige Stadtverordnete Joachim Nettelbeck, der den Widerstand schürt. Er findet in dem preußischen General Graf Neithardt von Gneisenau seine Ergänzung. Die beiden Männer halten die Stadt bis zum Friedensschluß.

August Graf Neithardt von Gneisenau (1760–1831) wurde nach Scharnhorsts Tod unter Blücher der bedeutendste Gegenspieler Napoleons, so setzte er im Feldzug von 1814 den Vormarsch auf Paris durch.

Napoleon ist inzwischen mit fliegenden Adlerstandarten gegen Berlin gerückt. Auf dem alten Schlachtfeld von Roßbach läßt er das Denkmal zerstören, das an Frankreichs einstige Niederlage unter Friedrich dem Großen erinnert. In Potsdam besucht er Friedrichs Grab und nimmt Hut und Degen des großen Toten als Trophäe fort. In Berlin muß das eherne Gespann der Siegesgöttin vom Brandenburger Tor steigen und den Weg nach Paris antreten. Nationale Überheblichkeit und der siegestrunkene Übermut machen aus dem Helden einer neuen Weltordnung einen beutesüchtigen, korsischen Briganten. Vergessen sind alle Gedanken an Menschenrecht, von der Brüderschaft der Völker, von der Freiheit aller. Sie standen nur in den wortreichen Proklamationen, galten nur vor dem Sieg.

Museen werden geplündert, Generale rauben Schlösser und reiche Privathäuser aus, und der Soldat stiehlt bei Bauern und Kleinbürgern. Eine böse Saat fällt in die Erde des besiegten Landes.

*

Viele französische Intendanten kommen in die neubesetzten Gebiete, breiten sich in den Herrensitzen und Patrizierhäusern aus.

Unter den von Napoleons Sieg angezogenen Beamten ist auch Henri Beyle, ein dreiundzwanzigjähriger,

«wissenschaftlich gebildeter, junger Mann, bei echt französischer Lebhaftigkeit von einer Freimütigkeit, die nicht übertroffen werden kann.»

Stendhal, eigentlich Henri Beyle (1783–1842), war Schriftsteller, stand aber als Offizier in den Diensten Napoleons. Sein bekanntestes Werk, der Roman «Le Rouge et le Noir» entstand 1830.

Er ist ein entfernter Verwandter des Generalintendanten der Großen Armee, Martial Daru, ein Schüler des Gelehrten Cabanis und Jünger der Musen. Frauen, Verse und geistige Spekulation sind sein Lebenselement. Aber auch der Ruhm des Soldaten lockt ihn. In den italienischen Feldzügen Bonapartes hat er es bereits zum Dragonerleutnant gebracht, und er ist stolz, dem Einzug Kaiser Napoleons in Berlin beiwohnen zu können. Man versetzt den protegierten, mit Talleyrand bekannten Mann zur Verwaltung nach Braunschweig und teilt ihn dem Depot von Stendal zu. Den Namen der kleinen Stadt wählt der schriftstellernde Intendanturrat als Pseudonym, und er beschließt, künftig seine manchmal recht gewagten Betrachtungen, Novellen und Plaudereien unter dem Namen «Henri Stendhal» zu veröffentlichen.

*

Preußens Untergang scheint besiegelt, die letzten Reste der Truppen flüchten in die unwegsamen, winterlichen Einöden Ostpreußens; das Königspaar selbst legt die Reise unter Schneestürmen zurück. Erschöpft und krank rettet Königin Luise ihre Kinder vor den verfolgenden Reitern Murats. An ihren Vater, den Großherzog von Mecklenburg-Strelitz, schreibt sie:

Königin Luise von Mecklenburg-Strelitz (1776–1810).

«Es wird mir immer klarer, daß alles so kommen mußte, wie es gekommen ist. Die göttliche Vorsehung leitet unverkennbar neue Weltzustände ein, und es soll eine neue Ordnung der Dinge werden, da die alte sich überlebt hat und in sich selbst abgestorben zusammenstürzt. Wir sind eingeschlafen auf den Lorbeeren Friedrichs des Großen, welcher als Herr seines Jahrhunderts eine neue Zeit schuf. Wir aber sind mit derselben nicht fortgeschritten, und deshalb überflügelt sie uns ...»

Gegen die zu Preußens Hilfe heranrückenden Russen erheben sich die Polen – jene unglückliche Nation, die seit einem Menschenalter, aufgeteilt unter ihre Nachbarn, nur als ein Objekt der Großmachtpolitik gilt. Furchtbare Kämpfe branden um die östlichen Marken Europas, bei Warschau und Pultusk schlagen sich auf seiten Napoleons die Rheinbundtruppen aus Bayern und Württemberg gegen russische Regimenter. Napoleon selbst ficht bei Preußisch-Eylau gegen das vereinte preußisch-russische Heer unter Bennigsen.

Rußland hatte zwei Armeen aufgestellt, von denen die eine, mit 55 000 Mann, unter dem Kommando von Bennigsen stand.

Niemals vorher war eine seiner Schlachten blutiger und erbitterter gewesen, niemals sein Sieg fragwürdiger. In dem Augenblick, als Marschall Davoust zum Entscheidungsstoß ansetzte, erkannte der preußische Oberst Scharnhorst, der vor wenigen Monaten zusammen mit Blücher in Gefangenschaft geraten und dann ausgetauscht worden war, die Absicht der Franzosen. Auf eigene Verantwortung warf er sein Regiment in die Flanke des französischen Angriffskeils und wendete so das Schicksal des Tages. Die Schlacht endete unentschieden, der Kaiser dachte in der Nacht sogar an Rückzug. Doch der russische Befehlshaber Bennigsen kam ihm zuvor und gab das Feld preis. Am späten Abend des Tages von Eylau reitet Napoleon mit seinem Adjutanten, dem Grafen Ségur, über das mit Toten und Sterbenden bedeckte Feld. Der Graf ist erschüttert von dem Anblick menschlichen Elends, das die furchtbare Schlacht hinterlassen hat, und er sagt zum Kaiser: «Ist es nicht schrecklich, Sire?»

Gerhard von Scharnhorst (1755–1813) wurde 1807 Direktor des Kriegsdepartements und bildete 1808 das neugeschaffene Kriegsministerium. Er führte die preußische Heeresreform durch und führte im März 1813 die allgemeine Wehrpflicht ein.

Doch der Empereur antwortet, den Blick starr in eine ungreifbare Ferne entrückt: «Was bedeutet schon das Leben oder der Tod von einer Million Menschen für einen Mann wie m i c h !»

«Ich! Ich» und die Macht, das ist es allein, was zählt! Er

ist ein Mann des Schicksals und geht «mit traumwandlerischer Sicherheit» seinen welterschütternden Weg. Was sind schon eine Million Tote am Wegrand ...

Der Tagesbefehl Napoleons verkündet der Welt einen neuen Sieg, wenige Männer erkennen die volle Bedeutung des Treffens von Eylau, bei dem Napoleon zum ersten Male nicht klarer Sieger geblieben ist. Einer von diesen Weiterschauenden, die nun beginnen, innerlich Abstand von ihm zu nehmen, ist Fürst Talleyrand.

«Was wäre geschehen», fragt er, «wenn der Kaiser auf dem Schlachtfeld geblieben wäre, was würden wir getan haben? Und was wird morgen sein, wenn er getötet wird? Es ist Zeit, an Frankreich zu denken ...»

*

Auch Napoleon selbst fühlt es, wie die Einsamkeit um ihn größer wird, wie ihn jeder gewonnene Feldzug mehr den Menschen entrückt, wie jeder Sieg ihn mehr in die Bereiche erhebt, in denen die Götter Menschen nicht dulden. Wann wird der zerschmetternde Blitz aus den Wolken fallen, wann das kühn getürmte Gebäude zusammenstürzen?

Napoleon beschließt, den Winter im befreiten Warschau zu verbringen. Hier wird der französische Kaiser anders als in Preußen begrüßt. Er ist der Befreier, der Polen seine Freiheit und Einheit wiedergeben wird. Feste jagen sich. Fürst Johann Poniatowski, der Held gescheiterter, polnischer Freiheitskämpfe, feiert Napoleon, umgeben vom stolzen Adel des Landes.

Fürst Poniatowski (1763–1813) hatte im Aufstand Kosciuszkos an der Verteidigung Warschaus teilgenommen und wurde 1807 Kriegsminister des Herzogtums Warschau.

In Warschau lernt der Kaiser die schöne Gräfin Maria Walewska kennen und lieben. Nocheinmal glüht das große Herz und sucht die Wärme eines andern, sucht Schutz vor dem Schicksal, sucht Verstehen.

Johann Poniatowski benützt die tiefen nationalen Gefühle Maria Walewskas, um den Kaiser für die Sache eines freien und souveränen Polens zu gewinnen. Doch Napoleon weicht aus. Nicht einmal die wirklich große Liebe zu dieser Frau kann seine politischen Pläne beeinflussen. Auch ist Rußland noch immer unbesiegt. Im Frühjahr schlägt die Abschiedsstunde von Maria Walewska, die vom Kaiser ein Kind erwartet.

*

Aus Ségur, «Histoire de Napoléon et de la grande armée».

Am 14. Juni 1807 treffen die Armeen Alexanders I. und Napoleons bei Friedland in Ostpreußen aufeinander. Es ist der Jahrestag von Marengo. Napoleon fühlt, daß ihm das Datum Glück bringen wird, und er wagt die Schlacht mit unterlegenen Kräften.

«Gegen Mittag, als Napoleon den Schlachtplan diktiert, ist sein Gesicht schon so freudig, als habe er bereits gesiegt ...»

Nach dem «Moniteur» vom Juli 1807.

Er nimmt sein Frühstück unmittelbar in der Feuerlinie ein. Wie gewöhnlich muß Hassan, der Leibmameluk, ein paar riesige Bärenfelle ausbreiten, Feldtisch und -stuhl daraufstellen und den Kaiser bedienen. Die Kugeln pfeifen über ihn weg, aber er verzehrt seine Speisen in großer Gemütsruhe.

Dann gibt er Befehl anzugreifen. Gegen die Schlachtlinie der 75000 Russen gehen 26000 Franzosen vor. Als es Abend wird, flutet die geschlagene russische Armee über den Njemen zurück.

Der Kaiser schreibt noch am Abend der Schlacht an Maria Walewska:

«Wir haben den Feind geschlagen. Der Friede ist in Sicht! Ich denke an Dich. Ich liebe Dich!

N.»

*

Mitten im Memelfluß, bei dem ostpreußischen Städtchen Tilsit, hat General Lariboisière ein Floß vor Anker legen lassen. Darauf ist ein prächtiger Pavillon errichtet, und Blumengirlanden umwinden die Fahnenmasten, von denen die Banner Frankreichs und Rußlands wehen. Am 25. Juni nachmittags 1 Uhr stoßen die Boote Napoleons und Alexanders gleichzeitig von den Ufern ab und legen auf verschiedenen Seiten des Floßes an.

Von Generalen und Diplomaten umgeben, begrüßen sich die beiden Kaiser und umarmen sich, während die auf beiden Ufern aufgestellten Armeen in donnernde Jubelrufe ausbrechen. Arm in Arm schreiten die beiden Herrscher in den Pavillon, in dem sie zwei Stunden lang ein Gespräch unter vier Augen führen.

Frédéric César de La Harpe (1754–1838) war 1798–1800 Mitglied des Direktoriums der Helvetischen Republik. Seinem Einfluß auf Alexander I. verdankte die Schweiz die günstigen Bedingungen nach dem Wiener Kongreß 1815.

Alexander ist ein schöner, hochgewachsener Mann, der Napoleon um Haupteshöhe überragt. Seine Umgangsformen sind ausgesprochen liebenswürdig. Sein Erzieher, der aus Rolle am Genfer See stammende Friedrich La Harpe, war begeisterter Anhänger der französischen Revolution und seinerzeit einer der Direktoren der «Helvetischen Republik» und Freund Frankreichs. Er hat manche liberale Ideen auch in Alexanders Herz gepflanzt. Vielleicht, so überlegt Napoleon, läßt sich der Zar für den Plan einer neuen europäischen Ordnung gewinnen, die unter dem Schutz der Kaiser des Westens und des Ostens Europa den dauernden Frieden bringen soll.

«Die alte Form Europas», sagt Napoleon, «ist dahin. Der ausgehöhlte Aufbau aus Hunderten von Kleinstaaten, dieses ewig kriegerische Neben- und Durcheinander räuberischer Souveräne, eine Ordnung, die der Egoismus zum Nachteil der Völker errichtet hat, ist endgültig zerstört. Es ist an der Zeit, Europa einen neuen, staatlichen Aufbau zu geben. Frankreich hat die neuen Ideen an den Po, die Donau, den Rhein und die Weichsel getragen. Es liegt an Ihnen, Sire, und an mir, dem Kontinent die notwendige Struktur und Festigkeit zu geben.»

Alexander lächelt verbindlich. Es ist keine Ablehnung, aber auch keine freudige Zustimmung.

«Sire, Sie nehmen sich große Dinge vor. Von Rußland aus gesehen, ist Europa eine kleine Halbinsel, die von Meeren umklammert wird. Man sagt, daß England diese Meere beherrscht.»

«Sprechen wir offen!» entgegnet Napoleon, «Ist es nicht immer wieder England gewesen, das von den Wirren Europas profitiert hat? Gab es in den vergangenen zweihundert Jahren irgendwo in Europa einen Krieg, in dessen Verlauf England nicht eine Kolonie, einen Stützpunkt oder Handelsvorteile erworben hätte? Europa blutete, und England heimste ein. Wenn Rußland an unsere Seite tritt, so wird die Insel keine Handlanger mehr finden, die ihr Geschäft betreiben».

Zar Alexander lächelt noch immer, als er sagt:

«Sire, Peter der Große vertrat den Standpunkt, daß Rußland kein Staat sei, sondern ein Erdteil. Wir werden nur als gleichberechtigte Partner verhandeln können: Sie für Europa, ich für Rußland.»

Peter der Große hatte 1721 im Frieden von Nystad die Anerkennung Rußlands als europäische Großmacht erzwungen.

«Sire, dazu bin ich bereit!» sagt Napoleon. «Teilen wir die Herrschaft der Welt! Unser Ruhm wird ein gemeinsamer sein. Bedenken Sie, was es heißt: das Schicksal der Menschheit in Händen zu haben!»

Der Zar schweigt. Nach einer Weile stellt er die Frage: «Und England?»

Napoleon fährt zornbebend hoch. Dann sprudelt aus ihm heraus, was er wohl hundertmal durchdacht hat: Hier bietet sich die dritte Möglichkeit, England niederzuzwingen, nachdem die Versuche in Ägypten und am Kanal mißglückt sind.

«Eine aus Russen, Franzosen und zum Teil aus Österreichern bestehende Armee von 50 000 Bajonetten, die über Konstantinopel nach Asien marschierte, würde, noch ehe sie den Euphrat erreichte, England erzittern machen und ... in die Knie zwingen. Ich in Dalmatien, Ew. Majestät an der Donau, in einem Monat kann unsere Armee am Bosporus sein. Der Schlag würde sich bis nach Indien auswirken, und England wäre besiegt ...

Die Welt ist durch unsere innige Freundschaft in eine noch nie dagewesene Lage versetzt ... Wir werden beide vorziehen, unsere ausgedehnten Länder in Ruhe und Frieden zu regieren und für ihren inneren Ausbau und ihre Wohlfahrt zu sorgen.

Nur die Feinde der Welt – die Engländer – lassen das nicht zu. Wir müssen gegen unseren Willen eine noch größere Macht anstreben. Weisheit und Politik befehlen, daß wir ... dahin gehen, wohin uns der unaufhaltsame Gang der Ereignisse führt ...

Ich eröffne Ew. Majestät hier meine ganze Seele. Die Affaire von Tilsit wird für die Geschichte der Welt entscheidend sein ...»

Aus Vandal, «Napoléon et Alexandre».

Der Zar blickt zu Boden, sein Gesicht ist undurchsichtig. Begegnet Napoleons Plan seinen eigenen Absichten, oder überlegt er die Höhe des Kaufpreises, den er fordern soll. Aber er kennt nur ein Interesse: Rußland.

«Wir müßten uns an den Atlantik und ans Mittelmeer ausdehnen können, Sire, um nützliche Bundesgenossen Frankreichs zu werden. Geben Sie uns also freie Hand in Finnland und am Bosporus!»

Napoleon nickt zustimmend.

«Nehmen Sie Konstantinopel, Sire. Aber die Meerengen müssen den Türken bleiben! ...»

Zitat bei Vandal.

«Sie bieten ein Schloß ohne Schlüssel?» entgegnet Alexander empört.

Zitiert nach Mereschkowski.

«Dieser Schlüssel ist allzu kostbar», ist die ruhige Antwort Napoleons, «er allein wiegt Ihr ganzes Kaiserreich auf. Wer ihn besitzt, besitzt die Welt.»

Einen Augenblick streift der Blick des Zaren nachdenklich das Gesicht des Franzosen. Der Gedanke, zusammen mit Napoleon der Menschheit Gesetze zu geben, schmeichelt seinem Ehrgeiz und erscheint ihm verlockend. Er beginnt – ohne noch einmal auf die Meerengenfrage zurückzukommen – nach den nächsten Absichten Napoleons zu fragen. Wie soll dieses neue Europa organisiert werden?

«Man wird Polen zum Großherzogtum erheben und es – aus historischen Gründen – mit Sachsen vereinen. So wird sich eine dritte Macht zwischen die beiden geschlagenen Großmächte Österreich und Preußen schieben. Am nördlichen Niederrhein soll das Königreich Westfalen gegründet werden: Vom Rhein bis zur Elbe reichend, wird es ein Bollwerk gegen das künftige Gelüst der Preußen sein!»

«Sie lassen nicht viel von Preußen übrig», erwidert der Zar. «Vergessen Sie nicht, daß der preußische König unser Bundesgenosse ist und mit ungeduldiger Spannung auf das Ergebnis dieser Unterredung wartet?»

Napoleon versteht diesen Hinweis. Dieser Alexander verbirgt hinter seiner liebenswürdigen Maske die nackte Selbstsucht. Er wäre bereit, Preußen kaltblütig zu opfern. Das einzig Wichtige für Alexander ist die freie Hand in Finnland und am Bosporus.

Das Geschäft ist abgeschlossen. Rußland wird sich darüber hinaus der Kontinentalsperre anschließen und damit die Blockade Englands vollständig machen. Doch bleiben Zweifel in Napoleon zurück: Wird Alexander auch ehrlich einhalten, was ihm das neue Bündnis auferlegt? Wird er seinen Russen das schwere Opfer, sich durch die Teilnahme an der Englandblockade selbst von den Weltmärkten auszuschließen, zumuten ... oder wird er an Napoleon handeln, wie er eben an Preußen gehandelt hat?

Das «Geschäft» bedeutete die Aufteilung Europas in eine französische und eine russische Interessensphäre.

Napoleon blickt plötzlich sehr forschend in das freundliche Gesicht des Zaren. Doch er findet nichts als ein Lächeln.

*

Der König von Preußen ist fast völlig von den nun beginnenden Friedensverhandlungen ausgeschlossen, die Talleyrand und die russischen Staatsmänner Kurakin und

Labanow führen. Verzweifelt sieht er das Ende seines Staates herankommen.

Ein wenig ändert sich die Szene, als Königin Luise in Tilsit eintrifft. Sie versteht es, Napoleon durch ein offenes Zugeständnis der Schuld etwas zu besänftigen.

*

Am 7.7.1807 wurde der Friede zwischen Frankreich und Rußland, am 9.7. zwischen Frankreich und Preußen geschlossen.

Der Friede von Tilsit, der am 7. Juli 1807 geschlossen wird, bedeutet tatsächlich das Ende der Großmacht Preußen. Alle Provinzen links der Elbe gehen verloren, das Heer wird bis auf ein geringes Kontingent reduziert und dem zerstückelten Lande eine riesige Kriegsentschädigung auferlegt.

Gleichzeitig marschieren russische Armeen in das schwedische Finnland ein.

*

Der Zusammenbruch Preußens greift mit harter Hand in unzählige persönliche Schicksale ein. Der verarmte Staat ist nicht mehr in der Lage, die Pensionen der vielen verabschiedeten Offiziere zu bezahlen; eine große Anzahl Beamter muß entlassen werden. Unter diesen Unglücklichen, denen die Katastrophe des Vaterlandes zum Verhängnis für ihre Laufbahn wird, ist auch Heinrich von Kleist.

Heinrich von Kleist (1777–1811). 1792 trat er in die preußische Armee ein, gab die militärische Laufbahn aber 1799 auf. Im Januar 1807 wurde er als vermeintlicher Spion von den Franzosen verhaftet, im Juli aber wieder freigelassen.

Seine Anstellung bei der königlichen Domänenkammer in Königsberg, die ihm Königin Luise verschafft hat, ist dahin. Als er sich nach Berlin wagt, wird er von französischer Feldgendarmerie als ehemaliger Offizier aufgegriffen und in Gefangenschaft abgeführt. Man bringt ihn zusammen mit anderen preußischen Kameraden nach Fort De Joux und später ins Internierungslager von Chalons sur Marne. Weil in denselben Lagern vorher die aufständischen Negerführer aus Haiti gesessen haben und die Baracken gleichsam mit tropischen Erinnerungen gesättigt sind, schreibt der dreißigjährige Dichter hier seine Novellen «Erdbeben in Chile» und «Die Verlobung von San Domingo». Auch beginnt er ein neues Drama «Penthesilea» und seine Novelle «Michael Kohlhaas».

Nach dem Friedensschluß werden die Gefangenen endlich entlassen. Bleich und bedrückt, körperlich und seelisch herabgekommen, mit in die Stirn hängenden Haaren, findet auch Heinrich von Kleist aus dem Internierungslager in die Welt zurück.

Seit Jahren schweift er unstet durch die Lande. Das Asyl, das er endlich in Königsberg gefunden zu haben glaubte, ist verloren. Aber seine nach den höchsten Idealen strebende Seele ist nach wie vor «entschlossen, auch Goethe den Kranz von der Stirne zu reißen».

Er geht nach Dresden, wo er zusammen mit dem Journalisten Adam Müller eine Monatsschrift «Phöbus» herausgibt und eine Buchhandlung gründet. Diese äußeren Dinge sollen die Lebensgrundlage bieten, all sein inneres Mühen aber gilt der Vollendung seiner dichterischen Persönlichkeit.

Die Zeitschrift «Phöbus» wurde 1808 gegründet.

In der schönen Residenzstadt an der Elbe findet Kleist einen kleinen Kreis gleichgestimmter Seelen. In Stunden, in denen es ihn zu den Menschen treibt, um ihnen mitzuteilen, was er dem kämpfenden Herzen entringt, sucht er sie auf – die Malerfreunde Caspar David Friedrich und Philipp Otto Runge.

Caspar David Friedrich (1774–1840), berühmt als Maler von romantisch verklärten Landschaftsbildern.

Philipp Otto Runge (1777–1810) wollte mit den 1803/04 entworfenen «Vier Tageszeiten» eine neue, symbolkräftige Malerei entwickeln.

Die beiden bewohnen eine Art Speicherraum mit einem riesigen, nach Norden gehenden Atelierfenster, in das Tag und Nacht der Himmel schaut. Die Wände sind mit Bildern, Skizzen und Entwürfen bedeckt, und im übrigen herrscht göttliche Unordnung.

Als Heinrich von Kleist, keuchend von der Anstrengung des Treppensteigens, die Werkstatt der Maler betritt, findet er sie wie immer in weißen Kutten, farbbeklext, die wallenden Locken mit altertümlichen Baretten bedeckt.

In der Reihe der Bilder und Entwürfe an der Wand hängt auch Caspar David Friedrichs «Kreuz im Gebirge» – jenes von Zauberglanz überhauchte, märchenschöne Bild eines einsamen Gipfels, über den der gekreuzigte Heiland aufragt. Breite Sonnenbänder strahlen aus der Tiefe auf den das freie Himmelsgewölbe abschließenden Wolkenvorhang. Kleist kann sich nicht satt sehen an den wildromantischen Bildern des Elbsandstein- und des Riesengebirges, den Klosterruinen, der Regenbogenlandschaft und an Runges «Arions Meerfahrt» und «Der Morgen».

*

Als Heinrich von Kleist von dem Atelier der Freunde heimkehrt, findet er das heißerwartete Antwortschreiben des Geheimrats von Goethe und zugleich ein kurzes Billet

Wielands, der ihm vermutlich über die Weimarer Aufführung des «Zerbrochenen Kruges» Mitteilung macht. Zuerst reißt er Goethes Brief auf; von seinem Urteil, seinem Verstehen hängt ja sein Leben, seine Bestätigung als Dichter ab.

«Ew. Hochwohlgeboren

bin ich sehr dankbar für das übersendete Stück des ‹Phöbus›. Die prosaischen Aufsätze, wovon mir einige bekannt waren, haben mir viel Vergnügen gemacht.

Mit der ‹Penthesilea› kann ich mich noch nicht befreunden.

Sie ist aus einem so wunderbaren Geschlecht und bewegt sich in einer so fremden Region, daß ich mir Zeit nehmen muß, mich in beide zu finden.

Auch erlauben Sie mir zu sagen ... daß es mich immer betrübt und bekümmert, wenn ich Männer von Geist und Talent sehe, die auf ein Theater warten, welches da kommen soll ...

Auf jedem Jahrmarkt getraue ich mir, auf Bohlen über Fässer geschichtet, mit Calderons Stücken, ... der gebildeten und ungebildeten Masse das höchste Vergnügen zu machen ...

Goethe»

Aus einem Brief Goethes an Kleist aus dem Jahre 1808.

Es ist zu Ende! Der große Geist hat das ringende Herz nicht verstanden; der Klassiker lehnt die Versuche der Romantiker als etwas Fremdes, Umstürzendes, Neues ab, er ist müde und hat seine feste Form gefunden. Von ihm wird keine Hilfe kommen.

Wieland aber teilt in knappen Worten mit, daß die Aufführung des «Zerbrochenen Kruges» ein glatter Mißerfolg gewesen sei. Weimar lehnt den Dramatiker Kleist ab.

*

In diesem Winter 1807/1808 hat in Berlin, «oft unterbrochen von den Trommeln der französischen Besatzung, belauscht von fremden Horchern», der Philosoph Johann Gottlieb Fichte eine Vorlesungsreihe begonnen, die er «Reden an die deutsche Nation» nennt. Durch ihn erhebt das zerschmetterte Preußen die Stimme der Selbstbesinnung.

«Riesenschritte ist die Zeit mit uns gegangen, durch ihr Übermaß hat sich die Selbstsucht selbst vernichtet. Doch aus der Vernichtung selbst erwächst uns die Pflicht und die Sicherheit der Erhebung. Damit die Bildung der Menschheit erhalten bleibe, muß diese Nation sich retten, die das Urvolk unter den Menschen ist, durch die Ursprünglichkeit ihres Charakters und ihrer Sprache ...»

Aus der Vorlesungsreihe Fichtes: «Reden an die deutsche Nation»

Studenten, junge Offiziere und selbst Damen der gebildeten Stände folgen auf den Zuhörerbänken begeistert den flammenden Reden des Gelehrten.

«In unserem Volke soll endlich erweckt werden der Geist der höheren Vaterlandsliebe, der die Nation als die Hülle des Ewigen umfaßt, für welche der Edle mit Freuden sich opfert und der Unedle, der nur um der ersteren willen da ist, sich eben opfern soll ...»

Fichte, «Reden an die deutsche Nation».

Fichte bezeichnet den Weg, der zur Erneuerung führt. Er ist in jungen Jahren als Hauslehrer in der Schweiz gewesen und hat dort die Bekanntschaft mit dem Werk Pestalozzis gemacht. In Pestalozzis Erziehungsplänen, in der wahren Volksbildung, hat er das Geheimnis der Wiedergeburt erkannt.

«... wenn ihr aber versinkt, so versinkt die Menschheit mit, ohne Hoffnung auf Wiederauferstehung ...»

Die französischen Agenten, die sich zuweilen unter die Zuhörer mischen, begreifen nicht, welch gefährliche Gedanken hier ausgesprochen werden. Nichtsahnend berichtet das Pariser Regierungsblatt «Moniteur» von Vorlesungen über Erziehung, die in Berlin einigen Beifall gefunden hätten.

Auch auf anderen Gebieten beginnt die Erneuerung des preußischen Geistes. Schon in den Tagen des Zusammenbruchs hat aus der Stille seines Nassauischen Schlosses Minister Reichsfreiherr Karl vom Stein, der letzte Sproß eines großen Geschlechts, seine Stimme erhoben und den König von Preußen aufgerufen, die innere Ordnung seines Staates dem veränderten Geiste der Zeit anzupassen.

Karl Reichsfreiherr vom und zum Stein (1757–1831), seit 1804 Wirtschafts- und Finanzminister, wurde er 1807 entlassen, auf den Rat Napoleons nach dem Frieden von Tilsit aber wieder eingestellt.

«Der alte Staat hat die Hingabe des Volkes nicht gewollt, er verlangte nur nach gehorsamen Untertanen ... bezeichnend für diese Geisteshaltung war der Aufruf des Berliner Stadtkommandanten nach der verlorenen Schlacht von Jena-Auerstedt: ‹Der König hat eine Bataille verloren, Ruhe ist die erste Bürgerpflicht!› ...»

«Nassauer Denkschrift», von Stein, 1807.

Damals hat man nicht auf Steins warnende Stimme gehört, aber nun – durch die Katastrophe belehrt – wird er nach Berlin gerufen und beauftragt, die Reformen in Angriff zu nehmen.

Dieses Edikt trat am 9. Oktober 1807 in Kraft.

Das Edikt «über den erleichterten Besitz und den freien Gebrauch des Grundeigentums, sowie die persönlichen Verhältnisse der Landbewohner betreffend» schafft erste Erleichterungen.

Aber nur langsam geht Preußens Schritt mit der neuen Zeit, der Hof und der grundbesitzende Adel stemmen sich gegen die «Ideen der Revolution», die hier sichtbar werden. Was auch geschieht, es bleibt für sie eine «Revolution von oben».

Der Erlaß des Ministers vom Stein besagt zwar:

«Mit dem Martinitag 1810 hört alle Grunduntertänigkeit auf und zwar in Unseren sämtlichen Staaten. Nach dem Martinitag 1810 gibt es nur noch freie Leute ...»

Aber dasselbe Gesetz, das etwa der Hälfte der Bevölkerung Preußens die persönliche Freiheit, insbesondere das Recht der Freizügigkeit, verleiht, läßt die dinglichen Lasten, die Hand- und Spanndienste und die gutsherrliche Gerichtsbarkeit bestehen. Der Schatten des Feudalismus liegt nach wie vor auf dem Lande:
Fronarbeit, Gefälle und Deputat, Armut und soziale Gedrücktheit bleiben.
Ganz unmöglich erscheint in Ostelbien, dem Land der Riesengüter, eine Bodenreform, wie sie die Große Revolution durch die Einziehung der Emigranten- und Kirchengüter gebracht hat.

Städteordnung vom November 1808.

Die neue Städte- und Gemeindeordnung nach französischen Vorbildern entspricht mehr dem Zug zur Freiheit. Künftig sollen die Selbstverwaltungsorgane – Stadtrat und Magistratsbeamte – von der gesamten Bürgerschaft gewählt werden. Freilich behält sich auch hier der allmächtige Staat das Bestätigungs- und Aufsichtsrecht vor.

In der Staatsverwaltung werden die Kabinettsministerien in Fachministerien umgebaut; im Heere wirken moderne Männer wie Graf Gneisenau, Scharnhorst und der Fichteschüler Oberst v. Boyen für die Vorbereitung der «Allgemeinen Wehrpflicht» nach dem Vorbilde Frankreichs.

*

Im Oktober 1808 versammelt sich zu Erfurt ein europäischer Fürsten-Kongreß. Kaiser Alexander von Rußland reist über Berlin und trifft in dem festlich geschmückten Erfurt mit Napoleon zusammen. Alle Rheinbundfürsten – auch der nun zum König erhobene Sachse – umgeben wie ein leuchtender Sternenkranz die Doppelsonne des erneuerten Abendlandes: Alexander und Napoleon. Feste, Feuerwerke, Wagenauffahrten, Gastmähler und Empfänge wechseln einander ab; aus Paris ist die berühmte Schauspielertruppe des französischen Nationaltheaters gekommen.

Sie wird von dem großen Talma angeführt, jenem weltberühmten Tragöden, bei dem Napoleon in privaten Zusammenkünften kaiserliche Posen, bedeutende Gesten und großartige Reden einstudiert hat.

François Joseph Talma (1763–1826), seit 1787 Schauspieler am Théâtre Français.

Im Theater wird Voltaires «La mort de César» gegeben, Talma spielt mitreißend den Brutus. Als Caesar am Schluß des ersten Aktes dem Antonius antwortet: – «Das unterworfene Universum laßt uns ohne Gewalt regieren!» durchzuckt es das glänzende Parkett von Fürsten wie elektrische Funken, man wendet sich zur Kaiserloge und applaudiert den beiden Herrschern.

«Étrange pièce ce César!» ruft Napoleon enthusiastisch aus. «Pièce républicaine! J'espère que cela fera aucun effet ici – Welch seltsames Stück, dieser ‹Caesar›! Ein republikanisches Stück! Ich hoffe, es wird hier keinen Eindruck machen.»

Zar Alexander genießt diesen Rausch der Erfolge. Er sieht sich an Napoleons Seite wie ein Gott geehrt, seinem Ehrgeiz ist genuggetan. Schöne Frauen, Fürsten, ganz Europa liegen dem «Byzantiner» zu Füßen. Die Freundschaft der beiden Großen ist nie enger, nie deutlicher gewesen.

Napoleon, der die Zuverlässigkeit seines östlichen Bundesgenossen niemals notwendiger gebraucht hat als jetzt, da er den Ring der Kontinentalsperre völlig zu schließen gedenkt, bequemt sich zu Zugeständnissen, die Rußlands Südostpläne gewaltig voranbringen müssen. Der Zar soll auch die Donaufürstentümer Moldau und Walachei erhalten und rückt damit dem Mittelmeerraum beträchtlich näher.

*

Goethe wurde 1776 Geheimer Legationsrat, 1779 Geheimer Rat und 1782 Leiter der Finanzkammer.

Nach Goethes Aufzeichnungen.

Am 2. Oktober 1808 vormittags gegen elf Uhr ist Staatsminister von Goethe, zu dessen Verwaltungsbereich Erfurt gehört, zu Kaiser Napoleon bestellt. Er wartet mit mehreren anderen Besuchern im Vorzimmer. Als er eintreten darf, sitzt «der Kaiser an einem großen, runden Tisch frühstückend; zu seiner Rechten steht etwas entfernt vom Tische Talleyrand, zu seiner Linken ziemlich nah Daru, mit dem er sich über die Kontributionsangelegenheiten unterhält.»

Der Kaiser winkt dem Geheimen Rat, näher heranzutreten, betrachtet ihn abschätzend, aber wohlwollend, und meint: «Vous êtes un homme! – Ihr seid ein Mensch ... Wie alt seid Ihr?»

«Sechzig Jahre.»

«Ihr habt Euch gut gehalten ... Ihr habt auch Trauerspiele geschrieben?»

Das Gespräch enteilt auf literarische Gegenstände, wobei freilich Generalintendant Daru – Henri Stendhals Gönner – weit mehr Kenntnis der deutschen Literatur verrät als der Kaiser. Napoleon kennt von Goethes Werken nur den «Werther», diesen freilich sehr genau. Man spricht von den Schicksalsdramen, von jenen Tragödien, in denen dunkle Himmelsmächte ins Spiel der Menschen eingreifen, um es zu stören.

Nein – Napoleon kann das Schicksal nicht als reale Macht anerkennen. Sein Erfolgssystem ist auf Bündnissen, Heeren, Nachschub, Straßen, auf dem mechanischen, mathematisch berechenbaren Apparat der Macht aufgebaut.

Als Goethe einige vorsichtige Worte über das Wirken des Ewigen spricht, wehrt der Kaiser knapp und unwillig ab.

«Ah, Monsieur Göt? Die Schicksalsstücke haben einer dunkleren Zeit angehört. Was will man jetzt mit dem Schicksal? Die Politik ist das Schicksal!»

Bald darauf ist die Audienz zu Ende. Die Marschälle kommen, der große, wuschelköpfige Soult, später auch Berthier und der schlanke Ney aus Saarlouis, alle drei hochverdiente Militärs.

Jean-Auguste-Dominique Ingres: Die Badende. (Louvre, Paris.) (26)

Ägypten-Feldzug Napoleons, 1798/99. (27)

Chasseur-Offizier der kaiserlichen Garde zu Pferde. Théodore Géricault, 1812. (Paris, Louvre.) (28)

Das Schicksal meldet sich an

Noch während des Fürstentages zu Erfurt mehren sich die ärgerlichen Nachrichten aus dem äußersten Südwesten des Erdteils. Napoleon bricht mit seinem Gefolge nach dem spanischen Kriegsschauplatz auf.

Die Vorgeschichte dieser neuen Verwicklung, in die sich der Herr Europas verstrickt sieht, ist etwa ein Jahr alt. Als Folge des Tilsiter Systems ist die Kontinentalsperre, dieses letzte Kampfmittel gegen England, mit größter Strenge auch auf die Länder Portugal und Spanien ausgedehnt worden. Das kleine Portugal, das fast nur aus Küste besteht und frei unter den Kanonen englischer Linienschiffe liegt, kann die Blockade gegen die mächtigste Seemacht der Welt nicht durchführen, ohne sich selber aufzugeben. So wird Portugal zur offenen Tür, durch die ein breiter Strom englischer Waren auf den Kontinent strömt.

Napoleon hat schon im letzten Jahr seinem Schwager, Marschall Murat, den Auftrag gegeben, mit einem Heere durch Spanien nach Portugal zu ziehen und das «ungehorsame Land in Verwaltung zu nehmen». Das Unternehmen ist nicht allzu schwierig erschienen. General Junot brachte Truppen nach Lissabon, die königliche Familie entfloh nach ihrer Kolonie Brasilien, und die Franzosen besetzten die Häfen. Murat selbst zog sich in das Herz Spaniens zurück und nahm Standquartier in Madrid. Da man nun schon einmal auf der Iberischen Halbinsel war, sollte auch Spanien dem neuen System einverleibt werden.

In den Jahren 1807/08.

König Karl IV. (König 1788–1808). Der schwache König mußte die Regierung des Landes seinem Minister Godoy überlassen, der Spanien in völlige Abhängigkeit von Napoleon führte.

Der spanische Hof ist reif, den jungen Ideen zu weichen. König Karl IV. und sein Sohn Ferdinand sind seit längerer Zeit entzweit; die Volksstimmung ist für Abdankung des Königs zugunsten des Kronprinzen. Da beide den Herrn des Abendlandes als Schiedsrichter angerufen haben, sind sie nach Bayonne eingeladen und beide dort abgesetzt worden. Der Rest der fast mathematisch exakten Planung Napoleons ist einfach genug: Auch die königlichen Prinzen müssen aus Madrid fortgeschafft werden, damit der be-

Die Absetzung von Karl IV. und dem Kronprinzen Ferdinand VII. erfolgte im Mai 1808, nachdem es zu einem Volksaufstand gegen den napoleonfreundlichen Godoy gekommen war.

Am 6. Juni 1808 wird Napoleon seinen Bruder Joseph auf den spanischen Thron setzen.

gehrte Thron frei zur Verfügung stehe. Der Kaiser wird seinen Bruder Joseph darauf etablieren, mag der ehrgeizige Murat dafür das Königreich Neapel samt Sizilien haben.

Aber mitten in diese politischen Planungen greift das Schicksal ein.

*

Im April 1808 liegt Madrid weiß und strahlend zwischen seinen Blütengärten; das Guadaramagebirge, das die Hauptstadt gegen die Nordwinde schützt, steht in gelbem Licht unter azurblauem Himmelsbogen; auf dem Hauptplatz der Stadt – der Puerta del Sol – zittert die Luft unter den aufsteigenden Wellen des heißerwerdenden Tages.

Von der Calle de Arenal, einer breiten Straße, die vom Palacio Real zur Puerta zieht, trabt eine französische Husarenpatrouille herauf. Der anführende Leutnant, ein Gascogner mit keck gezwirbeltem Bärtchen, sieht erstaunt vor einem stattlichen Bürgerhause des Platzes eine starke Wache aufgezogen. Edle Pferde mit bunten, goldgestickten Schabracken und rotem oder weißem Zaumzeug werden von Offiziersburschen gehalten.

Im Vorübertraben ruft er ein paar Einheimische an, wem das palastartige Haus da drüben gehöre. Unter den Arkaden sitzen die Obstverkäufer, die Teppichweber und Goldschmiede; durch die Puerta zieht langsam eine Karawane mit beladenen Maultieren, die Treiber in ihren bunten, lose übergeworfenen Ponchos und den spitzen, breitrandigen Hüten schreiten mit der Würde von Granden.

Über dieses Gewühl von Menschen hin, das sich in den Bogengängen und auf der Strecke drängt, ruft der Gascogner einige spanische Worte, halb einen Befehl, halb eine Bitte. Doch er erlebt wieder, was sie seit dem Einmarsch immer erlebt haben: Es antworten ihm nur dunkle, rätselhaft flammende Augen, wie zufällig wenden sich ihm die Rücken zu, niemand scheint seine Frage gehört oder verstanden zu haben.

Spanien bleibt stumm, es wünscht keinen Umgang mit den Fremden. Ärgerlich trabt der Leutnant seinen Leuten voraus auf das hübsche Haus zu und fragt einen der dort postierten Soldaten, wer denn hier wohne?

«Nur irgendein Maler. Der Herr Marschall persönlich weilt bei ihm.»

Ein Rittmeister tritt hinzu.

«Der Irgendwer, Messieurs, heißt Francisco de Goya und ist der Pintor del Rey – der Maler des Königs. Er verdient allein bei Hofe ein Gehalt von jährlich 50000 Realen!»

Francisco de Goya y Lucientes (1746–1828) schuf als Hofmaler sehr realistische Bilder der spanischen Königsfamilie. In seiner reifen Zeit entstanden jene Werke, die Elend und Krieg, menschliche und gesellschaftliche Schwächen darstellen.

Das imponiert schließlich auch den Leutnants, und sie schauen mit neugieriger Ehrfurcht zu den spiegelnden Fenstern des Malerpalastes hinauf.

*

Francisco de Goya ist in diesen Jahren bereits ein alter Herr mit wuchtigem, von wenigen Haarbüscheln umstandenem Haupte. Früher einmal ist er ein Abenteurer gewesen, der mit Dolch und Degen ebenso umzugehen verstand wie mit Palette und Pinsel.

Ein Mensch voll der gleichen Widersprüche wie dieses Land Spanien, das noch zutiefst im Mittelalter steckt! Vier Fünftel des Landes befinden sich im Besitz der großen Herren. Sind nicht die Franzosen wie frischer Wind ins spanische Haus gefahren, es auszulüften und von aller Dumpfheit der Vergangenheit zu befreien?

Viele halten Goya für einen «afrancedado» – einen Franzosenfreund.

Aber auch er ist Patriot, wennschon er die Freiheitsgedanken der neuen Zeit liebt.

Der Maler der Könige kämpft seit langem mit Stift und Pinsel gegen das Alte, Verderbte und Überlebte; jetzt, da ihn die Generale der Besatzung – Marschall Murat voran – zu ihrem Leibmaler gemacht haben, ergießt er den Spott und Hohn seiner Farben auch über sie. Er malt Murat: den Stierschädel mit dem schwarzen Gewöll der Haare, die affektierten, tiefherabgezogenen Koteletten, das breitflächige, Selbstzufriedenheit atmende Gesicht eines eitlen Emporkömmlings.

Goya hat gegen das alte System der Feudalen, der Inquisition und der Granden gekämpft, er hat den Einzug der Ideen von Menschenrecht, Brüderlichkeit und Freiheit des Denkens, nicht aber den Einzug der Franzosen begrüßt. Wenn Madrid darüber streitet, auf welcher Seite er stehe, so sucht es ihn vergeblich bei irgendeiner Partei. Er ist weder für den König noch für die Franzosen: Goya

Die Inquisition (lat. «Untersuchung»), das Instrument der kath. Kirche zum Aufspüren und Bestrafen der Ketzer, hielt sich in Spanien bis 1834.

Grande (span. «Der Große») ist der erbliche Titel des höchsten spanischen Adels.

ist einfach ein Mensch, der Wahrheit und Gerechtigkeit sucht.

*

Anfang Mai verbreitet sich in Madrid das Gerücht, daß die Franzosen die königliche Familie aus dem Residenzschloß nach Frankreich entführen wollen und daß der neue König Joseph Bonaparte schon unterwegs sei. Tausende von Madrider Bürger rotten sich vor dem Palacio Real zusammen. Als die Equipagen mit dem König, dem Kronprinzen und den jungen Prinzen und Prinzessinnen aus dem Schloßtor rollen, brandet ein einziger Wutschrei aus der Menge. Ohne Waffen, mit bloßen Händen stürzen sich die empörten Madrider auf die Husareneskorte, reißen sie von den Pferden und stürmen voll wahnwitzigem Haß auf die herbeigerufene Infanterie, die das Feuer gegen die rasende Bevölkerung eröffnet.

Goya, der auf die ersten Schüsse hin zum Königsschloß geeilt ist, sieht, wie ein letzter Haufe zusammengetriebener Männer, Handwerker und Arbeiter durch Gewehrschützen aus nächster Nähe zusammengeschossen wird. Die Nacht ist schon hereingebrochen, und die Laternen der Soldaten beleuchten gespenstisch die Gruppe der Todgeweihten. Nur einer steht noch, in weißem Hemdkittel und Hose, und breitet die Arme aus, als wolle er alle Kugeln auf sich ziehen, die gleich aus den angelegten Gewehren sprühen werden.

Dieses Bild Goyas, «Die Erschießung Aufständischer», entstand 1808.

Ein Augenblicksbild, bevor die Schüsse krachen. In Goyas Hirn bleibt es fixiert, und er malt die furchtbare Szene künftigen Geschlechtern zur schrecklichen Mahnung.

*

Die Schüsse, die in Madrid die waffenlosen Empörer hingemordet haben, wecken ein Echo in ganz Spanien. Der Aufstand flammt über die Halbinsel hin. Die Bürger, Handwerker und Bauern, die ihn mit allen erdenklichen Waffen führen, heißen Guerillas, da sie einen Krieg im kleinen – eine «Guerilla» – führen.

Jetzt endlich haben die Engländer einen Ansatzpunkt

auf dem Kontinent, um den Krieg gegen Napoleon auch zu Lande vorwärtszutreiben.

Sie bringen Waffen an Land, geben Geld, organisieren durch eingeschmuggelte, geschulte Offiziere den Kleinkrieg in den Bergen und den öden, weiten Hochebenen. Bald wird die erste reguläre englische Armee in Portugal landen und hier in Spanien taktische Fühlung mit den kämpfenden Patrioten nehmen, ihnen helfen, nationale Armeeverbände aufzustellen.

König Joseph Bonaparte, der nur ungern seine unvollendeten Aufgaben in Neapel im Stich läßt, um dem Befehl des kaiserlichen Bruders zu gehorchen, erkennt die Schwere der Lage.

«Es gibt keinen einzigen Spanier, der für mich wäre. Mein Feind ist ein tapferes, zur Verzweiflung getriebenes Zwölfmillionenvolk!»

Nach Lacour-Gayet.

Zum erstenmal für die Welt offenbart sich deutlich die Seelenlosigkeit des Napoleonischen Systems mit seiner Königsmacherei und dem Schachern mit Völkern.

«Die Krone, die er dem einen abnimmt», schreibt Chateaubriand spöttisch, «stülpt er dem anderen auf den Kopf, und beide Könige gehen auseinander, jeder seines Weges, wie zwei Rekruten, die die Mützen getauscht haben ...»

Aus Chateaubriand, «Mémoires d'outre-tombe».

Die Sache in Spanien steht übel. General Dupont ist mit einem Korps von achtzehntausend Mann nach dem südlichen Spanien vorgestoßen, er soll Cordoba und Sevilla einnehmen, gerät aber am Fuße der Sierra Morena in einen Hinterhalt der Guerillas, wird umzingelt und zur Kapitulation gezwungen.

«Seine Soldaten, größtenteils Rekruten, bartlose Knaben, können sich nach fünfzehnstündigem Eilmarsch unter der sengenden Julihitze Andalusiens kaum mehr auf den Beinen halten, geschweige denn kämpfen ...»

Aus Marbot, «Mémoires», 1891.

Die Botschaft, daß eine französische Armee vernichtet, daß Napoleon nicht unverwundbar sei, springt wie ein Lauffeuer über den Kontinent. Die Völker horchen auf ...

Das also sind die Nachrichten, die Napoleon von Erfurt nach Spanien rufen. Der Brand muß rasch und rücksichtslos gelöscht werden, soll das Beispiel nicht Schule machen.

Mit überlegener Heeresmacht führt Napoleon selbst seinen Bruder Joseph im Dezember 1808 wieder nach Madrid zurück und setzt ihn als König von Spanien ein. Aber der

Guerillakrieg geht weiter, Spanien bleibt ein ewig glühender Brandherd. Die Franzosen beherrschen nur die Straßen und Städte – das schweigende, weite Land und die Nacht gehören der Freiheit. Die Verluste sind groß, ein Kommando nach Spanien wird nicht mehr begehrt. Dort wartet kein Ruhm, dort wartet nur der Tod.

*

Der Freiherr vom Stein wurde am 24. 11. 1808 entlassen und am 16. 12. des gleichen Jahres von Napoleon geächtet. Anschließend lebte er bis 1812 als Flüchtling in Prag und Brünn.

Auch aus anderen Teilen Europas hört man von bedrohlichen Zeichen. Die französische Geheimpolizei hat in Preußen einen Brief des Staatsministers vom Stein an den Fürsten von Wittgenstein-Berleburg, einen der Hofminister König Jérômes, abgefangen. Der preußische Reformer drückt darin seine Hoffnungen auf die volkstümlichen Bewegungen des erwachenden Nationalismus im westfälischen Königreich aus. Auch meint er, man könne den von Napoleon entthronten steinreichen Kurfürsten von Hessen-Kassel zur finanziellen Unterstützung einer vorzubereitenden Erhebung gewinnen.

Dieses Schreiben wird im Pariser «Moniteur» abgedruckt, und Frankreich erfährt mit einem Schlage, wie schwankend Napoleons mitteleuropäisches Staatsgebäude ist. Noch von Madrid aus erläßt der Kaiser ein Dekret, das die Ächtung des Freiherrn vom Stein und die Einziehung seiner Güter verfügt.

Aber der Minister rettet sich, vom französischen Gesandten selbst gewarnt, im Schlitten über das verschneite Riesengebirge nach Böhmen und Österreich, in dem sich soeben der Rachekrieg gegen Napoleon vorbereitet.

*

Langsam und doch mit jedem Monat deutlicher spürbar verändert sich die Atmosphäre über dem Abendland. Inmitten des Systems der Macht erwachen Kräfte, die außerhalb der Berechnung des Politikers und Feldherrn stehen.

Napoleon hat seine Truppen in Rom einmarschieren lassen, den Kirchenstaat seinem Königreich Italien einverleibt und den Papst als Gefangenen erst nach Savona und später nach Fontainebleau bringen lassen. Pius VII. antwortet mit dem Kirchenbann.

Ist das die Vereinigung Europas: Eroberung, Gefangennahme, Unterdrückung, Gewalt, Sakrileg?

Ist Napoleons Kampf bisher gegen veraltete Staatssysteme geführt worden, so hat er nun die ganze Urkraft der Religion wider sich. Gegen den «neuen Antichrist», der den Stellvertreter Christi angreift, empören sich die Frommen in allen katholischen Ländern. Auch in Frankreich.

In den Völkern rührt sich ein neuer Geist. Sie haben bisher die französischen Revolutionsheere wie Befreier begrüßt oder doch mit der Gleichgültigkeit erduldet, die Untertanen einem Wechsel ihrer Unterdrücker entgegenbringen. Das Beispiel Spaniens, wo sich eine Nation, nicht mehr bloß ein Fürst, gegen Gewalt und Knechtschaft wehrt, beginnt rebellische Gedanken auch in anderen Teilen Europas zu erregen. Der französische Nationalismus, aus den Revolutionskriegen geboren, zeugt durch seine Tyrannei den Nationalismus in den unterdrückten Völkern.

*

Inzwischen zehren Habgier und Korruption am innersten Mark des französischen Kaiserstaats selbst. Schon gibt es in den besetzten Ländern kaiserliche Konsuln, die mit der «Blockade» Geschäfte machen. Englische Schiffe werden an verabredeten Punkten von französischen Zollkuttern als Prisen aufgebracht und in die «gesperrten Häfen» geschleppt. Dort werden sie entladen und ihre Ware mit phantastischen Überpreisen verschoben. Die Schiffe aber verschwinden wieder über Nacht, wie sie gekommen sind.

Blockade (franz. «blocus», Einschließung), allgemein die Absperrung eines feindlichen Bezirks bzw. die Verhinderung des Handelsverkehrs; hier die gegen England gerichtete Kontinentalsperre.

Auch die Meute derer, die Napoleon groß gemacht hat: die neugebackenen Fürsten, Grafen und Marschälle – all diese ehedem kleinen Leute, diese Gerber, Schuster, Gastwirtssöhne und Unteroffiziere, die von der Revolution emporgetragen worden sind – vergessen mehr und mehr, woher sie gekommen sind und wer sie zu dem gemacht hat, was sie sind.

Schon auf dem Feldzug nach Ostpreußen sind Anzeichen deutlich geworden, daß der Verrat nahe war, daß in manchem der Gedanke keimte: Wohin rettet man sich, wenn das ganze, kühne Gebäude des Kaisetums zusammenstürzen sollte.

Einer der für Zeitschwingungen empfindsamsten Männer ist Talleyrand; er hat unter dem Vorgeben angegriffener Gesundheit 1807 um Abschied als Minister des Auswärtigen gebeten und nur sein Hofamt behalten. Die Herren der Ministerkabinette, der großen Würden und sagenhaften Reichtümer beginnen sich nach Unterschlüpfen für übermorgen umzusehen. Auch ein wenig Widerstand und Sabotage kommt von solchen «Rückversicherern», die sich auf eine Wendung des Schicksals vorbereiten.

Napoleon erschien am 18. Januar 1809 in Paris.

Während des spanischen Feldzuges erscheint der Kaiser ganz unerwartet in Paris. Alarmierende Meldungen über eine neue Verschwörung haben ihn erreicht. Talleyrand und der Polizeichef Fouché sind mit dem österreichischen Botschafter in Paris, dem Grafen Klemens Metternich, im Komplott und liefern ihm Material gegen den Kaiser.

Klemens von Metternich (1773–1859) wurde nach Gesandtschaftstätigkeit in Dresden und Berlin 1806 Botschafter in Paris.

«Bei Herrn von Talleyrand muß man die sittliche Persönlichkeit von der politischen trennen. Wenn er sittenstreng wäre, so wäre er nicht das geworden, was er heute ist. Andererseits ist er immer und zuerst Politiker, und als Politiker ist er ein Mann von klarem Zielbewußtsein.»

Metternich, «Geheimkorrespondenz».

Talleyrand hat das Vertrauen in die Zukunft des Kaisers verloren, der ausweglos zwischen dem mächtigen England und dem unberechenbaren, eroberungssüchtigen Rußland zerrieben werden wird. Für Talleyrand bedeutet Spanien den Anfang vom Ende. Seine intime Bekanntschaft mit Metternich läßt ihn den bevorstehenden Angriff Österreichs und vielleicht auch Preußens vorausberechnen.

Er selbst hat Metternich auf die Gunst der Lage aufmerksam gemacht: Der Kaiser sei mit 300000 Mann auf der iberischen Halbinsel gefesselt. Gleichsam mit einem Fuße im spanischen Sumpfe steckend, fühle der Korse zum ersten Male das ungeheure Gewicht Europas auf seinen Schultern lasten.

Metternich erwidert gewandt und vieldeutig:

«Die moderne Geschichte zeigt uns die Anwendung des Prinzips der Solidarität und des Gleichgewichts zwischen den Staaten und bietet das Schauspiel der vereinten Anstrengungen mehrerer Staaten gegen die jeweilige Übermacht eines einzelnen, um die Ausbreitung seines

Einflusses zu hemmen und ihn zur Rückkehr in das gemeinsame Recht zu zwingen.»

Aus Metternich, «Denkwürdigkeiten».

Die Verschwörung derer, die das Erreichte endlich in Sicherheit genießen wollen und deshalb an Waffenruhe und Kompromiß denken, greift weiter um sich. Zu ihr gehören nun auch die Schwester Napoleons, Karoline Murat, und ihr Mann.

Napoleon fährt wie ein Blitz in diese Gesellschaft. Er versammelt die Spitzen Frankreichs im Thronsaal der Tuilerien. In dem Raum, dessen Wände mit klassizistischen Schmuckformen bedeckt sind, stehen betreten und bleich die Minister, die Höflinge und ihre Damen. An dem kleinen Marmorkamin unter dem Napoleonbild von David lehnt hochmütig lässig Talleyrand, Fürst von Benevent; dicht vor den beiden vergoldeten Adlersäulen, die den Thronbaldachin tragen, harrt Polizeiminister Fouché, Herzog von Otranto, auf das kaiserliche Ungewitter. Sein Gesicht ist unbewegt.

Die Hofmarschälle stoßen die Zeremonienstäbe auf: «Seine Majestät, der Kaiser!» In der scharlachroten Wand öffnet sich die Tür, und Napoleon, in der gewohnten grünen Jägeruniform und in weißer Weste, die Haarsträhne feucht in die krankhaft bleiche Stirn geklebt, erscheint raschen Schrittes. Hinter ihm folgt das unvermeidliche Gefolge von Generalen.

Die schwarzen Augen des Kaisers funkeln. Er sieht verstört und verbittert aus. Ohne sich Zeit zu nehmen, das Podest des Thrones zu besteigen, tritt er mitten in die verstummende Gesellschaft. Sein Blick sucht und findet Talleyrand.

Er atmet hastig und gequält, die Rechte schiebt sich wie gewohnt in den Spalt der Weste, er beginnt zu sprechen, zu schimpfen – er benimmt sich wie ein Korporal, der einen widerspenstigen Rekruten abkanzelt.

«Sie sind ein Dieb, ein Feigling, ein Mensch ohne Glauben, Sie glauben nicht an Gott. Sie haben Ihr Leben lang all Ihre Pflichten vernachlässigt, Sie haben jedermann verraten, für Sie gibt es nichts Heiliges, Sie würden Ihren Vater verkaufen!»

Nach den «Souvenirs intimes de Talleyrand», 1870.

Unheimliches Schweigen lastet über der Versammlung. Talleyrand spielt mit dem Spitzenjabot an seinem Frackkragen und lächelt fast unmerklich.

«Jetzt, wo meine Geschäfte in Spanien schlecht gehen, haben Sie die Unverschämtheit, jedermann, der es hören will, zu erzählen, daß Sie meine spanische Unternehmung immer getadelt haben, während Sie es sind, der mir die erste Idee dafür gegeben und mich unaufhörlich dazu ermuntert hat. Sie verdienten es, daß ich Sie zerbreche wie ein Glas, aber ich verachte Sie zu sehr, als daß ich mir die Mühe geben würde ...»

Zitiert in Metternichs «Denkwürdigkeiten».

Fürst Talleyrand macht eine knappe Verbeugung und zieht sich humpelnd zurück. Fast noch unter der Türe bemerkt er:

«Wie schade, daß ein so großer Mann so schlecht erzogen ist!»

*

All dies geschieht fast in aller Öffentlichkeit, und es bleibt auch den Gesandten der auswärtigen Mächte nicht verborgen. Geheime Berichte über die Risse im französischen Hause gehen an die Höfe Europas. Metternich schreibt an seinen Freund, den Publizisten und Staatsmann Friedrich Gentz, sehr abfällig über den Kaiser, der seinen intimen Mitspieler Talleyrand so übel behandelt habe.

Friedrich von Gentz (1764–1832) trat als politischer Schriftsteller und Staatsmann als Vorkämpfer der deutschen Einheit und gegen Napoleon auf.

«Man kann sich schwerlich eine linkischere Haltung vorstellen, als sie Napoleon im Salon besitzt. Die Mühe, die er sich gibt, um die Fehler seiner Natur und Erziehung zu verbessern, lassen nur um so schwerer das hervortreten, was ihm fehlt ... Meiner Überzeugung nach hat mich Napoleon nie gekannt und noch weniger mich erraten. Die Ursache ist eine ganz einfache: Napoleon ist der Mann der Welt, der das Menschengeschlecht am meisten verachtet. Er hat ein wunderbares Geschick, die schwachen Seiten der Menschen zu erkennen, und alle Leidenschaften sind schwache Seiten oder führen sie herbei ... In mir fand er eine für den Berechner von Leidenschaften verzweiflungsvolle Gelassenheit ...»

Metternich ist sich mit Talleyrand über die künftige Gestalt der europäischen Politik ziemlich einig gewesen. Nach dem Zusammenbruch der Verschwörung wird Talleyrand zumindest für die nächste Zeit ohne Einfluß sein. So treibt Metternich die Dinge allein in der Richtung voran, in der er den Triumph seiner Pläne zu erreichen glaubt.

In dieser Zeit wird er von Kaiser Napoleon zur Audienz gebeten. Das macht ihn stutzig: Napoleon liebt und schätzt ihn nicht. Metternich kennt die verletzenden Äußerungen, die sich der Kaiser über ihn erlaubt hat. Seine vertraute Freundin, Karoline Murat, teilt ihm stets mit, was wissenswert erscheint.

Der Kaiser empfängt den Botschafter Österreichs in dem berühmten Arbeitszimmer in den Tuilerien. Finster steht er hinter dem Schreibtisch, mißt den Besucher mit unfreundlichem Blick.

Mit heftigen Worten wirft er Metternich sein Zusammengehen mit Talleyrand vor, klagt ihn der Falschheit und des Doppelspiels an und schneidet jede Verteidigung mit herrischen Gesten ab.

Dann springt er plötzlich vom Thema ab und beginnt von seiner Konstruktion Europas zu sprechen. Metternich spürt, daß er um Hilfe und Verständnis wirbt. Er schlägt die seidenbestrumpften Beine übereinander und hört interessiert zu.

«Das Ziel aller Bestrebungen muß die Vereinigung Europas sein, Monsieur! Vergessen Sie das niemals: Die Zeiten der kleinen Einzelstaaten sind vorüber; die Einigung ist die letzte Chance des Abendlandes, seine führende Rolle in der Welt beizubehalten.»

«Sie meinen», erwidert Metternich mit einer Verbeugung, «die Einheit einer wohlabgewogenen, gleichberechtigten europäischen Staatenfamilie ...»

Eine schroffe Gebärde des Kaisers verneint diese Auslegung. Er wird heftiger.

«Das Kaisertum Frankreichs ist zur Führung berufen wie das Kaisertum Roms, kraft seiner Ordnungsmacht und seiner überlegenen Legionen, und wie das Kaisertum des Mittelalters durch seine christliche Idee und die militärische Überlegenheit der Deutschen. Frankreich hat die Ideen der neuen Zeit verwirklicht und in die Welt getragen. Es hat zuviel Blut darangegeben, um jetzt zurücktreten zu können.»

«Majestät, Europa ist in zweieinhalb Jahrtausenden gewachsen, seine Vielfalt ist eine historische Tatsache. Ihre Ideen scheitern an den kleinen Wirklichkeiten: an den Menschen und den Bindungen, unter denen sie leben. Europa ist alt und in seine Traditionen verstrickt. Sire, Sie werden die Gefühle nationalen Stolzes in alten Staaten wie Österreich oder Spanien niemals anders als mit dem Tod all ihrer Bewohner ausrotten können.»

Auf Napoleons Stirn erscheint eine steile Falte. Den Namen Spanien hört er nicht gern.

«Rufen Sie nicht den Nationalismus der Völker an, Monsieur! Bedenken Sie, daß Sie Österreicher sind und daß ein Vielvölkerstaat, wie es der Ihre ist, nicht leben wird, wenn das Selbstbestimmungsrecht der Völker erst einmal verkündet ist und in Fluß gerät.»

Metternich läßt sich nicht beirren.

«Europa bedarf einer starken Mitte, Sire, darin liegt seine Gesundheit. Mit einem Vakuum im Herzen wird das Abendland siechen und sterben. Frankreich wird es vom äußersten Westen aus nicht zwischen England und Rußland in der Schwebe halten können. Frankreich bedarf der Freundschaft Österreichs.»

«Ach, Monsieur, das wäre erst möglich, wenn Sie alle Ihre alten und rückwärts schauenden Hoffnungen bewegen könnten, mit dem Geist der neuen Zeit zu gehen ...»

«Sire, Sie werden begreifen, daß die Revolution kein Programm für den Kaiser von Österreich sein kann. Aber ich glaube auch nicht, daß Sie dafür Verständnis in Preußen oder in Rußland finden werden ...»

Wieder wechselt Napoleon unvermittelt das Thema: Er erhebt sich, blickt Metternich durchdringend an und fragt: «Sie treiben ein doppeltes Spiel, Metternich! Sie geben sich als mein Freund und verfassen geheime Schriftstücke, um Österreich in einen neuen Krieg zu treiben. Gestehen Sie ruhig!»

Metternich verbirgt sein Erschrecken hinter der Maske des höfischen Lächelns. Während er sich verneigt, überlegt er fieberhaft, ob seine Kurierlinie nach Wien eine unsichere Stelle haben könne. Hat man Briefe aufgefangen?

«Majestät», sagt er dann, «Sie sehen in mir Ihren ergebenen Bewunderer und aufrichtigen Freund.»

Napoleon winkt ihm wortlos, zu gehen.

Als er allein ist, sagt er müde: «Jedermann lügt ein paar Male, aber immer lügen, das ist zuviel. Metternich hält die Intrige für Politik ...»

Nach einer Aussage Napoleons über Metternich, zitiert bei Goldschmidt-Jentner.

*

Fürst Metternich schickt mit Eilstafette auf geheimen Wegen seine drängenden Botschaften nach Wien, die in einem einzigen Aufruf enden: Der Augenblick des Losschlagens sei da, der Riese sei krank und schwach geworden.

«Die Katastrophen, die den Thron Spaniens zum Einsturz gebracht haben, sind wahrhaftig dazu gemacht, um das Maß der hinterlistigen und destruktiven und verbrecherischen Politik Napoleons vollzumachen ...

Ich bin überzeugt, daß uns Rußland, Preußen und England beistehen werden, ja, ich hoffe sogar auf das kriegsmüde französische Volk, das dem Kaiser die Gefolgschaft versagen und die Schlagkraft der Großen Armee schwächen wird ...

Seien wir stark durch uns selbst, benützen wir die Kraft, und vergessen wir nie, daß das Jahr 1809 das letzte einer alten oder das erste einer neuen Ära ist!

Aber man muß die Volkskräfte der verschiedenen Nationalitäten aufrufen, sich an die einzelnen Völker der Monarchie wenden, den Feind mit den eigenen Waffen zu schlagen ...»

Zitat nach J. L. Mayr, «Metternichs geheimer Briefdienst».

*

Nirgends ist die nationale Bewegung eifriger organisiert und gefördert worden als in Österreich, das seine Niederlage von 1805 nicht vergessen kann.

Graf Stadion, der Nachfolger Cobenzls, hat die Verwaltung neu organisiert, und Erzherzog Karl ist dabei, das Heerwesen nach französischem Muster umzugestalten, die allgemeine Wehrpflicht vorzubereiten und die Bewaffnung und Taktik zu verbessern.

Johann Philipp Graf von Stadion (1763–1824) wurde im Dezember 1805 österreichischer Außenminister, 1809 aber durch Metternich ersetzt.

Aber wie im Jahre 1805 ist man mit allem noch lange nicht vorbereitet.

Bei Saroschütz hatte Napoleon Kaiser Franz einst gefragt:

«Ew. Majestät versprechen mir also, keinen Krieg mehr gegen mich zu führen?» – Und der Habsburger hatte geantwortet: «Ja, ich schwöre es und werde mein Wort halten.»

Dieses Wort wird nun vom Sturm der nationalen Begeisterung fortgeweht. Die Kriegspartei in Wien gewinnt trotz der Warnungen Erzherzog Karls abermals die Oberhand.

Der Landsturm wird aufgerufen, zahlreiche Freiwillige eilen zu den Bannern. So wirksam der Partisanenkampf in einem Lande wie Spanien sein mag, so wenig hält Erzherzog Karl von einem «Volkssturm» im regulären Krieg. Waffen, Munition und Nachschub, die das reguläre Heer dringend benötigt, werden in tausend kleinen Kanälen versickern, die ungeübten Haufen der Bauern, Bürger und Studenten werden die Truppe mehr behindern und belasten als fördern. Einzig im Gebirgsland Tirol, in dem sich jeder Kampf natürlicherweise in zahlreiche Scharmützel ohne schwere Waffen und ohne Kavallerie aufspaltet, hat der Volkskrieg die Bedeutung, die ihm die nationale Hoffnung zuschreibt. In Tirol predigt der rotbärtige Kapuziner Pater Haspinger gegen den französischen Antichrist, der Landwirt von Passeier, Andreas Hofer, ist zum Oberkommandanten des Landsturmes ernannt, um das Land von Franzosen und Bayern zu säubern.

Als der Krieg unvermeidlich geworden ist, erläßt Erzherzog Karl einen Aufruf an die «deutsche Nation» – an den Rheinbund und Preußen –, sich der Freiheitsaktion Österreichs anzuschließen. Der Aufruf bleibt ohne Widerhall. Das übrige Deutschland schweigt, und die europäischen Mächte warten ab.

*

Der Feldzug ist wieder ein Meisterstück des Feldherrngenies. Als Napoleon den Feind zum Angriff entschlossen sieht, bricht er mit raschen Divisionen auf der kürzesten Linie los, überschwemmt Bayern mit seinen Truppen und siegt nach harten Gefechten bei Eggmühl, Abensberg und Regensburg. Vor den Mauern der alten Reichsstadt Regensburg streift ihn wie eine Warnung des Schicksals eine feindliche Kugel. Das ist seit Toulon das erstemal, daß er verwundet wird.

Napoleon hatte sich zuerst im Herbst 1793 bei der Belagerung von Toulon ausgezeichnet und wurde dafür in den Rang eines Brigadegenerals erhoben. (Vgl. auch Bd. 15).

Aber sein Leben hat sich noch nicht erfüllt, wieder jagt Napoleon von Sieg zu Sieg. Die Armee des Erzherzogs flutet geschlagen donauabwärts. Napoleon fliegt, einem Racheengel gleich, hinterdrein.

*

Ein Tag im Mai, die Höhen von Sievering bis Schönbrunn sind mit einem Meer von Blüten bedeckt. Die Straßen, die von Hüttelsdorf und St. Veit stadteinwärts gegen Wien führen, sind schwarz von fliehenden Menschen. Die Franzosen kommen!

An der «Gloriette» unterm Kinigl-Berg steht Joseph Haydns kleines Häuschen; ein Blumengärtchen mit strahlenden, bunten Glaskugeln schmiegt sich freundlich um die weißen Mauern. Der alte Musiker ist sterbenskrank, aber die Erregung des großen, weltgeschichtlichen Geschehens läßt ihn alle persönliche Not vergessen.

Joseph Haydn (1732–1809) erlangte auf dem Gebiet des Streichquartetts und der Symphonie größte Bedeutung.

Die Hausmagd stürzt herein, meldet dem zu Bett Liegenden, daß die Franzosen mit Kanonen schon auf dem Heuberg über Hüttelsdorf stünden, daß auch aus dem nahen Tiergarten das Rasseln der Geschützräder hörbar werde.

Zur Bestätigung dieser Schreckensmeldung donnern in diesem Augenblick die erzenen Schlünde los, und sausend ziehen die feurigen Geschoßbahnen über Haydns Häuschen weg gegen das Herz der ehrwürdigen, geliebten Wienerstadt.

Nachbarn kommen gelaufen, umstehen das Bett des alten Meisters, als könne er sie alle schützen. Haydn ist kahlköpfig, die Perücke mit den Rollen an den Schläfen hängt überm Bettpfosten, das mager und faltig gewordene Gesicht liegt fahl in den Kissen.

Aber seine schwarzumschatteten Augen flackern noch von Lebensfeuer wie in seinen großen Jahren.

Trotzig sucht er sich aufzurichten: «Warum fürchtet ihr euch? Wo Haydn ist, naht kein Unheil! Das dürft ihr glauben.»

Zitiert nach J. Pohl, «Joseph Haydn».

Der Geschützdonner schwillt an, den Siebenundsiebzigjährigen hält es nicht mehr im Bett. Er steht auf und setzt sich, nur vom Schlafrock bedeckt, in den Ohrenbackenstuhl nahe dem Fenster.

Soll die liebe Wienerstadt in Flammen aufgehen? Muß alles in der Raserei der Menschen enden? Mehr als tausend Schüsse sind inzwischen vom Heuberg und vom Tiergarten aus abgefeuert worden. Über der Innenstadt stehen schwarze Rauchsäulen.

Vier Bomben wühlen die Straße unweit des Haydnschen

Gärtchens auf. Der Alte hört nicht auf die Mahnungen seiner Umgebung. Mit dem Eigensinn des Kranken verharrt er am Fenster und starrt mit großen Augen hinaus.

Das ist ein anderes Oratorium, als er es mit so viel himmlischer Klarheit geschrieben, das ist die brausende, zerstörerische Symphonie der neuen Zeit, die am Bestand des alten Österreich rüttelt. Und Haydn bekennt sich, im Kanonendonner und unter den schon ausgebreiteten Schwingen des Todesengels, zu seiner geliebten, unverlierbaren Welt.

Fiebernd schleppt er sich ans Cembalo, die zitternden Finger tasten nach Tönen, und erst leise, dann stärker, entsteigt dem Instrument die erhabene und erhebende Melodie der Kaiserhymne: «Gott erhalte Franz den Kaiser».

*

Unterhalb Wiens, am nördlichen Donauufer, stellt sich Erzherzog Karl in der Ebene von Aspern und Eßling zur Hauptschlacht. Napoleon wagt angesichts der kampfbereiten Divisionen den Übergang über die hochgehende Donau. Seine Pionier- und Ingenieurtruppen schlagen mehrere Schiffsbrücken. Als die Masse der Artillerie und Infanterie den Strom gequert hat, als sie eben am jenseitigen Ufer beginnen, sich in Sturmkolonnen zu formieren, um den Brückenkopf zu erweitern, läßt Erzherzog Karl steinbeladene Schiffe, Balkenflöße und Brander gegen die Behelfsbrücken treiben. Zugleich eröffnen die hochgelegenen Batterien der Österreicher ein furchtbares Bombardement auf die Insel Lobau, die den mittleren Pfeiler der französischen Übergangsstellung bildet.

Die Schlacht bei Aspern vom 21./22. Mai 1809 endet mit der ersten Niederlage Napoleons.

Noch steht das Reservekorps des Marschalls Davoust auf dem rechten Ufer, die endlosen Munitionskolonnen rollen unablässig über die schwankenden Bohlenbrücken, die unter der Hochwasserflut an den Verankerungen zerren. Da tauchen aus den grauen, jagenden Regenschwaden die schwerbeladenen Rammkähne auf. Gebälk und Gestrüpp treibt heran und staut das Wasser höher.

Drüben am linken Ufer aber ringen die Regimenter Napoleons Brust an Brust mit der feindlichen Übermacht. Es fehlt an Munition und Nachschub. Die Ketten der Pontonbrücke zerreißen mit dumpfem Krachen: Die Pon tons lösen sich, die Brückenjoche geraten ins Schwimmen. Unter dem Schutz der Nacht rettet Napoleon sich und seine Armee auf das Südufer der Donau zurück.

*

Napoleon zum ersten Male geschlagen!

Der Dämon Europas ist nicht unverletzlich. Die Botschaft durcheilt die abendländischen Völker. Der Widerstand züngelt aus allen Ländern wie Feuer, das in trockenes Gestrüpp fällt. Ein erstes Schwanken erschüttert den Bau. Die Engländer versuchen auf der Insel Walcheren in Holland, jedoch mit unzulänglichen Mitteln, die Invasion. In Spanien-Portugal ist ein englisches Heer unter Sir Arthur Wellesley gelandet und bietet den Franzosen hinter den festen Palisadenlinien von Torres da Vedra zähen Widerstand. Österreichische Truppen dringen in das napoleonische Großherzogtum Warschau ein; in Italien kämpft Erzherzog Johann glücklich gegen Napoleons Stiefsohn, den Vizekönig Eugen Beauharnais, und zieht sich ungeschlagen gegen die mittlere Donau herauf. Vom Berge Isel steigen die treuen Tiroler unter Andreas Hofer nach Innsbruck herunter und werfen Bayern und Franzosen aus der Stadt.

Sir Arthur Wellesley, der spätere Herzog von Wellington (1769–1852).

Andreas Hofer (1767–1810), der Führer der Tiroler Volkserhebung gegen die bayrische Herrschaft. Mit den Siegen am Berg Isel gelang es ihm, die Bayern vorübergehend aus Tirol zu vertreiben. An die Franzosen verraten, wurde er 1810 in Mantua standrechtlich erschossen.

Der Funke von Aspern-Eßling entzündet auch die nationalen Kräfte des Nordens. Kühner schallt die Stimme der Dichter.

Heinrich von Kleist befreit sich von seinen Depressionen und wirft seine feurige Ode «Germania an ihre Kinder» in die Welt.

> «So verlaßt, voran der Kaiser,
> Eure Hütten, Eure Häuser!
> Schäumt, ein uferloses Meer,
> Über diese Franken her! ...
> Schlagt ihn tot! Das Weltgericht
> Fragt Euch nach den Gründen nicht!»

Der große Dramatiker schreibt das Schauspiel «Hermannsschlacht» um jenes Ereignis aus Römertagen, das eine Parallele zum deutschen Schicksal von heute bietet. Es wird ein Aufruf zur Befreiung vom Joch der napoleonischen Diktatur.

An den Hochschulen Deutschlands diskutiert die studentische Jugend das Buch der Erneuerung, «Geist der Zeit»,

Ernst Moriz Arndt (1769–1860) wurde 1810/11 Professor in Greifswald und unterstützte 1812–15 den Freiherrn vom Stein mit Flugschriften und Liedern zur nationalen Erhebung gegen Napoleon.

das der preußische Professor Ernst Moritz Arndt nun um einen zweiten Teil erweitert hat. Arndt selber wagt es, aus seinem schwedischen Asyl nach Preußen zurückzukehren und seine Professur in Greifswald wieder auszuüben.

Max von Schenkendorf (1783–1817) rief in Gedichten und Liedern («Freiheit, die ich meine») zum Aufstand gegen Napoleon auf.

Friedrich von Schlegel (1772–1829) trat 1808 in den österreichischen Staatsdienst und nahm an den Verhandlungen des Wiener Kongresses teil.

Überall erheben Dichter und Redner ihre Stimme. Deutschland beginnt seine Befreiung mit Versen und Liedern. Neue Namen werden gehört: Max von Schenkendorf, ein Lyriker voll Wärme und Wohllaut; Friedrich von Schlegel singt «Es sei mein Herz und Blut geweiht, dich, Vaterland, zu retten!»

Aber es bleibt nicht bei Worten. In Schlesien schlägt der junge Herzog von Braunschweig-Oels mit seiner «schwarzen Freischar» gegen die Franzosen los. In Hessen-Kassel versucht Oberst von Dörnberg einen franzosenfeindlichen Staatsstreich und bringt Jérôme von Westfalen, den die Deutschen um seiner unbeschwerten Lebensweise willen «König Lustik» nennen, in große Verlegenheit. Aus Berlin rückt Major Schill mit seinem Regiment aus und erklärt den Befreiungskrieg auf eigene Faust.

Am hellsten lodert die Begeisterung in Österreich, das nun zum ersten Male den Kaiser der Franzosen in offener Feldschlacht zurückgeworfen hat. Der Landsturm eilt zu den Waffen, der Krieg wird zur Volksbewegung.

«Habsburgs Thron wird dauernd stehen,
Österreich wird nicht untergehen.
Auf, ihr Völker, bildet Heere!
An die Grenze! Fort zur Wehre!
Daß dem Kaiser in den Hallen
Siegesjubel einst entgegenschallen ...»

Aus Heinrich Joseph von Collin, «Österreichische Landwehr», 1809.

*

Napoleon ist nach der Niederlage, die er bei Aspern-Eßling erlitten hat, wieder ganz zum kühlen Rechner geworden. Sein erprobtes Rezept, mit Überzahl und Schnelligkeit zu operieren, muß ihm auf die Dauer die größten Chancen bieten. Er zieht die Armee des Vizekönigs aus Italien an sich, füllt seine Depots auf und nähert sich dann mit überlegenen Kräften dem alten Schlachtfelde bei der Lobau.

Dort hat unterdessen Erzherzog Karl seine Stellung weiter ausgedehnt und ist in den Schutz der Hügel gegangen.

Sein Plan geht dahin, den Feind, der wieder auf Trittsteinen der Lobauer Inseln den Strom überquert, in die Ebene eindringen zu lassen und ihn dann durch Flankenstöße längs der Ufer zurückzuwerfen. Die Zange ist vorbereitet, die von Italien heraufgezogene Armee des Erzherzogs Johann steht in Preßburg und ist alarmiert, um gegebenenfalls stromauf angreifen zu können.

Am 5. Juli erfolgt der neue Übergang Napoleons, die Schlacht entbrennt in dem weiten Bogen der Ebene von Wagram, und die österreichischen Truppen schlagen sich tapfer. Doch gibt es diesmal kein Aspern: Der große Plan des Erzherzogs gelingt nicht.

Die von Preßburg erwartete Hilfsarmee bleibt aus, man bringt auf den schlechten Straßen das Geschütz nicht voran, die Anmarschstraßen sind teilweise durch Kavallerieverbände der Franzosen gesperrt. Als beim Morgengrauen des 6. Juli die zweite Armeesäule nicht am Horizont erscheint, befiehlt Erzherzog Karl den geordneten Rückzug nach Böhmen. Keine einzige Fahne, kein Geschütz und kaum ein paar Gefangene fallen in die Hände der Franzosen.

*

Der erwachende Nationalismus tritt Napoleon in dieser Zeit auch in persönlicher Bedrohung entgegen. Bei einer Parade französischer Truppen zu Schönbrunn verhaftet die Feldpolizei einen Knaben namens Friedrich Staps, der, mit einem Küchenmesser bewaffnet, Napoleon ermorden will.

Ohne zu begreifen, steht der Kaiser vor diesem Ausbruch des Hasses. Er läßt sich den Attentäter vorführen und verhört ihn persönlich.

Nach Bloy, «L'âme de Napoléon», 1920.

«Warum wollten Sie mich töten?»

«Weil Sie meinem Vaterlande Böses antun ...»

«Ich will Sie begnadigen, wenn Sie meine Verzeihung anflehen!»

«Ich will keine Verzeihung, ich bedauere sehr, daß mein Anschlag mißlungen ist.»

Der kleine Staps stirbt mit dem Rufe: «Es lebe die Freiheit!»

*

Der Kaiser spürt, daß der Boden gefährlicher geworden ist,

daß der Widerstand gegen ihn wächst. Der Kampf der Ideen ist ausgetragen; was übrigbleibt, ist der Zwang des Despoten zur Behauptung seiner persönlichen Macht. Die Mittel, sein System zu sichern, bleiben die gleichen wie bisher: Kanonen, Heere, Unterdrückung und Polizei.

In den Straßen von Stralsund fällt Major Schill gegen französische Übermacht, seine Offiziere werden vor den Wällen von Wesel füsiliert, die Soldaten gehen in Ketten auf die Galeeren. Auch die Tiroler Freiheitskämpfer erliegen der Übermacht. Ihr Anführer Andreas Hofer stirbt trotz der Intervention König Max Josephs von Bayern vor den Gewehren eines Hinrichtungskommandos in Mantua. Die Kerker Frankreichs füllen sich mit den Helden der europäischen Widerstandsbewegung: Palafox, der kühne Verteidiger von Saragossa, der Doge von Venedig und der Papst sind Gefangene Napoleons.

Max Joseph von Bayern (1756–1825) hatte sich 1801 Napoleon im Rheinbund angeschlossen.

Das abermals besiegte Österreich spürt diesmal die Faust des Feindes besonders hart. Napoleon hat seinen Kampf mit Verzweiflung und Furcht im Herzen geführt. Österreich verliert 110000 Quadratkilometer: Triest, Friaul, Kroatien und Dalmatien, aus denen Napoleon die «Illyrischen Provinzen» seines Kaiserreichs macht. Südtirol kommt an das Königreich Italien, Bayern behält nur Nordtirol und erhält Stadt und Land Salzburg.

Friede von Wien, geschlossen am 14. Oktober 1809.

Der leitende Minister der Erhebung – Graf Stadion – muß abtreten. Sein Nachfolger wird der bisherige Botschafter Österreichs in Paris, Fürst Klemens Metternich. Sein Programm ist Abwarten, sich Durchwinden, Schmeicheln, dem Schicksal vertrauen, dem man vielleicht vorsichtig nachhelfen kann. «Was auch immer die Bedingungen des Friedens sein mögen, das Resultat wird immer sein, daß wir unsere Sicherheit nur durch Anschmiegen an das siegreiche, französische System suchen können. Wie wenig wir auch in diesem System taugen, weil es eigentlich gegen alle Grundsätze einer richtigen Politik – gegen jeden großen Staatsverband – gerichtet ist, brauche ich Eurer Majestät nicht zu wiederholen. Meine Grundsätze sind unwandelbar – aber gegen die Notwendigkeit läßt sich nicht streiten ... Wir müssen also vom Tage des Friedens an unser System auf ausschließliches Lavieren, auf Ausweichen, auf Schmeicheln beschränken. So allein fristen wir unsere Existenz vielleicht bis zum Tage der allgemeinen Erlösung.»

Aus einer Denkschrift Metternichs an Franz II., 1809.

Intrigenspiel

Das Folgende frei nach Aubry, «Maria Walewska».

Kaiserin Josephine, die Gemahlin des Triumphators, verbringt die Tage, in denen die Schönbrunner Friedensverhandlungen stattfinden, in Schloß Malmaison, ihrem Lieblingsaufenthalt.

Der große Hofstaat ist vermindert worden; es ist eine stille Zeit, ohne den lauten Trubel der Tuilerienfeste, ohne Ausfahrten, Opernaufführungen und glänzende Gesellschaften. Josephine, im fließenden Gewand aus malvenfarbener Seide, ein juwelenbesetztes Band im schwarzen Haar, geht mit ihrer Tochter Hortense, der Gattin ihres Schwagers Joseph, durch die Gewächshäuser. Eine weiche, wohlig warme Atmosphäre, eine Woge von Blumenduft umgibt sie.

Eine tiefwurzelnde Sympathie bindet Napoleon noch immer an die sechsundvierzigjährige Kaiserin. Sie war seine erste große Liebe, und auch heute noch kehrt er von allen Abenteuern zu der Frau zurück, die ihn an das eigene Jungsein erinnert.

Es gibt Kräfte, die am Sturz Josephines arbeiten. Die Geschwister Napoleons gönnen der leichtsinnigen Kreolin noch immer nicht den Platz neben dem Kaiser. Ihr Hauptgegner aber ist der Herzog von Otranto, Joseph Fouché. Da Josephine sich nicht dazu hergegeben hat, seine geheime Bundesgenossin im Intrigenspiel der Macht zu werden, haßt er sie.

Wenn Napoleon länger abwesend ist, fürchtet die Kaiserin, daß er nicht mehr zu ihr zurückkehren wird, daß es ihren Feinden gelungen ist, ihre Stellung zu untergraben.

Erschreckt greift sie ans Herz, als ihr ein Page meldet, am großen Springbrunnen der Gewächshäuser warte Staatssekretär Maret, der Herzog von Bassano, mit wichtiger Botschaft vom Kaiser.

*

Ein verwirrtes Spiel setzt ein, in das alle Höflingskreise eingreifen. Der Kaiser erwartet von seiner Geliebten, Maria Walewska, ein Kind und schlägt Josephine vor, Marias Kind als das ihre auszugeben. Vergessen ist, was er vor kurzem geäußert hat:

«Ich hab keinen Sohn, und er wäre mir auch zu nichts nütze. Familiensinn ist mir fremd. Bei Marengo fürchtete ich mich am meisten, einer meiner Brüder würde Nachfolger werden, wenn ich fiele ... Mein einziger Nachfolger ist das französische Volk: Das ist mein Sohn, für den ich gearbeitet habe ...»

Aus Roederer, «Notes inédites», 1825.

Diese Verzichterklärung des Kaisers war nicht echt, sie war Ausdruck der Resignation, weil Josephine ohne Kinder war. Nun, da der Zustand Maria Walewskas einen Sohn erwarten läßt, ändert Napoleon seine Pläne.

Das Manöver der Kindsunterschiebung kann nur durchgeführt werden, wenn es Geheimnis der beteiligten Personen bleibt. Fouché, der Todfeind Josephines, aber sorgt dafür, daß der Plan bekannt und unmöglich wird. Jetzt, da die Scheidung wieder greifbar nahe ist, rückt Maria Walewska in die vorderste Reihe der Hofinteressen.

Der schönen Polin schlägt Polizeiminister Fouché dasselbe Bündnis gegen Napoleon vor, das er einst vergeblich Josephine angetragen hat. Auch Maria Walewska, die den Kaiser selbstlos und opferbereit liebt, lehnt das Ansinnen ab. Fouché sucht nach einer neuen Kaiserin. Ihre Wahl wird von den Notwendigkeiten der Politik bestimmt sein. Die bisherige Lebensgefährtin Napoleons muß den Platz räumen.

*

Der Geist Napoleons, der höchsten Gedankenflug und kälteste Berechnung umspannt, wirkt furchtbar und verzehrend auf die Menschen, die ihr Schicksal an ihn geknüpft haben. Niemals gibt es Ruhe, niemals Gewißheit. Wenn er etwas als vorteilhaft und notwendig erkannt hat, opfert er alles, um diese Erkenntnis Wirklichkeit werden zu lassen.

Schon in den Zeiten ihrer ersten Bekanntschaft hat Josephine diesen Wesenszug Napoleons durchschaut:

«Ich glaube zuweilen, daß alles möglich ist, was diesem seltsamen Menschen in den Sinn kommt, und wer kann wissen, was ihm bei seiner Phantasie noch alles einfallen wird!»

Nach Aubenas, «Histoire d'imperatrice Josephine», Paris 1857–1858.

Auch die tragischen und von wilden Gefühlsausbrüchen durchflammten Wochen Anfang Dezember gehen für Josephine dahin, auch der Schmerz wird durch die Gewohnheit abgestumpft und weicht der Bescheidung, der Müdigkeit, der Entsagung.

Am 15. Dezember 1809 werden Scheidung und «freiwilliger Verzicht» der Kaiserin Josephine bekanntgegeben. Mit ihren Palastdamen, ihrer Dienerschaft und ihren Kammerherren siedelt sie nach Schloß Navarre bei Evreux über. Was noch folgt, sind Altern und Untersinken, die Tage des Ruhmes und des Glückes sind vorüber.

Die Scheidung wird auf einer Familienkonferenz und auf gegenseitige Vereinbarung hin beschlossen.

Der Kaiser ist nun ganz von dem Gefühl beherrscht, sein Werk – dem er so viel geopfert hat – sichern und festigen zu müssen. Von seinem Arbeitskabinett in den Tuilerien ergehen Anordnungen, die dem Leben Europas neue Formen geben sollen. Längst ist es Zeit, die kriegsmüde, in Krisen versinkende Welt endlich zum Frieden zu führen.

Josephine wird sich in Malmaison, das ihr als Domäne blieb, weiterhin mit königlichen Ehren umgeben und, indem sie zum Zustandekommen der österreichischen Heirat beiträgt, sich noch als nützlich erweisen.

Aber noch ist England unbesiegt. Die Kontinentalsperre, dieses System mit den zehntausend Löchern, unter dem Frankreich und die übrigen Länder des Kontinents ebenso seufzen wie die Insel, kann nicht aufgehoben werden. Die Kur muß durchgestanden werden, sie ist die Bewährungsprobe Napoleons. Um die strengere Durchführung der Blockade zu sichern, befiehlt er die Vereinigung des Königreichs Holland und der deutschen Küstengebiete bis an die Trave einschließlich des Herzogtums Oldenburg und der Hansestädte Bremen, Hamburg und Lübeck mit Frankreich. Der Schweizer Kanton Wallis wird wegen der neuangelegten Handelsstraße über den Simplon ebenfalls angeschlossen: Frankreich reicht von der Ostsee bis zur Adria und von Amsterdam bis Genua, sechzig Millionen Einwohner leben in seinen Grenzen, fünfzehnmal so viel als Preußen hat.

Der gewaltige Länderblock kann nur mit Gewalt und Strenge zusammengehalten werden. Polizeiminister Fouché ist unentbehrlicher als je.

Es wird ein «Büro für Öffentliche Meinung» eingerichtet, in dem sowohl Tagesbefehle wie Leitartikel, Pressekorrespondenzen und politische Ansichten druckfertig gemacht und an die großen Journale ausgeliefert werden.

«Die Zeitungen mögen sich auf Anzeigen beschränken», ist Napoleons Standpunkt. Die Presse, die während der Revolution übermäßig ins Kraut geschossen war und noch in der Zeit des Directoires einen Bestand von 75 großen Tageszeitungen aufwies, ist auf vier Zeitungen zusammengeschrumpft, die von dem «Büro für Öffentliche Meinung» gelenkt werden. Auch Kunst und Wissenschaft müssen sich dem System einordnen, den Herrscher verherrlichen oder ihm nützlich sein.

*

Es ist lange nach Mitternacht, als der Kaiser sich von seinem Schreibtisch in den Tuilerien erhebt. Auf sein Klingelzeichen meldet sich der alte Kammerdiener Constant.

«Wir sind fertig, Constant. Du kannst das Bad richten.»

Napoleon hält sich vor allem durch sehr heiße Bäder frisch. Diese Gewohnheit übt er seit dem ägyptischen Feldzug; der Orient pflegt in seinen Badesitten bewährte, alte Traditionen.

Der Diener trägt ein silbernes Tablett herein, auf dem das Lieblingsgetränk des Kaisers steht: Zuckerwasser mit Orangenblüten.

Gierig trinkt Napoleon die Limonade.

«Der Finanzminister, Graf de Mollien, ist vorgefahren, Sire. Er wartet im blauen Vorzimmer.»

Napoleon wird sich mit dem Grafen von Mollien über die ungenügend wirksame Kontinentalsperre unterhalten, er wird sich aber später selbst dazu entschließen müssen, die Einfuhr gewisser Waren, vor allem Rohstoffe, zu gestatten.

«Wie, jetzt noch? Halte ich denn Mitternachtsaudienzen?»

Dann besinnt er sich, daß er im Wust der Geschäfte vor einigen Stunden den Befehl hingeworfen hat, den Grafen sprechen zu wollen. Er erhebt sich.

«Schicken Sie ihn ins Bad, Constant.»

Man ist in den Tuilerien nicht überrascht, wenn eine Besprechung im Badezimmer angesetzt wird; auch die Tageszeit spielt keine Rolle.

Napoleon geht mit seinem raschen, nervösen Gang durch das Kabinett, durchquert das Zimmer seines Sekretärs Méneval, der erschöpft über den Akten eingeschlafen ist und nun erschreckt hochfährt.

«Legen Sie sich zu Bett, Méneval! Ihr alle haltet nichts aus, ich bin mit meinen einundvierzig Jahren immer noch der Jüngste unter euch.»

Im Badezimmer, das unter dichtem Dampf liegt, steigt Napoleon mit Hilfe des Dieners in die geräumige, in den Fußboden eingelassene Wanne. Das Wasser ist glühend heiß, so liebt es der Kaiser.

Er ächzt und prustet, Constant muß eine Flasche mit orientalischen Essenzen zugießen, dann wird er verabschiedet.

An den silbernen Wandarmen brennen trübe Öllampen hinter Kristallschirmen und verbreiten ein unstetes Licht, das die Dampfwolken rötlich erhellt.

Ein Luftzug verrät dem Kaiser, daß Graf de Mollien eingetreten ist. Der Finanzminister gilt für sehr tüchtig; daß er Freimaurer ist, weiß Napoleon, aber er mißt diesen Geheimbünden keine Bedeutung bei.

Die Freimaurerei erschien in Frankreich 1740 unter dem Begriff der «Schottengarde».

«Setzen Sie sich, Graf, ich habe mit Ihnen zu reden!»

Von der Wanne aus läutet er, diesmal erscheint der Leibmameluck Roustam. Der Kaiser befiehlt ihm, die Ledermappe vom Schreibtisch des Arbeitszimmers zu bringen. Bis zur Wiederkehr Roustams sitzt Graf de Mollien steif und in dem unsicheren Gefühl, das ihn jedesmal in der Nähe des Kaisers befällt, auf dem Stuhl, der neben der Wanne steht.

«Nehmen Sie die Mappe», sagt der Kaiser, «und lesen Sie. Es sind drei Schreiben, die denselben Gegenstand betreffen, und Sie werden mir alsbald Ihre Meinung kundgeben.»

Graf de Mollien lächelt verbindlich, er sucht der seltsamen Audienz eine private, persönliche Wendung zu geben. Sein goldenes Lorgnon beschlägt sich mit Dampf, das Licht ist mangelhaft.

«Majestät sollten sich die neuesten Erfindungen der Engländer und Amerikaner zunutze machen, die – wie man mir sagt – angefangen haben, ihre Fabriken und Häuser mit Leuchtgas zu erhellen. Das Maschinenwerk von Boulton und Watt in London-Soho beleuchtet eine Halle mit Leuchtgasflammen, die 3000 Lichtflammen ersetzen.»

James Watt hatte sich 1775 mit dem Unternehmer M. Boulton verbunden, um seine Erfindung, die Niederdruck-Dampfmaschine, in die Praxis einzuführen.

«Nun, Sie wollen mir wohl die Gasbeleuchtung einrichten, Mollien?»

Der Minister lächelt pflichtschuldigst.

«Aber Sire! Sie verfügen in der Ecole Polytechnique über Gelehrte, die den amerikanischen ebenbürtig sind. Ich erlaube mir, Professor Joseph Louis Gay-Lussac zu

Louis Joseph Gay-Lussac (1778–1850). Der Pariser Professor entdeckte 1802 das Ausdehnungsgesetz der Gase und fand ferner, daß die innere Energie eines idealen Gases nur von der Temperatur abhängt.

Alexander Freiherr von Humboldt (1769–1859) unternahm mit Aimé Bonpland die berühmt gewordene Reise nach Amerika.

nennen, eine Kapazität auf dem Gebiet der Gase, er hat vor fünf Jahren zusammen mit Alexander von Humboldt die Zusammensetzung des Wassers untersucht, die Ausdehnung der Gase erforscht und wichtige, chemisch-physikalische Gesetze darüber aufgestellt ...»

«Interessant, Monsieur! Aber nicht, um nach Mitternacht darüber zu philosophieren. Es wäre mir lieber, Sie würden mir erklären, warum die Gesetze des Staates so schlecht befolgt werden? Ich denke da an Ihr Ressort, Monsieur!»

«Ich bin außer mir, Sire», stammelt der Minister, «Verfehlungen des Finanzministeriums? Unmöglich, Sire!»

«Man sabotiert mein Kontinentalsystem, man versucht, mir die Waffe gegen England aus der Hand zu winden. Und dabei sind wir dicht vorm Ziel, man meldet aus der Londoner City den Bankrott mehrerer Handelshäuser, die Liverpooler Firmen und die Textilfabriken in Manchester sind am Ende ihrer Reserven.»

Der Bankrott mehrerer Handelshäuser wurde im Herbst 1810 gemeldet.

Der Minister versucht, auf erfreulichere Tatsachen abzulenken.

«Ich darf Ihre Kenntnisse ergänzen, Sire: Der Mangel an Industrie- und Verbrauchsgütern beginnt sich auf dem Kontinent zu mildern. Überall wachsen, von der englischen Konkurrenz befreit, neue Zentren des Gewerbefleißes empor. Man hat zum Beispiel angefangen, die Kohle an der Ruhr in größerem Umfange abzubauen; man schmilzt Eisen. Sie kennen unsere neuen Pariser Messer- und Waffenfabriken, die Gießereien in Creusot und Dinant. In der Stadt Essen ist es einem gewissen Friedrich Krupp gelungen, englischen Gußstahl herzustellen, in Schaffhausen ist die Stahlgießerei Fischer erweitert worden. Majestät wissen, daß man eine endlose Liste von Fabriken in ganz Europa aufzählen müßte, um die Umschichtung unserer Wirtschaft einigermaßen deutlich zu machen. Unsere Lyoner und Reimser Textilfabriken laufen mit den neuen Jacquard-Stühlen auf Hochtouren, sogar aus Sachsen kommt Nachricht über das Aufblühen der dortigen Webereien. Was die preußischen Zuckerfabriken angeht, so steht in Aussicht, daß sie bald in der Lage sein werden, den Bedarf wenigstens zu erfreulichen Teilen zu decken.»

Friedrich Krupp (1787–1826) gründete 1811 eine Fabrik für Gußstahl, welche sich in der Folge zu einem der größten Industriewerke Deutschlands entwickelte.

«Ganz hübsch, lieber Graf, um so leichter wird es Ihnen sein, mir über einige rätselhafte Finanzoperationen Aufschluß zu geben, die mit Lizenzen des Ministeriums vorgenommen worden sind.»

«Ich bin überrascht, Majestät ...»

Graf de Mollien ist sehr unsicher geworden. Der Kaiser reicht ihm die Schriftstücke.

«Lesen Sie!»

Es sind drei verhältnismäßig kurze Aktenblätter, die der Graf nun mit Aufmerksamkeit studiert.

Das erste ist ein Schreiben von Marschall Davoust an den Kaiser persönlich; nach einigen einleitenden Redensarten kommt Davoust zur Sache:

«... Die Kraft der Argumente, die für das Zurückziehen von Bargeld aus England sprechen; Erwägungen, hinter welchen sich die Manöver der Saboteure verbergen, sie werden erlahmen, wenn man bedenkt, daß die Engländer selbst diesen Export auf jede Weise erleichtern ...»

Zitat nach A. Chirac, «La Haute Banque et les Révolutions», Paris 1888.

Mollien blickt auf, als ob er nicht begreife, aber der Kaiser, der begonnen hat, mit Papierschiffchen zu spielen, deutet wortlos auf die Mappe, auf das nächste Dokument.

Es ist ein Bericht des Polizeipräfekten von Dünkirchen über einen Pariser Bankier, namens Jakob Rothschild. Graf Molliens Wangen färben sich dunkler.

«... wie könnte denn dieser Mann unverdächtig sein? Was kann nur das Ziel Eurer Majestät gewesen sein, als Sie den Verkehr der Schmuggler erlaubten? Was soll man denn von dem häufigen Verweilen dieses Rothschild an unseren Küsten denken, eines Mannes, dessen Bruder an der Londoner Börse eine Rolle spielt und mit ihm gemeinsame Interessen besitzt?»

«Rothschild? Rothschild ...», stammelt Graf Mollien. «Handelt es sich um den Inhaber des Bankhauses in der Rue Peletier 17, Jakob Mayer-Rothschild? Das Haus nennt sich ‹Rothschild frères›?»

Das internationale Bankhaus Rothschild wurde von Meyer Amschel Rothschild (1743–1812) in Frankfurt a. M. gegründet. Sein ältester Sohn übernahm das Stammhaus, die anderen vier Söhne errichteten eigene Banken in London, Paris, Wien und Neapel.

«Lesen Sie, Graf, Sie werden sicherlich Ihr lückenhaftes Gedächtnis auffrischen können!»

Der dritte Akt trägt den Stempel des Polizeiministers Fouché. Es ist ein Spitzelbericht, ein gewisser Präfekt Desmarest hat ihn unterzeichnet. Es wird darin an eine im vorigen Jahre erfolgte Haussuchung in der Rue Peletier erinnert, die seltsamerweise ohne jedes Ergebnis verlaufen ist; der Polizeimann bringt die Vermutung zum Ausdruck, daß die Firma «Rothschild frères» von höherer Stelle gewarnt worden sei. Dann fährt er fort:

Aus einem Pariser Polizeibericht von 1810.

«Was Rothschilds politische Richtung betrifft, so ist sie nicht einwandfrei. Er liebt uns Franzosen ganz und gar nicht, obwohl er vorgibt, der französischen Regierung ergeben zu sein ...»

«Diese letzte Behauptung», sagt Mollien, «stimmt nicht, Sire. Der Spitzel lügt oder phantasiert: Soviel ich unterrichtet bin, ist Jakob Mayer-Rothschild mit den besten Empfehlungen unseres Rheinbund-Freundes, des Reichsfreiherrn von Dalberg in Mainz, nach Paris gekommen.»

«Nun – Desmarest behauptet, dieser Dalberg sei an das Frankfurter Haus der Rothschilds schwer verschuldet. Da mag der Zusammenhang naheliegen.»

Der Finanzminister wird auf einmal sehr gesprächig, beginnt zu erklären.

Nach einem Bericht Molliens an Napoleon, 1810.

«Majestät erlauben, daß ich die Dinge klarlege. Dieser Bankier Rothschild ist ein tüchtiger und auch ein sehr nützlicher Mann. Er verfügt über ausgezeichnete Verbindungen zur Londoner Börse, Nathan Rothschild ist in der Londoner City eine finanzielle Großmacht, dieser englische Rothschild ist der Schwager des Bankiers Moses Montefiore, und die beiden zusammen sind gewichtig genug, um England eine Staatsanleihe zu geben.»

«Also Feinde Frankreichs!»

«Hören Sie weiter, Sire: Wir im Finanzministerium übersehen freilich nicht alle Zusammenhänge, die kein Geschäftsmann preisgibt, aber wir halten uns an die unbestreitbaren Tatsachen. Das Pariser Haus Rothschild hat in den letzten Wochen allein 100000 Gulden Gold aus England herübergeschafft, er saugt gewissermaßen das Bargeld von der Insel fort und zu uns herüber, um es den Absichten Eurer Majestät dienlich zu machen.

‹Er ist in Paris mit ausgezeichneten Bankiers wie dem Haus Mallet, den Firmen Charles Davilliers und Hottinguer in Verbindung, die ihm dafür Wechsel auf London aushändigen. Er behauptet, eben aus London datierte Briefe bekommen zu haben, wonach man in England über diese Abwanderung von Gold und Silbermünzen sehr erbost sei und Gegenmaßnahmen ankündige. Möge der Himmel geben, daß der Pariser Rothschild gut unterrichtet und die englischen Minister weiterhin blind sind ...»

Zitat bei H. Steen, «Die Rothschilds in Paris».

Napoleon versenkt nachdenklich eines seiner Papierschiffchen.

«Gewiß, man kann die Dinge auch so sehen, ich gebe es zu. Sie wissen, daß wir manche Waren Englands trotz aller Blockade brauchen, ich habe deshalb die sogenannten Lizenzen für Schmuggler ausgestellt, die mit den Zollbehörden zusammenarbeiten. Aber diese Leute verkaufen sich gerne an beide Parteien. Das Geschäft darf nicht zum Betrug ausarten, die Kontinentalsperre wird die Insel nur dann in die Knie zwingen, wenn sie unerbittlich gehandhabt wird; wir werden bald so weit sein; die Zusammenbrüche und Börsenstürze in England mehren sich. Deshalb wünsche ich, daß Sie sich mit Fouché ins Benehmen setzen und das Bankhaus ‹Rothschild frères‹ überwachen. Man soll Haussuchung halten; ganz überraschend muß das geschehen, vielleicht findet man Beweise ...»

Als der Graf diensteifrig zustimmt und sich erheben will, bewegt der Kaiser das Wasser, daß es bis zu Molliens Füßen spritzt.

«Nehmen Sie die Sache nicht leicht, Monsieur! Sie werden in der Mappe noch ein viertes Blatt finden, das sich Fouché mit nur ihm bekannten Methoden verschafft hat. Freilich ist es ein Agentenbericht ohne jede Beweiskraft. Aber er gibt zu denken.»

Es handelt sich, wie der Graf sogleich feststellt, um den Auszug aus einer Lieferliste des Hauses Rothschild. Es werden Schmuggelgüter aufgeführt, die Jakob Rothschild kraft seiner «Sonder-Lizenz» über Gravelingen und Dünkirchen mit Hilfe englischer Schiffe eingeführt hat.

«... 6000 Pfund englische Tuche an die Firma Goch und Lotes in Amsterdam ...

15 Kisten Indigo an die Firma Echinque und Co. in Amsterdam ...

150 Pakete englischen Stoffes an das Frankfurter Haus Rothschild ...

Zucker, Kaffee, Garne und 250 weitere Ballen englische Stoffe folgen nach ...»

Aus einer Warenliste des Pariser Bankhauses Rothschild, 1810.

Graf Mollien ist sehr verlegen, murmelt Beteuerungen, die Sache untersuchen zu wollen.

«Ja, tun sie das, Graf! Im übrigen, gute Nacht.»
Der Kaiser klingelt nach dem Diener.

*

Noch in derselben Nacht wird Bankier Jakob Rothschild aus dem Bett geholt, ein Bote ist da. Er liest die wenigen Zeilen ohne Unterschrift, dann eilt er mit einem Kerzenleuchter in der Hand ins Privatkabinett.

Kurz darauf kräuselt bläulicher Rauch aus dem Kamin des Hauses Nr. 17 in der Rue Peletier.

Die Polizei, die am folgenden Tage Durchsuchung abhält, findet keinerlei belastende Papiere. Die Bücher stimmen genau mit der amtlichen Einfuhrlizenz überein.

*

Die öffentliche Meinung nimmt leidenschaftlichen Anteil an der Frage der Kaiserhochzeit. Man nennt den Namen der unstandesgemäßen Polin Walewska, die Frankreich keinerlei politische Vorteile zu bieten hat, meist mit Ablehnung, ja mit Verachtung. Es werden die Namen einer sächsischen Prinzessin, einer russischen Großfürstin und der Tochter des österreichischen Kaisers genannt.

Napoleon, der die Sache sich ganz nach seinen Plänen entwickeln sieht, treibt Fouché an, die Entscheidung zu beschleunigen. Er wünscht durch einen Beschluß des Staatsrates zu dem genötigt zu werden, was er selber beabsichtigt: zwar drängt es ihn zu der Mutter seines Kindes, zu Maria Walewska. Aber der Staatsrat empfiehlt das Bündnis mit Österreich, und das bedeutet die Eheschließung mit Erzherzogin Marie Louise, der Tochter Franz' II. Fouché und Talleyrand wissen mit gewichtigen Gründen die Verbindung ins hellste Licht zu rücken. Als Schwiegersohn des Habsburgers werde Napoleon ein Abglanz jenes Gottesgnadentums zuteil, der die altgeheiligten Fürstenhäuser schütze. Der Kaiser werde künftig sein System auf ein anderes Recht stützen können, als auf das seiner Siege.

Kaiserin Marie Louise (1791–1847) wurde 1810 mit Napoleon verheiratet. Sie erhielt 1815 die Herzogtümer Parma, Piacenza und Guastalla. Nach dem Tode Napoleons heiratete sie 1821 den Grafen Neipperg und 1834 den Grafen Bombelles.

Napoleon beugt sich den Argumenten. Der Revolutionär von einst kehrt ins alte, fürstlich versippte, feudale Europa zurück.

*

So folgt dem Abschied von Josephine auch der Abschied von Maria Walewska. Der Kaiser überschüttet die Geliebte noch einmal mit Geschenken, sie hält sich aufrecht und nimmt das Unvermeidliche hin. Sie steigt in die Kutsche und fährt davon – heim nach Warschau ...

*

Kaiser Franz hat die Werbung des Siegers schweren Herzens angenommen. Die neunzehnjährige Marie Louise, Tochter und Enkelin habsburgischer Kaiser, wird den Weg Marie Antoinettes nach Paris gehen – einen Opfergang.

Marie Antoinette (1755–1793). Die Tochter der großen Maria Theresia heiratete 1770 Ludwig XVI. Sie endete am 16. Oktober 1793 auf der Guillotine.

Am 2. April 1810 findet die Trauung statt. Dreiviertel Jahre später liegt ein legitimer Sohn Napoleons in der Wiege. Der vor Stolz und Glück aufgelöste Vater verleiht ihm den bedeutungsvollen Namen eines «Königs von Rom». Nach langer Irrfahrt sollen die Völker Europas wissen, daß sich das Imperium Romanum erneuert hat.

Flucht in die Katastrophe

Aber der Weg zum in sich selber ruhenden, europäischen Universum ist noch immer nicht freigekämpft. Während Frankreich und Napoleon die kommende Einheit des Kontinents erstreben, sehnen sich die unterworfenen Völker nach Freiheit.

Die Spannung zwischen diesen Polen erhöht sich mit jedem Tag, die Atmosphäre über dem Abendlande wird düsterer und legt sich wie eine ständige Drohung auf das Lebensgefühl der Menschen.

*

Heinrich von Kleist, einer der Empfindsamsten und Unglücklichsten von allen, erträgt dieses Leben nicht mehr. Er nähert sich dem tiefsten Abgrund seiner Hoffnungslosigkeit und Verzweiflung.

Als vor zwei Jahren Österreich aufstand und die Sache der Freiheit mit dem Aufschwunge von Aspern-Eßling begann, ist der Dichter der eben vollendeten «Hermannsschlacht» zu den Waffen geeilt. Aber schon auf dem Wege nach Prag, wo er dem Kaiser mit Degen und Feder zu dienen hoffte, war die Kunde von Wagram gekommen und hatte alles beendet. Im Herbst 1809 ist er, von allen Mitteln entblößt, nach Berlin gezogen und hat den Kampf um Leben und Beruf aufgenommen.

Um nicht zu verhungern, schreibt er «Erzählungen» und gibt mit dem alten Freunde Adam Müller zusammen eine Winkelzeitung «Berliner Abendblätter» heraus. Nur noch in seltenen Stunden der Dichtung blüht ihm ein wenig der Traum; eben in diesen Tagen hat Kleist die Geschichte seines eigenen stürmischen Herzens in dem Drama «Prinz Friedrich von Homburg» erstehen lassen.

Die «Berliner Abendblätter» erschienen erstmals im Jahre 1810.

Adam Heinrich Müller (1779–1829). Der Staats- und Gesellschaftstheoretiker hielt seit 1805 öffentliche Vorlesungen über «Deutsche Wissenschaft und Literatur» und über «Die Elemente der Staatskunst».

Ganz anders ist Adam Müller, der Freund, ein betriebsamer, dem Tageslauf erschlossener und robuster Mann, der den «Berliner Abendblättern» den rechten journalistischen

Schwung verleiht. Die Zeitung wird in einem schmutzigen Hinterhaus des Berliner Nordens hergestellt. Gleich neben der wenig geräumigen Redaktionsstube stehen die Setzer an den Kästen, und in dem Gewölbe dahinter drehen sich die großen Handräder der Presse.

Als Heinrich von Kleist in die Stube Adam Müllers tritt, schaut der Freund betroffen auf. Kleists Anzug ist ohne Sorgfalt, schäbig und nachlässig, die Halsbinde weist große Flecken auf. Man muß dem Kollegen ins Gewissen reden, daß er mehr auf sein Äußeres achte.

Aber ein Blick in diese tief verzweifelten Augen läßt Adam Müller verstummen. Er räumt einen Stoß Bücher von dem alten Ledersessel und weist Kleist Platz an. Dann greift er eine der noch feuchten Druckfahnen auf.

«Es gibt Krieg, Heinrich! Ost und West werden zusammenprallen, ich sagte dir ja immer schon, daß es auf die Dauer nicht gut gehen könne.»

«Wir sind verdammt, unser Dasein unter blutigen Schatten zu verbringen!» entgegnet Heinrich von Kleist. «Wir werden niemals wieder Anteil an stillen, friedlichen Zeitläufen haben, in denen der Bürger sich den schönen und guten Dingen zuwenden kann. O dieser Krieg!»

Den Redakteur interessiert vor allem die politische, nicht die ästhetische Entwicklung.

«Das System des Diktators kracht in den Fugen», sagt er. «Nicht nur in Spanien lebt der Widerstand auf, ich habe über Pommern Nachricht aus Schweden bekommen: Der neue schwedische Kronprinz von Napoleons Gnaden, Karl Johann, ehedem Marschall Bernadotte, Fürst von Pontecorvo, hat sich mit seinem Meister Napoleon überworfen. Die beiden Männer hassen sich von Herzen.

Jean Baptiste Bernadotte (1764–1844), der spätere König Karl XIV. von Schweden.

Die Mißstimmung zwischen dem Kaiser und seinem Heerführer geht bis in die Schlacht von Wagram zurück, als Marschall Bernadotte die Bataille entschied und sich herausnahm, die sächsischen Truppen mehr als die französischen Garden zu loben. Der Kaiser hat ihn vor allen Generalen zurechtgewiesen. Das verzeiht ihm Bernadotte nicht. Ein wenig später hat er die Invasion der Engländer auf Walcheren zurückgeworfen und sich erneut ausgezeichnet – abermals zum Ärger Napoleons. Die französisch gesinnten Schweden haben sich keinen Freund des Kaisers engagiert, als sie Bernadotte voriges Jahr zum Kronprinzen wählten. Aber Napoleon hat seinen Segen dazu gegeben.»

«Soll ich etwa aus dem vielverzweigten Haß der Menschen Trost für dieses Dasein schöpfen?» fragt Heinrich von Kleist. «Warum erzählst du mir das alles?»

«Weil wir Grund zur Hoffnung haben, zur Hoffnung auf Freiheit! Kronprinz Bernadotte hat geheime Verhandlungen mit dem russischen Zaren aufgenommen. Auch laufen seit kurzem die englischen Schiffe offen in die schwedischen Häfen ein. Der Kaiser hat Bernadotte eine knappe Note zugesandt:

‹Entweder Sie legen Beschlag auf die englischen Waren und schießen auf die Engländer, die sich Ihren Küsten nähern, oder Frankreich erklärt Schweden den Krieg ...›

Mai 1811, veröffentlicht im «Moniteur».

Dann aber ist Napoleon äußerlich zahmer geworden.

‹Ich lese in Ihrem Briefe, daß Sie die Kolonialwaren nicht entbehren können; ich will Ihnen also für 20 Millionen Francs Kolonialwaren, die ich in Hamburg habe, gegen Eisen von demselben Werte überlassen ... aber vertreiben Sie die englischen Schmuggler von der Gothenburger Reede ...›

Aus einem Schreiben Napoleons an Bernadotte vom 5. August 1811.

Merkst du, Heinrich, wie der Tyrann um den schwankenden Bundesgenossen wirbt – er beginnt schwach zu werden. In Wirklichkeit hat er seine Meinung über Bernadotte nicht im geringsten geändert. Seinen engsten Mitarbeitern gegenüber spricht er seine Ansicht über ihn offen aus:

‹Bernadotte ist eine Schlange, die ich an meinem Busen genährt habe; kaum hatte er mich verlassen, so ergriff er die Partei meiner Feinde, ich muß stets vor ihm auf der Hut sein ...›»

Aus Las Casas, «Tagebuch».

«Eine Schwalbe macht noch keinen Frühling», sagt Heinrich von Kleist. «Der schwedische Kronprinz befreit uns Unselige ebensowenig vom Joch, wie die Spanier oder Engländer. Alles ist hoffnungslos ...»

«Und die Meldungen aus Polen besagen dir nichts? Deuten sie nicht darauf hin, daß sich Größeres anbahnt als nur eine Auseinandersetzung mit untergeordneten Mächten? Kaiser Napoleon beabsichtigt, Polen selbständig zu machen und es aus dem Verband des russischen Reiches zu lösen. Hier liegt der Keim zum Kriege mit Rußland: Denn die Russen sind es, die den östlichen Teil Polens besetzt halten und seiner Wiederherstellung am meisten Widerstand entgegenstellen. Die Instruktion des Kaisers deutet darauf hin, daß man auf eine Auseinandersetzung mit Zar Alexander rechnet und seine Vorbereitungen trifft ...»

«Ich glaube nicht daran, man fabelt so viel in diesen wandelbaren Zeiten. Seit Tilsit und Erfurt flüstert sich halb Europa Gerüchte über eine Abkühlung des Verhältnisses zwischen Napoleon und Alexander zu, man verwechselt die Hoffnungen mit den politischen Tatsachen.»

«Aber es ist Tatsache, daß Rußland die Kontinentalsperre nicht durchführt, sondern jedes englische Schiff mit offenen Armen aufnimmt.»

«Hör auf mit deinen politischen Weisheiten, Freund, ich ertrage dieses ewige Hoffnungmachen und dieses ewige Enttäuschtwerden nicht. Was macht die Zeitung?»

Der Redakteur versteht nicht, warum seine lichtvollen Auslassungen bei dem verdüsterten Freunde so wenig Anklang finden, aber er legt schließlich eine Anzahl von Manuskripten und Abzügen vor, die Kleist interessiert durchblättert.

Er entdeckt eine Zuschrift des bekannten Herausgebers der Volksliedersammlung «Des Knaben Wunderhorn»: Achim von Arnim hat ein Sonett auf den «Tod des Malers Runge» geschrieben.

«Des Knaben Wunderhorn» erschien 1806.

Achim von Arnim (1781–1831) war, zusammen mit Clemens Brentano, der Herausgeber der Volksliedersammlung «Des Knaben Wunderhorn».

Heinrich von Kleist denkt an die Dresdener Tage zurück, in denen Philipp Otto Runge und Caspar David Friedrich seine Freunde gewesen sind, bis die Kriegsereignisse in Österreich den Kreis gesprengt haben. Die Erinnerung wird zu einem wundersamen Kranz von Bildern: «Die Tageszeiten», «Arions Meerfahrt» oder die «Lehrstunde der Nachtigall» – ach, schöne, träumerische Romantik, sanfte Sehnsucht und idealistische Schwärmerei! Wie weit liegt das alles zurück! Über Heinrich von Kleists Wangen rollen Tränen. Seine Traurigkeit gilt nicht allein dem Gedenken des Malerfreundes; es ist der Jammer über das eigene Schicksal, das dem des Toten so sehr gleicht. Unverstanden, erfolglos, im Elend lebend, lastet alle Schwermut der Welt auf seiner Seele. «Was soll das heißen, Heinrich? Laß dich nicht unterkriegen, halt' den Nacken steif ...»

Kleist hat sich erhoben, er hebt das verstörte Antlitz und wendet sich der Arbeit zu, aber er ist ohne Hoffnung.

*

Heinrich von Kleists Freundin, Henriette Vogel, ist eine schwermütige, an einer unheilbaren Krankheit leidende Frau, die ihn in seinen pessimistischen Anschauungen und seinem Lebensüberdrusse bestärkt. Die persönlichen Mißerfolge häufen sich. Das letzte, von glühendem Bekennermut getragene Drama um den «Prinzen von Homburg» wird vom Berliner Theater nicht zur Aufführung angenommen. Der Vereinsamte, Verzweifelte vermeint, keinen anderen Ausweg mehr zu haben als die Flucht ins ewige Ausruhen, als das Heraustreten aus dem widerspruchsvollen, schmerzhaften Leben.

Kleist gibt den Selbstmordgedanken Henriettes nach und entschließt sich zur großen Wanderung, die ins Vergessen führt. Im November des Jahres, in dem sich eben die Große Armee zum letzten und größten der Kriege sammelt, gehen die beiden Liebenden in der Stille des Wannseewaldes gemeinsam in den Tod.

Kleist verübte im November 1811 Selbstmord

*

Der Notenwechsel zwischen Napoleon und Alexander nimmt an Schärfe zu. Der Zar hat sich daran erinnert, daß der von Napoleon entthronte Herzog von Oldenburg sein Vetter ist; er verlangt seine Wiedereinsetzung. Inzwischen liefern die englischen Geschwader unbeschadet der Kontinentalsperre Waffen und Maschinen nach Osten. Friedensbesprechungen mit der geschlagenen Türkei lassen zudem vermuten, daß man in St. Petersburg die Hände für gewisse Eventualitäten frei haben möchte.

Noch einmal versucht Napoleon Verhandlungen anzubahnen. Der Zar antwortet mit Forderungen:

Note Alexanders vom November 1811.

«Bevor nicht die Festungen an der Oder, in Pommern und ganz Preußen geräumt, die Besatzung von Danzig vermindert und Schweden beruhigt sei, kann auf andere Fragen gar nicht eingegangen werden ...»

Das ist ein Ultimatum, eine Drohung, die den Bruch bedeutet.

So sieht Napoleon keinen andern Ausweg, als den Marsch nach Rußland, den er im vollen Bewußtsein der tödlichen Gefahr und Ungewißheit eines solchen Unternehmens stets zu vermeiden gesucht hat. Er weiß, was der Erdteil Rußland bedeutet ...

Christian Gottlieb Schick: Bildnis Frau von Cotta, 1802. (Stuttgart, Staatsgalerie.) (29)

Rückzug aus Rußland (Bayr. Armee Museum) (30)

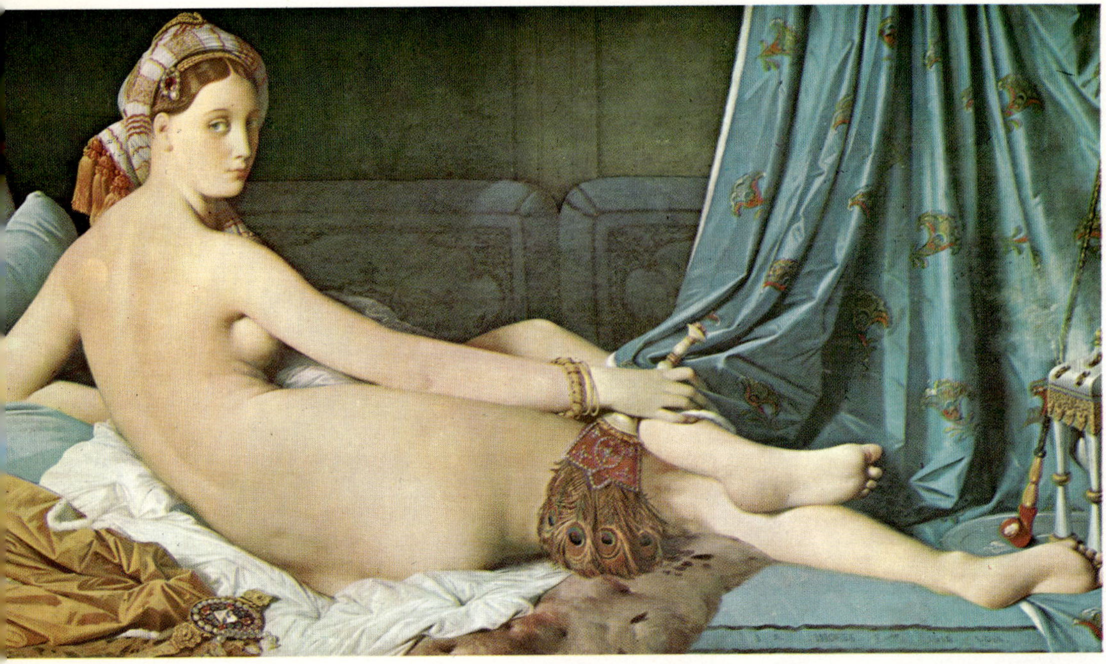

Jean-Auguste-Dominique Ingres: Die Große Odaliske, 1814. (Musée du Louvre, Paris.) Das Bild wurde für die Königin Caroline Murat, die Schwester Napoleons, gemalt, infolge der politischen Ereignisse aber nicht mehr angeliefert. (31)

«Diese Macht lehnt sich an die ewigen Eisfelder des Poles und ist nur drei Monate des Jahres angreifbar, während sie selbst zwölf Monate lang Invasionen machen kann. Die Angreifenden müssen sich auf die Leiden und Entbehrungen eines toten Landes und einer wüsten Natur gefaßt machen, während die vordringenden Russen den Reizen des Südens entgegengehen.

Und welche Bevölkerung hat dieses unermeßliche Reich!

Diese tapferen, abgehärteten, duldenden und gehorsamen Stämme sind ebenso unterwürfig wie räuberisch. Nur mit Schauder kann man an eine Masse denken, die weder im Rücken, noch in den Flanken angreifbar ist, die nach einem Siege ungestraft über einen Feind herstürzt und alles überschwemmt, aber nach einer Niederlage sich in die Einsamkeit der Wüste und des Todes zurückzieht ...»

Aus einem Gespräch Napoleons mit Las Casas, aus dem «Tagebuch von St. Helena».

Napoleon zieht in den Krieg gegen Rußland für das «Heil Europas» ... Aber dieses Europa erkennt in den Russen heimliche Bundesgenossen, das fühlt der Kaiser. Er ahnt das Aufleben geheimer Hoffnungen, die gegen ihn zielen, und die hohen Erwartungen der feindlichen Welt, die in dem bevorstehenden Feldzug alle Entscheidungen zusammengefaßt sieht. Doch der Weg führt nur noch nach vorne, es gibt kein Entrinnen mehr – das Schicksal hat ihn im Netz seiner eigenen Unternehmungen gefangen.

*

Napoleon reist am 9. Mai 1812 zur Großen Armee ab. Ganz Europa ist im Aufbruch nach Osten. Es ist ein neuer Kreuzzug, der die Schleusen des Kontinents öffnet. Heersäulen in einer Gesamtstärke von mehr als einer halben Million Mann, ausgerüstet mit unvorstellbarem Geschütz- und Brückenbaumaterial, mit Trossen und Nachschubkolonnen, wälzt sich von allen Seiten auf die russischen Grenzen zu. Die Kommandoverteilung ist in folgender Weise festgelegt:

Nach Albrecht von Muralt, «Beresina».

«Oberbefehlshaber: Kaiser Napoleon, Generalstabschef: Marschall Berthier, Oberbefehlshaber der Artillerie: Divisionsgeneral Graf Lariboisière, der Pioniere: Divisionsgeneral Graf Chasseloup de Laubat, der Kavallerie: Marschall Murat, König von Neapel.

Die elf Armeekorps stehen unter dem Kommando folgender Generale:

1. Korps: Marschall Davoust;
2. Korps: Marschall Oudinot (mit Einschluß der Schweizer Regimenter);
3. Korps: Marschall Ney (mit Einschluß der Württemberger);
4. Korps: Prinz Eugen, Vizekönig von Italien (größtenteils aus Italienern bestehend);
5. Korps: Divisionsgeneral Fürst Poniatowski (Polen);
6. Korps: Generaloberst Graf Gouvion Saint Cyr (Bayern);
7. Korps: Divisionsgeneral Graf Reynier (Sachsen);
8. Korps: Divisionsgeneral Vandamme, später Generaloberst Junot, Herzog von Abrantes (Westfalen);
9. Korps: Marschall Victor, Herzog von Belluno (Rheinbündler und Polen);
10. Korps: Marschall Macdonald, Herzog von Tarent (Preußen, Polen, Westfalen und einige bayrische Regimenter);
11. Korps: Marschall Augereau, Herzog von Castiglione;

1. Kavalleriekorps: Divisionsgeneral Nansouty;
2. Kavalleriekorps: Divisionsgeneral Montbrun;
3. Kavalleriekorps: Divisionsgeneral Grouchy;
4. Kavalleriekorps: Divisionsgeneral Latour-Maubourg.

Das österreichische Hilfskorps wird geführt von General der Kavallerie Feldmarschall Fürst Schwarzenberg.

Karl Philipp, Fürst zu Schwarzenberg (1771–1820), hatte als Botschafter in Paris die Verhandlungen über die Vermählung Napoleons mit der Erzherzogin Marie Louise geleitet.

Eine dänische Division: Divisionsgeneral Ewald.

Die Kaisergarde steht unter dem Kommando der Marschälle Mortier, Herzog von Treviso, Lefevre, Herzog von Danzig, und Bessières, Herzog von Istrien.»

Jedes dieser Korps ist nach bisherigen Begriffen eine Armee, eine Ansammlung prachtvoller Divisionen. Weiße, blaue, hechtgrüne und rote Uniformen, blitzende Helme und Kürasse, wohlgepflegte Waffen und prächtiges Lederzeug mischen sich zur buntesten Palette. 180000 Heerespferde, 150000 Zugtiere gehen mit dieser neuen Völkerwanderung. In den endlosen Troßkolonnen fahren und marschieren Werkstätten und Facharbeiter.

Kürasse, der eiserne Brustharnisch der schweren Reiter, meist mit Messing überzogen.

Eine Etappenlinie preußischer und polnischer Festungen

sichert den Ablauf der Operationen. Wer soll widerstehen, wer wagt an ein Mißlingen zu denken! Marschall Davoust und König Jérôme von Westfalen haben zwar davor gewarnt, ein nach Befreiung seufzendes Europa hinter der Großen Armee zu lassen und alles auf die Karte des Sieges in Rußland zu setzen. Aber der Kaiser ist taub geblieben. Für ihn gibt es kein Zurück.

Napoleon ist im Jahre des Beginnes des Rußlandkrieges nicht mehr der jugendliche Held seiner früheren Feldzüge. Die Schlankheit des Jünglings, das verzehrende Feuer der Leidenschaft, die sein Antlitz bei Lodi und Arcole verklärt hat, sind gewichen. Der Körper ist füllig geworden. Der Kaiser leidet unter Schlaflosigkeit. Auf den Märschen benutzt er neuerdings lieber den Wagen als das Reitpferd.

Als kurz vor der russischen Grenze der Aufmarsch der «Grande armée» beendet ist, erläßt der Kaiser einen Befehl an die Truppen.

«Rußland schwur zu Tilsit Frankreich ewige Freundschaft und England ewigen Krieg, jetzt bricht es seine Schwüre. Es beträgt sich auffällig und will keine Erklärungen darüber abgeben, bis unsere Adler über den Rhein zurück und ihm also unsere Verbündeten preisgegeben sind.

Rußland wird von seinem Verhängnis dahingerissen, es muß seine Bestimmungen erfüllen.

Hält es uns für entartet? Sind wir nicht die Soldaten von Austerlitz? Es läßt uns die Wahl zwischen Schande und Krieg, wir werden uns nicht lange besinnen. Also voran!

Wir gehen über den Njemen, um den Kampf ins Herz von Rußland zu tragen ...»

Aus dem Aufruf von Tilsit vom 22. Juni 1812.

Am 22. Juni morgens überschreiten die ersten Regimenter die Schiffsbrücken des Njemen, der große Krieg hat begonnen.

Njemen, auf Deutsch die Memel.

*

Vier Tage später zieht der Kaiser unter dem stürmischen Jubel der Bevölkerung in das befreite Wilna ein, und am selben Tage spricht der polnische Reichstag die Wiederherstellung des Königreiches Polen aus.

Die französischen Truppen zogen am 26. Juni 1812 in Wilna ein.

Der Feldzug läßt sich gut an, nur fehlt bisher der Feind.

Die drei russischen Heere, die von den Generalen Barclay de Tolly, Bagration und Tomassow geführt und später dem Oberkommando des Fürsten Kutusow unterstellt werden, scheinen von den endlosen Weiten des Ostens verschlungen zu sein. Eine Kampfführung ganz ungewöhnlicher Art entwickelt sich.

Napoleon hat seine Überlegenheit so hoch gesteigert, daß der Gegner sich nicht mehr zu stellen wagt und ins Innere seines unwegsamen Landes zurückweicht. Nur die allgegenwärtigen Streifscharen der Kosaken, die Partisanen der Wälder und die heimlichen Schützen der Sümpfe fallen die Nachschubkolonnen der Fremden an.

Die Nachschubwege werden mit jedem Vormarschtage länger, man muß mehr und mehr Truppenkontingente zur Sicherung der Verkehrsadern zurücklassen. Drückende Hitze lastet über den Ebenen; unzählige Mückenschwärme kommen aus den sumpfigen, schütteren Wäldern aus Kiefern und Birken; Staub weht über den mühsam weiter gegen Sonnenaufgang rollenden Kolonnen.

Gespanne bleiben in Sand und Sumpf stecken, der Nachschub stockt.

Die Lazarette am Weg füllen sich, es grassiert die rote Ruhr, der Typhus und das Fleckfieber, die ersten Züge von Panjewagen mit Fiebernden, Ausgemergelten, mit dem Strandgut der großen Heerstraße fahren nach dem Westen zurück.

Panje (poln. «Herr»), ein scherzhafter Ausdruck für Polen und Russen. Als Panjepferd bezeichnet man das kleine russische Pferd.

In der Nähe von Krasnoe – schon in Sichtweite der goldenen Zwiebeltürme des heiligen Smolensk – verteidigen sich die russischen Truppen, Fürst Kutusow scheint eine Schlacht wagen zu wollen.

Der Kaiser atmet auf; endlich hat er den Gegner vor der Klinge.

*

Unterdessen lauscht das Abendland in den Osten, in dem sein Schicksal entschieden wird.

«Niemals gab es soviele schlaflose Nächte wie zur Zeit dieses Mannes (Napoleon), niemals sah man so ein ganzes Volk trostloser Mütter über die Wälle und Mauern der Städte hinausspähen; niemals herrschte so ein tiefes Schweigen um diejenigen, die vom Tode sprachen. Und doch herrschte niemals so viel Freude, so viel Leben, erklangen so viele kriegerische Fanfaren in allen Herzen. Niemals schienen so reine Sonnenstrahlen wie die, die all dieses Blut trockneten. Man sagte, Gott mache sie für diesen Mann, und man nannte sie die Sonne von Austerlitz. Aber er machte sie ganz allein mit seinen unaufhörlich donnernden Kanonen, deren Gewölk man stets erst bemerkte, wenn seine Schlachten vorüber waren ...»

Nach Alfred de Musset (1810–57), «Bekenntnisse eines Kindes des Jahrhunderts».

*

Der Dichter Henri Beyle hat im August vergangenen Jahres seinen Posten als Intendant in Stendal verlassen und einen ausgedehnten Urlaub in Italien, dem Lande seiner Sehnsucht, verbracht.

Nach dem Rußlandfeldzug wird Stendhal wieder nach Italien reisen und sich in Mailand niederlassen, der «Stadt seines Herzens».

Um die Jahreswende ist er nach Paris zurückgekehrt, um sein gewohntes Leben zwischen schönen Frauen, Gedanken und hohem Daseinsgenuß wieder aufzunehmen. Aber er spürt, aus der träumerischen und weltfernen Atmosphäre Italiens heimkehrend, wie sehr «die Revolution jenes heitere Behagen gestört hat, das als Seelenklima für auserwählte Naturen wünschenswert scheint».

Der «Verehrer des göttlichen Zufalls» sehnt sich nach kraftvollen, aufwühlenden Eindrücken, nach dem Hinabstoßen zu den erdhaften, einfachen Dingen. Er bemüht sich um seine Versetzung als Intendanturrat an die russische Front.

Außenminister Graf Champagny empfängt den geistreichen Schriftsteller, der durch auszugsweise Veröffentlichungen aus seinen entstehenden Werken über Haydn, Mozart und Metastasio, durch Reisebriefe aus Italien und eine Abhandlung über italienische Malerei hervorgetreten ist.

Als Beyle sein Anliegen vorgebracht hat, schaut der Minister den noch jungen Besucher wie ein Fabelwesen an, schüttelt verwundert das Haupt.

«Sie werden Ihren Willen erfüllt sehen, Monsieur. Aber erlauben Sie mir den Ausdruck meines Erstaunens über ihren Entschluß. Denn es ist meine Überzeugung, daß wir diesen letzten Krieg, diesen Kampf Europas wider Rußland niemals durch einen Sieg beenden werden. Leben Sie wohl, Gott schütze Sie!»

*

Stabsintendant Henri Beyle nimmt in Saint Cloud in feierlicher Audienz die Briefe der Kaiserin Marie Louise in Empfang, dann geht er mit Aufträgen Champagnys ins kaiserliche Hauptquartier nach Osten ab. Drei Wochen später ist er im Lager vor Krasnoe. Die Große Armee stellt sich eben zur Schlacht auf.

Am 16. August schlägt sich Fürst Kutusow zum erstenmal in einem größeren Treffen mit den Franzosen und fügt der Armee bedeutende Verluste zu. Als Napoleon am 17. in Smolensk einrückt, findet er anstatt der erhoffen Etappe einen rauchenden Trümmerhaufen.

Soll er hier, noch in Reichweite des sicheren Westens, stehen bleiben und eine feste Stellung beziehen, wie Generalstabschef Berthier rät? Aber – die Russen schweigen, keine Geste läßt auf die Friedensbereitschaft des Zaren hoffen. Kein Angebot Alexanders trifft ein, der Kampf muß fortgeführt, tiefer in das unendliche Land hineingetragen werden. Wieder marschieren die Heersäulen ostwärts.

*

Das Gesetz des menschenverschlingenden Raumes erfüllt sich.

«Bonapartes Zentrum im Jahre 1812 ist bei Witebsk 250000 Mann, bei Smolensk 182000 Mann stark, und bei Borodino ist es bis auf 132000 heruntergekommen, das heißt, mit dem russischen Zentrum ins Gleichgewicht der Zahl getreten. Borodino ist 90 Meilen von der Grenze, aber erst vor Moskau ist ein entschiedenes Übergewicht für die Russen zu erwarten, das den Umschlag von selbst sicher herbeiführen muß.»

Aus Clausewitz (1780–1831), «Vom Kriege».

Auf dem Wege nach Moskau liegt das Städtchen Borodino. Hier stellt sich Kutusow am 7. September zur Hauptschlacht.

Kaiser Napoleon ist krank, er hat schlecht geschlafen und leidet unter Husten, Erkältung und Leibschmerzen. Zum erstenmal in seiner Feldherrnlaufbahn nimmt er nicht persönlich am Kampfe teil.

Wie gelähmt sitzt er auf einem Feldstuhl in der Schewardiner Schanze, starrt zu Boden und weist jede Ansprache zurück. Wenn er sich hie und da, von seinem Leibmamelucken Roustam gefolgt, auf die Bastion begibt, sieht er nichts von der Schlacht; denn der Ausblick auf das Feld, auf dem sich die Zehntausende unter Feuer und Rauch ineinander verbissen haben, ist durch Hügel verdeckt. Man hört nur das unablässige Rollen der Kanonade und das Donnern der Kavallerieattacken Murats.

Gegen Nachmittag, als sich die Schlacht dem Höhepunkt nähert und ein Kurier den anderen jagt, als die Marschälle den Einsatz der Kaisergarde dringend und dringender fordern, läßt sich Napoleon durch Roustam das Bärenfell ausbreiten, hüllt sich in seinen grauen Mantel und sinkt erschöpft in tiefen Schlaf.

Inzwischen hat der Stoß der französischen Truppen die mit unerhörter Verbissenheit kämpfenden Russen bis ins Mark erschüttert, die linke Flanke ist aufgerissen, auf der Straße nach Mohaisch wälzt sich ein Strom von Flüchtenden. Schon erspähen die Marschälle durch die Ferngläser den Abmarsch der Troßwagen und der Artillerie.

Wenn jetzt die Garde eingesetzt würde und den abziehenden Gegner faßte, könnte der Feldzug entschieden sein.

Aber Napoleon kann nicht gestört werden.

«Ich kenne ihn nicht wieder!» sagt Murat bestürzt. Und Marschall Ney, der die einzigartige Gelegenheit entgleiten sieht, wütet:

«Wenn er kein General, sondern Kaiser sein will, soll er in die Tuilerien zurückkehren – wir werden schon für ihn kämpfen!»

Nach Ségur, «Histoire de Napoléon et de la grande armée», 1824.

Als die Garde endlich angreift, hat sich das Gros der Russen bereits in die weite Landschaft vor Moskau gerettet. Auf dem «Schlachtfeld scheint es mehr tote als lebende Sieger zu geben ...»

Zitat nach Mereschkowski.

*

Am 14. September erblickt die Vorhut der Großen Armee von den Höhen der Poklonnyj-Hügel herab die goldenen Kuppeln Moskaus. Die majestätische Einsamkeit der Kremlburg – Rußlands Herz – liegt vor ihnen. Ein unermeßliches Meer meist holzgebauter und strohgedeckter Häuser trägt die zauberhaften Kathedralen mit ihren bunten Zwiebeltürmen und vergoldeten Kreuzen und hier und dort einen weißschimmernden Palast.

«Jeder Russe, der auf Moskau hinblickt, fühlt das Mütterliche, das in dieser Stadt liegt; jeder Fremde, der die Stadt betrachtet, muß, wenn er auch ihre mütterliche Bedeutung nicht verstehen kann, so doch auf jeden Fall den weiblichen Charakter dieser Stadt herausfühlen. Und diese Empfindung hat auch Napoleon ... Diese asiatische Stadt

Aus Tolstoi, «Krieg und Frieden».

mit ihren unzähligen Kirchen, ist also Moskau! ruft er aus. Fürwahr eine wundersame Stadt!»

Das Ziel ist erreicht, der Sieg errungen: Von diesem magischen Kremlschloß aus, das hinter vielfachen zackengekrönten Mauerringen auf einer flachen Anhöhe liegt, wird er dem Osten Gesetze geben, wie er sie Europa gegeben hat.

Ein General mit glänzender Suite kommt aus Napoleons Feldlager, um die Abordnung der Unterhändler zu empfangen, deren Kommen man jeden Augenblick erwartet. Alle Augen sind auf die mit Goldziegeln belegten, spitztürmigen Tore gerichtet.

Nach dem Bericht Ségurs war der Kaiser vom Empfang in Moskau aufs tiefste betroffen gewesen, jedoch mit «jener verächtlichen Miene, die er allem entgegensetzte, was seinen Wünschen zuwiderlief».

Stunden vergehen im Angesicht der Stadt. Am Nachmittag kehrt der General mit der fast unglaublichen Meldung zurück, daß in dieser Märchenstadt da unten niemand mehr haust, es sei denn einiges betrunkenes Volk, wenige alte Weiblein und Bettler, streunende Hunde und ein paar kopfhängerische Pferde. Sie ist leer, und diese Leere ist unheimlich.

Die Russen haben Moskau geräumt.

«Ein einzelner Schuß der Signalkanone ertönt, und alle Truppen, die rings um Moskau herumliegen, rücken durch das Twersche, das Kalugasche und das Dorogomilowtor in Moskau ein. Immer schneller und schneller, einander überholend, gehen die Truppen im Laufschritt und im Trabe vor, verschwinden in den Staubwolken, die sie aufwirbeln, und erfüllen die Luft mit ihrem Geschrei, das mit dem allgemeinen Getöse zusammenfließt.

Durch die Bewegung der Truppen mit fortgerissen, reitet Napoleon mit ihnen zusammen bis zum Dorogomilowtor. Doch hier macht er abermals Halt, steigt vom Pferde und geht lange am Kammerkollegienwalle auf und ab. Er wartet auf die Deputation ...»

Tolstoi, «Krieg und Frieden».

Niemand erscheint; Moskau empfängt den Sieger mit gähnender Stille. Der Kaiser reitet endlich gesenkten Hauptes, von dunklen Ahnungen bedrückt, in das magische Innere dieser Stadt.

*

Der Hofstaat des Zaren ist von St. Petersburg nach Kasan umquartiert, das halbwegs zwischen Moskau und dem Ural gelegen ist. Alexander I. und der große Generalstab jedoch bleiben noch eine kurze Zeit nahe der Hauptstadt im Schloß Zarskoje Selo.

Zarskoje Selo (deutsch «Zarendorf») war zu dieser Zeit die Sommerresidenz der Zaren.

In dem alten, noch von der Zarin Elisabeth angelegten Park steht das barocke, stark überladene, von Katharina der Großen errichtete Gebäude. Hier gibt es mit kostbaren Mosaiken ausgelegte Säle. Der Kapellenbau mit den fünf goldenen Kuppeln überragt die berühmte Marmorgalerie, deren zwei Stockwerke schneeweiß in das verfärbte Herbstlaub der alten Bäume ragen.

Um den oberen Absatz läuft eine Säulenreihe, unter der auf dunklen Maromorpostamenten die Büsten römischer Caesaren, griechischer Philosophen und Redner stehen. Rußland bekennt sich zum Geiste Europas.

Das Gefolge des Zaren reitet langsam an dem alten Prunkbau vorüber. Die Gesichter sind stark kontrastierend: Man erkennt die Russen an den wuchernden Backenbärten, den breiteren, flächigen Antlitzen; die preußischen Offiziere – meist Flüchtlinge, die nach Tilsit in die Freiheit des Ostens emigrierten – an den schmalen, verschlossenen Gesichtern. Man sieht ein paar Mongolen, Kosaken, Finnen unter den Offizieren der Suite.

Alexander geht auf die Offiziersschule zu, die er nach Potsdamer Vorbild hat einrichten lassen.

Von ein paar Tagen hat der Zar einige österreichische Fahnen, die von der Südarmee den Korps des Fürsten Schwarzenberg abgenommen worden sind, zurückgesandt:

«Es sind Freundesfahnen, die man auf Abwegen gefunden hat!» läßt er erklären.

Der Zar denkt an den Wirrwarr von Meinungen, denen er ausgesetzt ist. Da ist die Franzosenpartei Rumjanzews, die zu eiligem Friedensschluß und Erneuerung des Bündnisses mit Frankreich gegen England drängt; da sind die unversöhnlichen preußischen Generale, die sich nur von hartnäckigem Widerstand Befreiung ihres Vaterlandes und Heimkehr erhoffen können. Er denkt an seinen Feldmarschall Fürst Wittgenstein, der soeben von der Kalugaer Straße Meldung gesandt hat, daß er einen Vorstoß der Franzosen nach Norden abgewehrt habe; an Kutusow, der sich trotzig in den Krieg verbeißt und zum Durchhalten rät.

«Monsieur de Stein!» befiehlt Alexander. Er spricht, wie der gesamte Hof, fast ausschließlich Französisch. Freiherr

Der Freiherr vom Stein war 1812 vom Zaren Alexander I. als Berater nach Rußland berufen worden.

vom Stein, der flüchtige Minister Friedrich Wilhelms und geschworene Feind Napoleons, der noch soeben im Gespräche mit Oberst von Boyen gewesen, gibt seinem Pferd die Sporen und treibt es an die linke Seite des Zaren.

«Äußern Sie sich zur Lage, Baron! Sie kennen die jüngsten Ereignisse: Napoleon hat sich in Unserer Stadt Moskau – einem Platze, der bisher 350 000 Menschen Wohnung gegeben hat – häuslich eingerichtet; im Kreml sind ihm 60 000 Flinten und 1200 Kanonen in die Hände gefallen. Der Vorstoß auf der Kalugaer Straße verrät seine weiteren Absichten. Was halten Sie von all dem?»

Auch der inzwischen von Napoleon abgefallene Bernadotte drängt den Zaren immer wieder zum Widerstand.

Der deutsche Reichsfreiherr spürt deutlich, welche Antwort der wankelmütige und im Grunde unsichere Zar zu hören wünscht: Verhandeln, Nachgeben, Kompromiß schließen, den Kampf beenden.

«Eure Majestät, ich finde die Lage ausgezeichnet! Es ist bereits Mitte September, in fünf Wochen können wir Winter haben.»

Der Zar klatscht seinem Grauschimmel ärgerlich mit dem Zügel auf den Hals, das edle Tier wiehert auf und verfällt in schärfere Gangart. Als er es gebändigt hat, wendet er sich wieder an den Deutschen.

«Baron, ich bat Sie nicht um Ihre meteorologischen Kommentare.»

«Das sollten meine Worte, mit Vergebung, auch gar nicht ausdrücken. Ich versuchte die Aufmerksamkeit Eurer Majestät darauf zu lenken, daß jeder Tag näher zum Winter ein gewonnenes Gefecht bedeutet. Denken Sie an die Nachschubwege der Franzosen.»

«Der Kaiser wird über Winter in einem warmen Quartier sitzen», entgegnet Alexander. «Im Frühjahr werden ihm die Straßen nach Petersburg, zur Ukraine, zum Schwarzen und Kaspischen Meer offen stehen. Er wird England über den gestürzten Leib Rußlands hinweg in Ostindien angreifen.»

«Ich halte das Quartier in Moskau für etwas sehr warm, Eure Majestät. Man meldet aus Moskau, daß ganze Stadtviertel durch die Unvorsichtigkeit rauchender Soldateska, vielleicht auch durch Plünderer oder russische Patrioten in Brand gesteckt worden sind. Ich fürchte, Sire, den Franzosen wird dieses erhoffte Winterquartier Moskau wenig angenehm sein.»

Andere Quellen besagen, daß Moskau auf Befehl des Gouverneurs Rostoptschin angezündet worden sei.

«Danke, Baron», sagt Alexander kurz und winkt Stein verabschiedend zu. Gleich darauf erreicht die Kavalkade die Offiziersschule von Zarskoje Selo, die jungen Kadetten an der Freitreppe präsentieren die Gewehre, Kommandos fallen, und irgendwo dröhnen rasselnd die Trommeln.

*

«Und in diesem Kurs, Majestät», erklärt der dienstbeflissene Kommandeur der Anstalt, als der Zar nach flüchtiger Besichtigung ein neues Unterrichtszimmer betritt, «gibt es sogar einen jungen Dichter unter den Schülern. Tritt vor Alexander Puschkin!»

Alexander Sergejewitsch Puschkin (1799–1837) seit 1817 im Dienst des russischen Außenministeriums, wegen seiner Epigramme wurde er strafversetzt und später verbannt. Er starb an den Folgen eines Duells.

Ein Dreizehnjähriger, schmal, blaß und schmächtig in der strengen, blauen Uniform, macht ein paar militärische Schritte und salutiert. Alexander schaut auf ihn nieder, will eben ein paar der abgegriffenen Floskeln sagen, die er für solche Gelegenheiten bereithält. Aber der eifrige Kommandeur hat schon wieder das Wort.

«Bitte Seine Majestät, dein neuestes Gedicht vortragen zu dürfen; vorwärts Alexander Puschkin!»

Der Zar ergibt sich in das Unvermeidliche, doch schon nach wenigen Versen horcht er auf. Das sind die glühenden, echten Töne eines Begnadeten.

Der Knabe deklamiert:

«Erzittere, Tyrann, du mußt uns unterliegen:
der letzte Fußsoldat bedräut dich als Gigant!
Und sterben wollen wir im Schlachtfeld oder siegen
für Gott und Zar und Vaterland!
Wie wittern kühn der Rosse Nüstern
rings in dem endlos blachen Feld!
Von Kriegern wimmelt es, von Heeren ruhmeslüstern,
Das Herz begeisterungsgeschwellt.
Sie eilen in den Kampf als wie zum Jubelschmause,
da donnerts von den Höh'n um wogendes Gefild,
die Luft dröhnt Schwertgeklirr und schrilles Pfeilgesause,
und heißes Blut bespritzt den Schild.
Sie kämpfen – Sieger sind die Reußen!
Der hochmuttrunkne Franke fleucht ...»

Puschkin, «Zarskoje Selo».

Mit echter Zuneigung empfindet der Kaiser den Anblick

dieser opferbereiten Jugend, das leidenschaftliche, hingegebene Gesicht dieses Dichterknaben.

Unter Tränen spricht Alexander Puschkin die Verse:

«O Moskau, Heimat meiner Kindheit,
Wo ich mein erstes Glück genoß,
Wo mir in Heiterkeit und sorgenfreier Blindheit
Des Lebens Blüte sich erschloß. –
Du hast den Feind gesehn, das Haupt verächtlich heben,
Blut hat gerötet dich und Feuer dich zerstört!
Ach, deiner Rache hab ich nicht geweiht mein Leben,
Nur glühend hat mein Zorn gegärt!»

Als der Knabe beiseite treten will, zieht der Kaiser ihn zu sich heran, streicht ihm väterlich, wohlwollend über den blonden Schopf, spricht ein paar freundliche Worte, die keine Floskeln sind.

Im Hinausgehen wendet er sich an den deutschen Freiherrn, lächelt rätselhaft und verschlossen.

«Gewiß», sagt er, «wir werden sie schlagen; ganz sicher werden wir sie hinausjagen. Man darf nicht nachgeben!»

Von Verhandlungen ist nicht mehr die Rede. Am Abend bringt ein Offizierskurier auf abgehetztem Gaule die Nachricht, daß sich die Feuersbrünste in Moskau ausgebreitet hätten, daß die Stadt unter einem unermeßlichen braunen, golddurchflammten Gewölk versunken sei, aus dem nur noch die weiße Burg des Kreml rage.

*

Auf Befehl des Gouverneurs Rostoptschin waren sämtliche Wasserpumpen aus der Stadt entfernt worden.

Ja – Moskau brennt seit dem 15. September. Die mangelhafte Feuerwehr wird der Feuersbrünste nicht Herr, auffrischender Wind aus der Steppe facht die Brände immer neu an.

Der Kaiser steht wortlos, durch eine Kluft schicksalumwitterten Grauens von seinen Marschällen getrennt, hinter den obersten Zinnen des Kreml und blickt in die Hölle zu seinen Füßen. Er weiß, daß ihn in dieser Stunde sein Stern für immer verlassen hat. Er fühlt, daß dieses Furchtbare das Ende bedeutet.

Wie phantastische, schillernde Seifenblasen scheinen die

vergoldeten Kuppeln und die Zwiebeltürme Moskaus auf der träge über die Stadt hintreibenden dicken Rauchschicht zu schwimmen. Ringsum stehen Zehntausende von Holzhäusern in Flammen. Dicker Qualm wälzt sich gegen den Kreml. Das Atmen wird schwerer. Fliegende Funken, vom Wind fortgetragene brennende Holzsplitter tanzen wie kleine und große Glühwürmer über den braunen und schwarzen Brandwolken.

Die Marschälle haben den Kaiser allein gelassen, verharren regungslos inmitten der anschwellenden Hitze. Keiner wagt es, zu dem Manne im grauen Soldatenmantel hinzutreten, der wie ein Standbild dasteht und in das brennende Chaos starrt.

Napoleon ist erst zum Verlassen des Kreml zu bewegen, als das Feuer den Palast beinahe erreicht hat, als die Scheiben unter der Hitze platzen und die Marschälle in Furcht um das eigene Leben den Kaiser bedrängen.

«Die Flammen brausen immer stärker. Eine einzige Straße, eng und krumm und schon in Flammen stehend, bleibt noch offen, scheint aber mehr nach als aus der Hölle zu führen. Der Kaiser betritt zu Fuß und ohne zu straucheln die gefahrvolle Straße. Unter dem Knistern der Feuerbrände, dem Krachen einstürzender Gebäude, herabfallender Sparren und glühender eiserner Dächer schreitet er vorwärts, zuweilen durch Trümmer aufgehalten. Man geht auf brennendem Boden und hat ein Feuergewölbe über sich ...»

Nach einem Bericht von Augenzeugen.

«In diesem Augenblick begegnet man dem Fürsten von Eckmühl (Davoust), der – obgleich an der Moskwa verwundet – sich auf einem Tragstuhl mitten durch die Feuerbrände schleppen läßt, den Kaiser zu suchen oder mit ihm zu sterben. In seiner Freude wirft er sich in die Arme des Kaisers ...»

Louis Nicolas Davoust (1770–1823), seit 1808 Herzog von Auerstädt und seit 1809 Fürst von Eckmühl. Diese Titel hatte er aufgrund seiner militärischen Leistungen erlangt.

Aus Ségur, «Histoire de Napoléon et de la grande armée».

Mit sinkender Nacht langt Napoleon endlich im Lager von Petrowskoi an. Moskau liegt wie eine riesige, untergehende Sonne hinter ihm. Er hat nur noch den Wunsch, einen erträglichen Frieden zu schließen und schickt Unterhändler zu Alexander.

«Ich will den Frieden! Ich brauche ihn um jeden Preis: Retten Sie nur die Ehre!»

Nach O'Meara, «Napoleon im Exil».

Unaufhaltsam hinab

Unter den aus Moskau geflüchteten hohen Offizieren reitet auch Chateaubriands Freund, Brigadegeneral Graf Paul Philipp von Ségur. Er hat bei dem allgemeinen Wirrwarr seine Truppe verloren und sucht sie wiederzufinden. Der Anblick, den die einstige «Große Armee» nun bietet, ist sehr verschieden von dem heroischen Bilde des Auszuges.

«Auf durchweichtem Felde brennen große Feuer, die mit vergoldeten Türen, Fensterrahmen und Mahagonimöbeln unterhalten werden; um diese Feuer herum stehen auf einer Lage nassen Strohes und auf Brettern schöne Armsessel und mit Seide überzogene Ruhebetten, worauf die mit Schmutz bespritzten Offiziere und Soldaten sitzen. Zu Ihren Füßen liegen Kaschmirschals oder kostbares, sibirisches Pelzwerk und persische Goldstoffe ausgebreitet. Sie essen aus Silbergeschirr einen schwarzen aus der Asche gebackenen Teig und blutiges Pferdefleisch.»

Ségur, «Histoire etc.»

Merkwürdig; die Katastrophe scheint für den Augenblick alle Feindschaft zwischen den Fronten beendet zu haben. Rudel bewaffneter Russen, die plötzlich wie aus der Erde gestiegen sind, treiben sich zwischen den europäischen Truppen herum, beteiligen sich an den Plünderungen oder drängen sich an die Lagerfeuer.

Über Moskau, das tagelang brennt, liegen dichtgeballte Rauchwolken. In der Stadt stehen nur noch einzelne Steinhäuser, die geschwärzten Mauern des Kreml und der Kathedralen.

Als Graf Ségur mit einigen zu ihm gestoßenen Offizieren in die Vorstädte hinabreitet, beobachtet er russische Familien in halbverbrannten Kleidern, wie sie in den Schutthalden nach geretteten Vorräten graben. An der Moskwa stehen Hunderte von armen Leuten im Wasser und fischen nach den aufgequollenen, sauer gewordenen Getreidemassen, die Fürst Rostoptschin, der Kommandeur der Stadt, vor dem Einmarsch der Franzosen hat in den Fluß schütten lassen.

Fürst Rostoptschin hatte vor dem Verlassen der Stadt unter anderem auch sämtliche Alkohollager vernichten lassen.

Auf der Kalugaerstraße begegnet Graf Ségur dem Kaiser, der fahl und gealtert aussieht. Langsam trabt er auf seinem Schimmel, von Marschällen gefolgt, durch die Ruinenstraße.

«Lärmende Soldatenhaufen stehen ihm im Wege, die sich um Türen und Fensterlöcher der vom Feuer nicht gänzlich zerstörten Paläste zusammendrängen und Ballen kostbarer Beute herausschaffen ... Dem kaiserlichen Trupp stellen sich überall herausgeworfene Möbel, verlorene Beutestücke in den Weg. Auch hier sitzen Soldaten auf ganzen Bergen von Zucker, Kaffee, sie liegen unter Wein- und Likörflaschen, die sie aus den Kellern geholt haben – aber sie haben kein Brot ...
Als der Kaiser vernimmt, daß selbst seine Garde an den Plünderungen teilnimmt, erläßt er die strengsten Befehle ...»

Ségur, «Histoire etc.»

Die Meldungen mehren sich, daß streifende Partisanentrupps in der Nacht bis an die zerstreuten Lagerplätze der Franzosen herankommen, Gefangene machen und abgesprengte Mannschaften erledigen. Auch die Bauern beginnen sich zu bewaffnen, das ganze unheimliche, endlose Land scheint sich zu erheben.

Zar Alexander aber schweigt. Es erfolgt keine Antwort auf Napoleons Friedensangebot. Fürst Kutusow hat selbst Verhandlungen über einen Waffenstillstand abgelehnt.

Nur mit Schauder wagen die Generale an das zu denken, was die Große Armee in einem unruhigen, kaum befriedeten Europa zu erwarten hat, wenn sie geschlagen zurückkehrt. Aus Paris – so erzählt man sich – soll Nachricht über einen republikanischen Staatsstreichversuch gekommen sein.

Der republikanische General Malet hatte, aus einer Heilanstalt entwichen, den Tod Napoleons verkündet, die Republik proklamiert und war, bevor er verhaftet wurde, tatsächlich für ein paar Stunden an die Spitze der Nation getreten.

*

Immer noch wartet der Kaiser der Franzosen auf das Wunder, auf die Antwort des Zaren, auf den rettenden Friedensschluß. Nichts! Rußland steht starr und stumm, ein Riese in rätselhafter Maske.

Am 13. Oktober zieht niedriges, graues Gewölk im Nordoststurm, und plötzlich wirbeln dicke, weiße Flocken über die verbrannte Erde. Der erste Schnee ist in diesem Jahr rund zwei Wochen früher da als gewöhnlich, die Bauern prophezeien einen strengen Winter.

Napoleon versuchte den Rückzug über eine neue, weiter südlich gelegene Straße, wurde aber durch Kutusow auf Smolensk zurückgedrängt.

Der Kaiser gibt Befehl zum Rückzug für den 19. Oktober.

«Seine Macht beläuft sich noch auf etwa 80 000 Soldaten mit 600 Kanonen und 2000 Munitionsfahrzeugen. Die Hälfte der Pferde ist bereits umgekommen, deshalb läßt man alles Brückengerät und sehr viel Bagage zurück. Mortier bleibt mit 8000 Mann zur Deckung des Marsches stehen, er sprengt mit 180 000 Pfund Pulvers einige Teile der Kremlruinen ...»

Aus Stendhal, «La vie de Napoléon».

Langsam schleicht der Menschenstrom auf der Kalugaer Landstraße dahin, über das weite, in weißer Stille liegende Land.

Und fern, vor den schwarzen Kulissen der Wälder, ziehen wie Striche von Raben Haufen streifender Kosaken hin.

*

Am 8. November, auf dem Wege nach Wjasma, setzt heftiger Schneestrum ein.

Der Nordostwind, der hier über tausend Meilen Steppe herankommt, fegt die Schneewolken fast waagrecht an der Erde hin. Die marschierenden Grenadiere verlieren den Vordermann aus den Augen, die dunklen Blocks der entfernteren Bataillone sind wie von sausender, wirbelnder Dämmerung verschlungen. Jedes Regiment, ja, jede Kompanie fühlt sich plötzlich allein in der schneeigen Weite, und ein lähmendes Gefühl der Verlassenheit erfaßt die Männer.

An alles hat die Intendantur der Armee beim Ausmarsch gedacht, selbst Glaser und Landschaftsgärtner waren dem Heere zugeteilt worden, in den Troßwagen findet man jeden Kram Europas, vom Fernrohr bis zum Vogelbauer – nur die Winterausrüstungen der Divisionen hat man vergessen. Nun bläst der eisige Sturm durch die fadenscheinigen Mäntel, und die Italiener, Franzosen und Dalmatiner kriechen grau vor Kälte tiefer in ihre Uniformen hinein.

Die Leute helfen sich selbst.

In Weiberröcken, Schafspelzen und Meßgewändern aus den Kirchen am Wege schleppen sie sich weiter, sie trampeln mit lumpenumwickelten Beinen durch die Schneewächten und werfen die lästigen Gewehre, die schweren Patronen und störrischen Säbel fort. Die Verbände der Divisionen zerbröckeln, es bilden sich Marschgruppen nach Landsmannschaft und Gesundheitszustand.

Die Starken und Rücksichtslosen bilden Banden. Sie holen sich Verpflegung, Quartier oder Heizmaterial im nächstbesten Dorf – sofern sie auf der Straße, die auf dem Hermarsch verwüstet worden ist, noch ein unversehrtes Dorf finden. Die Kranken, Schwachen und Verwundeten stürzen sich auf die Kadaver der gefallenen Pferde und manchmal sogar auf die Leichen gefallener Kameraden.

Wenn die Armee lagert, so schälen sich am Morgen die halbverschneiten Gestalten aus dem Biwak. Tote Pferde, stehengebliebene Karren, Schlitten und Kanonen kennzeichnen den Platz und viele, stille Schneewälle, unter denen jene schlafen, die nicht mehr westwärts wandern. Im halb aufgelösten Korps Oudinot marschieren die Schweizer. Hauptmann Thomas Legler schreibt in diesen Tagen in sein Notizbuch:

Oudinot verfügte zu dieser Zeit noch über etwa 8000 Mann

«Die Gardisten, die ihre Geldbeutel voll Gold haben, bezahlen einen Napoleondor für ein halb Pfund Brötchen. Ich selber habe einige Male für viertelpfündige, schlechtgebackene Brötchen gerne sechs Franken gegeben. Für einen Platz am Feuer bezahlt man vier oder sechs Franken, was ich selbst gesehen habe. Zu diesem Zweck wurden schon in den ersten Tagen Häuser abgebrochen, wobei es manchmal zu blutigen Auftritten kam. Ich sah mehrmals zwei feindliche Parteien einander gegenüberstehen, die die äußersten Enden langer Hölzer festhielten und hin und herzogen, bis die eine oder andere Partei endlich nachgeben mußte.»

Der Napoleondor ist ein unter Napoleon I. und III. geprägtes goldenes 20-Franken-Stück.

Nach Thomas Legler, «Erinnerungen an den Rußlandfeldzug Napoleons I.»

Inmitten dieses allgemeinen und mörderischen Zerfalls marschieren ein paar Blocks unerschütterliche Truppen: die Schweizer und bayrischen Regimenter und vor allem die kaiserlichen Gardedivisionen. Noch präsentieren die schnauzbärtigen Bärenmützen, wenn der Kaiser vorüberreitet, und zitternd vor Frost rufen sie wie einst vor den Tuilerien: «Vive l'empereur!»

Nun ist die Stunde der Starkmütigen.

Da ist Marschall Ney, der seinen Namen mit feurigen Zeichen in die russischen Schneewüsten schreibt. Was er und seine Truppen vollbringen, ist eine Anabasis des Eises.

Anabasis (griech. «Hinaufsteigen») ist der Name zweier antiker Geschichtswerke, die einen Feldzug beschreiben.

Als der sonst so hochmütige und in Paris wegen seiner

eleganten Abenteuer bekannte Marschall den vollen Ernst der Situtation erkennt, steigt er vom Pferde, schenkt seinen Schlitten den Verwundeten und marschiert mit geschultertem Gewehr inmitten seiner Grenadiere weiter. Wie der einfachste Soldat kämpft der Marschall mit Bajonett und Gewehr in den Nachhutgefechten. Er deckt die Rückzugsstraße bis Smolensk gegen die von allen Seiten angreifenden Heere Kutusows. Zweitausend Mann stehen bei ihm, aber diese Zweitausend sind wie ein Fels, an dem sich die Sturmflut bricht.

Am 18. November hält er den übermächtigen Feind acht Stunden lang vor Krasnoe auf. Aber sie schließen ihn ein.

Der Marschall und die Letzten der Großen Armee kämpfen sich in tiefer Nacht, unter heulendem Schneesturm durch die wütend angreifenden Russen. Es wird schweigend gerungen, gestorben.

Aber gegen Morgen drei Uhr erreicht die Kolonne inmitten der feindlichen Übermacht, von Gewehrfeuer und Geschützsalven umtobt, in Eis und Flammen eingeschlossen, den Dnjeprstrom.

«Die hohen, mit Glatteis bedeckten Ufer hinabgleitend, kommen die ersten Bataillone auf das Eis des Flusses und gehen ohne Aufenthalt darüber hin; aber als die nachrükkenden Bataillone mit Gepäck und Kanonen auf die Mitte des Flusses gelangt sind, bricht das Eis, und viele ertrinken. Einige retten sich, von Scholle zu Scholle springend, ober- und unterhalb des Eisbruches; aber Geschütz, Wagen und Gepäck sind verloren …

In der Nacht vom 20. zum 21. November gelangt Ney, der Tapferste der Tapferen, mit dem Rest seines Korps in Orscha an.»

Ney verlor auf dem Weg von Krasnoe nach Orscha etwa die Hälfte seiner Truppe.

Nach Ségur, «Histoire etc.»

*

Auch der Kaiser findet in einzelnen Augenblicken zum Ruhme seiner Jugend zurück. Das glanzvolle Kaiserspiel ist zu Ende, das nackte und einsame Herz wird sichtbar. Das fühlen die einfachen Soldaten, die alten Veteranen von Lodi und Marengo. Die Welle ihrer Verehrung trägt ihn noch einmal dahin.

«Frierst du, mein Freund?» fragt er einen graubärtigen Soldaten, der bei 20 Grad Kälte neben ihm marschiert.

«Nein, Sire», ist die Antwort, «wenn ich Sie ansehe, ist mir warm.»

Der Kaiser geht nun weite Strecken zu Fuß, auf seinen Stock gestützt, inmitten seiner Garde. Es geschieht, daß sich aus den Schneehügeln am Rande der Straße Sterbende und Erstarrende aufrichten und ihm zurufen: «Vive l'empereur!»

Die Besten bleiben am Wege, die alte Garde stirbt in Rußland ...

*

An der Beresina wartet der Tod ...

Nur sechsunddreißigtausend Mann haben den Fluß erreicht, auf dessen westlichem Ufer in fast greifbarer Entfernung die Grenze Polens winkt. Aber nun öffnen sich die Pforten der Hölle.

Nach Schneesturm und Eiswüstenei fällt jähes Tauwetter ein, das Eis bricht, treibt zu Tal, hochgetürmte Schollen schieben sich an die Ufer. Die Hochfluten machen das Übersetzen unmöglich. Das Pioniermaterial ist zurückgeblieben, verbrannt.

Drei russische, für den Winterkrieg aufs beste ausgerüstete Armeen nähern sich in Eilmärschen den Beresinafurten, die Napoleon benützen muß. Von Norden kommt Wittgenstein, südlich drückt das Korps Tschitschagow, und aus der Tiefe des Landes folgt das Heer Kutusows nach.

Michail Ilarionowitsch Kutusow (1745–1813) hatte schon bei Austerlitz das österreichisch-russische Heer befehligt.

*

«Unsere Lage ist hoffnungslos!» sagt der Fürst von der Moskwa, der tapfere Marschall Ney. «Gelingt es Napoleon hier zu entrinnen, so hilft ihm der Teufel selbst!»

Murat will den Kaiser veranlassen, das Heer aufzugeben und sich selbst, verkleidet, zu retten. Alle haben nun den Mut verloren, sogar die Heldenmütigsten und Unerschrokkensten.

Auch der Kaiser verzweifelt am Entkommen. Am Abend vor der Beresina befiehlt er alle Fahnen und Standarten der Großen Armee in sein Standquartier. Eine furchtbare Feier vollzieht sich.

Während föhnische Schneewolken über einen wildaufgerissenen Himmel treiben und die ersten Sterne zu glitzern beginnen, prasselt ein riesiger Flammenstoß vor dem Zelt des Kaisers. Ringsum flattern Hunderte von Fahnen im Winde.

Dann tritt Napoleon aus dem Zelt, befiehlt die Vernichtung der Feldzeichen.

Ein Wald von Glorie senkt sich: Seide, Goldstoff und Samt, die goldenen Adler, die von den Stufen der Tuilerien bis Madrid, Wien und Rom geflogen sind; die Symbole für den Schlachtentod Zehntausender, die letzten Schemen der toten Regimenter – sie marschieren nun durch das lodernde Tor der Flammen und werden zu letztem Glanz, zu kurzem Aufleuchten und dann zu – Asche.

Der Kaiser steht mit tränenlosem Blick und nimmt Abschied von seiner Vergangenheit. Hier gehen all seine Triumphe von Toulon über Lodi, Arcole, Ägypten, Marengo, Austerlitz, Wagram, Jena-Auerstedt und Borodino dahin.

*

Trotzdem ergibt er sich nicht. Er versucht das fast Aussichtslose und führt ein Ablenkungsmanöver durch.

Marschall Oudinot muß eine Scheinangriffsbewegung gegen die Furt von Ukuloda machen; und wirklich: Tschitschagow, der die einzig brauchbare Furt von Studenka blockiert, läßt sich verleiten, der Seitenbewegung der Franzosen zu folgen und den Übergang freizugeben. Als das Gros der Armee mit dem Kaiser am 26. November die hochgehende Beresina bei Studenka erreicht, ist die Furt ohne feindliche Bedeckung.

In fiebernder Eile beginnen die Pioniere zwei Brücken zu bauen.

«Die Leute stehen beim Einrammen der Pfähle in den schlammigen Boden sechs, sieben Stunden lang bis an die Hüften im Eiswasser und müssen dabei noch die riesenhaften Eisschollen, die der Wind und die Strömung ihnen entgegentreibt, mit den Händen zurückstoßen; wer das nicht rechtzeitig tut, wird fortgerissen und ertrinkt.

Furchtbar ist es, die vor Kälte blauen Gesichter der Ärmsten zu sehen. Viele brechen an Ort und Stelle tot zusammen. Es gibt keinen Tropfen Branntwein, um sich zu erwärmen, und zum Ausruhen haben sie keine andere Lagerstätte als den blanken Schnee ...»

Aus Marbot, «Mémoires», 1891.

Als Material zum Brückenschlag dienen die Balken und Bretter abgetragener Bauernhäuser, die Eisenbeschläge der letzten Kanonen und die zu Klammern gebogenen Bajonette. Am 27. November sind zwei schwankende Stege fertig. Zuerst rückt die Kaisergarde und das Neysche Korps mit einem Schweizer Regiment hinüber.

Die eine Brücke war für Infanterie und Kavallerie bestimmt, die andere, erst gegen Abend fertiggestellte, für Artillerie und Fuhrwerke.

Da bricht die größere der beiden Brücken unter der Last der nachdrängenden Truppen. Ein einziger Schrei erhebt sich über dem strudelnden Wasser. Wer dem Unheil entkommen ist, eilt zu dem zweiten Übergang, auf dem der Moskauer Troß, die Wagen, Frauen, Kinder und die Krankenwagen langsam hinübergebracht werden. Plötzlich fallen die Einschläge der russischen Artillerie.

Fürst Kutusows Heer taucht auf den Hügel im Osten auf, kurz darauf trifft auch das Korps Wittgenstein ein. Auf dem rettenden rechten Ufer schwärmen die Reitergeschwader Tschitschagows.

In der französischen Armee bricht Panik aus, es ist, als gehe ein überladenes Schiff unter.

«Soldaten kämpfen mit Pistole, Säbel und Zähnen um einen Platz auf dem schwankenden Steg. Die Leichen der Erdrückten werden, ohne unterzusinken, mitfortgetragen wie Lebende.»

Nach Mereschkowski.

Wer jetzt noch jenseits der Beresina steht, hat sein Leben verwirkt. Immer dichter werden die Kanonensalven, immer schrecklicher der Nahkampf der vier Schweizer Regimenter, die den Übergang decken.

Der heldenmütige Kampf der Schweizer Regimenter fand später Eingang in das «Beresina-Lied».

«Die Zahl der Übriggebliebenen der vier Schweizer Regimenter soll am Abend des 28. nach abgehaltenem Appell noch 300 Mann von 1300 betragen haben. Also 1000 Mann unserer Braven waren das Opfer dieses hartnäckigen Kampfes. Wie Löwen haben sie an diesem Tage gefochten, ihr Leben hatte keinen Wert mehr. Der Würgengel würgte furchtbar: Tod oder Rettung war das Losungswort ...»

Nach Thomas Legler, «Übergang über die Beresina».

*

Der Kaiser und die Garde sind in Sicherheit. Mit 8000 Mann hat Napoleon das westliche Ufer der Beresina erreicht.

Das XXIX. Bulletin ist das wahrscheinlich erstaunlichste militärische Schriftstück Napoleons. Er gibt darin das ganze Unglück offen zu, kleidete aber alles in eine edle, ernste Sprache.

Am 3. Dezember 1812 wird der berühmt gewordene 29. Heeresbericht ausgegeben, der dem aufhorchenden Europa lakonisch mitteilt:

«Das Befinden Seiner Majestät ist nie besser gewesen!»

Versteht ihr, Völker von Spanien bis Schweden! Das ist die Kampfansage und Drohung eines noch ungebrochenen Herrschers. Er wird nicht einen Fußbreit Bodens freiwillig aufgeben, er wird furchtbarer wiederkommen als jemals zuvor.

In der Nacht zum 6. Dezember verläßt Napoleon heimlich, in einen Schlitten verpackt, das nahe der Beresina gelegene Städtchen Smoron und eilt mit höchster Geschwindigkeit westwärts. Durch Wilna, Warschau, Dresden, Weimar, Mainz eilt er nach Paris und erreicht in der Nacht zum 18. Dezember die Tuilerien.

Ein Leichenfeld liegt hinter ihm, und weltweiter Kampf steigt aus dem Schoß der Zukunft. Napoleon ist ungebrochen.

«Die Natur selbst hat mich für große Leiden erschaffen, meine Seele hält ihnen stand wie Marmor; der Blitz zerschmettert sie nicht, er gleitet nur über sie hin ...»

Aus Las Casas, «Tagebuch».

Der Kampf wird also schrecklicher und größer weiterflammen, trotz aller Opfer. In Frankreich gibt es keine Familie, die nicht einen Vater, Sohn oder Gatten in Rußland tot weiß.

*

Noch während des Rückzuges der Großen Armee ist die Einigkeit der Napoleoniden zerbrochen. Viele vergessen den Treueid gegen den Kaiser und suchen die eigene Haut zu retten, solange es möglich ist.

Murat hatte nach der Abreise Napoleons das Oberkommando über den Rest der Armee erhalten.

König Joachim Murat von Neapel, der Schwager Napoleons, ist einer der Ersten, die ihres Weges gehen. Er versammelt im ostpreußischen Städtchen Gumbinnen die Chefs der verschiedenen Korps und sagt sich von Napoleon los.

«Messieurs! Napoleons Sache ist verloren. Man kann einem Unsinnigen nicht länger dienen, die Fürsten Europas messen seinen Verträgen ferner keinen Glauben mehr bei. Ich bereue schmerzlich, die Anträge der Engländer zurückgewiesen zu haben; denn da wäre ich noch ein großer König, wie der Kaiser von Österreich oder der König von Preußen ...»

Höhnisch unterbricht ihn Marschall Davoust.

«Der Kaiser von Österreich und der König von Preußen sind Herrscher von Gottes Gnaden, deren Throne durch die Macht der Zeit und die erbliche Anhänglichkeit ihrer Untertanen fest stehen; Sie aber, Monsieur, sind nur ein König durch Napoleons Gnade und durch das Blut der Franzosen und können nur durch die Macht Napoleons und den Bund mit Frankreich bestehen bleiben. Aber schwarzer Undank bedrückt Sie ...»

Die beiden Zitate nach zeitgenössischen Darstellungen.

Murat streicht sich verwirrt durch die schwarzgekräuselten Haare, sucht nach der gewohnten Zustimmung in den Gesichtern der Marschälle, findet jedoch nur zornglühende Ablehnung. Da übergibt er mit verlegenen Worten den Oberbefehl an den Prinzen Eugen Beauharnais und verläßt eilig die Armee.

Auch König Jérôme von Westfalen hat sich zurückgezogen. Der ehemalige Marschall von Frankreich, Bernadotte, der jetzt Karl Johann, Kronprinz von Schweden, heißt, steht bereits seit langem in geheimen Unterhandlungen mit Rußland. Er ist seit dem Tage von Wagram einer der erbittertsten Hasser des Kaisers:

«Bonaparte ist ein Lump, den man umbringen muß! Solange er lebt, wird er eine Geißel der Menschheit sein!»

Als Zar Alexanders siegreiche Armeen die Grenzen erreicht haben, machen sie Halt. Das heilige Rußland ist frei vom Feind! Wieder gibt es einen Augenblick des Schwankens: Soll Alexander seine Heere weiter nach Westen in das Herz Europas führen?

In der Umgebung des Zaren haben die preußischen Emigranten hohen Einfluß gewonnen. Nie verlöschender Haß gegen den Unterdrücker ihrer Heimat erfüllt diese Männer, ihre Hoffnungen heben aber erst jenseits der russischen Grenzpfähle an. Zu den leidenschaftlichsten Widersachern Napoleons zählen der unermüdliche Freiherr vom Stein, die deutschen Offiziere Carl von Clausewitz und der Mitarbeiter Scharnhorsts, Hermann von Boyen, und ein Dutzend andere, von Sieg, Rache und wilder Erwarung erfüllte Männer. Wie die Feldherren des Zaren, Fürst Kutusow, Wittgenstein und Diebitsch, so drängen auch die deutschen Emigranten voran: zu Verfolgung,

Der Freiherr vom Stein ging im Januar 1813 im Auftrag des Zaren nach Königsberg, um gemeinsam mit Yorck die preußischen Stände zur Erhebung aufzurufen.

Carl von Clausewitz (1780–1831) trat 1812 in russische Dienste, um bei Tauroggen die Verhandlungen mit Yorck zu führen.

Angriff und Generalsturm auf die erschütterte Bastion des Feindes.

Der Zar läßt sich von der allgemeinen Stimmung fortreißen und beschließt, den Kampf bis zum bitteren Ende zu führen. Der Krieg geht weiter.

Jetzt gerät auch das in die Große Armee gezwungene preußische Korps, das bisher im Verbande des französischen Marschalls Macdonald gekämpft und ohne Verluste die baltische Flanke gedeckt hatte, ins Gleiten. Der neue preußische Befehlshaber im Osten, Graf Yorck, schließt am letzten Tage des Jahres 1812 in der Mühle von Poscherun bei Tauroggen einen Privatvertrag mit den Russen.

Alexandre Macdonald, Herzog von Tarent (1765–1840)

Ludwig Graf Yorck von Wartenburg (1759–1830) rief zusammen mit Stein die Ostpreußen zur allgemeinen Volksbewaffnung auf und übernahm in den Freiheitskriegen das Kommando über ein Korps unter Blücher und Gneisenau.

«... wonach der Strich zwischen Memel und Tilsit neutral, den Russen aber freier Durchzug erlaubt und das preußische Korps für den Fall, wenn Kaiser Alexander oder König Friedrich Wilhelm die Konvention nicht annehmen würden, jedenfalls für zwei Monate außer Tätigkeit sein soll ...»

Am 30. 12. 1812 unterzeichneten Yorck und der russische General Diebitsch die Neutralitätskonvention zu Tauroggen.

Zwar verkünden die Berliner Zeitungen sofort die offizielle Absetzung des meuternden Generals – aber praktisch bleibt Yorck im Kommando. Er hat für seinen im Schatten der französischen Besatzung lebenden königlichen Herrn gehandelt.

Dann aber greift die Woge der nationalen Begeisterung auch nach Westen über. Hunderttausende sehen in den deutschen Städten die schrecklich herabgekommenen Trümmer der Großen Armee bei ihrem Durchzug, und sie ahnen das Gottesgericht, das im Osten stattgefunden hat.

Auch König Friedrich Wilhelms zaghaftes Herz wird vom allgemeinen Sturme vorübergehend mit fortgerissen. Er siedelt von Berlin nach Breslau über, wo er der Einflußnahme der französischen Partei entzogen und wieder Herr seiner Entschlüsse ist.

Aus Ostpreußen flattern die zu Königsberg gedruckten, auf Befehl des Freiherrn vom Stein durch Ernst Moritz Arndt verfaßten Flugblätter ins Reich: «Was bedeutet Landsturm und Landwehr?»

Eine neue Art von Kriegsführung, in aller Stille durch die militärischen Fachleute vorbereitet, soll anheben. An Stelle der Fürstenkriege soll der Volkskrieg, die allgemeine Wehrpflicht des Volkes, treten.

«... Diese Volksbewaffnung, die alle wehrhaften Männer des ganzen deutschen Landes, sowie es von Franzosen gereinigt ist, sogleich versammeln muß, begreift vom zwanzigsten bis sechzigsten Jahre alles, was nicht durch Ämter oder körperliche Gebrechen am Dienst behindert wird; sie zerfällt in zwei Teile: in die Landwehr und den Landsturm. Die Landwehr besteht aus den jüngeren Männern vom zwanzigsten bis zum dreißigsten oder fünfunddreißigsten Jahre ...

Der Landsturm besteht neben und außer der Landwehr aus allen waffenfähigen Männern ohne Unterschied des Alters oder Standes. Er ist nur bestimmt, die Landschaft und den nächsten eigenen Herd zu schützen ...»

Nach Arndt, «Was bedeutet Landsturm und Landwehr», Königsberg 1813.

Wie von einem unerträglichen Druck befreit, drängt alles zur Entscheidung. Doch die preußische Regierung sucht immer noch zwischen den feindlichen Fronten zu lavieren. Der König schickt Minister von Knesebeck, einen alten, pedantischen Herrn, als Unterhändler Preußens ins russische Hauptquartier.

Karl Friedrich Freiherr von dem Knesebeck (1768–1848) war Generaladjutant unter Friedrich Wilhelm III.

Die Verhandlungen wollen im Wust der Akten, Rückversicherungen, Bedingungen und Klauseln ersticken. Da setzt sich Freiherr vom Stein in die Kutsche und fährt trotz Fieber und Schüttelfrost nach Breslau, den König selber zu sprechen. Friedrich Wilhelm weiß jedoch nichts Besseres zu tun, als den deutschen Patrioten wegen seiner Flucht und der Dienste, die er fremden Herrschern geleistet hat, zur Rede zu stellen.

Schwerkrank liegt der Freiherr in der elenden Dachkammer eines Breslauer Gasthofs, weder König noch Hof kümmern sich um ihn.

Die Freiheit Deutschlands ist für Friedrich Wilhelm nur das Aushängeschild für die unverhehlten Hoffnungen, die er insgeheim auf die Rückkehr zu den alten feudalen und souveränen Zuständen setzt. Aber seine Minister, vor allem Staatskanzler Hardenberg, machen ihm klar, daß er sich an die Spitze der Erhebung setzen müsse, wenn er nicht beiseite gestoßen werden wolle. Endlich begreift der König und schließt ein Bündnis mit Zar Alexander.

Am 28. Februar 1813 wird zwischen Preußen und Rußland die Konvention zu Kalisch geschlossen, in der sich die beiden Mächte verpflichten, die Waffen nicht eher niederzulegen, bis ganz Deutschland von den Franzosen befreit

Im Vertrag von Kalisch sichert Rußland sich Polen gegen Wiederherstellung Preußens. Erst im März erklärt Friedrich Wilhelm III. auf Druck preußischer Patrioten Frankreich den Krieg.

sein werde. Schweden tritt dem Bündnis als dritter Staat bei.

Am 20. März bringt die «Schlesische Privilegierte Zeitung» einen Sonderdruck heraus, den das Volk aus den Händen der Verkäufer reißt.

Der König wendet sich in einem Aufruf an seine Untertanen und fordert sie zum Kampf gegen den Usurpator auf. Die Aufstellung der Truppen, die Bewaffnung werden geregelt.

Der Aufruf hat folgenden Wortlaut:

«AN MEIN VOLK!

Der Aufruf Friedrich Wilhelms III. vom 20. März 1813, «An mein Volk».

So wenig für Mein treues Volk als für Deutsche bedarf es der Rechenschaft über die Ursachen des unverblendeten Europa vor Augen.

Wir erlagen unter der Übermacht Frankreichs. Der Frieden, der die Hälfte Meiner Untertanen Mir entriß, gab uns seine Segnungen nicht; denn er schlug uns tiefere Wunden als selbst der Krieg. Das Mark des Landes ward ausgesogen, die Hauptfestungen blieben vom Feinde besetzt, der Ackerbau ward gelähmt so wie der sonst so hoch gebrachte Kunstfleiß der Städte. Die Freiheit des Handels ward gehemmt und dadurch die Quelle des Erwerbs und des Wohlstands verstopft. Das Land ward ein Raub der Verarmung ...»

Auf dem Neuen Markte, gleich auf den Stufen des Brunnens, steht ein etwa fünfunddreißigjähriger, hünenhafter Mann mit wallendem, rotblondem Vollbart und bedeutendem, kühngeschnittenem Kopf und liest die Bekanntmachung einem Kreise von Zuhörern vor. Neben ihm, mit hingebungsvoll erhobenem Blick steht ein Jüngling mit krausem Blondhaar, schwärmerischen Augen und fiebernden Wangen. Der Vorleser ist Friedrich Ludwig Jahn, ein ehemaliger Schüler Ernst Moritz Arndts aus Greifswald, der inzwischen Lehrer geworden ist und sich in Berlin durch seine neumodischen gymnastischen Übungen mehr berüchtigt als berühmt gemacht hat. Wie viele andere junge Leute ist er nach Breslau ins Hauptquartier der Befreiung geeilt; zahlreiche seiner «Turner» sind ihm gefolgt.

Friedrich Ludwig Jahn (1778–1852), heute noch als «Turnvater Jahn» ein Begriff.

Der schwärmerische, hochgewachsene Jüngling neben ihm ist einer von denen, die er für das Lützowsche Freikorps angeworben hat. Es ist der Dichter Theodor Körner,

Theodor Körner (1791–1813). Der Dichter schloß sich 1813 dem Lützowschen Freikorps an und fiel am 23. 8. 1813 bei Gadebusch. Seine Kriegs- und Freiheitslieder erschienen nach seinem Tod unter dem Titel «Leier und Schwert».

Verfasser der beiden großen Dramen «Zriny» und «Rosamunde», die im letzten Jahre Aufsehen erregt haben; selbst der alte Geheimrat in Weimar hat sich über dieses neue Talent günstig ausgesprochen. Das Wiener Hofburgtheater hat die Stücke des Einundzwanzigjährigen zur Aufführung angenommen.

Theodor Körner hat bis vor wenigen Wochen das höchste Glück genossen, das einem so jungen Menschen erreichbar sein kann; erfolgreich, von den Größten der Zeit anerkannt, geehrt und ... seit einem Jahre unsterblich verliebt in die Schönste von Wien. «Toni» – die begabte Nachwuchsschauspielerin an der «Burg» – hat seine Neigung erwidert. Wäre der große Aufbruch nicht gekommen, so könnte bald Hochzeit sein.

Aber er hat dem Vater, dem ehrwürdigen Konsistorialrat in Dresden, Freund und ehemaliger Gönner Schillers, glühende Briefe der Vaterlandsbegeisterung geschrieben.

«Eine große Zeit will große Herzen – ich muß hinaus und dem Wogensturm die mutige Brust entgegendrücken ...»

Aus einem Brief Theodor Körners.

Nicht Glück und Braut, nicht Erfolg und künftiger Lorbeer vermögen das junge, brennende Herz festzuhalten. Nach Preußen! Nach Breslau, «ins Feld, in die Freiheit gezogen ...!»

Und so steht er an Jahns Seite, eingekleidet in das schlichte Schwarz der Lützowschen Jäger zu Pferd, mit einem irgendwo erworbenen Säbel an der Seite. Lechzend vor Tatendurst hört er die Worte des Aufrufs:

«... es ist der letzte, entscheidende Kampf, den wir bestehen für unsere Existenz, unsere Unabhängigkeit, unseren Wohlstand; keinen anderen Ausweg gibt es als einen ehrenvollen Frieden oder einen ruhmvollen Untergang. Auch diesem würdet ihr getrost entgegengehen um der Ehre willen, weil ehrlos der Preuße und der Deutsche nicht zu leben vermag. Allein wir dürfen mit Zuversicht vertrauen: Gott und unser fester Wille werden der gerechten Sache den Sieg verleihen und mit ihm einen sicheren glorreichen Frieden und die Wiederkehr einer glücklichen Zeit ...»

Begeisterungsrufe klingen auf, Säbel werden gezückt, Eide geleistet. Schluchzend vor Rührung sinken sich fremde Menschen in die Arme. Ludwig Jahn ist auf den Brunnenrand gestiegen und verliest den Artikel der Zeitung, in

Der Orden vom «Eisernen Kreuz», am 10. März 1813 gestiftet, löste im Volk eine spontane Opferbereitschaft aus.

dem die Stiftung des Ordens vom «Eisernen Kreuz» bekanntgegeben wird.

Unter den Fortgerissenen und Gefühlstrunkenen steht ein kleiner, etwas nach vorn gebeugter junger Mann. Er fällt weniger durch seinen übergenauen, sauberen Anzug als durch die skeptische, beinahe verächtliche Miene auf, mit der er den Ausbrüchen der nationalen Begeisterung folgt.

Plötzlich fühlt er eine Hand auf seiner Schulter. Theodor Körner ist herangetreten und sucht den Fremden in der Gelöstheit dieser Aufbruchsstunde freundschaftlich zu umarmen und mitzureißen.

«Komm zu uns, Bruderherz! Der Ruf des Vaterlandes löscht alle Sorgen aus. Schreib' dich ein, Bruderherz!»

Der junge Mann mißt Körner mit etwas spöttischem Blick, lüftet den grauen Zylinder, verbeugt sich konventionell und stellt sich vor.

Arthur Schopenhauer (1788–1860) studierte seit 1809 in Göttingen Naturwissenschaften und Philosophie.

«Erlauben Sie, mein Herr, ich heiße Arthur Schopenhauer, derzeit Lizentiat der Philosophie und, wie ich hoffe, baldigst Doktor.»

Einer jener freien Jägerverbände, die zu dieser Zeit gegründet wurden, war das Freikorps Lützow mit den Farben Schwarz-Rot-Gold.

Der Lützower Jäger erwidert ein wenig abgekühlt die steife Höflichkeit. Schopenhauer ist keineswegs unfreundlich, er plaudert mit stiller, zur Ruhe zwingender Stimme, berichtet, daß er noch vor einem Jahr bei Fichte in Berlin gehört habe und nun in Jena an seiner Dissertation arbeite.

Schopenhauer promovierte 1813 mit dieser Dissertation in Jena.

«Wissen Sie, so ein logisches, ganz trockenes Thema, das Ihnen und Ihren Freunden vermutlich wenig besagen wird. Es heißt: ‹Über die vierfache Wurzel des Satzes vom unzureichenden Grunde.› Nach Breslau hat mich nur ein Zufall geführt, ich suchte einen Studienkollegen auf und habe die Absicht, baldigst zurückzukehren.»

Nun ist auch Ludwig Jahn herzugetreten, er legt den schweren Arm auf Schopenhauers magere Schulter, nennt kurz seinen Namen und zieht ihn aus dem Gedränge.

«Kommen Sie mit, Kommilitone, wir werden uns mit Ihnen unterhalten, und am Ende dieser Unterhaltung sollen Sie Ihre Dissertation dem Feuer überantworten und eine neue mit Blut schreiben.»

Lächelnd läßt sich der Philosoph entführen. Sie wählen den Weg durch die Sandgasse zur Promenade am Oderkai und den Grünanlagen der Ziegelbastei. Schopenhauer hört sich die aus dem glühenden Dichterherzen Körners strömenden Reden unbewegt an. Manchmal fährt Ludwig Jahn, der rotblonde Riese, mit schallendem Baß dazwischen.

Nach einer Weile ist es Arthur Schopenhauer zu viel, er lenkt auf eine Anlagenbank zu.

«Geben Sie sich keine Mühe, aus mir einen Freischärler zu machen», sagt er ablehnend. «Der Lärm ist mir so zuwider wie dem alten Geheimrat in Weimar, der sich über euer Gehabe recht abfällig geäußert haben soll.»

«So, so, der Herr Geheimrat! – Schweigen Sie mir von dem alten Herrn», grollt Ludwig Jahn. «Der Staatsminister von Weimar hat niemals mit der deutschen Nation empfunden.»

Schopenhauer zuckt die Schultern.

«Sie werden erlauben, daß ich ihn trotzdem für sehr bedeutend halte. Freilich hat er eine Zeitlang Napoleon falsch beurteilt und gemeint, der Mann sei zu groß für uns.»

«Napoleon ist nicht der einzige, den er nicht richtig eingeschätzt hat. Wen hat er nicht alles verkannt! Hölderlin hat er abgelehnt. E. Th. A. Hoffmanns Novellen sind ihm zuwider. Kleist schob er ärgerlich beiseite, er ist der Feind der neuen Kunst, der Neutöner und romantischen Maler – er will nichts als sich selbst. Wir aber denken an Deutschland!»

E. T. A. Hoffmann (1776–1822) war als Maler, Musiker, Kritiker, Dirigent, Dramaturg, Theaterarchitekt, aber auch als Richter am Kammergericht in Berlin tätig.

Der kleine Lizentiat räuspert sich. Dann meint er, der Herr Geheimrat habe seine Gründe, wenn er sich abschließe.

«Und Ihre Gründe, mein Herr, weshalb bleiben Sie beiseite, wenn alles in Bewegung ist?» fragt Körner.

Ein fast zaghaftes Lächeln geht über Schopenhauers Züge.

«Ich muß über die Welt und die Menschen nachdenken, meine Herren. Vorerst bin ich dabei, mich durch die indischen Upanischaden, durch Plato und Kant durchzuarbeiten.»

Die Upanischaden sind eine Gattung altindischer theologisch-philosophischer Texte, welche die frühesten philosophischen Betrachtungen der Inder enthalten.

«Eine sehr verdienstvolle Beschäftigung in dieser Zeit!» spottet Jahn, «die Begeisterung so vieler, die reine Hingabe ans Vaterland, unser Opfermut und unsere Entschlossenheit gelten Ihnen nichts? Meinen Sie nicht auch, daß die Philosophen bald zu Ende philosophiert hätten, würden wir nicht bereit sein, euch Bücherwürmer in unsere bewaffnete Obhut zu nehmen?»

«Ich glaube, wir verstehen uns nicht», sagt Schopenhauer ruhig, «es liegt mir fern, an Ihren persönlichen guten Absichten zu zweifeln. Aber der Verstand läßt die Dinge anders sehen als die Leidenschaft. Glauben Sie, daß ausgeblutete Tote, rauchende Ruinen, vaterlose Kinder und all die Tränen, die Sie erregen werden, der Begeisterung entsprechen, die heute diese Stadt trunken macht? Ich glaube nicht daran, meine Herren!

Sie setzen sich für Deutschland ein, wie Sie sagen. Aber können Sie mir erklären, was dieses Deutschland ist? Ein ungreifbares Konglomerat von Staaten, eine Zukunftshoffnung, etwas, das die Fürsten morgen bekämpfen und vernichten werden, wenn sie erst Napoleon verjagt haben? Niemand weiß, wofür er sein Blut verströmt. Mir werden zuviele Phrasen vorgetragen, wo der Vernunft das Wort gebührt.»

«Sie sind ein wandelndes Lehrbuch der Logik, scheint mir!» sagt Ludwig Jahn spöttisch.

Schopenhauer lächelt.

«Man muß sachlich und nüchtern bleiben, wenn man so große Steine in Bewegung setzt, wie Sie es tun wollen. Denn es ist so, daß ausgelöste Kräfte zurückkehren, daß sie Wellen erregen, die uns im Gegenlauf treffen. Sie haben vor, recht bedeutende Dinge zu tun, Sie sollten Furcht haben. Und wie vertrauensselig Sie sind: mit einem Aufruf, mit ein bißchen Papier voll Druckerschwärze vermag man Ihnen das junge Leben abzuschwätzen! Haben Sie nicht beobachtet, wie die Herren, für deren Throne Sie sich schlagen werden, nur ihre eigenen Geschäfte erledigen? Wirkliche Patrioten, wie den Freiherrn vom Stein, lassen sie im Gasthaus liegen, krank, ohne Hilfe. Er war ihr Werkzeug, nun kann er sehen, wie er's treibt. Haben Sie nicht gelesen, was die ‹Schlesische Privilegierte Zeitung› über die Verhandlungen Knesebecks mit den Russen schrieb: wie dieser Diplomat Friedrich Wilhelms von Preußen jeden Punkt der künftigen Friedensregelung in Paragraphen fassen, wie er jede Festung und jedes Wegerecht verklausuliert haben wollte? Diese Herren wissen sich zu sichern, ehe sie der Begeisterung freien Lauf lassen. Und hätte Rußland nicht endlich zu allem ja gesagt, hätte

Napoleon vielleicht das größere Stück Beute versprochen, man würde Ihnen und Ihresgleichen Begeisterung mit verkehrten Vorzeichen einimpfen, und Sie würden die Eisernen Kreuze für das bekommen, was jetzt als Vaterlandsverrat gilt.»

Die beiden Lützower springen empört auf und sind nahe daran, den Fremden anzugreifen. Ihre Empörung ist echt. Aber Schopenhauer läßt sich nicht beirren.

«Ich sage, man muß skeptisch bleiben und sein Herz aus dem Leben heraus halten. Ich fürchte, daß in Zeiten der überwiegenden Begeisterung Schurken versuchen werden, am allgemeinen Feuer ihr Süppchen zu kochen.»

«Sie haben keine Ideale!» sagt Körner verächtlich.

«O doch – keine lauten und billigen, die sich in Worten ergehen und in Eigennutz ersticken. Denkt an den Freiherrn vom Stein – den ausgedienten alten Fürstenknecht, der jetzt in seiner Dachkammer liegt. Macht es auch so wie Knesebeck beim Zaren! Laßt euch, brave Freiheitskämpfer, vor der Bataille das zusichern, was ihr nachher von euren Fürsten haben wollt.»

«Komm Theodor!» sagt Ludwig Jahn und zieht Körner mit sich fort. «Der hat keine Ehre im Leib!»

*

Der Opfermut des Volkes ist groß. Um die leeren Kriegskassen des Königs zu füllen, bringen Witwen ihre doppelten Eheringe zu den Sammelstellen, die Bürger trennen sich von goldenen Uhren, die Frauen von liebgewordenen Medaillons. Sie erhalten Zettel, auf denen stehen die Worte: «Gold gab ich für Eisen».

Frauen, die nichts zu opfern haben, berauben sich ihres einzigen Schmucks und opfern die Haare, Handwerker arbeiten umsonst, Bauern bringen ihre Pferde herbei. Die Mittelschulen und Universitäten müssen schließen: Studenten und Professoren eilen unters Gewehr. Der einundfünfzigjährige Philosoph Fichte rückt mit Zylinder und Säbel aus – ein Sinnbild des wehrhaften Katheders.

In der Kirche zu Rogau am Zobtenberg wird die Truppe der Freiwilligen Jäger eingesegnet. Da knien sie vor dem Altar: der schwarzhaarige, kühn aussehende Freikorpsführer Lützow, der mächtige, rotblonde Jahn und der schlan-

Adolf Freiherr von Lützow (1782–1834). Sein 1813 gegründetes Freikorps (auch «Schwarze Schar») wurde am 17. 6. 1813 bei Kitzen von den französischen Truppen teilweise aufgerieben.

ke, feuerköpfige Körner. Die Jäger singen Theodor Körners jüngstes Lied:

«Mag die Hölle drohn und schnauben;
der Tyrann reicht nicht hinauf,
Kann dem Himmel keine Sterne rauben;
unser Stern geht auf!
Ob die Nacht die freud'ge Jugend töte,
Für den Willen gibt es keinen Tod;
Und des Blutes Heldenröte
jubelt von der Freiheit Morgenrot!»

Sie traben ins Morgenrot, der erste Vorstoß soll ins feindliche, dem Rheinbund verschworene Sachsen führen, die Heimat Körners.

*

Schon im Januar hat Kaiser Napoleon von der erschöpften, französischen Nation 300000 Rekruten verlangt. Der Staatsrat hat ihm 350000 gestellt. 10000 Freiwillige eilen zu den Adlern der Garde. Zu diesen Kontingenten, die zusammen mit den alten Truppen mehr als eine halbe Million ausmachen, kommen noch die in den Rheinbundstaaten stationierten Einheiten und die aus den verbündeten Ländern herbeieilenden Regimenter.

Aber es ist eine Armee von Knaben und Veteranen, die dieses Mal fast ganz Europa gegen sich haben; Portugal und Spanien stehen in Flammen, Preußen hat den Krieg erklärt und 130000 Mann mobilisiert, Rußland zieht mit 200000 ins Feld, «die Canaille von Pontecorvo» – Bernadotte von Schweden – erscheint mit 30000 auf der gegnerischen Seite der Front; die Unruhe durchzittert das ganze System des neuen Europa. Die Entscheidung aber wird bei Österreich liegen, das im böhmischen Raum 250000 versammelt hat und Gewehr bei Fuß der Entwicklung zusieht.

Im Mai waren schwedische Truppen in Pommern gelandet.

Am 15. April reist Napoleon von Paris ab, überholt die endlosen, ostwärts strömenden Kolonnen, erreicht am 17. Mainz und ist am 24. in Erfurt, um am Tage darauf den Oberbefehl über die im Herzen Deutschlands aufmarschierte Armee zu übernehmen.

Die gewohnte Schnelligkeit seiner Bewegungen lebt wieder auf, die alten Blitze zünden noch. Am 2. Mai siegt er bei Lützen, am 20. zum zweiten Male bei Bautzen. Die kaum geschmiedete Koalition seiner Gegner bietet ihm bestürzt einen Waffenstillstand an.

Napoleon bezeichnet diesen Waffenstillstand später als «die größte Dummheit meines Lebens».

Am 4. Juni 1813 schweigen die Kanonen.

*

Noch immer steht das mächtige Österreich abseits. Freilich hat der neue Staatskanzler, Fürst Metternich, einen Geheimvertrag mit den Verbündeten geschlossen und das Habsburgerreich zum Kriegseintritt gegen Frankreich verpflichtet, falls Napoleon nicht folgende Bedingungen annehmen sollte:

1. Die Auflösung des Großherzogtums Warschau und die Rückkehr Danzigs und anderer preußischer Gebiete an Preußen,
2. die Rückgabe Dalmatiens an Österreich.
3. Wiederherstellung der Freiheit der Hansestädte,
4. Auflösung des Rheinbundes.

Aus dem Geheimvertrag Metternichs vom Mai 1813.

Sofern die Verhandlungen sich zerschlagen, will Wien am 20. Juni Napoleon den Krieg erklären.

*

Im Hauptquartier Napoleons in Dresden ist der Besuch des österreichischen Staatskanzlers Metternich angesagt, seines alten Bekannten aus Paris. Napoleon hat diesen fuchsschlauen Diplomaten nie besonders geschätzt, aber heute ist er vielleicht die entscheidende Figur im großen Spiel. Auch die Marschälle und Staatsmänner der Hofstaates wissen, was die Ankunft des Unterhändlers bedeutet. Als die Kutsche Metternichs, von Kürassieren eskortiert, am Schlosse vorfährt, als der noch selbstsicherer gewordene Fürst langsam durch das lichte Treppenhaus hinaufsteigt, gehört ihm die gespannteste Aufmerksamkeit der Generale und Adjutanten, die zu seinem Empfang Spalier gebildet haben.

Die Kürassiere waren die schweren Reiter, die durch einen Brustharnisch, den Küraß, geschützt waren. Kürassierregimenter gab es in der österreichisch-ungarischen Armee bis 1868.

*

Der Kaiser erwartet den Staatskanzler stehend in der Mitte des Kabinetts, den Degen an der Seite, den Hut unterm Arm. Auf den ersten Blick durchschaut Metternich die

Das Folgende nach Metternich, «Denkwürdigkeiten», Zitate zum Teil gekürzt.

gekünstelte Haltung Napoleons, in der sich Unsicherheit verbirgt. Einige einleitende Redensarten, Höflichkeitsfloskeln, Erkundigungen nach dem Befinden werden gewechselt.

Dann verdüstern sich die Züge des Kaisers, er baut sich vor dem Besucher auf, schaut ihn finster an.

«Sie wollen also den Krieg? Gut, Sie sollen ihn haben. Ich habe in Lützen die preußische Armee vernichtet; ich habe die Russen in Bautzen geschlagen: auch Sie wollen an die Reihe kommen: es sei denn; in Wien werden wir uns wiedersehen. Die Menschen sind unverbesserlich, alle Erfahrungen sind für sie verloren. Dreimal habe ich den Kaiser Franz wieder auf den Thron gesetzt, ich habe versprochen, mein Leben lang mit ihm Frieden zu halten, ich habe seine Tochter geheiratet: Damals sagte ich mir, du begehst eine Torheit, aber sie ist begangen, ich bereue sie heute ...»

Dieses letzte Gespräch zwischen Napoleon und Metternich fand am 28. Juni statt.

Während der Kaiser wutvoll seine Anklagen hervorstößt, beobachtet ihn Metternich genau. Das Gefühl der Überlegenheit, das Bewußtsein, hier als Vertreter des gesamten Europas dem Despoten die Stirn bieten zu können, macht ihn fast verwegen.

«Krieg und Frieden», erwidert er, «liegen in der Hand Eurer Majestät. Die Welt bedarf des Friedens. Um diesen Frieden zu sichern, müssen Sie in die mit der allgemeinen Ruhe vereinbarlichen Machtgrenzen zurückkehren, oder aber Sie werden in dem Kampfe unterliegen. Heute können Sie noch Friede schließen – morgen dürfte es zu spät sein ...»

Napoleon fährt den Fürsten wütend an.

«Nun gut! Was will man denn von mir? Daß ich mich entehre? Ich werde zu sterben wissen, aber ich trete keinen Handbreit Bodens ab. Eure Herrscher, geboren auf dem Throne, können sich zwanzigmal schlagen lassen und doch immer wieder in ihre Residenz zurückkehren; das kann ich nicht ... ich der Sohn des Glückes! Meine Herrschaft überdauert den Tag nicht, an dem ich aufgehört habe, stark und folglich gefürchtet zu sein ... Meine Generale wollen den Frieden. Ich habe keine Generale mehr. Die Kälte von Moskau hat sie demoralisiert. Ich sah die Tapfersten weinen wie die Kinder, sie waren physisch und moralisch gebrochen. Vor vierzehn Tagen konnte ich noch Frieden schließen, heute kann ich es nicht mehr. Ich habe zwei Schlachten gewonnen, ich werde nicht Frieden schließen.»

Metternich steht steif, den Federhut unter den Arm geklemmt, in der Mitte des Raumes, während der Kaiser begonnen hat, auf- und abzugehen. Er gibt Napoleon ruhig zu bedenken:

In Böhmen ist eine Viertelmillion Soldaten aufmarschiert, diese ungeheure Ansammlung von Truppen will jeden Tag verpflegt sein, man kann sie nicht endlos lange Gewehr bei Fuß stehen lassen. Darum muß sich Napoleon wohl entschließen, dem Kaiser von Österreich klaren und unzweideutigen Bescheid innerhalb kürzester Frist zu geben.

Metternich nennt die Forderungen, die Österreich als Preis für ein Bündnis stellt, er bezeichnet sie als maßvoll. Österreich hat immer noch eine gewisse Neigung zur Sache Napoleons. Es ist weder am Emporkommen Preußens noch an der immer gefährlicher werdenden Ausdehnung Rußlands interessiert. Am besten wäre die Metternichsche Konstruktion einer vereinten, auf dem Gleichgewicht der Mächte beruhenden Ordnung Europas.

«Was?!» ruft Napoleon außer sich, «Sie fordern nicht nur Illyrien, sondern halb Italien und die Rückkehr des Papstes nach Rom? Und Polen und die Räumung Spaniens? Und Holland und den Rheinbund und die Räumung der Schweiz? Das nennen Sie den Geist der Mäßigung, der Sie beseelt ... Und das verlangt Österreich von mir, der ich hier siegreich mit 300000 Mann stehe? In welche Stellung will mich Kaiser Franz dem französischen Volke gegenüber setzen? Er irrt gewaltig, wenn er glaubt, ein verstümmelter und geschändeter Thron könne bei den Franzosen eine Freistatt für seine Tochter und seinen Enkel sein.»

Nach Bailleu, «Memoiren Metternichs».

Man kehrt in das Empfangszimmer zurück, die politischen Forderungen werden nicht weiter erwähnt. Nun verliert sich der Kaiser in Erklärungen für seine Niederlage in Rußland. Es ist wie ein Bann, der seine Seele gefangen hat, er kommt nicht mehr los von den Bildern Moskaus, der Beresina, des Rückzugs. Schweigend hört ihm Metternich zu ... es gehen Stunden dahin.

Dann wendet der Kanzler das Gespräch wieder den drängenden Fragen der Gegenwart zu.

Die folgenden Zitate nach Metternichs «Denkwürdigkeiten».

«Das Glück kann Sie ein zweites Mal wie im Jahre 1812

im Stiche lassen. In gewöhnlichen Zeiten bilden die Armeen nur einen kleinen Teil der Bevölkerung, heute ist es das ganze Volk, das Sie unter Waffen rufen ...

Ich habe Ihre Soldaten gesehen, es sind Kinder ... Und wenn diese jugendliche Armee, die Sie heute unter Waffen haben, dahingerafft sein wird: was dann?»

Napoleon fährt wütend auf, er ist kalkweiß vor Erregung.

«Sie sind kein Soldat! Sie wissen nicht, was in der Seele eines Soldaten vorgeht. Ich bin im Felde aufgewachsen, und ein Mann wie ich schert sich wenig um das Leben einer Million Menschen!»

Metternich wird sich später rühmen, den zu Boden geworfenen Hut Napoleons nicht aufgehoben zu haben.

Er ist so zornig, daß er seinen Hut in eine Ecke des Zimmers schleudert. Metternich bleibt gefaßt.

«... Öffnen wir doch die Türen, Sire», sagt er, «mögen diese Ihre Worte von einem Ende Frankreichs bis zum anderen tönen. Die Sache, die ich vor Ihnen vertrete, wird nicht dabei verlieren.»

Der Kaiser begreift, daß er zu weit gegangen ist. Dieses Wort darf Frankreich, das ihm nun seine Kinder opfert, darf der Welt nicht zu Ohren kommen. Er sucht abzuschwächen.

«Die Franzosen können sich nicht über mich beklagen. Um sie zu schonen, habe ich die Deutschen und die Polen geopfert; ich habe in dem Feldzug nach Moskau 300 000 Mann verloren, aber es waren nicht mehr als 30 000 Franzosen darunter ...»

«Sie vergessen, Sire, daß Sie zu einem Deutschen sprechen!» entgegnet Metternich erbittert. Der Kaiser blickt betroffen auf, stammelt eine Entschuldigung, weist darauf hin, daß er als Schwiegersohn des österreichischen Herrschers ein gewisses Wohlwollen beanspruchen dürfe. Aber der Diplomat erklärt, daß Kaiser Franz vor allem Souverän, dann erst Vater sei.

«Als ich eine Erzherzogin heiratete», erwidert Napoleon, «habe ich das Neue mit dem Alten verschmelzen wollen, die gotischen Vorurteile mit den Institutionen meines Jahrhunderts: Ich habe mich getäuscht, und ich empfinde heute die ganze Größe meines Irrtums. Es kann mich den Thron kosten, aber ich werde die Welt unter seinen Trümmern begraben ...»

Die Debatte nimmt noch einmal einen wütenden Anlauf,

Lavierte Federzeichnung von Karl Friedrich Schinkel: Entwurf zum 1818–21 erbauten Schauspielhaus Berlin. (Nationalgalerie, Berlin.) (32)

«Empfang der hohen Alliierten» Zar Alexander I. und Friedrich Wilhelm III von

Preußen durch Kaiser Franz I. in Wien, Lithographie v. F. Wolf. (Wien), National-bibliothek.) (33)

Gouache von Karl Friedrich Schinkel, Theaterdekoration zur Zauberflöte: Sternenhimmel der Königin der Nacht, 1815. (Nationalgalerie, Berlin.) (34)

unversöhnlich beharrt Metternich auf den ursprünglich gestellten Forderungen. Der Kaiser geht nicht darauf ein und greift den Staatskanzler persönlich an.

«Ich habe Ihnen zwanzig Millionen gegeben. Wollen Sie noch weitere zwanzig Millionen? Ich werde sie Ihnen geben. Aber wieviel hat Ihnen England geboten?»

Tödliche Blässe überfliegt Metternichs Antlitz. Napoleon hat diesen eitlen und selbstbewußten Mann für immer zu seinem Feinde gemacht. Dieses Wort, das ihn zum käuflichen Subjekt gestempelt hat, wird Metternich niemals verzeihen.

Vor den Fenstern steht die Nacht. Eine goldene Uhr unter dem Glassturz schlägt mit silbernen Tönen die neunte Abendstunde. Seit der Anfkunft Metternichs sind achteinhalb Stunden vergangen. Nun haben sie sich nichts mehr zu sagen.

Der Ton des Kaisers ist milde und werbend geworden, er sucht den bitteren Eindruck seiner letzten Worte zu verwischen und begleitet Metternich freundlich bis zur Tür des Kabinetts. «Nicht wahr, wir sehen uns doch wieder?» sagt er verbindlich.

«Zu Befehl, Euer Majestät! Aber ich habe keine Hoffnung, den Zweck meiner Mission zu erreichen ... Sie sind verloren, Sire! Ich hatte das Vorgefühl davon beim Kommen; jetzt beim Gehen habe ich die Gewißheit!»

*

Einige Tage nach der Unterredung Metternichs mit Napoleon trifft aus Spanien die Nachricht von einem überlegenen Siege des englischen Heerführers Wellesley bei Vitoria ein; die französischen Truppen fluten über den Ebro gegen die Pyrenäen, die legitimen Herrscher kehren auf die Throne von Lissabon und Madrid zurück.

Für August sind neue Verhandlungen mit Napoleon in Prag angesetzt; Österreich aber wartet diesen Termin nicht mehr ab, sondern tritt mit 250 000 Mann auf die Seite der Alliierten.

Der Krieg muß entscheiden. Napoleon schickt Marschall Oudinot in Eilmärschen gegen Berlin, das von der schwächsten Heeresgruppe der ringsum aufmarschierten Übermacht – den 30 000 Schweden Bernadottes – gedeckt

Kabinett, im Zeitalter des Absolutismus kleines Gemach, in dem der Fürst über vertrauliche Staatsangelegenheiten zu beraten und entscheiden pflegte; daher Kabinettspolitik: selbstherrliche, oft undurchsichtige Politik eines Herrschers oder seiner Räte, ohne parlamentarische Kontrolle oder Mitwirkung, in der Außenpolitik soviel wie Geheimdiplomatie.

Die letzten Worte Napoleons in diesem Gespräch sollen folgende gewesen sein: «Wissen Sie, was geschehen wird? Sie werden keinen Krieg mit mir anfangen.»

Im Juni 1813

wird. Die Schweden ziehen sich zurück; der preußische General von Bülow aber, der seine Heimat verteidigt, greift gegen ausdrücklichen Befehl an und siegt bei Großbeeren. Unterdessen entbrennt auch an der schlesischen Front die Schlacht. Hier kommandieren der alte Blücher und sein Generalstabschef Gneisenau. Die preußischen Truppen jagen die Regimenter des Marschalls Macdonald in die Katzbach. Der Ring wird enger; doch der Kaiser selbst ist unbesiegbar: Er gleicht die erlittenen Niederlagen seiner Generale durch den Sieg bei Dresden aus und behauptet noch einmal die Stellung.

Am 23. August 1813.

Am 26. August 1813.

*

«Was glänzt dort vom Walde im Sonnenschein?
Hörs näher und näher brausen.
Es zieht sich herunter in düsteren Reih'n,
Und gellende Hörner schallen darein,
Und erfüllen die Seele mit Grausen.
Und wenn ihr die schwarzen Gesellen fragt:
Das ist Lützows wilde verwegene Jagd ...»

Aus einem Gedicht Theodor Körners vom April 1813.

Ein langer Zug schwarzuniformierter Reiter trabt den Wiesenrain von den sanften Höhen nach Gadebusch herab. Die Tschakos tragen das Sinnbild des Eisernen Kreuzes, die verschnürten Dolmans geben den Männern ein kühnes Aussehen. Sie halten die Karabiner in den Sätteln aufgestützt, andere tragen den blanken Säbel in der Rechten. Man erwartet den Zusammenstoß mit den französischen Vortruppen.

Theodor Körner hat noch am Morgen im Waldlager ein Lied gedichtet und auch eine Melodie dazu erfunden. Jetzt summen und singen die Kameraden ringsum die Verse.

«Du Schwert an meiner Linken,
Was soll dein heitres Blinken?
Schaust mich so freundlich an,
Hab meine Freude dran –
Hurra! ...»

Achtung! Da raschelt's im Gebüsch, die grünen Laubvorhänge öffnen sich, und plötzlich blitzt es auf; Feuer bricht aus den Hecken, durch die Luft pfeifen die Gewehrschüsse. Krachend bricht ein Roß in die Knie und schleudert den Reiter ins Gras.

Vorwärts, Lützower! Die Hörner schmettern, der Rittmeister hebt den Säbel und hinab stiebt die wilde Jagd.

Sie fassen den Gegner, es sind junge Rekruten. Sechzehn- und Siebzehnjährige, die der Befehl Napoleons aus den Gauen Frankreichs herbeigeholt hat. Sie haben nicht die Erfahrung und nicht die Nerven der alten Garde und flüchten vor dem Ansturm der schwarzen Reiter wild auseinander. Viele werfen die Waffen ins Gras, heben die Hände hoch: «Pardon, Messieurs, Pardon!»

Das Gefecht ist – kaum begonnen – schon beendet. Einzelne Lützower durchstreifen das Buschwerk, die Versprengten zu sammeln, die Gefangenen zu Hauf zu treiben.

Als Theodor Körner, ein wenig abseits von den übrigen, sein Pferd ins Gebüsch drückt, fällt ein Schuß. Die Kugel durchschlägt die Brust des Jünglings, und er sinkt langsam aus dem Sattel.

Theodor Körner fiel am 23. August 1813 in einem Gefecht bei Gadebusch.

Nach einiger Zeit finden die Kameraden den Toten und tragen ihn auf den Schultern zurück. Bei dem nahen Dorfe Wöbbelin steht eine alte Eiche am Waldrand, dort schaufeln sie ihm ein Grab.

Als die Erdschollen hinabpoltern, stimmen die Lützower Körners Schlachtlied an.

«Vater ich rufe dich!
Brüllend umwölkt mich der Dampf der Geschütze,
Sprühend umzucken mich rasselnde Blitze.
Lenker der Schlachten, ich rufe dich!
Vater du, führe mich!

Tage der Entscheidung

Mitte Oktober konzentriert sich das kriegerische Geschehen im Herzraum des deutschen Landes, in der schlachtengewohnten Ebene von Leipzig. Von allen Seiten vorrückend, zwingen die verbündeten Armeen die napoleonischen Truppen in eine Stellung, die nur noch die Schlacht als Ausweg offen läßt.

In diesem Raume, auf einer Frontlänge von mehr als 26 Kilometern Breite, stellen sich die Franzosen dem Gegner.

Leipzig selbst liegt noch außerhalb der unmittelbaren Kampflinie, aber Angst und Sorge bedrücken die Bürger. Die Straßen hallen wider von fremdländischem Geschrei; Polen, Litauer, Italiener und Holländer, Franzosen, Rheinbündler aus Schwaben, Pfälzer und Westfalen marschieren stadtauswärts. In den Häusern machen sich französische Quartiermacher breit, die Kirchen und öffentlichen Gebäude sind für Lazarette beschlagnahmt.

Das Folgende nach Kupferstichen der Zeit, amtlichen Heeresberichten, Zeitungsberichten und anderen zeitgenössischen Quellen.

Schon bevor die eigentliche Schlacht begonnen hat, hebt der Zustrom der Verwundeten an. Auf Bauernfuhrwerken karrt man sie auf der Chaussee von Lieberwolkwitz herein.

Clairons, die Signalhörner der Heeresverbände.

In der Grimmaischen Vorstadt schmettern die Clairons. Ein bunter, wirbelnder Strom zieht durch die Straßen: goldbehelmte Kürassiere mit blitzenden Brustpanzern und roten Roßschweifen auf den Helmen, Gardisten mit den typischen Bärenmützen, dazu grüne Jäger, blaue Infanterie, weißuniformierte, gefangene Österreicher, gelbe Tataren aus der russischen Steppe und Freischärler aus Peußen.

Am Fenster seiner Wohnung am Fleischerplatz steht der Maler und Kupferstecher C. G. H. Geißler und hält all die vorübertreibenden Bilder mit Stift und Farbe fest.

Wenn er auf die weite Plane hinüberschaut, die sich jenseits der Allee vom Grimmaischen Tore an ostwärts erstreckt, sieht er ein endloses Heerlager mit den rundüberdachten Kastenwagen des französischen Trosses. Artilleriekolonnen rollen vorüber. Die blauen und grünen Regimentskader schieben sich langsam in die Ebene hinaus.

Der 14. und 15. Oktober gehen mit Märschen und Truppenbewegungen hin, alles zielt auf ein großes, entscheidendes Ereignis. Am 16. morgens, als das erste Licht sich über die langgestreckte Silhouette Leipzigs hintastet, beginnt zuerst von Schkeuditz her, dann allmählich von Norden über Westen bis Süden übergreifend, eine allgemeine, rasch anschwellende Kanonade: Die Völkerschlacht ist entbrannt.

Es heißt, zuerst habe im Norden der preußische Haudegen Blücher angegriffen und dränge ungestüm von Breitenfeld gegen Schkeuditz heran. Seit acht Uhr früh steht auch Napoleons Hauptarmee im Südosten im Kampf. Der Kaiser leitet persönlich die Operationen. Er hat mehrere große Angriffskolonnen gegen den rechten Flügel und das Zentrum der Alliierten vorgeschickt, um sie durch einen Stoß voneinander zu trennen.

Blücher hatte die Führung der schlesischen Armee, mit Gneisenau als Generalquartiermeister, übernommen.

Gegen die Andrängenden läßt der Kommandierende der Österreicher, Fürst von Schwarzenberg, die Kavalleriemassen attackieren. Deutlich erkennt man von Leipzig her, wie sich ungeheure Reitermassen schnell über das Feld bewegen, wie sie sich als dunkle Flut in die Feuerlinie der französischen Armee werfen und die Karrées umschwärmen.

Da draußen, an der Straße nach Probstheida, auf dem flachen Thonberg, soll Napoleon mit seinem Stabe stehen und den Ablauf der Gefechte leiten. Noch erlaubt der Wirrwarr der ineinander verbissenen Truppenteile, die allgemeine Kanonade und das Hin- und Herwogen der Reitermassen keinerlei Überblick und keine Voraussage über den Stand der Schlacht.

Als über den 16. Oktober der Abend hereinbricht, biwakieren die müden Armeen auf den Feldern. Die Angriffe und Manöver Napoleons sind sämtlich abgeschlagen, aber auch die Versuche der Alliierten, Raum zu gewinnen, sind gescheitert.

In dieser Nacht erreichen die ausgeschickten Kuriere das Korps des Kronprinzen von Schweden, Bernadotte, der den Scheinbewegungen des französischen Generals Regnier bis Köthen gefolgt ist. Bernadotte gelingt es, in Eilmärschen sich noch am nächsten Vormittag mit den Truppen Blüchers zu vereinen. Da aber auf Seite der Verbündeten noch andere Reservekorps erwartet werden, steht der Kampfverlauf des 17. Oktober unter dem Zeichen der Zurückhaltung: Napoleon scheint seine Korps umzugruppieren und neue Schläge vorzubereiten.

Die Straßen Leipzigs werden noch mehr als in den vergangenen Tagen von Verwundeten und Trossen überschwemmt, hohe Stäbe quartieren sich ein, der soeben ernannte Reichsmarschall, Fürst Poniatowski von Polen, nimmt Aufenthalt in der Grimmaischen Vorstadt. Auf dem Fleischmarkt läßt sich ein Korps polnischer Ulanen nieder.

«Am 18ten früh ist die französische Hauptmacht von Connewitz über Dösen vorwärts Wachau gegen Fuchshayn und Seyffertshayn aufmarschiert und hat Armeekorps gegen General von Blücher und den Kronprinzen von Schweden aufgestellt. Leipzig hält Napoleon fortan stark besetzt. Um acht Uhr früh beginnt der Angriff der Hauptarmee in drei Kolonnen ...»

Der Kaiser hat offensichtlich die Gefahr erkannt, die ihm durch die Heeresgruppe Blücher von Norden her droht. Wenn die Preußen bei Möckern nach dem Leipziger Vorort Gohlis durchbrechen, ist die im Süden auf weit auseinandergezogener Front ringende Große Armee eingekreist. Zum erstenmal in seiner Feldherrnlaufbahn sieht sich der Kaiser in all seinen Manövern durchschaut und lahmgelegt. Würde er jetzt mit dem Gardekorps nach Norden umschwenken und sich auf Blücher werfen, so kämpfte er bereits in der Verteidigung.

Die Schlacht rückt nun von Norden dicht an Leipzig heran. Dem unaufhörlich niederschmetternden Kartätschenfeuer, den Welle auf Welle folgenden Bajonettangriffen der Preußen und Schweden halten die armen, schwächlichen Jungens von Napoleons letztem Aufgebot nicht stand; sie beginnen zu weichen.

Die Gefahr drohte nicht zuletzt auch von innen, da es den französischen Verbänden an allem fehlte, an Truppen, an Munition und vor allem an Zuversicht.

Der Kaiser, der die bedrohlichen Anzeichen der Auflösung erkennt, reitet auf hochbeinigem Schimmel die Südfront zwischen Probstheida und Loßnig ab. Er will noch einmal alles auf eine Karte setzen, sich Luft schaffen und zum tiefangelegten Gegenangriff übergehen und das verlorene Terrain zurückgewinnen.

Die Korps empfangen ihn mit dem alten Ruf «Vive l'empereur!» Tschakos und Gewehre werden geschwenkt und die alten, ruhmbekränzten Adlerstandarten emporgehalten. Auch an der Front der verbündeten Rheinbundtruppen feiert man sein Erscheinen, als er die schwarzuniformierten Württemberger, die hechtgrauen und lichtblauen Sachsen begrüßt. Trotz der fortgesetzten Kanonade halten die Regimenter hier gute Disziplin, der Geist scheint ausgezeichnet, die Offiziere salutieren mit gesenkten Degen. Napoleon spricht einige aufmunternde Worte zu den Rheinbündlern und reitet, gefolgt von seinen Marschällen, weiter.

Der Tschako, eine militärische Kopfbedeckung ungarischen Ursprungs, die 1806 in Frankreich eingeführt wurde; in Deutschland bis zum Ersten Weltkrieg in Gebrauch.

Kaum ist der Kaiser aus dem Blickfeld, als sich etwas Unerhörtes ereignet. Der württembergische General von Normann reitet vor die Front seiner Kavallerieregimenter, hält eine kurze, packende Ansprache, in der er vom gemeinsamen deutschen Vaterland, von den Brüdern auf der anderen Seite und der mangelnden Entschlußfreiheit des württembergischen Königs spricht. Nur die Zunächststehenden vernehmen, was er sagt. Der Kanonendonner übertönt jedes Wort.

Dann folgen Befehle, Hörner schmettern – ehe die Soldaten begreifen, trabt das Korps an und geht mit flatternden Fahnen zum Feinde über.

Derselbe Vorgang vollzieht sich bei den Sachsen. Hier ist es General von Nyssel, der vor 2 Kavallerieregimentern, 7 Füsilierbataillonen und den Kanonieren der Batterien eine ähnliche Ansprache hält und das Korps zum Übertritt auffordert. Es gibt einen kleinen, kaum beachteten Zwischenfall, als ein Hauptmann und zwei Leutnants vor die Front treten, ihre Degen zerbrechen und sich angesichts der aufmarschierten Regimenter erschießen. Dann geht auch das sächsische Korps zu den Alliierten über und tritt wenige Stunden später zum Angriff auf die französischen Verbündeten an.

Das Spiel ist zu Ende. Blücher drückt vom erstürmten Möckern gegen Leipzig. Napoleon befiehlt den Rückzug.

Die Flucht aus Leipzig beginnt, sie wird zum Zusammenbruch. Der Strom der geschlagenen Armee wälzt sich verheerend zuerst gegen die Stadt, die an mehreren Stellen in Brand gerät, die Straßen sind von unerhörten Szenen erfüllt. Fuhrwerke, Artillerie, Verwundetentransporte,

Nachschubkolonnen, Kriegskassen und aufgelöste Infanterieregimenter, dazwischen Kavallerie, die sich mit Pferdehufen und flachen Klingen rücksichtslos Bahn bricht. Alles konzentriert sich auf die Elsterbrücke. Auf der Chaussee nach Weißenfels stoßen und schieben sich die flüchtenden Massen.

Es heißt, der Kaiser sei mit der Garde zu Pferd bereits voraus und auf dem Wege nach Frankreich. Von Gohlis und von der Grimmaischen Vorstadt her dringen preußische und russische, später dann auch österreichische Truppen ein.

Auf der Blache vor dem Grimmaischen Tore, in dem Gewirr der Gepäckwagen schlagen sich die letzten Regimenter, sie stehen sich auf Nahkampfentfernung gegenüber und feuern Salven aufeinander ab. Es heißt, daß schon 90000 Franzosen das Feld bedecken.

Nach anderen Quellen sollen bei der Völkerschlacht bei Leipzig insgesamt etwa 100000 Soldaten gefallen sein.

Napoleon hatte beim Einmarsch der Alliierten Auftrag gegeben, die Brücken zu sprengen, um eine rasche Verfolgung unmöglich zu machen. Nun geschieht es, daß die Elsterbrücke, auf der sich ein stockendes Gewühl von Menschen zusammengeballt hat, mit ungeheurem Krach in die Luft fliegt und Hunderte unter sich begräbt.

Reichsmarschall Fürst Poniatowski, Anwärter auf die Königskrone eines freien Polens, ertrinkt in den Fluten der Elster.

*

Der gewaltige Sieg der Alliierten bei Leipzig hat in den Rheinbundländern zu einem raschen Frontenwechsel geführt. Am längsten hält noch König Friedrich August von Sachsen Napoleon sein Königswort. Er büßt es mit dem Verlust der Hälfte seines Landes, die als «Provinz Sachsen» beim Friedensschluß an Preußen gegeben wird.

In Bayern dringt Kronprinz Ludwig endlich mit seiner antifranzösischen Politik bei seinem Vater durch. Da es Österreich in diesem Augenblick viel darauf ankommt, nicht durch ein bayrisch-italienisches Heer im Rücken angefallen zu werden, ist Kaiser Franz bereit, mit Bayern einen Vertrag zu schließen, der seine derzeitigen Grenzen und den neuen Titel des bayrischen Königs garantiert.

Die Großherzogtümer Berg und Frankfurt lösen sich

auf, das Königreich Westfalen hat aufgehört zu bestehen; überall richtet sich die feudale Ordnung der vor-napoleonischen Zeit wieder auf. Vizekönig Eugen Beauharnais verläßt Mailand und begibt sich nach München zu seinem Schwiegervater König Max Joseph. Österreichische Truppen besetzen Venetien und die Lombardei. Murat von Neapel sucht sich durch raschen Abfall von Napoleon zu retten. Norwegen wird von Bernadotte, Holland von General von Bülow erobert. In den von Franzosen besetzten Festungen Deutschlands ergeben sich mehr als hunderttausend Mann.

Das Königreich Westfalen war im August 1807 aus Kurhessen, Hannover, Braunschweig und den preußischen Provinzen westlich der Elbe gebildet worden. Das Königreich wurde im November 1813 aufgelöst.

Mit einem einzigen Schlage hat Napoleon sein europäisches Imperium, Frankreich die Errungenschaften der Revolutionskriege eingebüßt. In ganz Europa kann die Restauration der alten Dynastien und der alten Ordnung beginnen.

*

In Frankreich, diesem ausgebluteten Lande, das seit fünfundzwanzig Jahren im Zustand der Revolution, seit zwanzig Jahren im Kriege mit der Welt lebt, ist man müde geworden. Das besitzende Bürgertum, das Napoleon einst emporgetragen hat, damit er die Schreckenszeit beende, den Besitz sichere und die Geschäfte wieder in Gang bringe, läßt den Mann der Kontinentalsperre, den Besiegten von Moskau und Leipzig, fallen. Die teuersten Güter der kleinen Rentner, der Guts- und Fabrikbesitzer, der Bürger und Beamten – die Habe, das Einkommen, die gewohnte Lebensweise – werden auch von der Restauration garantiert. Also mag der Kaiser gehen!

Plötzlich ist auch Talleyrand wieder im politischen Spiel, und auch der listige Fouché taucht wieder auf. Es spinnen sich Fäden nach London, zum alten Freunde Metternich, zu den Bourbonen an. Für die Bourbonen ist der Tag der Wiederkehr nahe. Die Schlagworte «Legitimität», «Restauration» haben die Schlagworte aus der Revolutionszeit ersetzt.

Das französische Herrscherhaus der Bourbonen stammt von einem jüngeren Sohn des Königs Ludwig IX., des Heiligen, ab.

Die Marschälle Frankreichs glauben seit Rußland und Leipzig nicht mehr an Napoleons Stern. Selbst Marschall Ney, «der Tapferste der Tapferen», ist kleinmütig geworden und wendet sich vom Kaiser ab.

«Wäre es nicht an der Zeit, ein Ende zu machen und zu verhindern, daß der Kaiser Frankreich ebenso zugrunde richtet wie die Armee?»

*

Von allen Seiten bricht der Feind über die Grenzen, die seit 1793 kein feindliches Heer mehr siegend überschritten hat. Einige Wochen hatte es den Anschein, als würden die Sieger von Leipzig schon jetzt über die Verteilung der Beute in Polen, Deutschland, Italien und Skandinavien in Streit geraten, jetzt, da es nach Frankreich geht, schließen sich noch einmal ihre Reihen.

Blücher und Schwarzenberg hatten im Winter den Rhein bei Kaub überschritten.

Fürst Schwarzenberg dringt durch das Elsaß vor, Bernadotte marschiert in Belgien; Blücher, gefolgt von den Russen unter Wittgenstein, stößt geradewegs auf Paris zu, und der Engländer Wellesley, der seit seinem großen Siege von Vitoria im spanischen Feldzug Herzog von Wellington heißt, überschreitet die Pyrenäen.

Der Sieg Wellingtons bei Vitoria, am 21. Juni 1813, zwang die Franzosen zur Räumung Spaniens.

Das diplomatische Spiel wird von Metternich geleitet. Er ist durch seinen Freund Talleyrand über die Stimmung in Frankreich unterrichtet und treibt geschickt den Keil zwischen das französische Volk und Napoleon. In einem Aufruf wendet er sich an Frankreich:

«Die verbündeten Mächte kämpfen nicht mit Frankreich, sondern gegen das Übergewicht, welches der Kaiser Napoleon zum Unglück Europas und Frankreichs allzulange weit über die Grenzen seines Reiches hinaus besessen hat ... Die Mächte werden die Waffen nicht eher niederlegen, bis sie ihre Völker gegen die unzähligen, seit zwanzig Jahren auf Europa lastenden Drangsale gesichert haben ...»

Aber der Kaiser wehrt sich wie ein umstellter Löwe. Er schläft trotz seiner zunehmenden körperlichen Leiden kaum noch; in fieberhafter Eile schmiedet er aus Knaben und Greisen neue Legionen und wirft sie den anmarschierenden Kolonnen der Gegner in den Weg. Mit unzureichenden Mitteln kämpft er um sein Reich.

Es ist umsonst. Die Jugend Frankreichs opfert ihr Leben vergeblich.

Während die schnell zusammengerafften Truppen bluten und sterben, bereiten Talleyrand und Fouché den Übergang zum Neubeginn nach Napoleons Sturz vor.

Die Ereignisse nehmen den Verschwörern die Sorge um Napoleons Schicksal ab. Der Ring der Verbündeten zieht sich um Paris zusammen, der Kaiser ist nicht in der Lage, Feldmarschall Blücher aufzuhalten, der, von Gneisenau beraten, sich als ebenbürtiger Widersacher erweist.

Am 30. März stürmen preußische und russische Korps den Montmartre über Paris. Batterien fahren auf, und die riesige Seinestadt – die Bühne der Großen Revolution – ist den Feuerschlünden der Fürstenheere Europas ausgeliefert: mehr als zwanzig Jahre, nachdem dort unten am Revolutionsplatz König Ludwig XVI. unter der Guillotine verblutet ist.

Paris steht vor der Kapitulation.

Napoleon hatte Blücher zwar bei Brienne besiegt, wurde von diesem aber wenig später bei La Rothière entscheidend geschlagen.

*

Napoleon hat sich bei Arcis sur Aube gegen feindliche Übermacht gewehrt, zu spät erfährt er von dem Eilmarsch Blüchers und Schwarzenbergs gegen die Hauptstadt. Er eilt mit fliegenden Fahnen hinter dem Feinde drein, weiß er doch, daß der Fall von Paris das Ende bedeutet.

In der entscheidenden Nacht hat er die langsamer marschierenden Truppenkolonnen verlassen und ist zu Pferde vorausgeeilt, nur ein kleiner Stab begleitet ihn. Fünf Meilen vor den Schlagbäumen von Paris tauchen aus dem Dunkeln Reiter auf. «Qui vive!»-Rufe ertönen – es ist General Belliard.

Er meldet dem Kaiser, daß Paris gefallen sei, daß morgen der Einmarsch der Verbündeten erfolgen werde.

Nach Blüchers Sieg bei Laon war der Vormarsch nach Paris entschlossen durchgeführt worden, Ende März mußte sich die Stadt ergeben.

Der Kaiser trägt sich mit wahnwitzigen Plänen.

Er gibt wirre Befehle. Wie in Marats Tagen will er die Sturmglocken läuten lassen, die rote Fahne des Aufstandes auf die Türme des Hotel de Ville pflanzen, die Arbeiterviertel alarmieren, Barrikaden errichten, jedes Haus zur Festung machen.

Dann aber gewinnt die Vernunft Oberhand. Es kann kein 1793 mehr geben! Gesenkten Hauptes trabt er auf der Straße zurück; Berthier hat den Auftrag, die letzten 50 000 Mann nach Schloß Fontainebleau, seinem Erholungssitz in schöneren Tagen, zu führen.

Drüben, am anderen Ufer der Seine bedecken sich die

Hügel mit zahllosen feurigen Sternen: Es sind die Biwaks der Russen und Preußen.

*

Die Verbündeten ziehen unter Kanonendonner und Glokkengeläute in Paris ein. Schweigend, eine stumme Mauer der Feindschaft, stehen die Blaublusen in St. Antoine, die armen Leute des Marais, die Sansculotten der Faubourgs. Zurufe und Jubel hört man erst, als die Kolonnen die Innenstadt mit ihren vornehmen Bürgerhäusern, den Palais und breiten Boulevards, erreichen.

Sansculotten, in der Französischen Revolution der Ausdruck für Patrioten und Republikaner.

Unter der führenden Schicht der Franzosen gibt es bei aller Opposition gegen Napoleon auch Stimmen, die den Einmarsch dieser bunt zusammengewürfelten «Befreiungstruppen» als eine Schmach für das große Vaterland empfinden. René Chateaubriand, der 1811 an Stelle seines gehässigen Kritikers M. J. Chénier in die Akademie gewählt worden ist, hat sich teils aus Eitelkeit, teils aus Opportunismus im Licht des fallenden Sternes zu den Gegnern des Kaisers geschlagen; jetzt aber ist er entsetzt über den Anblick der halbwilden Kosaken, die in lanzenstarrender Masse die Pariser Plätze füllen:

«Ich sehe sie über die Boulevards marschieren und bin erstarrt und innerlich vernichtet, als hätte man mir den Namen eines Franzosen genommen, um ihn durch die Nummer zu ersetzen, die ich in den sibirischen Bergwerken tragen soll ...»

Nach Chateaubriand, «De Bonaparte».

Auf den Champs Elysées hat sich eine kleine Gruppe von vornehmen Männern versammelt, die in den seit zwanzig Jahren verstummten Ruf: «Vive le roi!» ausbricht. Unter den Monarchen Europas, die zu Pferd in Frankreichs Hauptstadt einziehen, reitet ein dicker, träge aussehender Herr im bestickten Samtrock, dessen ausdrucksloses, unbedeutendes Gesicht ein riesiger Federhut beschattet. Es ist der bisherige Graf von der Provence, einer der überlebenden Brüder des enthaupteten Königs. Er wird sich Ludwig XVIII. nennen, da man den unglücklichen, kleinen, im Strudel der Revolution verschwundenen Dauphin als Ludwig XVII. gezählt hat.

Der Dauphin, Sohn Ludwigs XVI., war 1793 einem Schuster als Pflegekind übergeben worden, kurz darauf jedoch gestorben.

Am Tage nach dem Einmarsch versammelt Talleyrand den Senat. Es wird eine vorläufige Regierung mit Talleyrand an der Spitze ernannt. Die erste Maßnahme der neuen Regierung ist die Beschlußfassung über die Absetzung Napoleons als Kaiser der Franzosen und die Entbindung des Heeres vom Treueid.

An die Stelle der gestürzten Idee tritt eine neue: Talleyrand überrascht die Abgeordneten, Paris und Europa mit dem Schlagwort der «Legitimität»: Kraft der Gesetze stehe allein den Bourbonen – vertreten durch ihren Erben Ludwig XVIII. – das Anrecht auf den französischen Thron zu. Es finden sich genügend Generale – Marschall Marmont, der Günstling Napoleons, der zum Herzog von Ragusa gemacht worden ist, an der Spitze –, die sich vom Prinzip der Legitimität überzeugen lassen und ihre Truppen den neuen Gewalthabern zur Verfügung stellen.

Ludwig XVIII. (1755–1824) war während der Revolution ins Ausland geflohen und anschließend zu einem unsteten Wanderleben gezwungen gewesen.

*

Der Kaiser weilt in Schloß Fontainebleau.

Grau hängt der Himmel über dem niederen, im offenen Viereck gebauten Renaissanceschloß. Hier hat Napoleon die wenigen ruhigen Tage seiner stürmischen Laufbahn verbracht, hier geschah die Arbeit an seinem unsterblichen «Code civil». Und hier, an einem der hohen Fenster des Mittelbaues, stand er, als man Josephine hinausgeleitete, die einzige Frau, die er wirklich tief geliebt und dann der Politik geopfert hat.

Ihre Nachfolgerin, Marie Louise von Österreich, ist immer kühl und unnahbar gewesen. Auch jetzt weilt sie nicht bei ihm; sie hat es vorgezogen, sich und das ungeliebte Kind – den König von Rom – in die Sicherheit eines Loireschlosses zu flüchten. Vermutlich steht sie schon mit den Feinden in Unterhandlung, damit wenigstens ihr kaiserliches Einkommen aus dem Zusammenbruch gerettet wird.

Graf Caulaincourt, den Napoleon einst nach Rußland zu Kaiser Alexander geschickt hat, kommt aus Paris zurück, wo er einen letzten Versuch machen sollte, mit den Verbündeten zu einem Frieden zu kommen.

Alle Vorschläge Napoleons sind abgelehnt. Alexander von Rußland läßt ihm durch Graf Caulaincourt den Rat erteilen, schleunigst abzudanken.

Der Kaiser wirft sich den grauen Soldatenmantel um, eilt

die Treppe hinab und reitet, von seinen Marschällen gefolgt, zur Besichtigung zweier Gardedivisionen.

«Der Feind ist uns um drei Tagmärsche zuvorgekommen, er hat Paris besetzt. Ich habe dem Kaiser Alexander den Frieden angeboten um den Preis großer Opfer – aller unserer Siege nach der Revolution. Er hat abgelehnt. Aber ich werde ihm eine Schlacht vor Paris liefern. Seid ihr dazu bereit?»

Nach Houssaye, «1814».

Die Soldaten schwenken die Bärenmützen, sie stürmen aus Reih und Glied und umringen den Kaiser.

«Es lebe der Kaiser! Nach Paris! Nach Paris! Laßt uns auf den Ruinen von Paris enden!»

Donnernd bricht sich der Ruf der Garden an den Gebäuden. Napoleon schaut fragend auf die Marschälle, die als stumme Gruppe hinter ihm verharren.

Von dort kommt kein Widerhall. Marschall Ney macht einen hilflosen Schritt nach vorn und murmelt: «Abdankung, Sire! Es bleibt nichts anderes, als abzudanken!»

Napoleon mußte am 6. April 1814 abdanken, nachdem der Senat schon am 2. April die Abdankung ausgesprochen hatte.

Sie wissen alle, was sich in Paris ereignet hat: daß Talleyrand bereits die «Wohlmeinenden» um Ludwig XVIII. versammelt, daß die Armeegruppe des Marschalls Marmont übergelaufen ist, daß es Zeit wird, selber unter Dach zu kommen.

Bedrückt kehrt der Kaiser in seine Gemächer zurück.

Er ruft Caulaincourt und schreibt in seiner Gegenwart die Verzichterklärung:

«Da die verbündeten Mächte proklamiert haben, der Kaiser Napoleon sei das einzige Hindernis eines europäischen Friedens, so erklärt der Kaiser Napoleon, seinem Schwur getreu, daß er für sich und seine Nachkommen auf die Kronen Frankreichs und Italiens verzichtet und daß er für das Interesse Frankreichs kein persönliches Opfer für zu groß erachtet.

Fontainebleau, am 11. April 1814. Napoleon.»

Urkunde von Fontainebleau vom 11. April 1814.

Aufatmend nimmt Caulaincourt das Schriftstück in Empfang, im Vorzimmer warten die Marschälle Macdonald und Ney.

*

Noch am gleichen Tage schließen die Marschälle, Graf Caulaincourt und Staatskanzler Metternich einen Vertrag, der in seinen ersten Artikeln bestimmt:

1. Napoleon entsagt für sich und seine Nachkommen aller und jeglicher Souveränität.
2. Ihm und seiner Familie bleiben die Titel Kaiser, Kaiserin und Prinz und Prinzessin.
3. Die Insel Elba bildet unter Napoleons Souveränität ein abgesondertes Fürstentum, während der Kaiser von Frankreich alljährlich 2 Millionen Francs Rente bezieht ...
4. Die Kaiserinmutter erhält jährlich 300 000, Joseph und die Königin 500 000, Louis 200 000, Hortense und deren Kinder 400 000, Jérôme und die Königin 500 000, Elise und Pauline je 300 000 Francs.
5. Josephine soll jährlich 1 Million erhalten.

Vertrag von Paris vom 11. April 1814

Als der Kaiser von den Vertragsbestimmungen unterrichtet wird, fährt er auf.

«Was soll dieser Vertrag, der keinerlei Rücksicht auf Frankreichs Interessen nimmt? Meine Person bedarf keines Vertrages. Wenn ich kein Kriegsgefangener bin, so bedarf ich nichts weiter als eines Pferdes und täglich einen Taler ...

Nach Caulaincourt, «Souvenir du Duc de Vicences».

Aber jeder Aufruf zum Widerstand wäre hoffnungslos, das erkennt er täglich mehr. Marschall Augereau hat der Armee bereits die Eidentbindung bekanntgegeben.

«PROKLAMATION

Sr. Exz. des Marschalls Augereau an Seine Armee.

Soldaten! Der Senat als Organ des Nationalwillens, der des tyrannischen Joches Napoleon Bonapartes müde ist, hat am 2. April seine und seiner Familie Thronentsetzung ausgesprochen.

Eine neue, kräftige und liberale monarchistische Regierung und ein Sprößling unserer alten Könige treten an die Stelle Bonapartes und seines Despotismus.

Euere Dienstgrade, euere Ehren und Auszeichnungen bleiben euch gesichert ...

Soldaten, ihr seid euerer Schwüre entbunden, ihr seid es durch die Nation, als Inhaberin der Souveränität; ihr seid es auch, wenn es dessen noch bedürfte, durch die Thronentsagung des Mannes, der, nachdem er seinem unmenschlichen Ehrgeize Millionen Opfer geschlachtet hat, nicht als Soldat zu sterben wußte.

Die Nation beruft Ludwig XVIII. zum Throne. Geborener Franzose, wird er stolz auf eueren Ruhm sein und mit Freuden euere Anführer um sich versammeln ...

Laßt uns also Ludwig XVIII. und der Konstitution, die ihn uns darbietet, Treue schwören, laßt uns eine echt französische Kokarde aufpflanzen, vor der alle Embleme einer beendeten Revolution verschwinden, und bald werdet ihr im Danke eueres Königs und eueres Vaterlandes den gerechten Lohn euerer hochherzigen Anstrengungen finden.

Im Hauptquartier Valence, den 16. April 1814

Der Marschall Augereau.»

*

Noch bis zum 20. April bleibt der Kaiser in Fontainebleau, aber es wird leer um ihn. Höflinge und Generale haben es eilig, dem neuen Herrn in den Tuilerien ihre Aufwartung zu machen.

Gegen Mittag des 20. April steigt der Kaiser in seiner gewohnten grünen Uniform der Jäger zu Pferd die breiten Treppen in den Schloßhof hinunter. Er trägt den grauen Feldmantel lose um die Schulter, den Zweispitz auf dem Haupt.

Vom Schloßturm hämmert die Uhr zwölf Schläge – ein glanzloser, trüber Tag. Im Hof steht im offenen Viereck die Alte Garde. Knappe Kommandos erschallen, und tausend Veteranen präsentieren, den Blick zum Kaiser gerichtet.

Napoleon wird vorerst als Gefangener unter Bewachung fremder Kommissare nach Fréjus gebracht.

Draußen auf der Straße rollen die Wagen vor, um Napoleon abzuholen. Von der Treppe aus richtet er an die Garde ein letztes Wort.

«Ich sage euch Lebewohl! Zwanzig Jahre waren wir beisammen, und immer bin ich mit euch zufrieden gewesen, stets habe ich euch auf dem Pfade des Ruhmes getroffen. Alle Mächte Europas bewaffneten sich gegen mich; einige meiner Generale waren Verräter an ihrer Pflicht und an Frankreich: ja – Frankreich selbst hat ein anderes Schicksal gewollt!

Ich hätte mit euch und den treuen Truppen einen Bürgerkrieg beginnen können, aber Frankreich wäre unglücklich geworden. Seid nun euerem neuen König treu und den

neuen Führern untertan, verlaßt nicht euer teures Vaterland ...
Ich kann euch nicht alle umarmen, aber ich umarme eueren General. Kommen Sie, General Petit, daß ich Sie an mein Herz drücke ... Bringt mir den Adler, daß ich ihn küsse ...

Lebt wohl, meine Kinder! Stets begleiten euch meine Wünsche.»

Nach Houssaye, «1814».

Bauplatz zu einer neuen Welt

Am 30. Mai – sechs Wochen nach der Abreise des gestürzten Kaisers – ist der Friedensvertrag unterzeichnet. Mäßigung und Versöhnlichkeit haben die Verhandlungen bestimmt: Die Verbündeten erfüllen ihr Wort, daß sie nicht gegen die französische Nation, sondern gegen die Despotie Napoleons Krieg geführt haben. Frankreich erhält mit einer Vergrößerung um 8200 qkm die Grenzen von 1792. Selbst die aus den besetzten Ländern zusammengeraubten Kunstschätze verbleiben im Besitz der Franzosen. Die Mächte verzichten – unter dem Protest Preußens – auf Zurückerstattung der erpreßten Kontributionen. Nur England bedingt sich seinen Anteil an der Beute sofort aus: Es behält die Inselstützpunkte Malta und Helgoland und die von englischen Marinesoldaten «für Holland sichergestellten» holländischen Kolonien Kapland und Ceylon. Die kurze Einverleibung Hollands in den Machtbereich Napoleons hat also noch nach der Befreiung weitreichende Folgen für das Land.

Im 1. Pariser Frieden vom 30. Mai erhielt Frankreich die Grenzen von 1792, was weitgehend der Forderung nach natürlichen Grenzen entsprach.

Um die in Verwirrung gebrachte Landkarte Europas in eine neue Ordnung zu bringen und das Chaos der Nachkriegszeit durch Verfassung und System zu bändigen, soll im September des Jahres 1814 in Wien ein Kongreß aller europäischen Mächte zusammentreten.

*

Schon Anfang September sind alle Gasthäuser Wiens, die vielen kleinen und großen Palais und Stadthäuser des Adels mit erlesenen Gästen gefüllt. Jeden Tag treffen die Equipagenkolonnen der Fürstlichkeiten, Diplomaten, Thronanwärter, Generale, Bischöfe und Minister ein; was Namen und Rang hat, reist nach der schönen Donaustadt. Gelehrte, Dichter, berühmte Juristen und Journalisten, aber auch Abenteurer, Falschspieler, Gauner und internationale Diebe stellen sich ein.

Auf den altmodischen Ringstraßen, den Basteien, dem Graben und der Donaupromenande schiebt und drängt sich eine bunte Volksmenge. Wo der Schottenring zur Augartenbrücke hinüberbiegt, breiten sich Grünanlagen aus.

Hier sitzen die Wiener Bürgersfrauen, Kinderwagen stehen auf den Wiesenstreifen, das fröhliche junge Volk vergnügt sich in den sonst streng behüteten Anlagen. Neben den Frauen in Kapott- und Schutenhüten, rüschenbesetzten, volantreichen Faltenröcken und farbigen Umhangtüchern, sieht man, behaglich ihr Pfeifchen rauchend, Privatiers, Handwerksmeister und kleine Beamte, die sich wegen des Getümmels arbeitsfrei gemacht haben. Sie tragen schwere Uhrketten über den stramm gespannten Westen, die altmodischen Fracks sind taubengrau oder dunkelblau, die elegant geschweiften Zylinderhüte sitzen keck auf der Seite.

«Waschermadel» in ihren weißblau gestreiften Leinenkleidern balancieren geflochtene Körbe auf den Köpfen. Sie kichern und freuen sich, wenn einer der fremden Soldaten, ein dunkelgrün uniformierter Russe mit imponierendem Schnauzbart oder ein steifer, rotröckiger Engländer sich an ihre Fersen heften. Nur die schnell mit kecken Worten vorgehenden Preußen begegnen einiger Kühle und Ablehnung, als werfe die Politik ihren Schatten bis auf die Promenade.

Inmitten des Trubels wandelt, inkognito und im schlichten, bürgerlichen Gewande Seine Exzellenz, der Herr Geheime Staatsminister Wilhelm Freiherr von Humboldt. Er ist gestern zusammen mit dem von seinem König in den Fürstenstand erhobenen Staatskanzler Hardenberg als Mitglied der preußischen Abordnung eingetroffen. Neben ihm geht ein alter Bekannter aus der Weimarer und Berliner Zeit, Friedrich von Schlegel. Herr von Humboldt ist ein welterfahrener, weitgereister, ungemein vielseitig gebildeter Mann, – Diplomat, Archäologe und Philosoph, Gründer der neuen Berliner Universität. Seine Liebe gehört der Welt ebenso wie den Büchern und vergnügt sich in diesen Tagen gern bei einem Bummel durch das Völkergemisch von Wien. Friedrich von Schlegel dient ihm als wohlerfahrener Lotse. Der Bruder des Dichters August Wilhelm von Schlegel hat sich einen Namen als Philologe gemacht, er

Wilhelm Freiherr von Humboldt (1767–1835), in seiner Eigenschaft als Leiter des preußischen Unterrichtswesens schuf er das humanistische Gymnasium Preußens und gründete die Universität Berlin.

Friedrich von Schlegel (1772–1829) trat 1808 in den österreichischen Staatsdienst ein und nahm am Wiener Kongreß, sowie als österreichischer Legationsrat 1815–18 am Bundestag in Frankfurt teil.

hat zu Paris die indischen Sprachen studiert, er dichtet, übersetzt und schreibt kluge Abhandlungen. Seit 1809 lebt er in Wien und erfreut sich der Freundschaft des Erzherzogs Johann.

Die beiden Gelehrten werden beseitegedrängt, eine breite, mit safrangelber Seide ausgeschlagene Kutsche, die von Goldfüchsen gezogen wird, schiebt sich wie ein Schiffsbug durch die Menge. Zwei berittene Gardisten im roten Rock, mit versilberten Brustpanzern und hohen Helmen, schaffen Platz.

«Es sind Engländer», sagt Humboldt, «es ist der englische Geschäftsträger Lord Cathcart und neben ihm sein Chef, der Außenminister, der irische Lord Castlereagh!»

In den Rücksitzen der Equipage lehnen die Damen der Diplomaten. Lady Castlereagh trägt zur Erheiterung der Wiener eine recht altertümliche Mode, eine Art Reifrock, dazu eine hochgetürmte Frisur mit winzigem Hütchen, Spitzenmantille und Fächer – als wäre die Welt anno 1792 mit der Kriegserklärung Englands stehengeblieben. Schlegel weiß zu berichten, wie sich vor einigen Tagen die Gesandtschaft des unglücklichen Piemont-Sardinien bei den Engländern gemeldet habe, um für das zerrissene Italien zu bitten. Dabei habe Castlereagh trocken erwidert: «Meine Herren, Sie sehen sich in derselben Lage wie Deutschland, das den höchstgefährlichen Gedanken seiner Einheit ebenfalls begraben muß, um Europa zu dienen. Auch Italien muß um der Ruhe des Erdteils willen für immer geteilt bleiben ...»

Robert Stewart, Viscount Castlereagh (1769–1822) war 1805/06 sowie 1807–09 Kriegsminister, seit 1812 Außenminister Englands. Er gilt als der eigentliche Anführer des englischen Kampfes gegen Napoleon. Auf dem Wiener Kongreß entfernte er sich politisch jedoch von Metternich und der reaktionären Heiligen Allianz.

Friedrich Schlegel führt den Freund durch den Graben zum Diplomatengasthof, dem Hotel «Kaiserin von Österreich» zurück. Dort stauen sich die Kutschen, Vorreiter sprengen hin und her. Neben dem Portal ist ein Dutzend Gäule angebunden, hinter einer von den Stadtpolizisten mühsam aufrechterhaltenen Absperrung sieht man einige erlauchte Gäste unter der Hoteltüre stehen.

Es sind Franzosen aus Fürst Talleyrands Gefolge, ihr lebhaftes Geplauder hat die Zuschauer neugierig gemacht.

«Der uralte Herr dort, kennen Sie ihn?» fragt Schlegel seinen Begleiter.

Humboldt nickt.

«Ein Stück wiedererstandenes Rokoko!» sagte er. «Ich kenne ihn von Paris her, es ist der Fürst von Ligne, Löwe

Charles Joseph, Fürst von Ligne (1735–1814) stand mit fast allen führenden Geistern seiner Zeit in Briefwechsel, so auch mit Katharina II., Friedrich d. Gr., Goethe und Wieland.

der Salons vor der Revolution. Er verkehrte noch mit Diderot und d'Alembert wie mit Lakaien. Voltaire hätte er nicht anders behandelt. Vielleicht wundert er sich selbst, daß am Rande des Grabes seine Zeit noch einmal wiedergekommen ist.»

Am Portal verabschiedet sich Schlegel. Der Wachtposten gibt Humboldt, der seinen Diplomatenpaß zeigt, den Weg frei. Fürst von Ligne, mit zerknittertem, mumienhaftem Gesicht, aber klugen, sehr lebendigen Augen, hat Humboldt erspäht und eilt mit jugendlichem Elan auf ihn zu.

«Ah, Monsieur de Umboldt!»

Alles spricht hier französisch, auch die Verhandlungssprache auf dem Kongreß wird Französisch – die Sprache des Besiegten – sein.

Vergnügt plaudernd ziehen sich die beiden alten Freunde ins Innere des Hauses zurück.

Die neugierigen Wiener und Wienerinnen, die hälserekkend das An- und Abfahren, das Kommen und Gehen der buntuniformierten fremden und einheimischen Diplomaten und Militärs verfolgt haben, werden für ein paar Minuten durch die neueste Wiener Sensation abgelenkt. Ein «Radfahrer» auf einer «Draisine», die der badische Baron Drais erfunden hat, strampelt durch die Salzgasse. Die Wiener lachen hinter dem Mann auf der «Laufmaschine» her, der sich weit ausgreifend mit den Beinen abstößt und mit immer neuem Schwung dahinsaust.

Draisine, Vorläufer des Fahrrads, von dem badischen Forstmeister Karl von Drais erfunden. Der aus zwei durch Rahmen verbundenen Rädern bestehende Selbstfahrer diente zu schnellem Fahren; er wurde mit den Beinen angestoßen und der Schwung ausgenützt.

*

Am 18. September wird der Kongreß feierlich eröffnet. In längeren oder kürzeren Abständen folgen die Zusammenkünfte der Ausschüsse und Kommissionen. Die Wiener Bevölkerung interessiert sich indes mehr für den prunkvollen Rahmen als für das, was in den Sitzungssälen verhandelt wird.

Der Wiener Kongreß wurde offiziell am 18. September 1814 eröffnet.

In dichten Reihen stehen sie am Rennweg und an den Zufahrtsstraßen zum Belvedere, dem herrlichen Barockschloß des Prinzen Eugen von Savoyen. Am heutigen Oktoberabend gibt Staatskanzler Fürst Metternich den ersten großen Empfang für die hohen und höchsten Gäste aus allen Ländern des befreiten Europa und für die Wiener

Gesellschaft. Viele Paläste und Bürgerhäuser der Innenstadt haben festlich illuminiert. Tausende kleiner Ölflämmchen umrahmen Fenster und Toreinfahrten.

Im Belvedere selbst erhellen zahllose Kerzen in kristallenen Lüstern und Wandleuchten die prachtvollen, hohen, mit Fresken, Bildern und Statuen geschmückten Säle, die Meister Lukas Hildebrandt für den berühmtesten Feldherrn seiner Zeit geschaffen hat.

Johann Lukas von Hildebrandt (1668–1745) einer der bedeutendsten Baumeister des österreichischen Barock. Das seit 1714 erbaute Belvedere gilt als sein Meisterwerk.

In einer Loggia des großen Marmorsaales verborgen, spielen Musiker Gavotten und Menuetts für die Tanzlustigen, während die Nichttänzer plaudernd von Saal zu Saal promenieren.

Hardenberg und Humboldt beobachten, an einen Marmorkamin gelehnt, das farbenprächtige, elegante, spielerische Treiben. Den Humanisten Humboldt scheint es nachdenklich zu stimmen. Er muß an all den Schmerz und das Elend denken, das die europäische Menschheit erduldet hat, bevor man hier in Wien dieses rauschende Siegesfest feiern konnte.

«Wo haben Sie nur Ihre Gedanken?» fragt plötzlich eine freundliche Stimme neben Wilhelm von Humboldt. Ein jüngerer Herr im dunkelblauen Staatsrock ohne Orden ist herangetreten. Die beiden preußischen Minister verneigen sich tief. Sie haben den Erbprinzen von Sachsen-Weimar, Karl Friedrich, erkannt.

Der Erbprinz hat einige Sorgen. Er beklagt sich bitter darüber, daß die Großmächte über die Köpfe der kleinen Fürsten hinweg verhandeln und keinerlei Anstalten machen, deren Rechte wiederherzustellen.

«Euer Durchlaucht», entgegnet Hardenberg, der als Preuße den Weimarer für einen Bundesgenossen halten darf, «man hat zwar Napoleon besiegt – aber seine Methoden als brauchbar empfunden. Die Despotie geht weiter. Sehen Sie, da ist Österreich ...»

Österreich ist für die preußische Diplomatie das rote Tuch. Die Gegnerschaft rührt aus den Tagen Friedrichs des Großen und Maria Theresias; sie ist von neuem erwacht, seit es im Befreiungskampf zwei deutsche Großmächte gegeben hat, die nun Anspruch auf die Führung erheben. Hardenberg eröffnet ein langes Gespräch über die Hinterlist Metternichs und die tiefverwurzelte Bosheit der habsburgerischen Diplomatie.

Herr von Humboldt hört nur mit halbem Ohr zu und entnimmt seiner elfenbeingeschnitzten Tabaksdose eine duftende Prise. Dann benutzt er eine Gelegenheit, sich zu verabschieden, und verliert sich im Gewühl der Gesellschaft.

In einer Fensternische steht im Kreise französischer, russischer und bayrischer Delegierter, unter denen Wilhelm von Humboldt auch den bayrischen Kronprinzen Ludwig erkennt, der griechische Patriot Graf Capodistria aus Korfu. Der Graf berichtet von seinen patriotischen Aufrufen, die er in Griechenland und auf den ionischen Inseln heimlich verbreiten läßt, und von seiner Hoffnung, daß die Großmächte, vor allem Rußland, sich auf dem Kongreß für die Befreiung Griechenlands vom grausamen Türkenjoch einsetzen werden.

«Weiß Gott», denkt Humboldt, «niemand kann sagen, ob es hier um die Liebe zur alten Heimat der klassischen Kultur oder um den Zugang Rußlands zum Mittelmeer geht und um die Hegemonie über den ganzen Balkan. Eines scheint sicher, der Sultan wird der Leidtragende sein.»

Als Humboldt vorübergehen will, bemerkt ihn Prinz Ludwig von Bayern, tritt auf ihn zu und schüttelt ihm ostentativ die Hand, damit jedermann diese Kundgebung alldeutschen Geistes wahrnehmen möge.

Ludwig von Bayern (1786–1868), der spätere König Ludwig I.

«Ich freue mich, Sie zu sehen, Herr von Humboldt! Sie sind nicht nur die Zierde der deutschen Wissenschaft, sondern auch ein aufrechter deutscher Mann. Ach, vermöchten wir doch alle Deutschen zu gleich hoher deutscher Bewährung zu bekehren!»

Der Gelehrte verbeugt sich. Dieser von den Damen Wiens vergötterte Prinz, dessen galante Erfolge viel besprochen werden, ist der Frondeur im Verein der deutschen Kleinfürsten, der Ärger seines patriarchalischen und nur-bayrischen Vaters Max Joseph und dessen Beraters Graf Montgelas. Während die deutschen Mittel- und Kleinstaaten die größte Gefahr für ihre Selbständigkeit vor allem in der preußischen Übermacht sehen und sich darum gern von Metternich gegen Berlin einspannen lassen, denkt Prinz Ludwig alldeutsch. Er schwärmt vom alten, wiedererstandenen Reich der Teutonen und beweist es durch Bekundungen, wie er sie eben vorgeführt hat.

Frondeur, allgemein ein politisch Unzufriedener, im 17. Jh. eine Bewegung, die vom franz. Hochadel ausging und sich gegen den Absolutismus Mazarins richtete.

Das germanische Volk der Teutonen wird erstmals 345 v.Ch. von Pytheas von Massilia erwähnt.

Die großen Doppeltüren in den Seitenwänden des Marmorsaals stehen offen und geben den Blick frei in eine Flucht von Sälen und Fluren. Im berühmten Bibliothekssaal mit seinen Tausenden von Prinz Eugen gesammelten seltenen Erstausgaben, alten Wiegendrucken und Manuskripten, stehen Tische mit auserlesenen Speisen, an denen Damen der Wiener Gesellschaft bedienen.

Hier hat sich um Metternich und Talleyrand eine größere Gruppe gebildet, die dem Wortgefecht der beiden Kongreßlöwen mit belustigter Neugierde aufmerksam folgt. Talleyrand hat eine unwiderstehliche Art, sich bald schon zum Mittelpunkt der Gesellschaft zu machen. Obwohl Vertreter der unterlegenen Nation, findet er doch überall, wo er erscheint, größte Aufmerksamkeit.

«Die Damen lauschen ergötzt, wenn er ihnen mit faunischem Lächeln eine freche Bemerkung oder ein boshaftes Witzwort zuwirft; auf Fragen der Diplomatie gibt er mit unverwüstlich kaltblütigem Phlegma salbungsvolle Antwort. Unsaubere Gewohnheiten, die man bei jedem anderen plebejisch genannt hätte, gelten bei ihm als originell, der vornehme Herr aus dem uralten Hause der Fürsten von Perigord, das Orakel aller Feinschmecker des Weltteils, der gründlichste Kenner der Höfe, gibt sich selbst die Gesetze des guten Tones ...»

Aus Treitschke, «Deutsche Geschichte».

«Sie können mir ruhig glauben, Messieurs», sagt Talleyrand, «ich habe stets die Erfahrung gemacht, daß noch jedes System, von dem ich mich abwandte, bald nachher zusammenbrach.»

Fürst Metternich hebt sein Kristallglas mit goldrotem Tokajer zu einem ironischen Trinkspruch:

«Ich gratuliere dem Kongreß, daß er Fürst Talleyrand an seinen Tischen sieht! Es stände schlecht um den Kongreß, wenn Herr Talleyrand verschwände.»

Man lacht und stößt mit den Kelchen an.

Die Erwiderung Talleyrands läßt nicht auf sich warten.

«Ich will Ihnen gerne behilflich sein, den Kongreß zusammenzuhalten, lieber Fürst, aber tun auch Sie mir etwas zuliebe: Entfernen Sie den Menschen aus Neapel, das wäre mir eine große Beruhigung. Sorgen Sie auch bitte dafür, daß man nicht alle Kleinen verschlingt. Lassen Sie etwas von Polen und Sachsen übrig. Ich bin diese Großmut den ehemaligen Verbündeten Frankreichs schuldig.»

Gemeint ist Joachim Murat, Napoleons Schwager, als Joachim I. seit 1808 König von Neapel, dessen Namen Talleyrand niemals aussprach.

«Sprechen Sie mit den preußischen Herren darüber, Fürst!»

Eine Kopfbewegung Metternichs deutet zum Portal der Bibliothek, an dem eben die preußischen Geheimräte – die Herren Stägemann, Jordan und Hoffmann – aufgetaucht sind. Sie haben den österreichischen Publizisten und Staatsmann Friedrich Gentz in ein Gespräch verwickelt. Wie sie sich in den Sitzungen der Ausschüsse mit deutscher Gründlichkeit auf Berge von Statistiken, Tabellen und Diagrammen stützen, so haben sie gewiß auch jetzt wieder ein verzwicktes Problem angeschnitten und beweisen mit endlosen Zahlen, daß irgendein Dorf entschieden zu Preußen gehört.

Friedrich von Gentz (1764–1832), der politische Schriftsteller stand seit 1786 im preußischen, seit 1802 im österreichischen Staatsdienst.

«Bleiben Sie mir mit den preußischen Statistiken vom Leibe!», ruft Talleyrand. «Wer sind denn diese Leute, die überall die Köpfe zählen und ihre eigenen darüber verlieren?»

In diesem Augenblick meldet ein junger Attaché der Staatskanzlei dem Staatskanzler die unmittelbar bevorstehende Ankunft des Zaren, des Königs von Preußen und den Königs von Bayern, des Schwiegervaters des Kaisers Franz. Metternich begibt sich mit den Herren seines Kabinetts in die Eingangshalle des Schlosses, um die Majestäten zu erwarten.

Auf der Freitreppe des Belvedere wird Metternich von Hardenberg angesprochen. Während die Herren auf die Annäherung der Wagenkolonne warten, die, von Fackelreitern begleitet, soeben durch die Parkchaussee rollt, kommen sie auf den Streitgegenstand des verflossenen Verhandlungstages zurück.

Es geht um zwei Hauptprobleme: um die Wiedererrichtung des unglücklichen Königreichs Polen, der sich vor allem das nimmersatte Rußland, unterstützt von Preußen, widersetzt, und um das Schicksal des Rheinbundstaates Sachsen, das bis zuletzt auf französischer Seite ausgehalten hat. Der König von Sachsen wird zur Zeit als Staatsgefangener in Preßburg festgehalten.

Die bisherigen Besprechungen haben gezeigt, daß es Österreich und England vor allem um die Herstellung des vernünftigen Gleichgewichtes in Europa geht. Sie wollen weder Rußland nach Mitteleuropa vordringen noch Preußens Macht übermäßig anwachsen lassen. Frankreich, das sich durch Talleyrands Geschick bereits zur fünften Großmacht emporgekämpft hat, unterstützt Englands und Österreichs Standpunkt, der ihm Chancen zu neuer Entfaltung bietet und zudem gegen seine erbittertsten Feinde gerichtet ist.

Unlösbar scheinen die Gegensätze vor allem hinsichtlich der Frage, ob Sachsen von Preußen verschluckt oder ob das Königreich wiederaufgerichtet werden soll.

«Es ist mir klar», sagt Metternich, «daß Preußen für seine besonderen Opfer und Leistungen während des Krieges entschädigt werden soll. Aber, mein lieber Hardenberg, muß es denn der Zankapfel Sachsen sein? Talleyrand sagt mit Recht, daß dies eine Angelegenheit aller Könige Europas sei. Kann man nicht gewisse Kompensationen finden: die nebensächlichen Fürstentümer etwa, zum Beispiel den Anachronismus Reuß? Was sollen diese Duodezfürsten? Mögen sie als Privatleute leben! Das sind keine Souveräne und dürfen es nicht wieder werden. Schlagen Sie Reuß, schlagen Sie einige andere Gebiete dieser Kategorie zu Preußen, wir werden dann einen Modus finden ...»

Ein Duodezfürst ist der Herrscher eines unbedeutenden Ländchens.

«Rußland wird ein gewichtiges Wort mitreden wollen», entgegnet Hardenberg.

Metternich faßt den preußischen Staatsmann freundschaftlich unter dem Arm und blickt ihn an. Sein Ton ist beinahe beschwörend.

«Hardenberg! Freund! Sie sind ein guter Deutscher, ein Europäer wie ich! Man muß Rußland in Asien halten, es wächst wie eine Pest über den Osten des Erdteils: Denken Sie an Ostpreußen ...»

«Mir kommt es so vor», erwidert Hardenberg bitter, «als dächten Durchlaucht mehr an die slawischen Gebiete Österreichs, ich glaube, Preußen dient Ihnen nur als Vorwand.»

Doch Metternich scheint schon nicht mehr hinzuhören. Er beschäftigt sich mit dem Gedanken, welche Machtmittel eine Koalition England-Österreich-Frankreich gegen Preußen-Rußland einzusetzen hätte. Mit Bayern, Württemberg und den meisten deutschen Kleinstaaten könne man wohl rechnen, da sie mehr Angst vor Preußen hätten als vor dem Kaiserhaus.

Metternich entschuldigt sich bei dem preußischen Staatskanzler und gibt den Feuerwerkern das Zeichen; kurz danach zischen rote, blaue, grüne und gelbe Flammengarben hinter dem Sommerpalais zum Nachthimmel empor, Kaskaden und Raketen rauschen und leuchten. Eine versteckte Batterie schießt Salut, und bengalisches Licht übergießt die Fassade des Schlosses.

Zar Alexander fährt in offener Kutsche vor. Der immer noch jugendliche und gut aussehende Zar grüßt leutselig nach allen Seiten. Metternich wendet sich an den holländischen Diplomaten Hans von Gagern, der an seine Seite getreten ist.

Hans Freiherr von Gagern (1766–1852) war während der Zeit des Rheinbundes einer der entschiedensten Gegner Napoleons.

«Sehen Sie nur, wie sich der Zar wieder als Weltheiland und Beglücker spreizt! Welch widerliche Komödie, wenn man weiß, daß er nur daran denkt, die halbe Welt zu verspeisen!»

«Durchlaucht! Es wird Ihnen nicht unbekannt sein, daß Diplomatie manchmal eine eklige Sache für wahrhaftige Gemüter ist!»

*

Das Aufleuchten des Feuerwerks auf dem Belvederehügel ist über ganz Wien zu sehen. Das Volk feiert, da die Herbstnacht milde und klar ist, zur selben Stunde im Prater. In die Drehorgelmusik der Schiffsschaukeln mischt sich das Geknirsch des Riesenrades und das Spiel der Kapellen auf den Tanzböden und erzeugt jene Stimmung herzhafter Gemütlichkeit, für die Wien berühmt ist.

Belvedere, das von Hildebrandt geschaffene Sommerpalais für den Prinzen Eugen.

Unter künstlich aufgerichteten Laubenbogen sind Bretterböden ausgelegt, ein paar Geiger, Trompeter und Flötisten thronen auf dem Podium, während die Waschermadeln, die Zofen, jungen Bürgerfrauen und Lehrmädchen mit den Kaufmannskommis, den Handwerkergesellen, Soldaten und Kleinbürgern über die gewachste Fläche tanzen. Im Prater spielt man keine altertümlichen Menuette oder Gavotten; die Geiger fiedeln im Dreivierteltakt des Ländlers oder sie spielen gar den neuen, revolutionären «Geschwindwalzer».

Unter den Linden nahe den Schießständen spielen ein paar ganz kleine Knirpse zum Tanz: Das ist der vierzehnjährige Joseph Lanner, der die Violine wie ein Alter handhabt, ein Bub aus der Wiener Vorstadt Döbling; noch kleiner als er ist sein Freund, der schwarzhaarige, tempera-

Johann Strauß (1804–1849) wurde als Komponist des Radetzkymarsches bekannt.

mentvolle Johann Strauß, der es ihm an Temperament und Geschick gleichtut. Die Wiener schauen wohlwollend auf ihre tüchtigen Buben; wenn die beiden mit gezogenen Mützen sammeln kommen, dann fallen die Kreuzer klingend hinein.

Franz Grillparzer (1791–1872) war 1813 nach Abschluß seines Jurastudiums Beamter geworden. 1818–23 wurde er nebenher zum Theaterdichter des Burgtheaters ernannt.

Schweigsam und durch all den Lärm bedrückt, sitzt der vierundzwanzigjährige Franz Grillparzer mit den drei Schwestern Fröhlich im schattigsten Winkel der Laube. Er ist ein seltsamer Kauz, der die Menschen sehr genau kennt, aber ihre Berührung beinahe fürchtet. Vielleicht ist an seiner schwermütigen Seelenstimmung die harte Jugend schuld, die ihn als Sohn eines armen Advokaten kümmerlich aufwachsen ließ. Der Vater starb, als Franz eben achtzehn Jahre geworden war, er ließ den Sohn mit der zu religiöser Schwärmerei und Melancholie neigenden Mutter und den unversorgten Geschwistern zurück.

Ein dickbäuchiger, durch den Wein redselig gewordener Wiener mit schiefsitzendem, kariertem Zylinder läßt sich neben ihm nieder, legt ihm die schwere Hand auf die Schulter und hält ihm ein zerlesenes Zeitungsblatt vors Gesicht.

«Sie entschuldigen schon, Herr Nachbar, aber Sie machen so einen studierten Eindruck. Da werden Sie mir dies hier ein wenig ausdeutschen können. Ich hab's von einem Ausländer gekriegt, es war ein Bayer oder gar ein Preuß. Aber ich begreif' davon nichts.»

«Der Herr ist der Herr Konzeptionspraktikant Grillparzer», sagt die nette Kathi Fröhlich beschützend und schiebt die Hand des Zutraulichen von Franzens Schulter. «Der Herr ist in der kaiserlich-königlichen Hofbibliothek tätig, er ist freilich studiert und wohlunterrichtet.»

«Dann ist's ja gut! Da lesen Sie, Herr Baron!»

Joseph von Görres (1776–1848) gab seit Anfang 1814 den «Rheinischen Merkur» heraus, die erste große politische Zeitung, von Napoleon die «Fünfte Großmacht» genannt.

Die Zeitung ist der «Rheinische Merkur» – eine neugegründete, politische Zeitung, die seit einem Jahr in Koblenz von dem Publizisten und Gelehrten Joseph Görres herausgegeben wird. Rheinische Besucher des Kongresses verbreiten das Blatt, das Napoleon «die fünfte Großmacht» genannt hat und das nun all seine Wortgewalt für die Ideen der Freiheit, der Erneuerung, der Einheit und des Deutschtums ins Feld führt.

Die Stelle, die dem Fremden Kopfzerbrechen macht, steht in Sperrdruck auf der ersten Seite:

«Der gute Wiener Kongreß gleicht einem Jahrmarkt in einer kleinen Stadt, wo ein jeder sein Vieh hintreibt, es zu verkaufen oder zu vertauschen.»

Aus dem «Reinischen Merkur», Oktober 1815.

Dann wird die Art und Weise kritisiert, in der die Diplomaten Land und Leute aufteilen, um nur ja keine Übermacht aufkommen zu lassen. Es heißt dort:

«Ein deutscher Bund mit Österreich und den noch unbekehrten Vasallen Bonapartes kann nichts anderes sein, als die verewigte Anarchie; ein Italien mit Österreich, mit dem Papste, den Bourbonen und den Erzherzögen muß in kläglicher Ohnmacht verharren ...»

Franz Grillparzer legt die Zeitung beiseite und sucht dem ehrfürchtig lauschenden Nachbarn das Geheimnis der Politik zu verdeutschen. Aber er hat wenig Glück, die Gesichter der herzugetretenen Weintrinker zeugen von wenig Verständnis. Schließlich schleppt einer der Gäste einen schmalbrüstigen, wuschelköpfigen Jüngling heran, der hinter scharfen Brillengläsern mit großen Augen in die Welt schaut.

«Da haben wir den Schulgehilfen von Lichtenthal, den Schubert Franzl!» schreit der Fiaker, der ihn von seinem bescheidenen Plätzchen im Hintergrund herbeigezerrt hat. «Ein Schullehrer weiß doch alles!»

«Ja, über die Musik!» wehrt sich Schubert lachend, «aber gar nichts von Politik!»

Die Bürger umringen Schubert und – weil sie von dem Lichtenthaler Fiaker nun wissen, daß sie es mit einem Musikus zu tun haben – nötigen ihn an das altertümliche Spinett, das der Wirt auf einem Podium stehen hat.

«Spiel uns auf, Franzl! Sing ein Lied!»

Franz Schubert (1797–1828) wurde 1808 als Sopranist in die Hofkapelle aufgenommen. 1818 machte er sich selbständig und widmete sich ganz der Musik, wobei er als Musiklehrer der Familie Esterházy Zelesz (Ungarn) tätig war.

Aufgeregt putzt der blasse Schulgehilfe seine Brillengläser. Er hat zwar unter Salieri im Konvikt und auch im Lichtenthaler Kirchenchor schon als Solist gewirkt, aber das ist doch etwas anderes, als so überstürzt ans Licht gezogen zu werden.

Doch dann verbeugt er sich steif, setzt sich ans Spinett und sagt über die Achsel zurück: «Ich sing euch den ‹Erlkönig› – Gedicht von Johann Wolfgang von Goethe, komponiert von mir selber.»

Das ist dem sehr musikalischen Grillparzer zu viel. Wie kommt dieser Schulgehilfe dazu, Gedichte des Höchsten und Größten unter den Dichtern zu vertonen? Verärgert wirft er einige Münzen auf den Tisch und verläßt, gefolgt von den drei sehr verschüchterten Schwestern Fröhlich die Laube.

Oben auf dem Belvedereberg verglüht der letzte Rest des bengalischen Feuers.

*

Die eigentlichen politischen Verhandlungen des Kongresses spielen sich weniger in den seltenen Zusammenkünften der Monarchen oder Staatsminister, in den Unterausschüssen und Kommissionen ab; sie werden vor allem auf gesellschaftlicher Ebene geführt. Sympathien, persönliche Freundschaften oder Haßgefühle der Diplomaten entscheiden über das Schicksal der verschacherten Länder. Die neue Verfassung des Deutschen Bundes oder die Konstruktion des von Metternich mit fast religiöser Inbrunst angestrebten europäischen Gleichgewichts sind Ergebnisse endloser Kompromisse und dunkler Einflüsse.

«Die bedeutsamsten Angelegenheiten werden durch einfachen Schriftwechsel, in geheimen Separatkonferenzen, hinter den verschlossenen Türen der Kabinette abgehandelt ... der Kongreß als solcher tritt eigentlich erst in seiner Schlußakte ins Leben ... selbst das Komitee der Acht (Österreich, England, Preußen, Rußland, Frankreich, Portugal, Spanien und Schweden) versammelt sich höchst selten und fast ohne Erfolg ...»

Nach Friedrich Gentz, «Briefe».

Friedrich Gentz, die rechte Hand Metternichs, nimmt allein in den Monaten November und Dezember 1814 48 000 Gulden Bestechungsgelder, davon 24 000 aus der Hand Talleyrands, der mit Geld und Geschick Frankreich langsam aber sicher aus der Rolle eines Besiegten zum vollberechtigten und gewichtigen Mitglied des Kongresses emporgehoben hat. Das Intrigenspiel, das die Wiedereinsetzung Ferdinands IV. als König von Neapel begleitet, bringt dem Fürsten Metternich eine Gutsherrschaft mit 60 000 Franken Jahreseinnahme ein. Frankfurt opfert durch Rat Schlosser 10 000 Dukaten in die Metternichsche Schatulle, um seine Wiederherstellung als Freie Reichsstadt zu erreichen.

Ferdinand IV. (1751–1825) hatte das festländische Neapel 1805–14 an die Franzosen verloren. In der Revolution von 1820 mußte er eine Verfassung gewähren, 1821 stellte er aber den Absolutismus wieder her.

Eigennutz, politische Kurzsichtigkeit, Mißgunst und immer wieder Metternichs Streben nach Ausgleich zimmern am Gerüst eines neuen Europa. Für den Rheinländer Metternich, der Österreichs Kanzler ist, hat «Europa den Wert eines Vaterlandes». Den Kontinent im Gleichgewicht zu erhalten, ist sein «Apostolat». Mit Recht nennen ihn seine Feinde spöttisch den «Comte de la Balance». Der neue, aus 39 Staaten zusammengeflickte «Deutsche Bund» wird nur ein Zwittergebilde – ein «völkerrechtlicher Verein» – nicht aber ein lebensfähiger Organismus. Im Herzen dieses Bundes rumort von Anfang an der eifersüchtige Dualismus von Preußen und Österreich.

Ein durch die Wiener Bundesakte begründeter Zusammenschluß der souveränen deutschen Einzelstaaten (35 Fürsten, 4 freie Städte), die mit bevollmächtigten Gesandten auf dem Frankfurter Bundestag unter österreichischem Vorsitz vertreten waren. Der Bund bestand bis 1866.

*

Nach der Jahreswende verdüstern sich die Sterne des Kongresses. Die sächsische und die polnische Frage scheinen unlösbar. Immer deutlicher werden die beiden Mächtegruppen West gegen Ost.

Während die alten Kontinentalmächte Frankreich und Österreich, unterstützt von England, den Ausgleich der Kräfte anstreben und vor allem das weitere, gefährlich werdende Anschwellen der russischen Einflußsphären verhindern und auch Preußen nicht hochkommen lassen wollen, sind Rußland und Preußen rücksichtslos auf Länderzuwachs durch Annexionen versessen. St. Petersburg will große Teile Polens verschlingen, Berlin möchte ganz Sachsen behalten.

Aus Elba aber kommen, durch Spitzel und Agenten kolportiert, alarmierende Nachrichten. Der gestürzte Titan, um dessen Erbe die Staatsmänner hadern, trägt sich mit irgendwelchen dunklen Plänen.

Hundert Tage

Napoleon hatte die Insel Elba als Souverän mit dem Kaisertitel erhalten.

Ringsum läuft das blaue Meer in die Weite, ein paar Inselchen sind darüber hingestreut. Hoch spannt sich ein seidiger Himmel über Elba.

Monoton schlägt die Flut an die weißgrauen Klippen. An den Ufern entlang den Buchten stehen Pinien mit weitausladenden Kronen. Von den sanften Höhen ziehen sich Weingärten und silbergraue Olivenhaine herab. Auf der gewundenen Straße wandern Maultiertreiber gegen den kleinen Hafen Porto Ferrajo, dessen würfelförmige Häuser sich, amphitheatralisch ansteigend, um das eingeschnittene Meeresbecken gruppieren. Fischerboote – buntbemalte, winzige Kähne mit braunen Segeln – schaukeln auf der Reede. Am Kai liegen ein paar Handelsschiffe und eine vornehme englische Jacht, an deren Bord die Bronzekanonen glänzen.

Über die Hafenstraße marschiert eine Abteilung grünuniformierter Jäger unter Gewehr, es ist die Ablösung für die Besatzung des kleinen Forts auf der Felsenanhöhe. Man muß in Elba wachsam gegen die algerischen Korsaren sein, die trotz aller Aufmerksamkeit englischer Geschwader manchmal bis in die italienischen Gewässer vorzustoßen wagen.

Die Obstverkäufer, Fischhändler und Besitzer der bunten Basare am Hafen blicken der französischen Wachkompanie freundlich nach. Der Aufenthalt des gestürzten Kaisers hat Leben und Handel auf die Insel gebracht. In Porto Ferrajo hat man eine neue Schule und ein Krankenhaus bauen können, die Straßen sind verbessert und der Hafen vertieft worden. Überall wird gearbeitet, seit Napoleon Herr des Inselreiches geworden ist. Sogar die Fischer auf den kleinen Nebeninseln Pianosa, Palmajola, Cerboli und Monte Christo spüren seine ordnende Hand. Man hat versucht, ihnen neben der Fischerei und der gewohnten Ausbeutung der Salinen die Zucht von Seidenraupen und moderne Methoden der Feldbestellung beizubringen.

Die Matrosen der kleinen französischen Handelsschiffe, die in Porto Ferrajo festgemacht haben, schlendern über den Kai, kaufen Melonen, sitzen unter den Markisen der Schenken oder lehnen rauchend am Geländer des Hafenbeckens. Einer von ihnen biegt in eine der schattigen Straßenschluchten ein, die von mehreren Reihen Wäsche überspannt sind.

Als der Matrose sich außer Sichtweite der Kameraden weiß, beschleunigt er den Schritt, durchquert mehrere Gassen und schlägt dann die Richtung auf den Monte Capana ein, vor dem der Musterhof Napoleons liegt.

*

Der Landsitz San Martino schmiegt sich in eine sanfte Mulde und ist von Gärten umgeben, in denen noch einige späte Herbstblumen blühen.

Auf hohem Mast flattert die Trikolore mit dem «N» und der Kaiserkrone. Vor der Veranda und dem von Säulen umgebenen Portal stehen stumm wie Standbilder Doppelposten der alten Garde.

Der als Matrose verkleidete Bote betrachtet lange Zeit das Landhaus. Die Weltabgeschiedenheit des einzigen Besitzes, der dem Kaiser des Abendlandes geblieben ist, ergreift ihn. Für ihn ist es heiliger Boden, auf dem er geht, dies Haus ist ihm der Tempel, zu dem jeder Franzose und jeder Europäer pilgern sollte.

*

Der Kaiser hatte Besuch. Lord Campbell, Gesandter Seiner Britischen Majestät, weilt als Gast beim Souverän von Elba. In dem Salon, in dem sie sich gegenübersitzen, ziehen verwitterte Adlerstandarten, einige russische Ikonen und mehrere ägyptische Statuetten die Augen auf sich.

Lord Campbell war keineswegs nur der Gast Napoleons, er war vielmehr als englischer Kommissar zur Überwachung des Kaisers abkommandiert worden.

Napoleon hat an Leibesumfang zugenommen, sein Körper scheint aufgequollen, die Gesichtsfarbe ist ungesund und gelblich, die schwarze Haarsträhne klebt feucht in der Stirn. Er trägt weiße Beinkleider und eine weiße Weste, der grüne Feldrock ist geöffnet, der Hausherr hat den rechten Arm lässig über die Stuhllehne geschoben.

«Seien Sie beruhigt, Mylord ... Ich lebe hier wie ein Friedensrichter. Es gibt keinen Kaiser Napoleon mehr; ich bin nichts und denke an nichts mehr als an meine kleine Insel, nichts beschäftigt mich außer meiner Familie, meinem Häuschen, meinen Maultieren ...»

Nach Hussaye, «Histoire de la chute du premier empire».

Der lange, hagere Schotte im karierten Anzug mit hohem, modischem Kragen blickt zweifelnd auf. Er reicht dem Kaiser ein Zeitungsblatt.

«Das schickt Ihnen Ihre Freundin, Lady Holland, Sire! Studieren Sie es aufmerksam!»

Napoleon überfliegt die rotangestrichene Meldung auf der ersten Seite der «Times».

Die Zeitung berichtet über den Verlauf des Wiener Kongresses und zitiert einige Aussprüche des französischen Außenministers, Fürst Talleyrand, der auf die Gefahr hinweist, die nach wie vor von Kaiser Napoleon drohe. Nach Talleyrands Ansicht wird Europa vom Schatten des Titanen erst dann befreit sein, wenn er weit im Atlantischen Ozean begraben ist, wenn ihn tausend Meilen Meer umfangen halten.

Auf dem Wiener Kongreß war die Rede davon, den Kaiser auf die Azoren, die englischen Antillen oder schließlich nach Sankt Helena zu verbannen.

Der Kaiser blickt mit dunkelflammenden Augen in das unbewegte Gesicht des Lords. Er ist aufgesprungen, schlägt mit den geballten Fäusten gegen die Brust.

«Man will mich umbringen – gut, es sei! Ich bin Soldat ... ich werde meine Brust selber darbieten, aber ich will nicht verschleppt werden ...»

Hussaye, «Histoire etc.»

Der Lord erhebt sich.

«Das war es, Sire, was ich Ihnen mitzuteilen hatte. Erlauben Sie mir, mich zu empfehlen.»

Doch der Kaiser hält ihn zurück, dankt für die ritterliche Geste Lady Hollands. Ein weicher Zug geht über sein Gesicht.

«Sagen Sie, Mylord, was wissen Sie von der Kaiserin und dem König von Rom?»

Die Verbündeten haben Napoleon nicht erlaubt, vor der Abfahrt seine Gemahlin und sein geliebtes Kind wiederzusehen; er verzehrt sich in Sehnsucht nach ihnen, obwohl Marie Louise keinerlei Anstrengungen gemacht hat, sich mit dem Gestürzten in Verbindung zu setzen. Erschüttert hat ihn auch das Schicksal Josephines, die vor kurzem ganz plötzlich gestorben ist. Sie ist vor den anrückenden Kosaken aus Malmaison geflohen, kehrte dann aber, nach Beruhigung der Lage, zurück und öffnete ihre Salons für die Sieger.

Am 22. Mai zog sie sich eine Erkältung zu, trotzdem tanzte sie die ganze Nacht mit dem Kaiser von Rußland und dem König von Preußen, lief im leichten Kleid in den Park, um sich abzukühlen. Anderntags lag sie mit hohem Fieber zu Bett, einige Tage später war sie tot.

Josephine starb am 29. Mai 1814.

Nun gilt Napoleons ganze Sorge dem «kleinen König von Rom», Napoleon II., den er nicht sehen darf – und seiner Gemahlin.

Lord Campbell ist durch die Frage des Kaisers in Verlegenheit gebracht. Er kennt das Schicksal Marie Louises und das Los des kleinen «Königs von Rom», aber es ist schwer, die Tatsachen in Worte zu fassen.

Die Kaiserin hat die Fürstentümer Parma und Piacenza als Pfründe erhalten, lebt jedoch in Wien, verliebt in ihren Obersthofmeister, den Grafen Albrecht Neipperg. Den dreijährigen Sohn hat der Großvater, Kaiser Franz, zu sich auf das Schloß Schönbrunn genommen. Er soll, seine Herkunft vergessend, als österreichischer Herzog von Reichstadt heranwachsen.

Marie Louise wird den Grafen Neipperg 1821 heiraten.

«Ihre Majestät», sagt Lord Campbell ausweichend, «befinden sich wohl, ebenso der ‹König von Rom›».

Napoleon blickt den Besucher unsicher an, als ahne er, was in der Ferne vor sich gehe.

«Man hat mich meiner Familie beraubt, Mylord! So nahm man im Altertum den Besiegten die Kinder weg, um den Triumph der Sieger zu verherrlichen ...»

Nach Lacour-Gayet, «Histoire etc.»

*

«Sie sind Fleury de Chaboulon, der Auditeur des Staatsrates», sagt Napoelon, als kurze Zeit später der «Matrose» vor ihn geführt wird. Er hat den ehemaligen Senator auch in der Verkleidung sogleich erkannt.

Unter Tränen küßt der Senator die Hand des Kaisers, aber Napoleon wehrt ab und führt ihn zu einem Lehnstuhl.

«Berichten Sie, Monsieur!»

«Marschall Berthier, der Stabschef, schickt mich, Sire. Frankreichs Armee und Volk senden mich zu ihrem Kaiser. Es gibt keinen anderen Souverän für uns als Napoleon I.»

Auf den Hinweis, die Franzosen sehnten sich nach ihrem Kaiser zurück, soll er geantwortet haben: «Wenn sie mich so lieben, sollen sie mich holen.»

Was Senator de Chaboulon weiter zu berichten hat, ist wenig erfreulich. Die wiedereingesetzten Bourbonen haben nichts gelernt und nichts vergessen. Sie haben die Regierung dort wieder aufgenommen, wo sie mit dem Sturz Ludwigs XVI. abgebrochen worden war.

Was nützt die zur Beruhigung der Nation im ersten Versöhnungsrausch gnädigst gewährte «Charte», eine verwaschene Verfassung ohne wirksamen Schutz der in zwanzig Revolutionsjahren mühsam erkämpften Volksrechte? Es ist ein Nichts gegenüber der lawinenhaft anwachsenden Reaktion. Der Bruder des Königs, der Graf von Artois, und seine Schwiegertochter, die Herzogin von Angoulême, die verbitterte Tochter des hingerichteten Königs, beeinflussen die schwache Regierung im unheilvollsten Sinne. Alle Erinnerungen an Revolution, Freiheit, Bürgerrecht und Napoleonische Zeit sind ausgetilgt, auch die dreifarbige Kokarde ist abgeschafft.

Es ist zwar zu Meutereien der Truppen gekommen, als die Trikolore eingeholt und das verhaßte weiße Königsbanner, Zeichen der Rückkehr in das Zeitalter der absoluten Monarchie, aufgezogen wurde; aber der König hat die alten Garderegimenter aufgelöst, um weiteren Schwierigkeiten zu entgehen.

Man spricht offen von der Rückerstattung der Nationalgüter, all jener Länder und Besitztümer, die die Revolution zugunsten des Staats eingezogen hat. Insgeheim verhandelt der Kronrat über die Wiederaufrichtung der feudalen Privilegien, die Einführung der alten Zehnten und der adeligen Gerichtsbarkeit, vielleicht sogar der Leibeigenschaft. Die Nation hat nur eine Hoffnung: Napoleon.

«Der Kaiser ist tot, mein Freund», erwidert Napoleon. «Ich bin ein machtloser Souverän über sieben Quadratmeilen Inselland.»

«Sie sind der Bannerträger der Freiheit, Sire! Nach den Friedensschlüssen sind mehr als hunderttausend alte Soldaten aus der Gefangenschaft heimgekehrt. Sie alle sind feurige Bonapartisten, sie sind die unsichtbare Armee Eurer Majestät.»

«Zum Kriegführen, mein Lieber, braucht man Geld. Ludwig XVIII. ist mir wohlweislich die zustehenden zwei Millionen meiner Zivilliste bis dato schuldig geblieben.

Zivilliste, das damals gebräuchliche Wort für Pension.

Christian Friedrich Hansen: Frauenkirche in Kopenhagen. Innenraum mit Skulpturenschmuck von Bertel Thorwaldsen. 1811–1829 . Lithographie von A. Nay nach einer Zeichnung von Heinrich Hansen. (Königliche Bibliothek, Kopenhagen.) (35)

Lord Byron (1788–1824), englischer Lyriker und Dramatiker, dessen Werke zur Weltliteratur gehören («Ritter Haralds Pilgerfahrt», «Don Juan», «Kain».) (36)

Thomas Hopper: The Conservatory, dreischiffige Halle im Carlton House. 1811/12. Zeitgenössischer Stich nach einer Zeichnung von C. Wild. (37)

William Rush: Bildnisbüste Benjamin Franklins. Um 1800. Holz, Höhe 53,5 cm. (Yale University Art Gallery, New Haven.) (38)

Ich lebe von den paar Zöllen, Fischereirechten und Steuern, die mir die zehntausend Einwohner Elbas einbringen.»

«Eure Majestät werden den letzten Spargroschen Frankreichs haben. Wir sind eine stolze Nation, die alles erträgt, nur nicht den Verlust von Ehre und Freiheit.»

Der Kaiser geht in schweren Gedanken durch das Zimmer. Der Senator spielt einen weiteren Trumpf aus.

«Sire: Fouché hat kürzlich geäußert, Napoleon auf Elba ist für Europa dasselbe, was für Neapel der Vesuv ist ... Und andere sagen: ‹Es ist ein großer Fehler, daß man Bonaparte am Leben gelassen hat; solange er nicht sechs Fuß tief unter der Erde liegt, kann man nicht ruhig schlafen ...›

Nach Thibaudeau, «Histoire générale de Napoléon Bonaparte», 1827.

Denken Sie daran, Sire, wie leicht läßt sich mit Gift oder Dolch die Ruhe der Bourbonen erkaufen! Könnte es nicht möglich sein, daß algerische Piraten die Insel überfallen und das Werk Englands vollenden? Sie müssen handeln, Sire, um sich und Frankreich zu retten.»

*

Geld wird ihm vom Schicksal zugespielt. Die leichtsinnigste und doch liebenswürdigste seiner Schwestern, Prinzessin Pauline Borghese, verkauft ihren Schmuck, verpfändet ihr Vermögen und sendet die aufgebrachten Summen an den Bruder. Und eines Tages landet mit einem kleinen Fischerboot eine andere, schon fast vergessene Frau in Porto Ferraio: Maria Walewska.

Die besten Waffen, die Napoleon mitführt, sind wohl die in Porto Ferraio gedruckten Proklamationen an das französische Volk.

Sie bringt dem Kaiser seinen fünfjährigen Sohn Alexander. Von allen Frauen hat sie ihn am selbstlosesten und reinsten geliebt, nie war sie vom Glanz der Krone und des Ruhmes verblendet worden. Die einzige Bitte, die sie an den Kaiser herangetragen, war die um die Freiheit ihres unglücklichen Vaterlandes Polen.

Maria Walewska trägt den Todeskeim in sich. Die Lungenschwindsucht wühlt in ihrem Körper.

Es ist ihr unausgesprochener Wunsch, mit Napoleon die Verbannung zu teilen, das Ende an seiner Seite zu erwarten. Aber der Gestürzte ist schon wieder in das unlösbare Netz der Politik verstrickt. Seine Stunde wird kommen, wenn die Bourbonen abgewirtschaftet haben, wenn die

Nation ihn ruft. Wie dürfte er sich in diesem Augenblick an eine Geliebte ketten!

Maria zeigt dem Kaiser den kleinen Alexander. Als er im Drang seiner Pläne selbst für das Kind kaum Interesse bekundet, als er sie begierig nach den letzten Meldungen aus Wien befragt und mit Genugtuung von den wachsenden Spannungen zwischen Frankreich, England und Österreich und der Trübung des Verhältnisses Preußen-Rußland hört, begreift sie auch dies: daß der Kaiser entschlossen ist, das große Würfelspiel der Macht noch einmal zu wagen.

Ohne ein Wort nimmt sie ihr einziges Besitztum, den kostbaren Brillantschmuck, den ihr der Kaiser in besseren Tagen geschenkt hat und legt ihn vor ihm nieder. Dann geht sie mit ihrem Sohn zum Hafen, das Segelboot, auf dem sie gekommen ist, bringt sie nach Livorno zurück.

*

Ende Februar befiehlt Napoleon, Schiffe zu chartern und mit einem Anstrich zu versehen, der sie mit englischen Kreuzern verwechseln läßt. Fieberhaft bereiten sich die Getreuen auf das Abenteuer vor, die Garden, die Jäger und Gendarmen sind alarmbereit. In der Nacht zum 26. Februar zieht ein schweigender Zug die Bergstraße nach Porto Ferrajo hinab: 600 alte Gardisten, 400 korsische Jäger und 100 polnische Ulanen. Der Kaiser reitet auf seinem Schimmel voraus.

Sie rücken über die Landebrücken und schwärmen auf die Schiffe. Vom staunenden Schweigen der Fischer und Maultiertreiber begleitet, stößt die Flottille vom Ufer ab, hinaus in das Dunkel der Nacht.

*

Napoleon landete am 1. Mai 1815 im Golf von Jouan.

Am 1. Mai 1815 landet die kleine Flotte zwischen Antibes und Cannes an der Riviera. Ein Aufruf ergeht an Frankreich.

«Franzosen, ich habe in meinem Exil euere Klagen und Wünsche vernommen: Ihr verlangt die einzig legitime Regierung, die ihr euch selbst erwählt habt. Ich bin übers Meer gekommen, um meine und euere Rechte zu wahren ...»

An die alten Soldaten richtet er folgenden Appell.

«Soldaten! Sammelt euch unter der Fahne eueres Kriegsherrn. Sein Leben gehört euch: Seine Rechte sind euere, des Volkes Rechte. Der Sieg wird im Sturmschritt vorangehen, der Adler der Trikolore von Kirchturm zu Kirchturm fliegen, bis zu den Türmen von Notre Dame in Paris ...»

*

Die ersten Tage sind entscheidend. Noch sind es wenig über tausend Mann, über die der Kaiser befiehlt.

Am 3. März stößt er auf das in Schlachtordnung aufmarschierte fünfte Linienregiment –. Hüben und drüben stehen Soldaten mit schußbereiten Gewehren, es bedarf nur eines einzigen Voreiligen, der den Finger krümmt, und die ungleiche Schlacht entbrennt.

Das 5. Linienregiment war bei La Mure, im Engpaß von Laffrey, in Stellung gegangen.

Ungedeckt geht Napoleon auf die Linie der bourbonischen Soldaten zu. Sie sehen den wohlbekannten kleinen Mann im grünen Jägerrock, mit der weißen Weste und dem grauen Feldmantel, dem Zweispitz und der zwischen die unteren Westenknöpfe geschobenen Hand auf sich zukommen.

Unruhe läuft durch die Linien, Gewehre senken sich, die Soldaten schauen einander an. Ein Hauptmann kommandiert: «Feuer!» – Aber kein Schuß fällt.

«Ich bin euer Kaiser, Soldaten, erkennt ihr mich?»

Da reißen ein paar alte Grenadiere, die bei Arcole dabeigewesen sind, die weißen Kokarden von den Mützen, heben die Gewehre empor und schreien: «Vive l'empereur!»

Die Front bricht auseinander, Offiziere werden beiseitegestoßen, der Strom drängt auf den kleinen, grauen Mann zu, der frei und einsam auf der Anhöhe steht. Die Marseillaise erklingt und geht brausend übers Feld hin.

«Allons enfants de la patrie
Le jour de gloire est arrivé ...»

Die Revolution ist wiedergekehrt.

Sie tragen den Kaiser auf den Schultern weiter nach Frankreich hinein.

Der Umweg über die Alpen war durchaus nicht zufällig gewählt worden, denn damit vermied Napoleon den Marsch durch die royalistisch gesinnte Provence.

*

In der Nacht zum 7. März erreicht die bunte Heerschar Napoleons die Hauptstadt der Dauphiné, das mit Wall und Mauer umgürtete Grenoble. Bourbonische Truppen haben die Mauern besetzt, die Mündungen der Kanonen starren dem Zuge des Abenteurers entgegen.

Im Schein von Fackeln tritt Napoleon aus dem Dunkel, eine kleine Gestalt mit dem typischen Hut, dem grauen Soldatenmantel, die Linke zwischen die Knöpfe auf der Brust geschoben. Tausend Stimmen füllen die Nacht, Waffen klirren.

Napoleon zückt seine Tabaksdose, geht die paar Schritte gegen das verriegelte Tor von Grenoble und klopft an. Klafterhoch über dem Einsamen hasten die königlichen Kanoniere mit brennenden Lunten um die Bronzerohre der Geschütze, aufgeregte Offiziere schreien Befehle.

Da löst sich die unerträgliche Spannung und wie ein Vulkan bricht es aus tausend Kehlen: «Vive l'empereur! – Es lebe der Kaiser!»

Die Grenadiere der Torwache heben die schweren Torflügel aus den Angeln, Kanoniere drängen von den Wällen herab. Grenobles Tore beginnen zu wandern, langsam bewegen sie sich, sinken, kommen, von hundert Fäusten getragen, dem Kaiser entgegen. Grenoble ergießt sich singend, lärmend, jubelnd vor Begeisterung in die fackeldurchlohte Nacht. Auf den Schultern der Soldaten zieht Napoleon in die Stadt.

*

Von Generalen, Stadtverordneten und Honoratioren umgeben, nimmt Napoleon die Huldigungen der Bürgerschaft entgegen. Der große Rathaussaal ist von Kerzen erhellt, vor den gotischen Fenstern wogt Kopf an Kopf die Menge.

Als der erste Tumult vorüber ist, zieht sich Napoleon mit wenigen Begleitern in ein Kabinett zurück. Zum Bürgermeister gewandt, bittet er um Gestellung eines gebildeteten Mannes als Geheimsekretär; es gilt, noch in der Nacht Befehle, Briefe und Aufrufe zu verfassen.

Jean-François Champollion (1790–1832), der Begründer der Ägyptologie. Er entzifferte mit Hilfe der dreisprachigen Inschrift auf dem Stein von Rosette die ägyptischen Hieroglyphen.

Der Bürgermeister denkt nach, dann nennt er dem Kaiser den Namen Champollion; es ist der Name eines jungen Geschichtsprofessors der Universität Grenoble.

«Der Mann trägt die Hälfte meines Namens?» sagt der Kaiser. «Das ist ein gutes Omen.»

«Champollion ist die Leuchte unserer Universität», bemerkt der Bürgermeister. «Schon mit siebzehn Jahren hat ihn die Akademie von Grenoble zu ihrem Mitgleid ernannt. Mit dreizehn hat er bereits Arabisch, Chaldäisch, Syrisch und Koptisch gesprochen wie andere Leute ihre Muttersprache ... Als er älter wurde, studierte er das Alt-Chinesische, um seine Verwandtschaft mit dem Ägyptischen zu prüfen; aus den unbekanntesten Sprachen verschaffte er sich Textproben und erlernte sie. Fourier, Ihr Kommissar in Ägypten, der berühmte Physiker und Mathematiker, der in Grenoble als Departements-Präfekt wohnte, hat ihn bereits als Schuljunge entdeckt und mit ägyptischen Schriften versehen. Champollion ist eine Hoffnung Frankreichs, man darf Großes von ihm erwarten ...»

Jean Baptiste Joseph Fourier (1768–1830) führte den Begriff der physikalischen Dimension ein.

Als Champollion, von einem Amtsdiener herbeigeholt, vor dem Kaiser steht, erkundigt sich Napoleon trotz der dringenden politischen Geschäfte, die ihn erwarten, nach den gerühmten Arbeiten des jungen Professors. Man hat ihm gesagt, Champollion habe sich das unmögliche Problem gestellt – an dem die Fachgelehrten der ganzen Welt bisher gescheitert sind –, die altägyptische Hieroglyphenschrift zu entziffern und damit eine vor Jahrtausenden versunkene Kulturepoche reden zu machen.

«Sie sind also dabei, meine Eroberungen auf wissenschaftlichem Gebiet zu wiederholen?»

Champollion, der in den Tagen von Napoleons Ruhm und Glanz die napoleonische Polizeiherrschaft gehaßt hat, erwidert ruhig und selbstsicher.

«Sire, erlauben Sie mir mit einem Ausspruch aus dem persischen Buche Zend Avesta zu antworten: ‹Mache deine Felder urbar! Es ist besser, sechs Geviertspannen dürren Landes urbar zu machen, als vierundzwanzig Schlachten zu gewinnen.›»

Zend Awesta, das heilige Buch der Parsen

«Sehr gut, Monsieur! Doch gehen leider die vierundzwanzig Schlachten häufig dem Urbarmachen voraus. – Aber kommen Sie, lassen Sie uns den Acker vorbereiten! Ich möchte Ihnen Briefe diktieren.»

*

Europa ist in wilder Erregung.

Die Optischen Telegraphen blinken von Land zu Land, die Zeitungen werfen Sonderausgaben auf die Straßen. Der rasche Vormarsch Napoleons spiegelt sich in den Schlagzeilen der Blätter.

So schnell vollzieht sich alles, daß der Gesinnungswechsel der Journalisten kaum mehr Schritt zu halten vermag.

Im Folgenden Schlagzeilen des Regierungsblattes «Moniteur» vom 1. bis 21. März 1815.

Als Napoleons Flucht aus Elba bekannt wird, schreibt der «Moniteur»: «Das Ungeheuer hat seine Höhle verlassen.»

In der Nummer vom 3. März, als die Landung feststeht, heißt es: «Der Blutsauger aus Korsika ist im Golf von Juan gelandet.» Tags darauf grollt dieselbe Zeitung: «Der Tiger ist in Gap angekommen.»

Inzwischen hat man erfahren, daß das 5. Linienregiment übergegangen ist und daß Grenoble sich ergeben hat.

Der Ton der Zeitung wird ein wenig gedämpfter: «Das Untier hat in Grenoble übernachtet.»

Napoleon erreichte Lyon am 10. März, er wird mit dem Rufe: «Nieder mit den Priestern! Nieder mit den Adligen!» empfangen.

Wenige Tage später fällt das große, mächtige Lyon ohne einen Schuß, der «Moniteur» drückt sich wesentlich klassischer aus:

«Der Tyrann hat Lyon berührt!»

Ney überbrachte beim Zusammentreffen mit Napoleon eine Erklärung mit den Worten: «Ich bin mehr Ihr Gefangener als Ihr Parteigänger, falls Sie fortfahren, als Tyrann zu regieren.»

Marschall Ney wird ihm mit königstreuen Truppen entgegengeschickt. Als aber der alte Kampfgefährte auf der anderen Seite der Front die Kaiseradler erkennt, als er die Trikolore flattern sieht und die Clairons die Marseillaise intonieren, als gar die kleine Gestalt im Feldmantel mit dem Schiffhut auf dem Haupt frei heraustritt, ist es mit Neys Fassung zu Ende und er eilt, Napoleon zu umarmen.

Der «Moniteur» berichtet ganz sachlich: «Der Usurpator ist sechzig Meilen vor Paris gesichtet worden.»

Die letzten Truppen gehen über, die Festungen schicken ihm Abordnungen entgegen, alles wird vom Kaiserfieber erfaßt.

Der «Moniteur»: «Bonaparte nähert sich mit Riesenschritten, wird aber niemals in Paris einziehen ...»

Der Hof trifft Fluchtvorbereitungen, die Vorstädte gären, schon sieht man die verbotenen Trikoloren und hört die Marseillaise.

Der «Moniteur» schreibt: «Napoleon wird morgen unsere Wälle erreicht haben ...»

Ludwig XVIII. verläßt in einer Kutsche flüchtend die Stadt, in die Tuilerien ziehen bonapartistisch gesinnte Generale ein. Die Wirkung auf die Zeitungsschreiber des «Moniteur» ist verblüffend: «Der Kaiser ist in Fontainebleau eingetroffen.»

Am 21. März, als Napoleon sein Ziel erreicht hat und unter Glockengeläut und Kanonendonner die Tuilerien betritt, wirft der «Moniteur» eine Sonderausgabe auf die Boulevards.

Der Einzug Napoleons muß auf die Augenzeugen einen ungeheuren Eindruck gemacht haben; einer von ihnen berichtet: «Ich glaubte, der Auferstehung Christi beizuwohnen.»

«Seine Majestät hat gestern inmitten Ihrer Getreuen in den Tuilerien Einzug gehalten ...»

*

Das Bürgertum liebt weder Ludwig XVIII. noch Napoleon. Das einzige, was es erfüllt, ist die Sorge um den Besitz, die einzige Idee, der es sich allezeit beugt, ist die der Macht.

Da Napoleon wieder in den Tuilerien sitzt, ist er der Herr Frankreichs. Auch die Marschälle, die ihn vor einem Jahre verraten haben, finden schnell die Töne der gewohnten Verehrung. Marschall Augereau, den man schon anderes proklamieren gehört hat, ruft seine Armee für die Sache Napoleons auf:

«Soldaten! Der Ruf unserer Waffenbrüder ist zu uns ergangen. Wir hörten ihn und unsere Herzen flogen ihm entgegen.

Der Kaiser ist in seiner Hauptstadt. Sein Name, so lange das Unterpfand des Sieges, reichte hin, alle seine Feinde vor ihm zu zerschmettern. Die Glücksgöttin war ihm einen Augenblick untreu; er glaubte, durch die edelste Täuschung – das Glück des Vaterlandes – verleitet, Frankreich seinen Ruhm und seine Krone opfern zu müssen. Auch wir ließen uns durch diese Großherzigkeit irreleiten und schwuren, andere Rechte als die seinen zu verteidigen.

Seine Rechte sind unverjährbar, er fordert sie jetzt zurück – nie waren sie uns heiliger.

Soldaten! In seiner Abwesenheit suchten euere Blicke auf eueren Fahnen ehrenvolle Erinnerungen. Blickt auf den Kaiser. An seiner Seite strahlen die unsterblichen Adler in erneutem Glanze. Sammeln wir uns unter ihre Fittiche: Ja nur sie führen uns zu Sieg und Ehre.

Caën, den 22. März 1815

Der Reichsmarschall
Augereau, Herzog von Castiglione.»

Es gibt auch vorsichtige Rechner, die sich die Wege nach allen Seiten offenzuhalten verstehen. Zu ihnen zählt Talleyrand, um dessen Mitarbeit sich der Kaiser sofort, aber vergeblich bemüht. Talleyrand ist durch Ludwig XVIII. zum Ersten Minister Frankreichs erhoben worden. Seiner Tatkraft verdankt Frankreich einen milden Frieden ohne Annexionen und Kriegsentschädigungen. Da Talleyrand die Atmosphäre des Wiener Kongresses kennt, an dessen Tischen die Völker, Länder und Städte wie Spielkarten hin und hergeschoben werden, weiß er, daß unter der Schar der fürstlichen Geschäftemacher in der österreichischen Hauptstadt Napoleons Wiederkunft wie ein Bombe einschlagen und sie allen Zwist vergessen lassen wird. Die Sorge um die Beute, die Furcht vor einer neuen Ära Napoleons wird sie alle wieder vereinen.

Talleyrand wird sich allerdings nach der erneuten Abdankung Napoleons im Kabinett Ludwigs XVIII. nicht lange halten können, er tritt im Herbst 1815 zurück und wird die Thronbesteigung Ludwig Philipps unterstützen.

Deshalb ist Talleyrand überzeugt, daß Napoleon keine Chancen hat; denn es wird diesmal keine Neutralen geben, alle werden gegen ihn sein, wie vor zwei Jahren bei Leipzig. Der erste Minister Frankreichs versagt sich dem Kaiser, hält aber gute Verbindung mit Joseph Fouché, der als Polizeichef sich Napoleon angeboten hat und angenommen worden ist.

Talleyrand hat richtig vorausgesehen: Metternich bringt abermals das große Bündnis Europas zustande. Die Armeen Rußlands, Preußens, Österreichs und Englands marschieren gegen Frankreich.

*

Nach alter Gewohnheit greift Napoleon an, ehe sich die feindlichen Armeen vereinigt haben; obwohl er seine Heere erst aus dem Boden stampfen muß, ist er rascher als die Feldherrn der Alliierten. Seine Kolonnen eilen mit wehenden Bannern zur Grenze.

In Belgien – bei Ligny – trifft er auf die vorgeprellten Verbände des Marschalls Blücher. Der temperamentvolle, aber wenig überlegende alte Haudegen stürzt sich mit seinen Truppen in wildem Angriffsschwung auf die französische Armee. Die Reitergeschwader durchbrechen das mit Absicht dünn aufgestellte Zentrum Napoleons.

Blücher traf am 16. Juni 1815 auf die französischen Truppen.

Jubelnd stoßen die preußischen Husaren, von Infanterie gefolgt, durch die feindliche Front. Die zerteilte kaiserliche Armee schiebt sich in zwei getrennten Blöcken auseinander, zwischen denen der Feldherr Napoleon alsbald den preußischen Jubel wie in den geöffneten Kiefern eines Ungeheuers zerreibt. Wäre nicht der überlegene Stabschef Gneisenau, der die vordrängenden Divisionen rechtzeitig umdreht, so müßte Ligny das Ende des preußischen Heereskontingents bedeuten. Schwer angeschlagen fluten die Truppen nach Osten zurück.

Napoleon hat keine Zeit zu Verfolgung und Vernichtung, er schickt das Korps des Marschalls Grouchy nach Quatre-Bras, damit es eine abschirmende Riegelstellung gegen Norden beziehe. Fürs erste sind die Preußen aus dem großen Spiel hinausmanövriert, und Grouchy soll dafür sorgen, daß sie nicht zur Unzeit zurückkehren.

Der Kaiser eilt an der Spitze der Großen Armee gegen Belle-Alliance und Waterloo, wo die Engländer unter Wellington aufmarschiert und isoliert sind.

*

Am 18. Juni greift Napoleon mit seiner Hauptmacht an.

Wie in den Tagen seiner ersten Siege führt der Kaiser persönlich die Truppen an. In langen Linien wälzt sich die französische Infanterie gegen die Höhen über Belle-Alliance; das Feuer von Hunderten von Batterien liegt auf der Ebene; Pulverdampf breitet sich wie wogender Nebel aus.

Belle-Alliance, Gehöft 20 km südlich von Brüssel, nach dem Blücher die Schlacht von Waterloo, dem nahegelegenen Dorf, benannte.

Die Erde ist noch vom Regen der Nacht durchweicht, es geht zäh voran. Aber die Clairons schmettern das Lied der Freiheit: Die Marseillaise feuert die Regimenter an.

Stunden um Stunden stürmen die französischen Truppen, sie nehmen die Vorpostenlinie, attackieren bergauf gegen die dichten Karrees der schottischen Hochländer, sie werfen die rotröckige englische Infanterie aus den Gräben und arbeiten sich langsam in die Kernstellung Wellingtons hinein. Einzelne Bataillone beginnen zu weichen.

Der hohe Mittag ist vorüber. Immer mehr Verwundete und Deserteure treffen in Waterloo ein. Auf einem Hügel, umgeben von Generalen und Stabsoffizieren, dreht sich,

Wellington war über Antwerpen in Frankreich eingefallen.

das Fernrohr am Auge, Wellington im Sattel und sucht den Horizont ab.

«Wo nur die Preußen bleiben!» sagt Wellington zu den umstehenden Offizieren. Wenn sich bestätigt, was gerüchtweise verlautet, daß Blüchers Armee Napoleon in die Arme gelaufen und vernichtet worden ist, dann Gnade Gott den britischen Regimentern! Dann gibt nur noch die Nacht Hoffnung.

Ein heransprengender Offizier meldet dem Feldmarschall, der Kaiser habe die Garde eingesetzt; der linke Flügel der englischen Truppen sei zurückgebogen und weiche auf St. Jean zurück.

Es wird vier Uhr nachmittags, niemand zweifelt mehr an der Niederlage. Da grollt plötzlich verstärktes Geschützfeuer auf, im Südwesten, über den bewaldeten Höhen von Papelotte und Frichemont scheint heftig gekämpft zu werden ...

Kuriere jagen nach Waterloo herein, ihre Rufe dämpfen die ausbrechende Panik. Nicht die Franzosen sind es. Blücher mit seinen Preußen ist da! Gerade zur rechten Stunde ist eine neue Armee in der Flanke Napoleons aufgetaucht und greift mit entrollten Bannern an.

Grouchy, der Napoleon abschirmen sollte, hat versagt. Er ist nicht nach der befohlenen Sperrstellung von Quatre Bras marschiert; ein preußisches Streifkorps hat ihn hinter sich hergezogen, während Marschall Blücher seine erschöpften und abgekämpften Regimenter durch Nacht und Regen bis Waterloo bringen konnte.

Das Eiserne Kreuz, eine preußisch-deutsche Kriegsauszeichnung, 1813 gestiftet, 1870, 1914 und 1939 erneuert, besteht aus zwei Klassen, zusätzlich Großkreuz und goldener Stern (nur an Blücher und Hindenburg verliehen).

Mehr und mehr schwarze Uniformen tauchen auf den Höhen auf, Tschakos mit Eisernen Kreuzen werden am Waldrande sichtbar, schwarzweiße Preußenfahnen flattern im Wind.

Der Kaiser beugt sich dem Spruch der Geschichte, die Schlacht ist verloren. Napoleon läßt Kriegskasse, Kutsche, Hut und Degen zurück und sucht sich zu retten.

Noch steht die Garde im Karree, Marschall Ney, wie einst in Rußland, mitten unter den Soldaten und Generalen, die sich aussichtslos verteidigen. Die reifen Getreidefelder der Ebene sind niedergewalzt, die Hügel ringsum blitzen und flammen von unaufhörlichem Artilleriefeuer. Der Block der Gardebataillone weicht Schritt um Schritt zurück.

Aber die feindlichen Armeen schwenken ein, umklammern den kleinen Haufen in dichten Massen. Kartätschenfeuer, Salven schlagen gegen die lebende Mauer der Grenadiere. So dicht wogt der Kampf, daß man von Front zu Front die Stimmen hört.

«Ergebt euch! Ergebt euch!» rufen die Engländer, denen das verbissene Sterben der Garde ans Herz geht.

«General Cambronne, durch diese Rufe in Wut gebracht, antwortet mit einem unziemlichen Schimpfwort: ‹Merde!› und bricht, von einer Kugel in die Stirn getroffen, tot zusammen.»

Nach Mereschkowski, «Napoleon».

*

In Paris haben Fouché und der Senat ihr Werk getan. Die Hauptstadt verläßt die Fahne des Besiegten, die Netze der Intrige sind überall ausgespannt.

Einige Tage vergehen, in denen es unklar bleibt, ob der Kaiser zugleich mit dem Verzweiflungskampf gegen die einmarschierenden Armeen Europas den Bürgerkrieg auf sich nehmen wird. Schon nähern sich die preußischen Truppen unter Blücher in Eilmärschen Malmaison.

Napoleon entschließt sich zu kämpfen.

«Die Lage Frankreichs», sagt er zu den Generalen, «der Wille der Patrioten, die Rufe der Soldaten erheischen meine Anwesenheit bei der Armee. Ich beauftrage Sie, der Regierung mitzuteilen, daß ich sie um das Oberkommando ersuche, nicht in meiner Eigenschaft als Kaiser, sondern als einfacher General, dessen Name und Ruhm immer einen großen Einfluß auf Frankreich ausüben werden. Ich schwöre bei meiner Ehre als Soldat, Bürger und Franzose, mich nach Amerika zu begeben, sobald ich den Feind abgewehrt habe ...»

Nach Houssaye, «Histoire etc.»

Aber es ist zu spät; die Abtrünnigen haben schon alle wichtigen Positionen besetzt. Fouché, der sich zum Haupt der provisorischen Regierung gemacht hat, lacht verächtlich auf, als ihm General Becker die Bitte des besiegten Kaisers überbringt.

«Er macht sich wohl über uns lustig, wie? Als ob wir nicht wüßten, wie er seine Versprechen halten würde, wenn wir seinen Vorschlag annähmen. Fort, fort mit ihm aus Frankreich!»

Nach Mereschkowski, «Napoleon».

Es ist für immer zu Ende.

Napoleon traf am 21. Juni in Paris ein, wo er einen Tag später auf den Thron verzichtete.

Von wenigen Getreuen begleitet, flieht der Kaiser zum Meer, er ist zum Abenteurer geworden. Sein Ziel ist Amerika. Die Vereinigten Staaten befinden sich im Seekrieg mit England; wenn er die Küste der Neuen Welt erreichen wird, wer weiß, ob er nicht den neuen Kontinent gegen den Erzfeind führen kann?

Aber er findet alle Küstenplätze von der englischen Flotte blockiert, die Kreuzer halten die Häfen unter scharfer Bewachung. Es gibt keinen Fluchtweg aus Europa.

Der Kaiser überantwortet sich freiwillig der Großmut seines Todfeindes England. Am 15. Juli 1815 betritt er das Verdeck des britischen Kreuzers «Bellerophon». Ein kleines Grüppchen Getreuer geht mit ihm an Bord.

Das Schiff lichtet den Anker und segelt dem offenen Meere zu.

Insel unter fremden Sternen

Europa ist schon ein gutes Wegestück ins neunzehnte nachchristliche Jahrhundert vorgedrungen, als der große Vulkan der revolutionären Leidenschaften erlischt. Wie erschöpfte Glut sind die Ideen in den Kraterherd zurückgesunken, jene aufwühlenden Gedanken, die das Menschenalter der Französischen Revolution geboren und die der Kaiser über den Kontinent getragen hat.

Der Kaiser aber ist der Welt entrückt, er lebt ein schattenhaftes Dasein auf ferner Insel, und tausend Meilen Ozean bewachen ihn.

Napoleon hatte sich in Begleitung des Generals Beker auf die Insel Aix begeben, um sich den Engländern auszuliefern.

Noch im Juli 1815 hat Admiral Lord Keith dem Gefangenen des «Bellerophon» im Namen der Regierung Seiner Großbritannischen Majestät den Beschluß verkündet, der ihn zeit seines Lebens auf die im Südatlantik gelegene Felseninsel St. Helena verbannt ...

«Nach jener Insel hin, weit fort im Weltenmeer,
Wo ihn bewacht dereinst, wie er so unbezwinglich,
der Ozean – so groß wie er ...»

Bei seiner Ankunft auf Sankt Helena soll Napoleon zu seinem Begleiter Gourgaud gesagt haben: «Das ist kein hübscher Aufenthaltsort. Ich hätte besser daran getan, in Ägypten zu bleiben; dann wäre ich jetzt Kaiser des ganzen Orients.»

*

Das Leben geht weiter – aber die vergangenen Jahrzehnte haben bisher kaum beachtete Gegensätze aufgedeckt. Mehr und mehr scheidet sich von den herrschenden Ständen, die ihre Rechte und ihren Besitz ängstlich umklammert halten, die graue, ständig wachsende Masse der Industriearbeiter, deren Leben bis ins Alter nur aus Arbeit besteht, die keinen Urlaub kennen, die an dem kulturellen Leben der Nation keinen Anteil haben, die nur Objekt der Regierenden und der Besitzenden sind, ihrer Herzlosigkeit und Gewinnsucht oder ihrem Mitleid und gelegentlicher Güte ausgeliefert. Wie Hohn klingen die Worte von Freiheit, Gleichheit und Brüderlichkeit denen, die weder Freiheit noch Gleichheit, noch Brüderlichkeit kennen.

Es fehlt dieser Zeit nach dem großen Brande in allen

Schichten an Sicherheit. Jahrelang auf klare Ziele ausgerichtet, geht die Generation nun richtungslos in die Zukunft.

«Drei Elemente bilden das Leben, das sich den Jünglingen darbietet: hinter ihnen eine für immer zerstörte Vergangenheit, die sich aber noch in Todeszuckungen auf den Ruinen bewegt, mit allen Fossilien des jahrhundertealten Absolutismus; vor ihnen die Morgenröte eines unermeßlichen Horizonts, die ersten Lichtstrahlen der Zukunft; und zwischen diesen beiden Welten – etwa wie der Ozean, der die alte Welt vom jungen Amerika trennt – etwas unbeschreiblich Schwankendes und Unbestimmtes, ein vom Sturm gepeitschtes Meer voller Schiffbrüchiger, das von Zeit zu Zeit ein fernes, weißes Segel oder die schwere Rauchwolke eines Dampfers durchzog – mit einem Wort das 19. Jahrhundert, das die Vergangenheit von der Zukunft scheidet, das weder der einen noch der anderen angehört, das beiden zugleich seine Züge entlehnt hat, unser Jahrhundert, in dem man bei allen Schritten sich zweifelnd fragt, ob man auf Saatkörner der Zukunft oder auf Trümmer der Vergangenheit tritt ...»

Nach A. de Musset, «Bekenntnisse eines Kindes des Jahrhunderts.»

Und wie es auf den treibenden Flößen der Schiffbrüchigen keine Brücken zueinander gibt, wie verstreute Inseln im Meer als beziehungslose Einsamkeiten unter demselben Himmel liegen, so scheidet sich das Leben der Klassen voneinander. In jedem Land Europas leben sie nebeneinander wie zwei sich fremde Völker, die nur die Sprache und den Raum gemeinsam haben.

Bei Killingworth in England liegen große Kohlenbergwerke und Eisengießereien. Unter den Betrieben gilt ein Werk als eines der modernsten der Welt; es ist mit den neuesten Puddelöfen ausgestattet. Öfen, in denen das Erz durch Steinkohle ausgeschmolzen wird, während von einer eisernen Feuerbrücke aus Arbeiter mit langen Stangen das Schmelzgut in ständiger Bewegung halten.

Die Männer tragen lederne Schurzfelle, sonst nichts; ihre rußgeschwärzten Gesichter sind von den tiefen Schweißrinnen gefurcht; denn unter dem Gerüst des zugigen Schleppdachs herrscht eine kochende Hitze; Qualmwolken, vermischt mit Schwefeldämpfen, steigen auf und hüllen die Schaffenden ein. An großen Blasbälgen treten Kinder die Wippe, um den ständigen Luftstrom zu erzeugen, der notwendig ist, die Feuerung auf höchste Hitzegrade zu bringen.

Alles ist in Bewegung, die Halle dröhnt und glüht, Eisen klirrt. Als der Direktor das Hallentor aufreißt, um seinen Kontrollgang zu beginnen, lärmt von draußen das Gerassel der vorüberfahrenden dampfbetriebenen Werkbahn herein.

Mister George Stephenson ist ein bedeutender Mann. Er hat es weit gebracht; heute ist er die rechte Hand eines der reichsten Kohlenbergwerksbesitzer in England, Lord Ravensworth. Dem Stephenson kann niemand etwas vormachen; er hat als Kohlenschlepper unter Tage angefangen: stand mit acht Jahren im Bergwerk, mit sechzehn in der Maschinenhalle, bald darauf war er Maschinist, dann Ingenieur, zuletzt Direktor.

George Stephenson (1781–1848), als Erfinder der ersten brauchbaren Lokomotive (1814) in die Geschichte eingegangen. 1821 gründete er die erste öffentliche Eisenbahn in England.

1823 wird Stephenson seine eigene Lokomotivfabrik gründen.

Die Lokomotive – eine Dampfmaschine auf hohen Rädern, die sich durch die in Drehung umgewandelte Horizontalkraft ihrer Kolben fortbewegt – ist Stephensons Erfindung. Die Leute sagen, er sei ein zweiter James Watt. Es sind schon viele Besitzer von Kohlenbergwerken nach Darlington gekommen, um sich die neue bewegliche und bewegende Dampfmaschine anzusehen.

In Lancashire will man einen Dampfwagen anstatt des Postwagens einsetzen, man denkt an eine eiserne Schienenstraße zwischen den Werken bei Darlington und denen von Stockton.

Stephenson durchmißt die Werkhalle mit schnellen Schritten, er winkt einen der alten Meister zu sich, der an der Lancashire-Schmiede arbeitet.

«Kommen Sie mit, Smith, wir müssen über die Aufstellung der neuen Dampfmaschine sprechen.»

Sie begeben sich auf den Fabrikhof, der im Schatten riesiger Halden liegt und von schmutzigen Gebäuden und langen, vierkantigen Schloten flankiert ist. Aus der Gießerei qualmt es rotdurchflammt; beizender Rauch wälzt sich über die niederen Schleppdächer zum Rand der Anhöhe hinauf, auf der die flachen, armseligen Häuschen der Arbeitersiedlung kauern. Die beiden Männer gehen um den Fuß der Halde herum zum Einfahrtsschacht der Grube. Hier sieht man eingeschirrte Frauen, die kleine Rollwagen mit den Fertigerzeugnissen schleppen, während die Erzkarren von der Lokomotive befördert werden.

Durch das luftige Gebäude über der Schachtöffnung fegt der Wind. Ein riesiges Tretrad bewegt sich unter den Füßen unaufhörlich treppauflaufender Menschen. Die große Trettrommel spult das Seil auf, an dem die Kumpels zu Berge fahren. Stephensons Absicht ist es, die Arbeit der Läufer durch eine billigere Dampfmaschine mit Schwungrad zu ersetzen.

Die im Tretrad laufen, bekommen nur zwei Penny die Stunde, es sind keine vollwertigen Arbeitskräfte: entweder Halbwüchsige oder alte, verbrauchte Leute, die die Arbeit unter Tage nicht mehr schaffen können. Wenn die Dampfmaschine kommt, werden sie brotlos sein; das wissen sie. Deshalb verfolgen sie mit Mißtrauen, was die beiden Männer besprechen.

«Man muß die verfluchten Maschinen zerschlagen!» sagt ein junger Arbeiter, während er die Sprossen tritt. «Die Weber von Manchester haben alle mechanischen Webstühle demoliert ...»

«Narr!» erwidert ein weißhaariger Alter, der Schritt zu halten sucht. «Dann kamen die Bobbys, schlugen mit blanken Säbeln drein, brachten die Rädelsführer auf die Kriegsschiffe oder in die Kolonien, die Fabriken arbeiten mit mehr Webstühlen als früher. Es hilft nichts, man muß das Maul halten ...»

Die Schachtglocke läutet, aus der gähnenden Tiefe taucht eine große, schwarze Traube auf. Das Tretrad dreht sich langsamer. Man sieht, wie etwa ein halbes Dutzend Menschen am Hauptseil hängt. In das starke Mittelseil ist ein Bündel dünnere Stricke geflochten, die ein Querholz halten, auf dem die Bergleute sitzen. So angeklammert, fahren sie mit ihren offenen Öllaternen in die Klüfte des Berges hinunter, hundert bis dreihundert Meter tief, und auch zu Tage.

Unten verästelt sich ein notdürftig abgestütztes System von Gängen. Man hat nicht viel Zeit zum Verbauen; denn die Bezahlung erfolgt nach der Anzahl von Tonnen geförderter Kohle.

Unter den auffahrenden Kumpels befinden sich auch Frauen, die unter Tage als Kohlenschlepp dienen und, oft auf allen Vieren kriechend, zehn oder zwölf Stunden täglich die Hunde durch finstere Stollen ziehen. An den Wettertüren sind ihre acht- und zehnjährigen Kinder postiert, um die Nebenstollen zu öffnen, damit die Karren durchfahren können. Auch diese kleinen Wesen werken für ihr Brot und verbringen ihre Tage im finsteren Schoß der Erde. Zwei dieser armen Geschöpfe sind vor Stunden bei einem Streckeneinbruch verletzt worden. Es sind Zwölfjährige. Die Männer haben sie mit heraufgebracht. Weiß und durchsichtig schimmert die Haut der Buben unter dem Kohlenstaub. Sie werden im Hof niedergelegt, es steht schlecht um den einen, ein Gesteinsbrocken hat ihn an der Brust getroffen, dünne Blutfäden rieseln über seine Lippen.

Stephenson tritt heran und fühlt den Puls.

«Man muß ihn zu seiner Mutter bringen. Weiß sie davon?»

Nein, die Mutter weiß nichts, sie arbeitet selber und ist in der Kohlenwäscherei mit dem Aussortieren der Stücke beschäftigt.

«So soll man sie rufen!»

Ein alter Kumpel wartet schon, um mit dem Direktor zu sprechen. Mit gezogener Kappe steht er vor dem Allgewaltigen. Er hat einen Vorschlag zu machen.

«Sir», sagt er, «man sollte ein anderes System der Bezahlung einführen, dann kommen solche Unglücksfälle nicht mehr vor. Wir arbeiten in Gruppen unter einem Obersteiger, die ganze Gruppe wird nach der Leistung bezahlt, und dabei kommt's ganz auf die Ergiebigkeit der Strecke an. Manchmal stößt man auf ein Flöz, das viel taubes Gestein hat, man muß sich erst durcharbeiten und bekommt nichts bezahlt, solange keine Kohle auf die Hunde geschafft wird. Weil der Lohn aber gering ist und kaum zum Nötigsten reicht, denkt kaum jemand an Verbauung, Stützung und Stempelsetzen. Es gibt unter Tage meilenweit Gänge, die nur vom Fels getragen sind; kein Festmeter Holz ist eingebaut, und so muß es zu Einstürzen kommen, müssen ganze Stollen niedergehen.»

«Ich möcht's gern ändern!» erwidert Stephenson, «aber es geht über meine Befugnis. Werd's dem Lord vortragen!»

«Der Lord! Wir wissen schon, was der sagen wird, unsere Knochen sind für diese Herren billiger als Stempelholz.»

*

Jahre gehen dahin. Für den entthronten Kaiser ist weit hinter der Kimmung des Meeres Europa mit seinen Kämpfen und Leidenschaften nahezu versunken. Überwunden ist der Schmerz um den Verlust der Kameraden: um Marschall Ney, den ein Kriegsgericht unter Vorsitz des Marschalls Augereau, trotz Wellingtons Protest, zum Tod durch Erschießen verurteilt hat; um Berthier, der sich selber den Tod gegeben hat, um Murat, der beim Versuch der Wiedereroberung Neapels ergriffen und standrechtlich erschossen worden ist. Vergessen sind die dunklen und schmählichen Schicksale der alten Kampfgefährten. Erloschen auch das Gefühl befriedigter Rache, der Genugtuung darüber, daß der vielgewandte Fouché, als «Königsmörder» verbannt, im Exil zu Triest gestorben ist.

Hudson Lowe (1769–1844). Der englische General war 1814 als britischer Kommissar dem Hauptquartier Blüchers zugeteilt worden. Als Gouverneur auf St. Helena wirkte er als Hüter des verbannten Napoleon.

Nun bekümmern ihn auch nicht mehr all die kleinlichen Schikanen durch Sir Hudson Lowe, den Gouverneur von Sankt Helena: die Hausdurchsuchungen und entehrenden Verbote, die Bespitzelung bei Spaziergängen, die Kontrolle der Privatpost, die Abdrosselung allen Verkehrs mit der Außenwelt.

Der Kaiser liegt bleich und verquält in den Kissen, der Krebs, der seinen Leib verzehrt, durchwühlt ihn mit dumpfem Schmerz.

Am 2. April wird ein Komet gesichtet, der tief über den nördlichen Horizont hingleitet.

Nach dem «Mémorial».

«Das bedeutet den Tod!» sagt Napoleon ruhig, «ein Komet verkündete den Tod Cäsars ...»

Stundenlang liegt der Kranke mit fiebrigen Augen, als sehe er weit über den Ozean auf die Gefilde seines Lebens; er horcht, als dringe der Ruf ungezählter Getreuer zu ihm, die verfolgt und geächtet auf die Wiederkehr der revolutionären Freiheit, des kaiserlichen Glanzes warten.

Es tönen die Stimmen der toten Garden ans Ohr des Kranken. Die Reiche des Diesseits und des Jenseits verwischen sich in seiner Traumphantasie. Lächelnd sagt er zu Doktor Antommarchi:

«Ja, mein Freund, ich weiß, daß mein Ende nahe ist. Wenn ich sterbe, kehrt ihr andern nach Europa zurück. Ihr seht dann euere Verwandten und Freunde und werdet glücklich sein. Auch ich werde meine Tapferen in den Elyseischen Gefilden erblicken: Kleber, Desaix, Bessieres,

Duroc, Ney, Murat, Massena, Berthier … sie alle werden mir entgegeneilen, werden mit mir von allem reden, was wir gemeinsam unternommen haben und werden wie toll sein vor Begeisterung, von dem Glanz ihres Ruhmes … Wir werden von unseren Kriegen reden – mit Hannibal, Scipio, Cäsar, Friedrich. Und welche Freude wird das sein!»

Nach Antommarchi, «Mémoires», 1825.

*

Der Kaiser hat seinen Frieden mit Gott gemacht. Als sich die ersten Anzeichen seiner Erkrankung zeigten, hat er an seinen Oheim, Kardinal Fesch, geschrieben und um Zusendung eines Priesters gebeten. Mit den beiden Patres, die angekommen sind, unterhält er sich lange.

«Wenn ich sterben muß», sagt er zu Pater Vignali, «richten Sie einen Altar im Nebenzimmer auf, stellen den Kelch mit der Hostie darauf und lesen die Sterbegebete, ich bin im katholischen Glauben erzogen und wünsche all seine Zeremonien einzuhalten …»

Nach Antommarchi, «Mémoires», 1825.

Man bringt dem Kaiser täglich das klare Wasser einer Quelle, die an einem besonders idyllischen Platz Sankt Helenas, im Tal Gerania, entspringt. Zwei Trauerweiden beschatten die sprudelnde Wasserader, Blumen neigen sich ins schmale Bett der Quelle. Die chinesischen Gärtner des Gutshofes Langwood haben den Platz mit seltenen Blüten bepflanzt.

Dort hat Napoleon oft gesessen, hat selbst an seinen Denkwürdigkeiten geschrieben oder dem Grafen Las Casas seine «Erinnerungen» diktiert. An den Ufern der Quelle Gerania sind alle Feldzüge und Schlachten noch einmal durchdacht worden.

Emmanuel Graf Las Casas (1766–1842) machte Napoleon durch seinen «Atlas historique» auf sich aufmerksam und wurde 1809 von ihm zu seinem Kammerherrn ernannt. 1815/16 weilte Las Casas auf St. Helena, wo ihm Napoleon einen Teil seiner Memoiren diktierte. So entstand das «Mémorial de Sainte-Hélène», ein Werk in 8 Bänden, welches 1822/23 erschien.

*

Es geht zu Ende. Nach einer Nacht, die voller Fieberträume und Schreckgespenster gewesen ist, erwacht der Kaiser, ruft den Kammerdiener Marchand und befiehlt ihm, die letzten Besitztümer auszubreiten, die ihm geblieben sind:

Orden, brillantenbesetzte Dosen, Uhren, kostbare Ketten. All das verteilt er unter die Getreuen, die seine Verbannung freiwillig mit ihm geteilt haben.

Dann verlangt er nach den letzten Segnungen der Kirche, und Pater Vignali weilt lange allein bei ihm. Napoleon beichtet und empfängt die letzte Ölung.

Das geschieht am 2. Mai, einem Tag, an dem die Sonne blaß über den früchteschweren Gärten Sankt Helenas steht. Denn hier ist jetzt Herbst. Ganz still liegt der Ozean. Weit draußen, wie ein weißes Wölkchen, zieht das englische Wachschiff seine Kreise.

Noch einmal erwacht der Kaiser zu klarem Bewußtsein. Er ruft seine Gefolgschaft ans Lager:

«Ich sterbe ... Bleibt meinem Gedächtnis treu, trübt es durch nichts! Ich habe alle guten Prinzipien geheiligt, habe sie in meine Gesetze, meine Taten gegossen ... Leider waren die Zeiten hart und zwangen auch mich zur Härte in der Hoffnung auf bessere Tage. Dann aber kehrte uns das Glück den Rücken, und ich konnte die straff gespannte Sehne nicht lockern.

So erhielt Frankreich die freiheitlichen Einrichtungen nicht, die ich ihm geben wollte. Es wird mich nicht verurteilen, denn es kennt meine Absichten, liebt meinen Namen, meine Siege. Seid auch Ihr eins mit Frankreich, werdet unserem Ruhme nicht untreu ...»

Antommarchi, «Mémoires».

Den «Mémoires» von Antommarchi sollte nicht allzuviel Bedeutung beigemessen werden. Antommarchi zeichnet ein sehr verklärtes Bild vom Ende des Kaisers, indem er ihm bis zu seinem Tod lange Reden und Bonmots zuschreibt.

Er spricht noch zwei Wünsche aus: Er will an den Ufern der Seine begraben sein, inmitten Frankreichs soll sein Grab liegen. Nur das Herz soll man einbalsamieren und Marie Louise bringen, jener Marie Louise, die ihn längst in den Armen Neippergs vergessen hat.

Die folgenden Tage phantasiert er, schwankt zwischen Bewußtlosigkeit und Raserei, furchtbare Schmerzen zerschneiden sein Inneres.

In der Nacht vom 4. bis zum 5. Mai setzt Sturm ein, der Atlantik erhebt sich brüllend und rast gegen die Felsen, man fühlt das Beben der Insel unterm Hause. Dunkles Gewölk jagt tief über das einsame Eiland.

Im Farmhause von Longwood brennt Licht. Graf Montholon wacht als einziger am Bette des Sterbenden. Plötzlich richtet sich der Kaiser auf, seine Augen weiten sich und er ruft wie einen Befehl:

«Frankreich ... die Armee!»

Dann fällt er zurück, röchelt, dämmert erlöschend dahin.

Der Tag vergeht, noch immer atmet der Kaiser. Langsam verebbt der wütende Orkan der Nacht, aber grollend tobt das Meer noch um die Klippen. Gegen Mittag bricht die Sonne durch die Wolken, und am Nachmittag schwinden die Wolken ganz, und die blaue Himmelskuppel öffnet sich wie ein riesiges Tor, das in eine unendliche Weite führt.

Als der rote Sonnenball in das violettblaue Meer taucht und von Ford Jamestown der Kanonenschuß dröhnt, der den Zapfenstreich verkündet, tut Napoleon seinen letzten Seufzer.

Napoleon starb am 5. Mai 1821

«Seinen Leichnam legt man auf ein schmales Feldbett und bedeckt ihn mit dem blauen Militärmantel, an die Seite legt man ihm den Degen, auf die Brust das Kruzifix. Sein totes Antlitz sieht jugendlicher aus; es erinnert an das Gesicht Bonapartes, des Ersten Konsuls.»

Nach Mereschkowski, «Napoleon».

*

Seine Freunde bestatten ihn an seinem Lieblingsplatz im Tale Gerania, nahe der Quelle unter den Trauerweiden. Da sich die Franzosen mit dem englischen Gouverneur nicht über die Inschrift der Grabplatte einigen können, bleibt sie ohne Worte.

Montholon und Bertrand wünschten, daß nur der Name Napoléon auf den Grabstein eingemeisselt würde, der bornierte Lowe wollte aber nur einen Napoléon Bonaparte kennen, so blieb der Platz leer.

Die Welt weiß auch ohne Schrift, wer hier ruht. Denn dieses Mannes Name ist wie Feuer in ihr Bewußtsein gefallen.

Begriffserklärungen

Assignaten (franz. assignat, Anweisung), Anweisungsscheine auf die während der französischen Revolution eingezogenen geistlichen, königlichen und Emigrantengüter. 1790 dekretiert, ursprünglich verzinsliche Staatsobligationen, später Papiergeld mit Zwangskurs, im Zuge der Geldentwertung, 1797, außer Kraft gesetzt. – Daher A.-Wirtschaft: Ausgabe ungedeckten Papiergeldes.

Batavische Republik, 1795 Name der Vereinigten Niederlande nach der Vertreibung der Oranier durch das revolutionäre Frankreich, 1806 von Napoleon zum Königreich Holland erklärt.

Befreiungskriege, 1813–1815, der Kampf fast ganz Europas gegen die Herrschaft Napoleons nach dessen gescheitertem Rußlandfeldzug 1812; eingeleitet durch die preußisch-russische Konvention von Tauroggen und die ostpreußische Volkserhebung, entschieden durch die Völkerschlacht bei Leipzig Oktober 1813 und nach Napoleons Rückkehr von Elba durch die Schlacht von Belle-Alliance (Waterloo) 1815, endend mit Napoleons Verbannung nach St. Helena. – Die Bezeichnung «Freiheitskriege» wurde in demokratisch und liberal gesinnten Kreisen abgelehnt, weil die den Völkern bei Beginn des Kampfes versprochene politische Freiheit im Inneren der befreiten Staaten auf dem Wiener Kongreß hintertrieben worden war.

Belle-Alliance, Gehöft 20 km südlich Brüssel, nach dem Blücher die Schlacht von Waterloo, dem nahegelegenen Dorf, benannte.

Blockade (franz. blocus, Einschließung), die Absperrung eines feindlichen Bezirks, besonders die Abdrosselung des Handelsverkehrs.

Bonaparte, ursprünglich eigentlich Buonaparte, korsische Familie, im 16. Jahrhundert von Genua eingewandert; ihr entstammten die Kaiser Napoleon (B.) I. und Napoleon III. Vater Napoleons I. war Carlo B., Advokat in Ajaccio, 1746–1785; seine Mutter Lätitia, geb. Ramolino, 1750–

1836; Napoleon war der zweitälteste Sohn, seine sieben Geschwister: 1) B., Joseph, 1768–1844; 1806 König von Neapel, 1808–1814 von Spanien. – 2) B., Lucien, 1775–1840; 1799 Innenminister, päpstlicher Fürst von Canino, republikanisch gesinnt. 3) B., Elisa, 1777–1820; 1805 Fürstin von Piombino, 1809 Großherzogin von Toskana. – 4) B., Ludwig, 1778–1846; 1806–1810 König von Holland, Vater Napoleons III. aus der Ehe mit Hortense Beauharnais. – 5) B., Pauline, 1780–1825; verheiratet mit Fürst Borghese. – 6) B., Karoline, 1782–1839; verheiratet mit Joachim Murat, 1806 Großherzogin von Berg, 1808 bis 1814 Königin von Neapel. – 7) B., Jérôme, 1784 bis 1860; 1807–1813 König von Westfalen, bestgehaßter Napoleonide in Deutschland, unter Napoleon III. Marschall von Frankreich und eventueller Thronerbe; sein jüngster Sohn Napoleon Joseph Karl Paul bonapartistischer Thronprätendent, im Volksmund «Prinz Plon-Plon» genannt, 1822–1891.
Bonney (engl.), Spottname des zeitgenössischen Englands für Napoleon Bonaparte.
Chauvinismus, abgeleitet von Chauvin, einem Soldaten, der wegen seiner blinden Schwärmerei für Napoleon bekannt wurde. Eugène Scribe, der französische Bühnenschriftsteller, verewigte ihn in einem Lustspiel als Säbelrassler, der für Frankreichs Kriegsruhm und Machtvergrößerung lebt und stirbt; daher Bezeichnung für überspannten Nationalismus.
Clavicembalo (ital.), der Kielflügel, bis zur Einführung des Wiener Hammerklaviers das gebräuchlichste Klavier. Bis Anfang des 19. Jahrhunderts in Gebrauch.
Code Napoléon, das auf Veranlassung Napoleons I. ausgearbeitete, 1804 als Code civil veröffentlichte, mehrmals durch Ergänzungsgesetze erweiterte Zivilgesetzbuch Frankreichs, das heute noch das französische Zivilrecht regelt; Leitgedanken sind Freiheit des Individuums und des Privateigentums. Später auch in Holland, Belgien, Italien, Spanien, Portugal, den bayrisch-hessischen und preußischen Rheinlanden und Baden eingeführt. In Deutschland 1900 vom Bürgerlichen Gesetzbuch abgelöst.
Comte de Balance (franz.), Graf des Gleichgewichts, Spottname für Metternich auf dem Wiener Kongreß.
Departement (franz., Untereinteilung), Verwaltungsbezirk: die 1789 von der französischen Nationalversammlung

beschlossene, von Abbé Sieyès durchgeführte Einteilung des Landes in 83 etwa gleichmäßig bevölkerte Departements (mit einem Präfekten an der Spitze, unterteilt in Arrondissements und Kantone), sollte die historischen Gegensätze der (33) Provinzen der Monarchie auslöschen, sie entsprang dem radikal rationalistischen Denken der Aufklärung und dem Willen zum nationalen Einheitsstaat. – Heute zählt Frankreich 90 Departements, die Namen der Provinzen erhielten sich als Landschaftsbezeichnungen.

Directoire, der in Frankreich zur Zeit des Direktoriums, der republikanischen Regierung, bevorzugte klassizistische Kunststil, der sich vor allem in der Mode ausprägte; das Frauengewand hochgegürtet, lang fließend mit Schleppe; beim Mann weite Hosen, eng anliegende Jacken, hohe Halsbinde; Ornamente nüchtern, sparsam; streng, Anlehnung an pompejanische Motive.

Direktorium, die oberste Regierungsbehörde Frankreichs in der Spätzeit der Revolution, bestehend aus 5 Direktoren (Ministern), begründet durch die Verfassung von 1795, gestürzt am 18. Brumaire (9. Nov.) 1799 durch Napoleon.

Draisine, Vorläufer des Fahrrads, von dem badischen Forstmeister Karl von Drais erfunden. Der aus zwei durch Rahmen verbundenen Rädern bestehende Selbstfahrer diente zum Schnellfahren; er wurde mit den Beinen abgestoßen und der Schwung ausgenützt.

Ehrenlegion (Légion d'honneur), einziger noch bestehender französischer Orden, 1802 von Napoleon I. gestiftet (5 Klassen); für die militärischen Inhaber mit Pension verbunden.

Eisernes Kreuz, preußisch-deutsche Kriegsauszeichnung, 1813 gestiftet, 1870, 1914 und 1939 erneuert; zwei Klassen, zusätzlich Großkreuz und Goldener Stern (nur an Blücher und Hindenburg verliehen), im Zweiten Weltkrieg Ritterkreuz und Großkreuz.

Elba, Insel im Mittelmeer zwischen Korsika und dem italienischen Festland; im Altertum in Händen von Puniern, Griechen, Etruskern und Römern, berühmt wegen ihrer Eisengruben; im 10. Jahrhundert an Pisa, 1290 an Genua, dann an Spanien, 1736 an Neapel; 1814/15 als Fürstentum (erster) Verbannungsort Napoleons I.

Empirestil (von lat. imperium, Reich, Kaiserreich), die entschiedenste Absage an den Schnörkelstil des Rokoko. Der monumentale, an den Stil der römischen Kaiserzeit angelehnte Prachtstil des Kaisers Napoleon, in ganz Europa nachgeahmt. Teilerscheinung des seit 1770 in Europa auflebenden Klassizismus, doch noch stark der Repräsentation dienend. Feierlich, innerlich streng, beherrscht. Klar umgrenzte Flächen, Wandaufteilung in streng gegliederte Felder; Möbel, Ornamente z.T. in direkter Nachbildung römischer, griechischer, auch ägyptischer Museumsstücke. In der Mode hängerartiges Kleid, Kurzärmel, klarer Faltenwurf, Haar mit griechischen Knoten; Männer mit langer enger Hose, Jacke mit langen Schößen.
Eroica (ital. eroico, heldisch), Name für die 3. Symphonie in Es-Dur Beethovens, die, 1803/04 komponiert, zuerst dem «echt republikanischen Helden Napoleon Bonaparte» gewidmet war, nach dessen Thronbesteigung aber «dem Andenken eines Helden» geweiht wurde, die Widmung an Bonaparte zerriß Beethoven.
Fregatte (engl. «Frigate»), schnelles, sehr scharf gebautes Kriegsschiff mit drei Masten und Vollschifftakelage. Rahen an allen drei Masten; ein Batteriedeck. Die Geschützzahl betrug zwischen ca. 30 und 60, die Besatzung zwischen 300 und 600 Mann.
Gleichgewicht, politisches, die Ausgewogenheit im Kräftespiel der Staaten im Gegensatz zur Vorrangstellung einer Macht; außenpolitischer Grundsatz bereits in der Antike (z.B. in der griechischen Poliswelt). In Universalreichen (Alexanders des Großen, Imperium Romanum, Hl. Römisches Reich des Mittelalters) aufgehoben, in der Neuzeit mit dem Aufkommen einer Vielzahl souveräner, machtpolitisch rivalisierender Staaten bewußt und methodisch angestrebt, in klassischer Form angewandt von den aufeinander eifersüchtigen italienischen Kleinstaaten der Renaissance. Seither beherrschte das Gleichgewichtsdenken die europäische Diplomatie, Bündnispolitik und Kriegführung, geistesgeschichtlich in Übereinstimmung mit der Ausbildung eines neuen Stils des von religiösen Bindungen befreiten politischen Denkens (Staatsräson, Souveränität, Macht als Selbstzweck). Das Scheitern Karls V., Philipps II., Ludwigs XIV. und Napoleons, das sich ständig wandelnde System der Ligen, Koalitionen und Allianzen, die

scheinbar uneigennützige Hilfeleistung für von einem Dritten bedrohte Staaten, waren ebenso ein Ergebnis des Gleichgewichtsdenkens wie die oft komplizierten Bestimmungen der Friedensschlüsse von Münster und Osnabrück 1648, Utrecht 1715 und des Wiener Kongresses 1815. Besonders England war jederzeit am europäischen Gleichgewicht (engl. «balance of power») interessiert und unterstützte aus seiner «splendid isolation» heraus seinen jeweiligen «Festlandsdegen» gegen die jeweils stärkste Macht des Festlands.

Incroyable (franz., «unglaublich»), Bezeichnung für den phantastisch und exzentrisch angezogenen Stutzer der Directoirezeit.

Kabinett, im Zeitalter des Absolutismus kleines Gemach, in dem der Fürst über vertrauliche Staatsangelegenheiten zu beraten und zu entscheiden pflegte; daher Kabinettspolitik: selbstherrliche, oft undurchsichtige Politik eines Herrschers oder seiner Räte, ohne parlamentarische Kontrolle oder Mitwirkung, in der Außenpolitik soviel wie Geheimdiplomatie; Kabinettskriege: im Interesse der Dynastie meist mit stehenden Söldnerheeren geführt, ohne Anteilnahme des Volkes. – Im 19. Jahrhundert bezeichnete man mit Kabinett das Sekretariat eines Herrschers (z.B. Zivil-, Militär-Kabinett in Preußen), aber auch das Gesamtministerium.

Kontinentalsperre (franz. «Le blocus continental»), Kampfmittel Napoleons I. nach dem Scheitern militärischer Aktionen zur Niederzwingung Englands (Niederlage der französischen Flotte bei Trafalgar, 1805): Unterbindung der englischen Handelsbeziehungen mit dem Festland, um das von der Ausfuhr seiner Industriewaren abhängige England im Lebensnerv zu treffen. 1806 von Berlin aus in die Wege geleitet und fortan die Politik Napoleons bestimmend: Übereinkunft mit Rußland durch den Vorschlag einer europäischen Herrschaftsteilung 1807, Angliederung der sich der Sperrung ihrer Häfen widersetzenden Länder an Frankreich (Portugal 1807/08, Toskana und Kirchenstaat 1809, Holland und norddeutsche Küstengebiete bis Lübeck 1810); von England 1807 mit der Blockade Frankreichs, der Wegnahme der für die Sperrung der Ostsee unerläßlichen dänischen Flotte und der Besetzung Helgolands beantwortet; Anlaß zu Schmuggel großen Stils und wirtschaftlichem Chaos; 1812 wegen finanzieller und wirtschaftlicher Schädigung vom Zaren Alexander I. durchbrochen (Anlaß des russischen Feldzuges, dessen Scheitern den Sturz Napoleons in die Wege leitete). – Wirtschaftliche Folgen der Kontinentalsperre waren: rasche Erholung des schwer, doch nicht entscheidend getroffenen Englands (Teuerung infolge Abschneidens von osteuropäischer Getreideeinfuhr), nach 1815 auf Betreiben der an der Fortdauer hoher Preise interessierten Grundbesitzer Einführung der Kornzölle (aufgehoben 1846); Überschwemmung des europäischen Marktes mit englischen Waren, dadurch Vernichtung eines Teiles der durch die Kontinentalsperre vor der überlegenen englischen Konkurrenz vorübergehend geschützten festländischen Industrie; wichtiger aber die Behauptung der schon lebensfähigen neugeschaffenen Industriezweige.

Linienschiff, Schiff der schwersten Klasse der Segelflotte, meist Dreimaster, aber auch Fünfmaster mit zwei bis drei Batteriedecks und bis zu tausend Mann Besatzung.

Mediatisierung (lat., «mittelbar machen»), nach dem Frieden von Luneville (1801) wurde eine Reichsfriedensdeputation eingesetzt, um die rechtsrheinischen Fürsten, die Gebiete auf dem französisch gewordenen linken Rheinufer verloren hatten, zu entschädigen. Das sollte durch die Einziehung der «immediaten» (reichsunmittelbaren) Herrschaften, der Reichsstädte, Reichsgrafschaften usw. geschehen; ebenso durch die (s.) Säkularisierung.

Montgolfiere, der erste, von Joseph Michel Montgolfier 1783 zum Aufstieg gebrachte Luftballon. Der Ballon war luftgefüllt und blieb unten offen. Unter der Öffnung hing eine große Pfanne, auf der ein Feuer entzündet war, das die Luft erhitzte, so daß sie emporstieg und die Ballonhülle mit sich emportrug. Die Montgolfiere wurde von der Charliere, dem Gasballon, abgelöst.

Romantik, die um 1790 einsetzende letzte, das gesamte Abendland umfassende Kulturepoche und Geisteshaltung, die in allen Bereichen des Geistes (Religion, Philosophie, Gesellschaftslehre, Geschichtswissenschaft, Kunst) neue Wege gewiesen hat; ausgehend vom Gegensatz zur Klassik und im weiteren Sinne zur Aufklärung, suchte sie vom Subjekt her eine Schau des organisch-wachsenden Weltganzen in seiner Grenzenlosigkeit zu gewinnen; die Inthronisierung des bewußten und als absolut angenommenen Ich in seiner Verbundenheit mit der Natur (in ihrem ständigen Wandel und ihrer bedrohlichen Gewalt) und mit der Geschichte in ihrem nun erst erfaßten organischen Zusammenhang führte zu der Willkür, befreite aber auch Kräfte für umfassende neue Forschungen und eigenwillige künstlerische Schöpfungen; in der Religion führten Novalis und Schleiermacher vom reinen Rationalismus zur Tiefe des Erlebnisses zurück; die Philosophie befaßte sich neben dem Erkenntnisproblem vorwiegend mit der Ethik als der Kraft des absolut gesetzten Subjekts (Fichte, Schelling); ausgehend von Herder, drang die kritische Wissenschaft von den Volksliteraturen zum Gedanken der Weltliteratur vor, weckte Sprach- und Kulturwissenschaft, entwickelte die moderne Geschichtsauffassung und ihre Methoden; die Gesellschaftslehre knüpfte an den mittelalterlichen Ständestaat an und sah in der Religion die Grundlage jeder Sozialgewalt; die Dichter der Romantik waren vorwiegend Lyriker, größere Werke blieben Fragmente oder waren als solche entworfen; entsprechend ihrer Grenzenlosigkeit und Gefühlsbetontheit fand die Romantik in der Musik ihren stärksten künstlerischen Ausdruck.

Säkularisation, allgemein die Umwandlung geistlicher Güter und Herrschaftsbereiche in weltliche; im besonderen die in Ausführung der Bestimmungen des Lunéviller Friedens durch den Reichsdeputationshauptschluß verfügte und bis 1806 als Ersatz für die Abtretung des linken Rheinufers an Frankreich durchgeführte Einziehung geistlicher Besitzungen und Neuverteilung an die geschädigten Landesherren unter Mitbestimmung Frankreichs; Säkularisationen in der abendländischen Geschichte auch unter Herzog Arnulf von Bayern (Anfang 10. Jahrh.), unter Joseph II. in Österreich (1781), nach dem Westfälischen Frieden, 1789 in Frankreich, 1860/70 (Kirchenstaat) in Italien.

Wiener Kongreß, Sept. 1814 bis Juni 1815. Die an den Befreiungskriegen gegen Napoleon beteiligten Mächte und Frankreich (vertreten durch Talleyrand) traten unter Leitung Metternichs zusammen zur Neuordnung der durch die Französische Revolution und Napoleon verwirrten europäischen Verhältnisse; die territoriale Neuordnung führte hinter der Fassade glänzender Festlichkeiten zu erbitterten Kämpfen der Staatsmänner, schließlich zu gegenseitigen

Zugeständnissen im Sinne des europäischen Gleichgewichts; Preußen begnügte sich mit einem Teil Sachsens, erhielt Westfalen und eine Landbrücke zwischen der Provinz Preußen und Schlesien, Rußland das Königreich Polen (die polnischen Teilungen wurden bestätigt), Österreich gewann seine Besitzungen zurück, verlor jedoch die Niederlande und Besitzungen am Oberrhein. Die Säkularisation wurde gegen den Protest der Kirche bestätigt, doch wurde der Kirchenstaat wiederhergestellt. Der auf dem Kongreß an Stelle des 1806 aufgelösten alten, deutschen Reiches gegründete Deutsche Bund bestand aus 34 souveränen Fürsten und vier freien Städten; ein neues, starkes Kaisertum war zur Enttäuschung der Patrioten von 1813 nicht erreicht worden.

Xenien (griech., «Gastgeschenke»), Name für eine mehr als 400 Distichen umfassende Sammlung, die 1797 in Schillers «Musenalmanach» erschien und durch die sich Schiller und Goethe gemeinsam der literarischen Feinde erwehrten.

Verzeichnis der Abbildungen